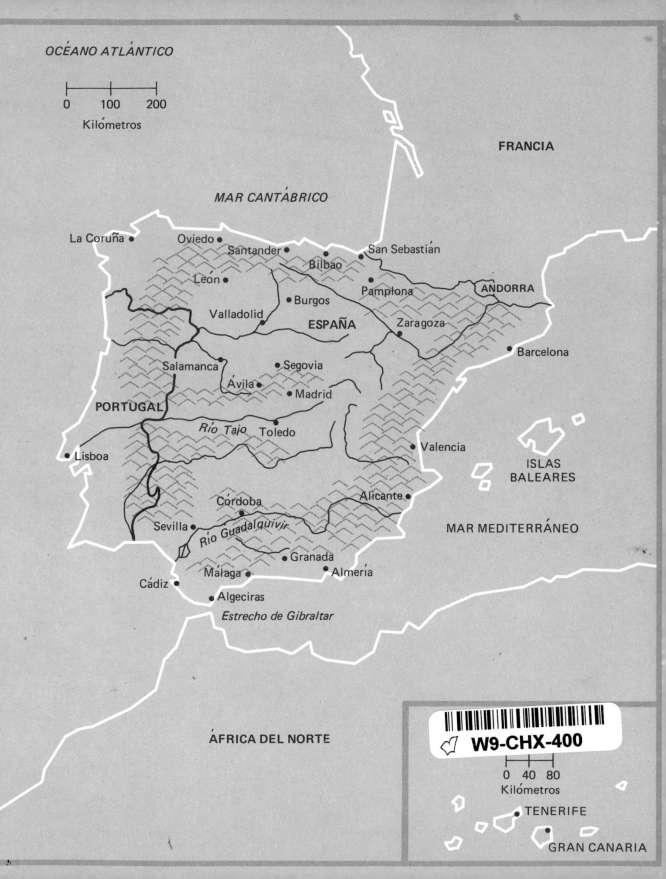

OCÉANO ATLÁNTICO

0 100 200
Kilómetros

FRANCIA

MAR CANTÁBRICO

La Coruña
Oviedo
Santander
Bilbao
San Sebastián
León
Pamplona
ANDORRA
Burgos
Valladolid
ESPAÑA
Zaragoza
Barcelona
Salamanca
Segovia
Ávila
PORTUGAL
Madrid
Río Tajo
Toledo
Valencia
Lisboa
ISLAS
BALEARES
Córdoba
Alicante
Sevilla
Río Guadalquivir
MAR MEDITERRÁNEO
Granada
Málaga
Almería
Cádiz
Algeciras
Estrecho de Gibraltar

ÁFRICA DEL NORTE

W9-CHX-400

0 40 80
Kilómetros

TENERIFE

GRAN CANARIA

Mrs. Frazier
Home number
344-0650
Evenings

CON MUCHO GUSTO

TERCERA EDICIÓN

CON MUCHO GUSTO

TERCERA EDICIÓN

JEAN-PAUL VALETTE

GENE S. KUPFERSCHMID
Boston College

REBECCA M. VALETTE
Boston College

HOLT, RINEHART
AND WINSTON, INC.

New York   Chicago
San Francisco
Philadelphia
Montreal   Toronto
London   Sydney
Tokyo

Publisher   Vince Duggan
Executive Editor   Marilyn Pérez-Abreu
Project Editor   Paula Kmetz
Production Manager   Priscilla Taguer
Art Director   Renée Davis
Text Design   Delgado Design, Inc.
Drawings   Tom O'Sullivan
Picture Research   Rona Tuccillo
Composition and Camera Work   The Clarinda Company

Photo and cartoon credits appear on pages 509-510.

Library of Congress Cataloging-in-Publication Data

Valette, Jean-Paul.
    Con mucho gusto.

    Includes index.
    1. Spanish language—Text–books for foreign speakers—English.
2. Spanish language—Grammar—1950-   .   I. Kupferschmid, Gene S.
II. Valette, Rebecca M.   III. Title.
PC4112.V28   1988   468.2'421   87–13400

ISBN 0-03-004832-X

Printed in the United States of America

9 0 1 2   039   9 8 7 6 5 4 3

Holt, Rinehart and Winston, Inc.
The Dryden Press
Saunders College Publishing

Preface

CON MUCHO GUSTO, third edition, is a beginning Spanish course designed to introduce American students to the language and culture of the Hispanic world from Spain to Mexico, and from Argentina to California and New York. It is a thoroughly integrated cultural approach to language learning, emphasizing the everyday aspects of the contemporary Spanish-speaking world while teaching the four basic skills: listening, speaking, reading, and writing. By the end of the course, the students should feel comfortable traveling in Spanish-speaking areas and be better able to communicate with Hispanics.

Organization

CON MUCHO GUSTO is divided into ten *Unidades,* each built around a cultural theme. In addition, a Preliminary Unit covers fundamentals of the language such as the alphabet, basic pronunciation guides, and commonly used expressions.

Each *Unidad* is divided into three thematically connected *Lecciones,* which are organized as follows:

a. *Presentation material.* The presentation text, followed by a series of comprehension questions, introduces the students to the new vocabulary and structures of the lesson through a wide variety of formats: narratives, dialogues, interviews, letters, and questionnaires. These texts focus on cultural topics of interest to young people, such as leisure-time activities, student life, and contemporary issues.

b. *Grammar and vocabulary*. The section called *Lengua española* introduces aspects of Spanish grammar in small, manageable segments. The grammar presentation is in English to prevent any confusion on the part of the
students. The important points and key constructions are highlighted by a
blue screen for easy student reference.

The active vocabulary of the lesson is listed in thematically organized
Vocabulario sections. Vocabulary words are frequently introduced through
line drawings. To facilitate the learning of gender, masculine nouns are listed
on the left and feminine nouns on the right. Where appropriate, verbs, adverbs, and prepositions are presented in sentence context.

The exercises accompanying the grammar and vocabulary presentations
are lively and innovative, frequently simulating real-life situations. In addition
to role play, directed dialogues, and personalized questions, there are also
some more traditional learning exercises such as completions and substitu-
tions. In the second half of the book, the instruction lines of the exercises are
given in Spanish. The last exercise, *En español,* requires students to translate
a conversation or paragraph from English to Spanish.

The first eighteen lessons contain a *Fonética* section that provides practice with specific aspects of the Spanish sound system.

Each lesson concludes with a creative writing activity based on the lesson's theme and structures, *Ahora le toca a Ud*. Here the students are first
asked to produce simple sentences and then progress to guided compositions
and later to freer expression.

At the end of each *Unidad,* there is a review section called *En resumen*.
This is followed by an enrichment section entitled *Otras perspectivas*. The
opening *Lectura cultural* focuses on social, political, economic, and literary
aspects of the Hispanic world that are of particular interest to college students. The second part, *Día por día,* develops oral proficiency skills along the
lines of the ACTFL Guidelines.

The Appendix contains charts of regular and irregular verbs. The Spanish-English vocabulary lists all the words used in the book, while the English-
Spanish list contains only the active vocabulary.

Ancillaries

Student Workbook and Lab Manual. The workbook provides students with
additional writing practice. It is carefully coordinated with the text, lesson by
lesson, both in its usage of grammatical structures and vocabulary. Each unit
in the workbook concludes with a *Repaso de vocabulario* section, which lets
the students review all the active vocabulary of the three preceding lessons.
The lab manual contains worksheets to accompany the tape program.

Tape Program. The tape program contains recordings of the basic material of each lesson in CON MUCHO GUSTO: the presentation text, *Fonética,* key vocabulary words, and grammatical structures. In addition, it provides further language practice through listening, speaking, and writing exercises.

Instructor's Annotated Edition. The Instructor's annotation edition provides detailed suggestions for implementing the program and adapting it to meet the needs of individual schools and classes.

Testing Program. The testing program includes three alternative tests for each unit, thus allowing the instructor flexibility in selecting the tests appropriate for a given class. Optional questions are provided for each *Otras perspectivas* section. The testing program also contains a first semester and second semester final exam.

Acknowledgments

The authors would like to thank the many students, teachers, and colleagues who helped with their suggestions and encouragement. In addition, the following reviewers' comments were instrumental in the revision of this text:

Jack S. Bailey, *The University of Texas at El Paso;*
José Ballón, *Ohio Wesleyan University;*
Arthur E. Cicero, *Community College of Allegheny County;*
Michael Scott Doyle, *University of New Orleans;*
Emery L. Hollar, *Davidson County Community College,* Lexington, KY;
Robert Modee, *Northeastern University;*
Rita Ricaurte, *University of Nebraska, Lincoln;*
Manuel H. Rodriguez, *Los Angeles Valley College;* and
Philip E. Smith, *St. Louis Community College at Meramec.*

And to our diligent editor Paula Kmetz, we wish to say *¡Gracias!*

Jean-Paul Valette
Gene S. Kupferschmid
Rebecca M. Valette

Contents

UNIDAD PRELIMINAR

¡Qué coincidencia!

Two young tourists are visiting the Prado Museum in Madrid. They smile, nod, and strike up a conversation.

ANTONIO	¡Hola! Me llamo Antonio Gómez. ¿Y tú?
CARMEN	Me llamo Carmen Montoya. Soy de Panamá.
ANTONIO	Yo también.
CARMEN	¿De la universidad?
ANTONIO	Claro.
CARMEN	Momentito... ¡La clase de historia...
ANTONIO	...con el profesor Castro!
CARMEN	¡Exactamente!
ANTONIO Y CARMEN	¡Qué coincidencia!

ANTONIO	Hi! My name is Antonio Gómez. (*literally,* I call myself . . .) And what's your name? (*literally,* And you?)
CARMEN	My name is Carmen Montoya. I'm from Panama.
ANTONIO	So am I. (*literally,* I also.)
CARMEN	From the university?
ANTONIO	Of course.
CARMEN	Just a moment . . . The history class . . .
ANTONIO	. . . with Professor Castro!
CARMEN	That's it! (*literally,* Exactly!)
ANTONIO AND CARMEN	What a coincidence!

Vocabulario *Presentaciones (Introductions)*

¡Hola!	*Hi!*
Buenos días.	*Hello. Good morning. Good day.*
Buenas tardes.	*Good afternoon.*
Buenas noches.	*Good evening. Good night.*
¿Cómo te llamas?	*What's your name?*
Me llamo Olivia García.	*My name is Olivia García.*
Soy de México.	*I am from Mexico.*
Mucho gusto.	*Pleased to meet you.*

Nota lingüística Accent Marks and Punctuation

1. **ACCENT MARKS.** In Spanish, some vowels bear accent marks. These accent marks are part of the spelling and cannot be omitted. They indicate that the syllable so marked is stressed. Sometimes an accent mark is used to distinguish between two words. Compare:

tú	*you*	**tu**	*your*
sí	*yes*	**si**	*if*

2. **PUNCTUATION.** In Spanish, punctuation is used to mark both the beginning and the end of a question or exclamation.

   ¡Hola! ¿Cómo te llamas?   *Hello! What's your name?*

   Ejercicio 1. *Presentación*
   Introduce yourself to a classmate by giving your name and telling where you are from. Your classmate will say that he or she is pleased to meet you.

   Modelo: —Me llamo Bob Miller. Soy de San Francisco.
   —Mucho gusto.

Fonética Mastering Spanish Pronunciation

1. All vowels are clearly pronounced, whether they are accented or not. Spanish does not have the *uh* sound characteristic of unstressed vowels in English. Contrast:

(Spanish)		(English)	
	Panamá		*Panama*
	Colorado		*Colorado*
	Arizona		*Arizona*
	California		*California*

2. The rhythm of Spanish is more even than that of English. To some people, Spanish sounds "fast," like a series of rapid, staccato sounds. This is because both the accented and the unaccented syllables in Spanish are of about the same length. (In English, accented syllables are much longer than unaccented syllables.) Repeat, maintaining an even rhythm:

>   **Me llamo Ricardo Sánchez.**
>   **Soy de Barcelona.**
>   **Bogotá es la capital de Colombia.**

3. Spanish is almost always spoken the way it is written, and written the way it is spoken. (Only the letter **h** does not represent a sound.) Once you have become familiar with the sounds of Spanish, you will find it easy to read the language aloud.

El alfabeto

The Spanish alphabet contains three letters that do not exist in the English alphabet*:

ch   (which comes between **c** and **d**)
ll   (which comes between **l** and **m**)
ñ   (which comes between **n** and **o**)

The letters **k** and **w** are only found in words of foreign origin.

a	a	Ana	**n**	ene	Nicolás
b	be	Blanca	**ñ**	eñe	mañana
c	ce	Carlos; Cecilia	**o**	o	Olga
ch	che, ce hache	Chela	**p**	pe	Pablo
d	de	Diego	**q**	cu	Enrique
e	e	Elena	**r**	ere	María; Ramón
f	efe	Felipe	**s**	ese	Susana
g	ge	Gloria; Gilberto	**t**	te	Teresa
h	hache	Hernando	**u**	u	Arturo
i	i	Isabel	**v**	ve, uve	Víctor
j	jota	Juan	**w**	doble ve	sándwich
k	ka	kilómetro	**x**	equis	examen
l	ele	Luis	**y**	i griega	Yolanda
ll	elle	Guillermo	**z**	zeta	Beatriz
m	eme	Marcos			

*The cluster **rr (erre)** is not treated as a separate letter. It is always alphabetized as two **r**'s.

Ejercicio 2.   *Capitales*
Name the capitals of the countries below, following the model.

    Modelo: Madrid / España
            Madrid es la capital de España.

1. Bogotá / Colombia
2. La Paz / Bolivia
3. La Habana / Cuba
4. Managua / Nicaragua
5. San José / Costa Rica
6. Tegucigalpa / Honduras
7. Buenos Aires / la Argentina
8. Santiago / Chile

Ejercicio 3.   *El club hispano*
The following students have decided to join the Spanish club and are introducing themselves. Play the role of each one, following the model.

    Modelo: Carmen / Panamá
            ¡ Hola ! Me llamo Carmen. Soy de Panamá.

1. Ricardo / Chile
2. Ana María / la Argentina
3. Esteban / México
4. Paco / California
5. Victoria / Colorado
6. Adela / Nevada
7. Elena / Costa Rica
8. Inés / Puerto Rico
9. Susana / España
10. Luis / Nueva York

Fonética   Diphthongs

1. Spanish vowels can be divided into two groups: strong vowels **(a, e, o)** and weak vowels **(i, u).** When an unstressed weak vowel comes either before or after a strong vowel, a *diphthong* is usually formed. The strong vowel of the pair is the one that predominates, while the weak vowel is reduced to a glide. (In a diphthong, the strong vowel may or may not bear an accent mark.)

   strong before weak: aire   seis   coincidencia   auto   Europa
   weak before strong: historia   siete   adiós   cuánto   buenos

2. A diphthong is also formed when a strong vowel is followed by **y** at the end of a word.

   soy   ¡ay!

3. When two weak vowels occur next to each other, a diphthong is formed with the second vowel predominating.

   two weak vowels: Luis   Luisa   ciudad

4. When two strong vowels occur next to each other, or when an accented weak vowel occurs next to a strong vowel, no diphthong is formed. Each vowel is pronounced with equal clarity.

   two strong vowels: Rafael   Beatriz   Andrea   Leonor   Timoteo   Noemí
   strong vowel and accented weak vowel: día   Lucía   María   Raúl   Saúl

5. When unstressed weak vowels occur both before and after a strong vowel, a *triphthong* is formed. The strong center vowel predominates, while the other two vowels are reduced to glides.

   Paraguay   Uruguay

   Ejercicio 4.   *¡Buenos días!*
Greet the following people.

   Modelo: señor Gamboa   **¡Buenos días, Sr. Gamboa!**

1. señor García
2. señora Gutiérrez
3. señorita Perea
4. señor Cuevas
5. señora León
6. señorita Ruiz

Vocabulario ¡Adiós!

Adiós. *Good-bye.*
Hasta luego. ⎫
Hasta la vista. ⎬ *So long. See you soon.*
Hasta mañana. *See you tomorrow.*

Ejercicio 5. ¡Adiós!
Say good-bye to the following people.

Modelo: Claudia **¡ Adiós, Claudia, hasta luego !**

1. Diego   3. Rafael   5. Eduardo
2. Ana María   4. Consuelo   6. Raúl

Escenas de la vida diaria

¡ Buenos días, Carlos !

≈Ahora le toca a Ud. *(Now it's your turn)*

1. Momentito...

*Imagine that you and a classmate run into each other several years from now in Madrid. Prepare a dialogue similar to the one between Carmen and Antonio. Add the name of your school, and refer to **la clase de español con el profesor / la profesora...***

2. ¿ Quién es ?

The professor will ask you to identify a classmate.

a. *If you know the person's name, say so.*

> Modelo: Professor: **¿ Quién es ?** *(pointing to Student A)*
>   Student B: **Es Rita Sánchez.**

b. *If you do not know the person's name, find out what it is.*

> Modelo :   Professor: **¿ Quién es ?**
>   Student B (to Student A):   **¿ Cómo te llamas ?**
>   Student A (to Student B):   **Me llamo Rita Sánchez.**
>   Student B (to Professor):   **Es Rita Sánchez.**

¡Menos mal!

Felipe and Paco are students at the Universidad de San Marcos in Lima, Peru. They have just met each other in a café.

FELIPE	Hola, Paco. ¿Cómo estás?
PACO	Bien, gracias. ¿Y tú?
FELIPE	Regular. ¿Qué estudias este semestre?
PACO	¿Yo? Estudio biología, filosofía, historia... ¿Y tú?
FELIPE	Muchos problemas.
PACO	¡Ay, qué lástima! ¿Problemas personales? ¿con tu vida sentimental?
FELIPE	No, problemas de matemáticas... cálculo, trigonometría...
PACO	¡Menos mal!

FELIPE	Hi, Paco. How are you?
PACO	Well, thank you. ¿And you?
FELIPE	OK. What are you studying this semester?
PACO	Me? I'm studying biology, philosophy, history . . . And you?
FELIPE	Lots of problems.
PACO	Oh, too bad. Personal problems? With your love life?
FELIPE	No, math problems . . . calculus, trigonometry . . .
PACO	Thank goodness! (*literally,* Less bad [than it might have been]!)

Vocabulario   *Las asignaturas (School Subjects)*

¿ Qué estudias ?	*What are you studying?*
Estudio historia,	*I'm studying history,*
ciencias,	*science,*
inglés,	*English,*
español y	*Spanish, and*
matemáticas.	*mathematics.*

Nota lingüística   Cognates

Because of their common Latin and Greek origins, there are many words in English and Spanish that have similar spellings and meanings. Words such as **biología, historia, filosofía,** and **matemáticas** are called *cognates.*

While the existence of large numbers of these cognates will greatly simplify your task of vocabulary learning, you should be aware of three important points:

1. Cognates are pronounced differently in Spanish and in English.
2. Cognates are often spelled differently in the two languages.
3. Although cognates may be very close in meaning, their meanings are not always identical in the two languages. For instance, when Spanish-speakers talk about **la familia,** they usually have in mind an extended family, which includes uncles, aunts, cousins, grandparents, and grandchildren. Americans, on the other hand, tend to identify the *family* with the nuclear family: father, mother, and children.

When you read a Spanish text, remember that the words and phrases not only differ in spelling and pronunciation but they also differ in connotation and reflect the reality of another culture. Studying Spanish is not just learning grammar and vocabulary. It is acquiring a Spanish point of view!

Ejercicio 1.   *¿ Qué estudias ?*

Roberto asks his friends what they are studying. Play both roles, as in the model.

> **Modelo:** Raúl / biología
> Roberto: **¡ Hola, Raúl ! ¿ Qué estudias ?**
> Raúl: **¿ Yo ? Estudio biología.**

1. Lucía / italiano	6. Emilio / psicología
2. Alicia / filosofía	7. Diana / química *(chemistry)*
3. Luis / historia	8. Diego / programación
4. Juan / sociología	9. Mario / ciencias sociales
5. Javier / religión	

Vocabulario   *Los números de 0 a 20*

0	cero	6	seis	11	once	16 dieciséis	(diez y seis)
1	uno	7	siete	12	doce	17 diecisiete	(diez y siete)
2	dos	8	ocho	13	trece	18 dieciocho	(diez y ocho)
3	tres	9	nueve	14	catorce	19 diecinueve	(diez y nueve)
4	cuatro	10	diez	15	quince	20 veinte	
5	cinco						

¿ Cuánto es el libro ?　　　　*How much is the book?*
Veinte dólares.　　　　　　　*Twenty dollars.*

¿ Cuánto son ocho y doce ?　　*How much are eight and twelve?*
Ocho y doce son veinte.　　　*Eight and twelve are twenty.*

OBSERVACIÓN

The numbers 16 – 19 may be written either as one word or as three words.

Ejercicio 2.　*Las matemáticas*
Do the following arithmetic problems in Spanish.

Modelo:　7 + 5　**Siete y cinco son doce.**

1. 4 + 0
2. 1 + 5
3. 2 + 6
4. 6 + 3
5. 7 + 8
6. 2 + 11
7. 9 + 10
8. 15 + 5
9. 12 + 4
10. 18 + 1
11. 16 + 0
12. 8 + 9
13. 7 + 7
14. 9 + 4
15. 2 + 10

Fonética Accent and Stress

In Spanish, it is easy to determine which syllable of a word is stressed, because accent patterns follow two basic rules.

1. Words that end in a *vowel,* **n,** or **s** are stressed on the *next to the last* syllable.

> *final vowel:* señora   señorita   quince   accidente   claro   cero
> *final* **n** *or* **s:** Carmen   llaman   examen   buenas   tardes   gracias

2. Words that end in *consonants* other than **n** or **s** are stressed on the *last* syllable.

> *final other consonant:* señor   hospital   universidad   profesor   doctor

Written accent marks are placed over the vowels of the stressed syllables of words that do not follow the above rules.

> *final vowel:* **nú**mero   **lás**tima   me**cá**nico   be**bé**   es**tá**
> Pana**má**
> *final* **n** *or* **s:** opera**ción**   tam**bién**   per**dón**   es**tás**   a**diós**
> mate**má**ticas
> *final other consonant:* **Cé**sar   **Héc**tor   Ve**láz**quez   **Gó**mez   **dó**lar
> **án**gel

OBSERVACIONES

1. The written accent mark always falls on the stressed syllable. The accent mark also performs the following functions.

    a. It differentiates pairs of words that are pronounced the same.

    > **sí** *yes*   **si** *if*   **tú** *you*   **tu** *your*   **él** *he*   **el** *the*

    b. It signals interrogative words.

    > **¿ cómo ?** *how?*   **¿ quién ?** *who?*   **¿ qué ?** *what?*

    c. It distinguishes the stressed **i** or **u** (which does not form a diphthong) from its unstressed counterpart (which may form a diphthong).

    > **lotería**   **historia**   **Raúl**   **auto**

2. When the accent falls on a syllable containing a diphthong, the accent mark is placed over the strong vowel (**a, e,** or **o**).

> **observación**   **dieciséis**   **también**

Gramática

Hay y no hay

One of the most practical verb forms in Spanish is **hay,** which means *there is* or *there are.* It may be followed by a singular or plural noun.

Hay un problema...	*There is a problem . . .*
Hay dos soluciones...	*There are two solutions . . .*
No hay una solución. **Hay** dos.	*There is not one solution. There are two.*

Ejercicio 3.   *Uno menos (One less)*

Rafael and Ana are on the organizing committee of a Latin American student conference. As they are checking the number of students from each country, they find one less per country than expected. Express this as in the model:

Modelo: 5 / Costa Rica
Rafael: **¿ Hay cinco estudiantes de Costa Rica ?**
Ana: **No hay cinco. Hay cuatro.**

1. 18 / México
2. 11 / Chile
3. 8 / Venezuela
4. 3 / Guatemala
5. 20 / la Argentina
6. 10 / Panamá
7. 15 / Bolivia
8. 13 / Colombia
9. 7 / Nicaragua
10. 17 / la República Dominicana

Nota lingüística   Formal and Familiar Address

When we speak to others, we use different levels of language, depending upon whom we are addressing. A college professor who is the father of four-year-old twins will express himself differently when speaking to his students, to his children, or to his colleagues, even though he addresses them all as *you.*

Similarly there are different levels of language in Spanish, ranging from the very casual to the very formal. In Spanish, however, the distinction between formality and familiarity is also reflected in the existence of two forms of address: **tú** and **usted.** Although both are equivalent to *you* in English, **tú** is the "familiar" form used among close friends, family, and young people, while the "formal" **usted** is used with adults who are not close friends or relatives.

Vocabulario *Saludos (Greetings)*

señor	*sir*	**Sr. Flores**	*Mr. Flores*
señora	*ma'am, madam*	**Sra. Flores**	*Mrs. Flores*
señorita	*miss*	**Srta. Flores**	*Miss Flores*

¿ Qué tal ?	*How's everything?*
¿ Cómo estás, Pedro ?	*How are you, Pedro?*
¿ Cómo está usted, señora García ?	*How are you, Mrs. García?*

MUY BIEN REGULAR MAL

BIEN MÁS O MENOS MUY MAL

OBSERVACIÓN

The titles **señor, señora, señorita,** and **usted** are *not* written with capital letters. (Capitals are used, however, in abbreviations: **Sr., Sra., Srta.,** and **Ud.**)

Ejercicio 4.   *En México*
You are spending the year in Mexico City. As you walk down the street, you meet various people. Greet them appropriately, using the formal form for all those with whom you are not on a first-name basis.

Modelo: Miss Meléndez (your professor)
¡ Buenos días, Srta. Meléndez ! ¿ Cómo está usted ?

1. Raquel (a friend)
2. Mr. Romero (the mailman)
3. Mrs. González (the pharmacist)
4. Clara (a fellow student)
5. Mrs. Ochoa (your landlady)
6. Ramón (another fellow student)

Vocabulario   *Los números de 21 a 100*

21	veintiuno	(veinte y uno)	*30*	treinta	
22	veintidós	(veinte y dos)	*31*	treinta y uno	
23	veintitrés	(veinte y tres)	*40*	cuarenta	
24	veinticuatro	(veinte y cuatro)	*50*	cincuenta	
25	veinticinco	(veinte y cinco)	*60*	sesenta	
26	veintiséis	(veinte y seis)	*70*	setenta	
27	veintisiete	(veinte y siete)	*80*	ochenta	
28	veintiocho	(veinte y ocho)	*90*	noventa	
29	veintinueve	(veinte y nueve)	*100*	ciento (cien)	

OBSERVACIONES

1. The numbers 21–29 are often written as one word. However, the numbers 31–39, 41–49, etc., are always written as three words.
2. When **ciento** introduces a noun, it is reduced to **cien: cien dólares.**

Ejercicio 5.   *Información, por favor*

In some Spanish-speaking cities, the telephone numbers consist of six digits, which are given in pairs. The following phone numbers are for the city of Jerez de la Frontera in Spain. When a classmate tells you which number he or she wants, respond accordingly. (Note: Three-digit numbers are given singly.)

Modelo: —Cruz Roja *(Red Cross)*, por favor.
             —**Treinta y cuatro, setenta y cuatro, cincuenta y ocho.**

Policía — Police	091
Ambulancias — Ambulances	34 15 49
Bomberos — Fire Brigade	34 16 47
Cruz Roja	34 74 58
Guardia Civil — Police	33 03 62
Taxis	34 48 11
Telegramas — Telegrams	34 16 92
Información Renfe — Railways Information	34 23 19
Aeropuerto de Jerez — Airport	33 22 10
Información Urbana — Urban Information .	003
Información Horaria — Information Regarding Time	093
Información Meteorológica — Weather Information	094

Expresiones útiles en la clase de español

Expresiones corteses (courteous) y útiles (useful)

≋Ahora le toca a Ud.   *Situaciones*

Imagine that you are attending a summer program at the Universidad de San Marcos in Lima, Peru. What would you say in the following situations? Use one of the illustrated expressions.

      Modelo: You have lost your wallet.   **¡ Caramba !**

1. Someone finds your wallet and returns it to you.
2. You see something amusing, and you want your friends to look at it.
3. You drop your books while walking down the street.
4. Someone asks you where the Plaza de Armas is.
5. A lady thanks you for having offered her your seat on the bus.
6. Someone asks you a question that you think you can answer if it is repeated.
7. You ask a Peruvian friend how to say "taxi" in Spanish.
8. While trying to get off a crowded bus, you step on someone's toe.

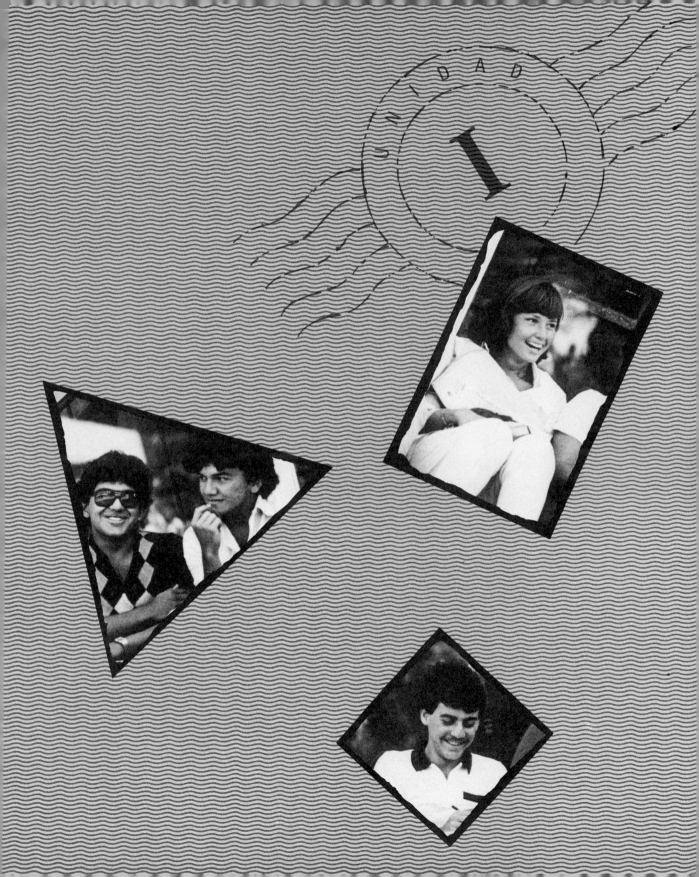

UNIDAD

1

Adela Vilar
(de los Estados Unidos)

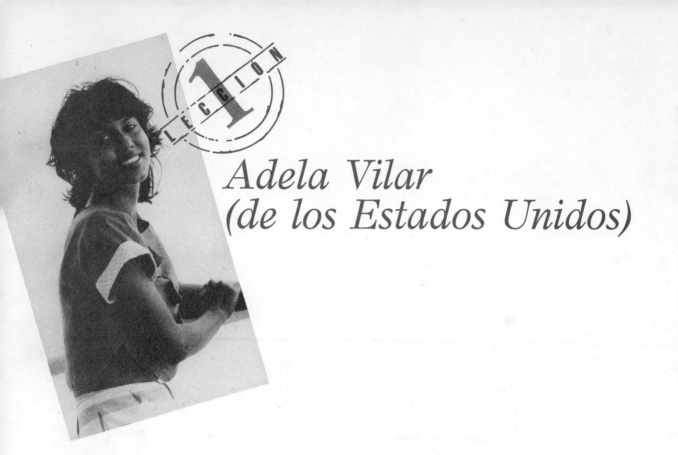

¡Hola!
Me llamo Adela Vilar.
Soy estudiante de la Universidad de California.
Estudio psicología, historia, biología...
Pero ¡no estudio español!
¿Por qué no?
Porque yo ya hablo español... y ¡muy bien!
Hablo español porque soy chicana.
Y hablo **inglés** porque **también** soy norteamericana.
Soy bilingüe.
¿Y ustedes? ¿Hablan español?

I am a student at

But
Why not?
Because I already
  speak
English / also

¿Sí o no?
Are the following statements true? Answer **sí** *or* **no.**

1. Adela es estudiante.
2. Adela estudia psicología.
3. Adela estudia sociología.
4. Adela estudia español.

5. Adela habla español.
6. Adela es norteamericana.
7. Adela es bilingüe.
8. Adela habla inglés.

Lengua española

A. Pronombre como sujeto

The subject pronouns in Spanish are:

	SINGULAR		PLURAL	
first person	**yo**	*I*	**nosotros** **nosotras**	*we* (masculine) *we* (feminine)
second person	**tú**	*you*	**vosotros** **vosotras**	*you* (masculine) *you* (feminine)
third person	**él** **ella** **usted (Ud.)**	*he* *she* *you*	**ellos** **ellas** **ustedes (Uds.)**	*they* (masculine) *they* (feminine) *you*

NOTAS GRAMATICALES

1. **Tú** and **usted**

   A Spanish-speaker who is addressing another can use either **tú** or **usted.**

   tú   This "familiar" form of address implies a close or informal relationship. It is used among members of a family, among good friends, and generally among people who are on a first-name basis.

         Delia, **tú** hablas inglés   *Delia, you speak English*
           muy bien.   *very well.*

   usted   This "formal" mode of address indicates respect and implies a more distant relationship. It is most often used among adults who are not relatives or close friends. Children address adults as **usted.** Note: **usted** is abbreviated as **Ud.** or **Vd.**

         Señor Chávez, **Ud.** habla   *Mr. Chávez, you speak*
           inglés muy bien.   *English very well.*

   In the classroom, you should use **tú** to address a classmate and **usted** to address the professor.

2. **Ustedes** and **vosotros**

When addressing two or more people, most Latin American speakers use **ustedes,** which serves as the plural of both **tú** and **usted.** Note: **ustedes** is abbreviated as **Uds.** or **Vds.**

Spaniards use **ustedes** as the plural of **usted,** and **vosotros/vosotras** as the plural of **tú.**

In this course, you will use only the **ustedes** form. However, the **vosotros** forms will be presented in the charts so that you will be able to recognize them if you ever hear or see them used.

3. **Ellos** and **ellas**

In Spanish, there are two pronouns that correspond to the English pronoun *they.*

Ellos is used to refer to a group in which at least one member is male. **Ellas** is used to refer to a group comprised entirely of females.

> Luis, Juan, Antonio: **ellos**
> Luisa, Juanita, Antonia: **ellas**
> *but*   Luisa, Juanita, Antonio: **ellos**

The same distinction applies to **nosotros/nosotras** and **vosotros/vosotras.**

In Spanish, the masculine gender predominates. Whenever a group of persons includes a man, the masculine form is used—even if the women are in the majority.

Ejercicio 1.   *¿ Qué tal ?*
In the course of the day, the following people greet María and ask her how she is feeling. She replies and then asks about their health. Complete her replies with ¿ Y tú ?, ¿ Y Ud. ?, ¿ Y Uds. ?, as appropriate.

> Modelo: Roberto y Ricardo *(her nephews)*
>   María: **¿ Yo ? ¡ Muy bien ! ¿ Y Uds. ?**

1. Sr. Montero *(her high school teacher)*
2. Dr. Ortiz *(the family doctor)*
3. Carmen y Luisa *(her nieces)*
4. Sr. Camacho y Srta. Reyes *(friends of her parents)*
5. Felipe *(her cousin)*
6. Isabel *(her brother's fiancée)*
7. Sra. Durán *(her aunt)*
8. Sra. García *(a friend of her mother)*

Ejercicio 2.   *Béisbol*

*Elena is going to a baseball game. Her friend Gabriela asks whether the follow-ing people are going along, and Elena answers affirmatively. Give Elena's answers. (Note: **también** means* too.)

Modelo: Gabriela: ¿ Y Carlos ?
Elena: **Sí, él también.**

1. ¿ Y Marta ?   3. ¿ Y María y Felipe ?   5. ¿ Y Claudia y Carmen ?
2. ¿ Y Luis Y Alberto ?   4. ¿ Y José y Lucia ?   6. ¿ Y Roberto ?

B. Verbos regulares que terminan en *-ar*

As you read the following sentences, pay special attention to the forms of the verbs **hablar** *(to speak)* and **estudiar** *(to study)*.

	HABLAR	ESTUDIAR	*ENDINGS*
(yo)	**Hablo** inglés.	**Estudio** física.	**-o**
(tú)	**Hablas** español.	**Estudias** medicina.	**-as**
(él)	Luis **habla** inglés.	**Estudia** sociología.	**-a**
(ella)	Ana **habla** francés.	**Estudia** música.	**-a**
(Ud.)	Ud. **habla** italiano.	Ud. **estudia** arquitectura.	**-a**
(nosotros)	**Hablamos** ruso.	**Estudiamos** política.	**-amos**
(vosotros)	**Habláis** chino.	**Estudiáis** cerámica.	**-áis**
(ellos)	Pablo y Carlos **hablan** español.	**Estudian** literatura.	**-an**
(ellas)	Clara y María **hablan** francés.	**Estudian** filosofía.	**-an**
(Uds.)	Uds. **hablan** portugués.	Uds. **estudian** historia.	**-an**

Spanish verbs are divided into three groups, according to their infinitive endings: **-ar, -er,** and **-ir.** Verbs whose present tense is formed like **hablar** and **estudiar** are called regular **-ar** verbs because their conjugations follow a predictable pattern.

NOTAS GRAMATICALES

1. There are three English equivalents for the Spanish present tense.

Estudio física. $\begin{cases} \textit{I study physics.} \\ \textit{I am studying physics.} \\ \textit{I do study physics.} \end{cases}$

2. The present tense of any regular **-ar** verb is formed as follows:

> stem + ending

The *stem* is the infinitive minus **-ar: habl-, estudi-.** The stem does not change.

The *endings,* which are in boldface (dark print) in the verb chart on page 23, change with the subject.

3. The third-person singular form of the verb is used with **usted.** This is because **usted** is the contraction of an older form of address: **vuestra merced** *(your grace),* which is a third-person subject. Similarly, the third-person plural verb form is used with **ustedes.**

4. Since the verb endings in Spanish indicate who the subject is, the subject pronouns are usually omitted, except when needed for emphasis, for clarity, and in compound subjects where a pronoun is used together with a noun or another pronoun.

(emphasis)	Pedro habla español. **Yo** hablo inglés.
(clarification)	Carmen y Luis estudian mucho. **Él** estudia historia. **Ella** estudia medicina.
(compound subjects)	**María** y **yo** visitamos México. **Ella** y **yo** hablamos español.

Ejercicio 3.   *Empleos de verano (Summer jobs)*
The following students have summer jobs in different countries. Tell where they are working and what language they speak.

Modelo: Isabel / Portugal / portugués
           Isabel trabaja en Portugal. Habla portugués.

1. Pablo / Australia / inglés
2. Uds. / Francia / francés
3. yo / Italia / italiano
4. nosotros / España / español
5. tú / México / español
6. Carmen y Roberto / los Estados Unidos / inglés
7. Ud. / el Brasil / portugués
8. Silvia y Luisa / Bélgica / francés
9. Clara y yo / la China / chino
10. José y Anita / la Unión Soviética / ruso

Vocabulario *Verbos regulares que terminan en -ar*

ganar (dinero)	*to earn (money)*	**viajar**	*to travel*
hablar	*to speak, talk*	**visitar**	*to visit*
trabajar	*to work*		

BAILAR

CANTAR

ESTUDIAR

MIRAR (LA TELEVISIÓN)

NADAR

MANEJAR (EL COCHE)

ESCUCHAR (LA RADIO)

TOCAR (LA GUITARRA)

Ejercicio 4. *Actividades*
Replace the italicized subjects with the subjects in parentheses. Change the verbs accordingly.

Modelo: *Pilar* nada. (nosotros) **Nosotros nadamos.**

1. *Pedro* canta. (Felipe y Luis ; yo ; nosotras ; tú ; Uds.)
2. *Luisa* toca el piano. (yo ; Isabel ; el profesor y yo ; tú ; Juan y José)
3. *El señor García* viaja. (Carmen ; Elena y Ud. ; tú ; Ud. y yo)
4. *Isabel* mira la televisión. (yo ; tú ; nosotros ; Enrique ; Uds.)
5. *Carmen* escucha la radio. (Manuel y Carmen ; nosotras ; tú ; yo ; Ana)
6. *Mamá* maneja el coche. (yo ; nosotros ; papá ; tú ; mamá y papá)
7. *Luis* gana dinero. (nosotros ; Luis y Luisa ; yo ; tú ; Elba)

Vocabulario *Palabras útiles*

EXPRESIONES

y	*and*	Isabel **y** Luis estudian ciencias naturales.
o	*or*	¿Estudian biología **o** física ?
pero	*but*	Trabajan mucho **pero** ganan poco dinero.
a	*to*	Viajamos **a** México.
con	*with*	Hablo **con** Luisa.
de	*from, of, about*	Soy **de** México. Hablo a menudo **de** Acapulco.
en	*at, in*	Estudiamos **en** la Universidad de San Marcos.
bien	*well*	Delia toca **bien** la guitarra,
mal	*badly, poorly*	...pero canta **mal.**
mucho	*much, hard, a lot*	Pedro trabaja **mucho.**
poco	*not much, little*	José trabaja **poco.**
un poco	*a little*	Tú estudias **un poco.**
más	*more*	Yo estudio **más.**
siempre	*always*	Juanita canta **siempre.**
a menudo	*often*	Nado a **menudo.**
también	*also, too*	Uds. nadan **también.**
Sí.	*Yes.*	
Claro. **Por supuesto.** }	*Of course.* }	**Sí (Claro, Por supuesto),** trabajo mucho.
No. **Claro que no.**	*No.* *Of course not.* }	**No (Claro que no),** no gano mucho.

OBSERVACIÓN

E is used instead of **y** before a word beginning with **i** or **hi.**
U is used instead of **o** before a word beginning with **o** or **ho.**

Hablo español **y** francés. Pedro habla español **e** inglés.
¿Luis **o** Pedro ? ¿Luis **u** Olga ?

Ejercicio 5.　*¡Por supuesto!*

Ask a classmate if he or she is taking the following subjects. In the answers, your classmate will use one of the affirmative or negative expressions presented in the Vocabulario.

> **Modelos:**　español:　**— ¿ Estudias español ?**
> **—Por supuesto.**
>
> 　　　　　italiano:　**— ¿ Estudias italiano ?**
> **—Claro. (Claro que no.)**

1. francés *(French)*
2. alemán *(German)*
3. ruso *(Russian)*
4. música
5. arte

6. matemáticas
7. física
8. química *(chemistry)*
9. biología
10. sociología

11. psicología
12. historia
13. economía
14. literatura
15. ciencias políticas

Ejercicio 6.　*Diferencias*

Read how the following people do something. Then say that the person in parentheses does the same thing differently.

> **Modelo:**　Carlos toca la guitarra bien. (Clara / mal)
> **Clara toca la guitarra mal.**

1. Yo manejo bien. (Tú / mal)
2. Nosotros estudiamos mucho. (Uds. / más)
3. Tomás y David siempre escuchan la radio. (Yo / a menudo)
4. El señor Blanco trabaja mucho. (El doctor Gómez / poco)
5. Tú hablas inglés a menudo. (Ellos / siempre)
6. El profesor toca el piano bien. (Pablo / mal)
7. Ud. gana mucho. (Uds. / poco)
8. Uds. viajan a menudo. (Nosotros / más)

C. Frases negativas

Compare the following affirmative and negative sentences.

Hablo español.	**No** hablo italiano.	*I do **not** speak Italian.*
Pilar canta bien.	Carmen **no** canta bien.	*Carmen does **not** sing well.*
Tú viajas mucho.	Ana **no** viaja **nunca.**	*Ana **never** travels.*

Negative sentences are formed according to the following patterns:

> subject (if expressed) + **no** + verb + rest of sentence (if any)
> subject (if expressed) + **no** + verb + **nunca** + rest of sentence (if any)

NOTA GRAMATICAL

When **nunca** follows the verb, the negative word **no** must be placed before the verb. When **nunca** precedes the verb, the word **no** is omitted.

No trabajo **nunca.** ⎫
Nunca trabajo. ⎭ *I never work.*

Ejercicio 7.   *Los turistas*
Say that the following tourists do not speak the languages of the countries they are visiting. Respond as in the model.

Modelo: Linda (México / español)
          Linda visita México pero no habla español.

1. Luis (Francia / francés)
2. Carmen y Anita (Italia / italiano)
3. Felipe y Enrique (el Canadá / inglés)
4. Clara y yo (la China / chino)
5. tú (Australia / inglés)
6. yo (Guatemala / español)
7. nosotros (el Brasil / portugués)
8. Uds. (España / español)

Ejercicio 8.   *¿Sí o no?*
Say whether or not you or your family do the following things.

Modelo: yo / hablar italiano
          Sí, hablo italiano.   or   **No, no hablo italiano.**

1. yo / bailar bien
2. yo / estudiar matemáticas
3. yo / trabajar mucho
4. mi papá / hablar español
5. mi papá / tocar la guitarra
6. mi papá / viajar a menudo
7. mi mamá / ganar dinero
8. mi mamá / nadar bien
9. mi mamá / manejar el coche
10. mis hermanos *(my brothers and sisters)* / cantar bien
11. mis hermanos / tocar el piano
12. mis hermanos y yo / escuchar música latina

Ejercicio 9.   *Aficiones (Interests)*
Say how much or how often you and your friends do the following things.

Modelo: ¿Escuchan Uds. música latina a menudo o nunca?
          Escuchamos música latina a menudo.

1. ¿Escuchan la radio mucho o nunca?
2. ¿Cantan a menudo o nunca?
3. ¿Nadan mucho o poco?
4. ¿Trabajan mucho o poco?
5. ¿Tocan el piano a menudo o nunca?
6. ¿Viajan mucho o poco?
7. ¿Miran la televisión siempre o nunca?
8. ¿Bailan mucho o poco?

D. Preguntas de *sí* o *no*

The questions below invite yes/no answers. Contrast the word order in each set of questions and answers.

¿ **Estudia Eduardo** inglés ?	Sí, **Eduardo estudia** inglés.
¿ **Toca** la guitarra bien **Isabel ?**	Sí, **Isabel toca** la guitarra bien.
¿ No **miran** la televisión **Ana y Rafael ?**	No, **Ana y Rafael** no **miran** la televisión.

Yes/no questions are formed according to the following patterns:

¿ verb + subject (if expressed) + rest of sentence (if any) ?
¿ verb + rest of sentence (if any) + subject (if expressed) ?

NOTAS GRAMATICALES

1. The negative word **no** comes before the verb, in questions as well as in statements.

2. In conversational speech, declarative statements are often transformed into questions as follows:

   a. by having the voice rise at the end of the sentence.

   ¿ José gana mucho dinero ?   *José earns a lot of money?*

   b. by the addition of a "tag" such as **¿ no ?** or **¿ verdad ?***

   Tomás y Ana bailan bien, **¿ no** ?   *Tomás and Ana dance well, don't they?*

   María es de Puerto Rico, **¿ verdad** ?   *María is from Puerto Rico, isn't she?*

3. Except for **usted** and **ustedes,** subject pronouns are usually not included in questions. They may, however, be used for emphasis or clarification.

   ¿ Trabajas mucho ?
   ¿ Trabaja mucho Ud. ?   *Do you work hard?*

   ¿ Y Clara ? ¿ **Ella** trabaja mucho ?   *And Clara, does **she** work hard?*

**Literally:* [Isn't that the] truth?

Ejercicio 10.   *Diálogo:* ¿ Sí *o* no ?
Ask a classmate if he or she does the following things.

  Modelo: trabajar siempre
            — ¿ **Trabajas siempre ?**
            —**Sí, trabajo siempre.**   or   —**No, no trabajo nunca.**

1. hablar italiano   4. viajar mucho
2. tocar la guitarra   5. visitar California a menudo
3. mirar la televisión a menudo   6. cantar bien

Ejercicio 11.   *Diálogo:* ¿ *Verdad ?*
Ask your classmates if they and their friends do any of the following activities.

  Modelo: viajar a menudo
            —**Uds. viajan a menudo, ¿ verdad ?**
            —**Claro. Viajamos a menudo.**
            or   — **¡ Claro que no ! Nunca viajamos.**

1. escuchar la radio siempre   5. tocar el piano
2. mirar la televisión a menudo   6. cantar a menudo
3. estudiar siempre   7. trabajar siempre
4. nadar mucho   8. bailar

Ejercicio 12.   *Diálogo:* ¿ *No ?*
Ask your professor if he or she does the following things.

  Modelo: cantar bien
            —**Ud. canta bien en español, ¿ no ?**
            —**Por supuesto, canto bien en español. ¿ Y Ud. ?**

1. tocar la guitarra   6. visitar España a menudo
2. trabajar siempre   7. bailar la salsa
3. hablar inglés   8. manejar un Alfa Romeo
4. ganar mucho dinero   9. mirar la televisión
5. viajar mucho   10. escuchar música

Ejercicio 13.   *En español*
Translate the following paragraph into Spanish. Avoid word-for-word translation.

Pepe Martínez studies in Mexico. He speaks Spanish and French and is studying English. He studies a lot. He also plays the guitar and sings very well. José Delgado also studies in Mexico, but he doesn't work much. He is always watching television or listening to the radio.

≋Ahora le toca a Ud. *Mi familia y yo*

Describe yourself in a short paragraph. You may use Adela Vilar's presentation of herself as a model. If you wish, you may use the following phrases as a guide.

Me llamo...
Soy estudiante de la Universidad...
Estudio... (¿ español ? ¿ francés ? ¿ música ? ¿ historia ? ¿ matemáticas ? ¿ computación [*computer science*] ?)
Toco... (¿ la guitarra ? ¿ el piano ? ¿ el violín ? ¿ la flauta ?) pero no toco...
Hablo... (¿ español ? ¿ francés ? ¿ italiano ? ¿ chino ?) y también hablo...
Mi familia habla...
Mi familia es de origen... (¿ europeo ? ¿ africano ? ¿ indio ? ¿ asiático ?
¿ latinoamericano ?)

Fonética *La* h

The letter **h** is always silent in Spanish.

Práctica

Habl*o**	**H**ist*o*ria	**H**ond*u*ras	**H***a*sta	**H***o*la	**H**ospit*a*l
Hot*e*l	**H**ern*a*ndo y **H**umb*e*rto		**H***a*blan		

---

*In all pronunciation exercises in the first six lessons, the vowels of the stressed syllables will be underlined.

Ana María Solé
(de España)

Buenos días.

Me llamo Ana María Solé.

Trabajo en la compañía de teléfonos. Soy secretaria.

¿Me gusta trabajar **aquí?**   Do I like / here

¡Sí y no!

Me gusta trabajar, y me gusta ganar dinero.   I like

Pero **quiero** trabajar en una compañía internacional.   I want

Por eso estudio dos **lenguas:** el inglés y el francés.   For that reason / languages

¿Cuándo estudio?   When

Por la noche.   In the evening

¿Con **quién** estudio?   whom

Con **mi novio,** Alejandro. Él trabaja en una compañía internacional y viaja mucho.   my boyfriend

Y, ¿**por qué** quiero trabajar en una compañía internacional?   why

¡Porque yo también **espero** viajar!   Because / I hope

¿Sí o no?
Are the following statements true? Answer **sí** *or* **no**.

1. Ana María es de España.
2. Es secretaria.
3. Trabaja en una compañía internacional.
4. Gana dinero.
5. Estudia español e inglés.
6. El novio viaja poco.
7. Ana María espera viajar.
8. El novio trabaja en la compañía de teléfonos.

Lengua española

A. Sustantivos y artículos

Nouns are often introduced by articles. Read the sentences below and pay special attention to the articles in boldface.

Pablo habla con **un** muchacho.	*Pablo is talking with* **a** *boy.*
El muchacho habla español.	**The** *boy speaks Spanish.*
Enrique habla con **una** muchacha.	*Enrique is talking with* **a** *girl.*
La muchacha habla italiano.	**The** *girl speaks Italian.*
Ana habla con **unos** amigos.	*Ana is talking with* **some** *friends.*
Los amigos hablan inglés.	**The** *friends speak English.*
María habla con **unas** estudiantes.	*María is talking with* **some** *(female) students.*
Las estudiantes hablan francés.	**The** *students speak French.*

Every Spanish noun has a *gender*. It is either *masculine* or *feminine*.

- *Masculine articles* introduce *masculine nouns*.
- *Feminine articles* introduce *feminine nouns*.

Every noun is either *singular* or *plural*.

- *Singular articles* introduce *singular nouns*.
- *Plural articles* introduce *plural nouns*.

Note the forms of the nouns and articles in the chart below.

	DEFINITE ARTICLES *(THE)*		INDEFINITE ARTICLES *(A, AN, SOME)*	
	Masculine	**Feminine**	**Masculine**	**Feminine**
Singular	**el** muchacho **el** profesor	**la** muchacha **la** profesora	**un** muchacho **un** profesor	**una** muchacha **una** profesora
Plural	**los** muchachos **los** profesores	**las** muchachas **las** profesoras	**unos** muchachos **unos** profesores	**unas** muchachas **unas** profesoras

NOTAS GRAMATICALES

1. In Spanish, all nouns have gender, whether they refer to people or things.

   masculine nouns: el piano   el libro   el dinero
   feminine nouns: la guitarra   la televisión   la radio

2. Most plural nouns are formed as follows:

   a. by adding **s,** if the singular form ends in a vowel

   un muchach**o**   dos muchach**os**   una amig**a**   dos amig**as**
   un hombr**e** *(man)*   dos hombr**es**   una estudiant**e**   dos estudiant**es**

   b. by adding **es,** if the singular form ends in a consonant

   un profesor   dos profesor**es**   una mujer *(woman)*   dos mujer**es**

3. Whether a word is singular or plural, the same syllable is always stressed. An accent mark is used if the syllable stressed does not follow the regular pattern. Contrast:

   joven, jóvenes   explicación, explicaciones

4. Proper names never take a plural ending.

   los Ruiz   los García

5. Titles of address (**Sr., Sra., Srta., doctor, doctora, profesor, profesora**) are preceded by the definite article when speaking about the person, but not when the person is addressed directly.

   El doctor Sánchez trabaja en el hospital.
   Doctor Sánchez, ¿ trabaja Ud. en el hospital ?

Vocabulario *La gente*

un amigo	*friend* (male)	**una amiga**	*friend* (female)
un chico	*boy*	**una chica**	*girl*
un estudiante	*student* (male)	**una estudiante**	*student* (female)
un joven	*young man*	**una joven**	*young woman*
un hermano	*brother*	**una hermana**	*sister*
un hombre	*man*	**una mujer**	*woman*
un muchacho	*boy*	**una muchacha**	*girl*
un novio	*boyfriend*	**una novia**	*girlfriend*
un profesor	*professor, teacher* (male)	**una profesora**	*professor, teacher* (female)
un señor	*gentleman*	**una señora**	*lady*
		una señorita	*young lady*
		la gente	*people*
		una persona	*person*

OBSERVACIONES

1. The gender of a noun that refers to a person almost always reflects that person's sex.

   But: **Persona** is always *feminine,* even when the person referred to is male. **Gente** is always *feminine,* even when the people referred to include men, and it usually takes a singular verb.

2. Some nouns ending in **-ista** can be masculine or feminine.

   un dentista   **una** dentista   **un** artista   **una** artista

Ejercicio 1.   *Curiosidad*
Ana notices that Rafael is talking to various people. She asks a friend who they are.

Modelo: muchacha
Ana: **Rafael habla con una muchacha.**
¿ Cómo se llama la muchacha ?

1. chico
2. hombre
3. señora
4. joven *(m.)*
5. mujer
6. chica
7. muchacho
8. profesor
9. señor
10. amiga
11. joven *(f.)*
12. señorita
13. estudiante *(f.)*
14. profesora
15. estudiante *(m.)*
16. amigo

Ejercicio 2.   *Más curiosidad*
*Ana notices that now Rafael is talking to more people, and she asks her friend
who they are. Use the same people as in Ejercicio 1 but make them plural.*

> Modelo: muchachas
> > Ana: **Rafael habla con unas muchachas.**
> > **¿ Cómo se llaman las muchachas ?**

B. El infinitivo

Note the use of the infinitive in the sentences below.

Carlos **desea trabajar** en Madrid.	*Carlos **wishes to work** in Madrid.*
Espero visitar Barcelona.	*I **hope to visit** Barcelona.*
Me gusta viajar.	*I **like to travel.***

NOTA GRAMATICAL

The infinitive in Spanish is a single word. In English, the infinitive is often
introduced by *to*.

trabajar	*to work*	**visitar**	*to visit*

Vocabulario   *Verbos y expresiones con el infinitivo*

desear	*to wish*	Manuel **desea** visitar Toledo.
esperar	*to hope*	¿ **Esperas** ganar mucho dinero ?
necesitar	*to need*	¿ **Necesitan** Uds. trabajar mucho ?
¿ Te gusta... ?	*Do you like . . . ?*	¿ **Te gusta** viajar ?
Me gusta...	*I like . . .*	Sí, **me gusta** mucho viajar.
¿ Quieres... ?	*Do you want . . . ?*	¿ **Quieres** escuchar la radio?
Quiero...	*I want . . .*	No, **quiero** mirar la televisión.
Es importante...	*It is important . . .*	¿ **Es importante** ganar dinero ?
Es necesario...	*It is necessary . . .*	¿ **Es necesario** estudiar mucho?
Es fácil / difícil...	*It is easy / difficult . . .*	¿ **Es fácil** o **difícil** tocar el piano ?
Es útil / inútil...	*It is useful / useless . . .*	¿ **Es útil** o **inútil** hablar español ?

OBSERVACIÓN

Literally, **me gusta viajar** means *to travel pleases me.*

Ejercicio 3.   *¡ Yo también !*
The following people are all doing things that you hope to do also. Follow the
model to say so.

Modelo: Roberto visita Córdoba.
Yo también espero visitar Córdoba.

1. Isabel y Luisa visitan Sevilla.
2. Antonio habla francés.
3. Elena y Anita cantan bien.
4. Cristina estudia español.
5. Felipe trabaja en Granada.
6. Nosotros viajamos mucho.
7. Luis gana mucho dinero.
8. José toca la guitarra.
9. Beatriz baila bien.
10. Andrés maneja el coche.

Ejercicio 4.   *Opiniones personales*
Ask your classmates what they think about the following activities, using the
expressions in parentheses.

Modelo: (es útil) hablar español
— ¿ **Es útil hablar español ?**
—**Sí, es útil hablar español.**   or   —**No, no es útil hablar español.**

(es útil)
1. hablar francés
2. mirar la televisión
3. estudiar matemáticas
4. escuchar la radio

(es importante)
5. hablar con el profesor
6. ganar mucho dinero
7. manejar bien
8. trabajar

(es difícil)
9. tocar el piano
10. estudiar con amigos
11. bailar el tango
12. nadar bien

Ejercicio 5.   *Diálogo : ¿ Te gusta ?*
Ask a classmate if he or she likes to do the following things.

Modelo: viajar
— ¿ **Te gusta viajar ?**
—**Sí, me gusta viajar.**   or   —**No, no me gusta viajar.**

1. mirar la televisión
2. escuchar música popular
3. estudiar con un amigo
4. hablar español en la clase
5. trabajar
6. ganar dinero
7. bailar
8. tocar el piano
9. nadar
10. manejar un coche

Ejercicio 6. *Yo*
Express your desires and opinions by completing the sentences below.

Modelo: Es difícil...
Es difícil estudiar y mirar la televisión.

1. Quiero...
2. No quiero...
3. Me gusta...
4. No me gusta...
5. Es necesario...
6. No es fácil...
7. Es inútil...
8. Espero...
9. Deseo...
10. Necesito...
11. Es útil...
12. Es importante...

C. Preguntas que solicitan información

The questions below request specific information rather than *yes / no* answers.
Note that each question begins with an interrogative word.

¿**Dónde** trabaja Ana María?	Trabaja **en Barcelona.**
¿**Qué** estudia Ud.?	Estudio **literatura.**
¿**Cómo** toca el piano Anita?	Toca **muy bien.**

Information questions are formed according to the following patterns:

¿ interrogative expression + verb + subject (if expressed) + rest of sentence ?

¿ interrogative expression + verb + rest of sentence + subject (if expressed) ?

Note: In an information question, the interrogative expression is the most
heavily stressed. The voice rises at the beginning of the sentence and falls at
the end.

Vocabulario *Palabras interrogativas*

¿ cómo ?	*how?*	¿ **Cómo** estás ?
¿ cuándo ?	*when?*	¿ **Cuándo** miras la televisión ?
cuando...	*when . . .*	**Cuando** quiero.
¿ dónde ?	*where?*	¿ **Dónde** estudias ?
donde...	*where . . .*	Estudio **donde** trabajo.
¿ por qué ?	*why?*	¿ **Por qué** estudian Uds. español ?
porque...	*because . . .*	**Porque** esperamos viajar a España.
¿ qué ?	*what?*	¿ **Qué** escuchas ?
¿ quién / quiénes ?	{ *who?* / *whom?*	¿ **Quién** toca la guitarra ?
		¿ Con **quién** hablas ?

OBSERVACIONES

1. Interrogative expressions always have a written accent mark. When these words are not used in an interrogative sense, the accent mark is dropped.

No escucho la radio **cuando** estudio.   *I do not listen to the radio **when** I study.*

Estudio **donde** trabajo.   *I study **where** I work.*

2. When a who-question refers to more than one person, the plural form **¿ quiénes ?** is used.

¿ **Quiénes** cantan ?   ***Who** is singing?*
Las chicas.   *The girls.*

3. **¿ Quién / quiénes ?** is also used after prepositions.

¿ **Con quién** estudias ?   ***With whom** are you studying?*

Ejercicio 7.   *¿ Por qué ?*
The following people are engaged in different activities. Ask why.

Modelo: El joven estudia inglés.
¿ Por qué estudia inglés el joven ?

1. El estudiante estudia mucho.
2. La señora canta en español.
3. Los chicos escuchan la radio.
4. La gente viaja a España.
5. El profesor habla con los estudiantes.
6. El Sr. Gómez no maneja.
7. La gente trabaja.
8. Los jóvenes visitan Madrid.

Ejercicio 8.   *Información*
A friend tells you what the following people are doing, and you want to find out all of the details. Formulate questions using the words in parentheses.

Modelo: Esteban nada. (¿ Dónde ?)
¿ Dónde nada Esteban ?

1. Manuel estudia. (¿ Qué ? ¿ Dónde ? ¿ Con quién ? ¿ Por qué ?)
2. Isabel y Clara trabajan. (¿ Dónde ? ¿ Con quiénes ? ¿ Para quién ? ¿ Cuándo ?)
3. Ernesto habla inglés. (¿ Con quién ? ¿ Por qué ? ¿ Cómo ? ¿ Cuándo ?)
4. Pedro y Emilio miran la televisión. (¿ Dónde ? ¿ Cuándo ? ¿ Por qué ?)
5. Pilar estudia medicina. (¿ Por qué ? ¿ Dónde ?)
6. Dolores y Jaime cantan. (¿ Cómo ? ¿ Qué ? ¿ Por qué ? ¿ Cuándo ? ¿ Dónde ?)
7. Carmen maneja. (¿ Qué ? ¿ Cómo ? ¿ Cuándo ? ¿ Por qué ?)
8. Antonio baila. (¿ Cómo ? ¿Con quién ? ¿ Cuándo ?)

Ejercicio 9. *Diálogo: Actividades*

Ask a classmate about his or her activities, using the suggested interrogative words. In each answer, your classmate will use one or both of the phrases in parentheses.

> Modelo: estudiar / ¿ qué ? (español o francés)
> —¿ **Qué estudias ?**
> —**Estudio español.** or —**Estudio español y francés.**

1. hablar español / ¿ cómo ? (bien o mal)
2. hablar español / ¿ dónde ? (en la clase o en la cafetería)
3. hablar con la familia / ¿ qué ? (español o inglés)
4. estudiar / ¿ cuándo ? (siempre o nunca)
5. cantar / ¿ cuánto ? (a menudo o nunca)
6. escuchar / ¿ qué ? (música clásica o música popular)
7. bailar / ¿ dónde ? (en la fiesta o en la clase)
8. manejar / ¿ cómo ? (bien o mal)

D. Pronombres con preposiciones

Note the pronouns that replace the nouns in boldface.

¿ Nadas con **Manuel ?**	Sí, nado con **él.**	*Yes, I swim with **him.***
¿ Hablas de **Isabel ?**	No, no hablo de **ella.**	*No, I'm not talking about **her.***
¿ Trabajas para **Ana y Luis ?**	Sí, trabajo para **ellos.**	*Yes, I work for **them.***

In Spanish, the pronouns used after prepositions such as **de** *(of, from, about),* **con** *(with),* and **para** *(for)* are the same as the subject pronouns, with the following two exceptions:

| (yo) | **mí** | ¿ Hablas de **mí ?** | *Are you talking about **me?*** |
| (tú) | **ti** | No, no hablo de **ti.** | *No, I am not talking about **you.*** |

NOTA GRAMATICAL

Mí and **ti** are never used after **con.** Instead, the single-word forms **conmigo** and **contigo** are used.

> —¿ Quieres estudiar **conmigo ?** — *Do you want to study **with me?***
> —No, no quiero estudiar **contigo.** — *No, I don't want to study **with you.***

Ejercicio 10.   *Preguntas personales*
Ask a classmate the following questions, replacing the nouns with pronouns.

> **Modelo:**   ¿ Trabajas para el profesor González ?
> **No, no trabajo para él.**

1. ¿ Hablas a menudo de los profesores ?
2. ¿ Quieres hablar español conmigo ?
3. ¿ Estudias con tu *(your)* novio/a ?
4. ¿ Manejas el coche de tu papá o de tu mamá ?
5. ¿ Tocas la guitarra con Bruce Springsteen ?
6. ¿ Canta el/la profesor/a para los estudiantes ?
7. ¿ Hablas mucho de tu novio/a ?
8. ¿ Quieres bailar conmigo ?

Ejercicio 11.   *En español*
Esteban runs into his friend Alicia. Put their conversation into Spanish.

ALICIA	Hi, Esteban. Are you working?
ESTEBAN	No, I don't need to earn money.
ALICIA	But don't you want to work?
ESTEBAN	No, I like to dance, to sing, to play the guitar . . .
ALICIA	It is useless to talk with you. So long!

≋Ahora le toca a Ud. *Una descripción personal*

Write a short paragraph describing what you do, what you like to do, and what you hope to do. You may use Ana María Solé's presentation of herself as a model. If you wish, use the following questions as a guide.

¿ De dónde eres ? Soy de...
¿ Trabajas ? ¿ Dónde ? ¿ Ganas mucho o poco dinero ?
¿ Escuchas música popular ? ¿ « rock » ? ¿ música clásica ?
¿ Quieres viajar ? ¿ Quieres visitar Puerto Rico ? ¿ México ? ¿ España ?
  ¿ Sudamérica ?
¿ Dónde deseas trabajar ?
¿ Quieres trabajar para una compañía internacional ? ¿ para qué compañía ?
¿ Te gusta bailar ? ¿ estudiar ? ¿ nadar ?

Fonética *Las consonantes r y rr*

Except at the beginning of a word, the letter **r** represents the Spanish /**r**/, which is produced by a single tap of the tongue against the upper front gum ridge. Say the English phrase *pot o' tea* rapidly, and you will approximate the Spanish **para ti** *(for you)*.

Práctica

María   miro   secretaria   pero   dinero   quiero
primero   miércoles   viernes

Sara espera ganar mucho dinero el martes.

The **erre** sound is similar to the Spanish /**r**/, but in the **erre,** the tongue touches the upper front gum ridge several times in succession. This trilled **r** is represented by the letter **r** at the beginning of a word (or after **n,** as in **Enrique**) and by the letter **rr** in the middle of a word.

Práctica

radio   regular   Roberto   Ricardo   Rita   Rosa
guitarra   terrible   horrible   puertorriqueño

Víctor Marini (de la Argentina)

¡Hola! ¿Qué tal?
Me llamo Víctor Marini.
Mi apellido es italiano pero soy argentino, ¡cien **por ciento**!
No soy estudiante. Soy **músico** y toco con un **conjunto,** Los Fantásticos.
Yo toco la guitarra.
Los **otros** muchachos también tocan instrumentos o cantan.
¿Somos famosos?
Todavía no.
Pero somos jóvenes inteligentes, **simpáticos** y **muy trabajadores.**
Y... ¡somos músicos **estupendos**!

My surname / percent
musician / group

other

Not yet.
nice / very
  hardworking
great

Comprensión

1. ¿Es italiano o argentino Víctor Marini?
2. ¿Por qué no estudia?
3. ¿Qué instrumento toca?
4. ¿Cómo se llama el conjunto con que toca?
5. ¿Son famosos los jóvenes?
6. ¿Son inteligentes y simpáticos?

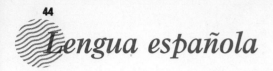 **Lengua española**

A. *Ser*

Some of the most frequently used verbs in Spanish are not conjugated according to a predictable pattern. For this reason, they are called *irregular verbs*.

As you read the sentences below, pay special attention to the present-tense forms of the irregular verb **ser** (*to be*).

(yo)	**Soy** estudiante.	(nosotros)	**Somos** hermanos.
(tú)	**Eres** músico.	(vosotros)	**Sois** novios.
(él)	Víctor **es** un joven.	(ellos)	Ellos **son** doctores.
(ella)	Teresa **es** una amiga.	(ellas)	**Son** hermanas.
(Ud.)	Ud. **es** profesor.	(Uds.)	Uds. **son** personas famosas.

NOTAS GRAMATICALES

1. The word **es** also means *it is* in sentences such as:

   ¿ Quién **es**?   *Who is it?*
   Es Antonio.   *It is Antonio.*

2. After the verb **ser,** the indefinite article is *not* used before a noun defining one's occupation, religion, political belief, or nationality.

   Víctor no es **español.**   *Víctor is not a Spaniard.*
   La Sra. Ruiz es **profesora.**   *Mrs. Ruiz is a professor.*

   However, the indefinite article *is* used when the noun is modified.

   Víctor es **un músico excelente.**   *Víctor is an excellent musician.*

Ejercicio 1.   *Una conferencia internacional*
The following people are attending an international conference in Argentina. Name the cities the participants are from, and say that they are not from the other city listed.

   Modelo: Teresa Mena (Madrid / Buenos Aires)
   Teresa Mena es de Madrid. No es de Buenos Aires.

1. Rafael Puig (Barcelona / Madrid)
2. Uds. (Lima / Bogotá)
3. Andrea y Carmen Ruiz (Caracas / Lima)
4. yo (San Juan / San José)
5. tú (México / Guatemala)
6. Isabel Cañedo (Bogotá / Caracas)
7. José Castro (San Francisco / Los Ángeles)
8. Manuel y Elena Medina (Bilbao / Sevilla)
9. nosotros (Nueva York / Miami)
10. Ud. (Asunción / Montevideo)

B. Los adjetivos

Words used to describe nouns or pronouns are called *adjectives*. Study the forms of the adjectives below, and pay special attention to the endings.

Pedro es generos**o**.	Carmen es generos**a**.
Felipe es inteligent**e**.	Clara es inteligent**e** también.
Juan es libera**l**; no es conservado**r**.	Luisa no es libera**l**; es conservado**ra**.
Luis y Miguel son mexican**os**.	Julia y Marta son mexican**as**.

Adjectives *agree in gender and number* with the nouns they modify.

- *Masculine forms* of adjectives are used with *masculine nouns.*
- *Feminine forms* of adjectives are used with *feminine nouns.*

For regular adjectives, masculine and feminine forms follow the pattern below.

	SINGULAR ENDING		PLURAL ENDING	
Masculine	-o	generoso	-os	generosos
Feminine	-a	generosa	-as	generosas
Masculine	-e	inteligente	-es	inteligentes
Feminine				
Masculine	-consonant	liberal	-consonant + **es**	liberales
Feminine				

NOTAS GRAMATICALES

1. Note the following major exceptions:

   a. Adjectives of nationality that end in a consonant add **-a** in the feminine:

español	español**es**	inglés	ingle**ses**
españo**la**	españo**las**	ingle**sa**	ingle**sas***

   b. Adjectives that end in **-dor** add **-a** in the feminine.

conserva**dor**	conserva**dores**	trabaja**dor**	trabaja**dores**
conserva**dora**	conserva**doras**	trabaja**dora**	trabaja**doras**

2. When a noun or adjective refers to *several people or things*, at least one of which is masculine, the masculine form is used.

   Luis y Carmen son simpátic**os**.

*When the last syllable of an adjective denoting nationality bears a written accent in the masculine singular form, this accent is dropped in the feminine and plural forms.

Vocabulario *Descripción*

ADJETIVOS *el aspecto*

MORENA ≠ RUBIA
(MORENO ≠ RUBIO)

ALTO ≠ BAJO
(ALTA ≠ BAJA)

VIEJO ≠ JOVEN
(VIEJA ≠ JOVEN)

DELGADA ≠ GORDA
(DELGADO ≠ GORDO)

GUAPO ≠ FEO
(GUAPA ≠ FEA)

LINDA = BONITA
(LINDO = BONITO)

ADJETIVOS *el carácter*

bueno ≠ malo	*good ≠ bad*
generoso ≠ egoísta	*generous ≠ selfish*
inteligente ≠ tonto	*intelligent, smart ≠ stupid, foolish*
interesante ≠ aburrido	*interesting ≠ boring*
liberal ≠ conservador	*liberal ≠ conservative*
serio ≠ divertido	*serious ≠ amusing, funny, fun*
simpático ≠ antipático	*nice, agreeable ≠ disagreeable*
trabajador ≠ perezoso	*hardworking ≠ lazy*

ADJETIVOS *la nacionalidad*

español	**(de España)**	*Spanish*
latinoamericano	**(de Latinoamérica)**	*Latin American*
mexicano	**(de México)**	*Mexican*
norteamericano	**(de los Estados Unidos)**	*American (from the United States)*

ADVERBIOS

bastante	*rather, quite, enough*	Carlos es **bastante** trabajador,
demasiado	*too*	**demasiado** serio,
muy	*very*	pero **muy** simpático.

OBSERVACIONES

1. **Guapo** *(handsome)* is used to describe men. **Linda** and **bonita,** as well as **guapa** (meaning *beautiful, pretty, good-looking*), are used to describe women.

2. Adjectives of nationality are not capitalized in Spanish.

Ejercicio 2.   *Cualidades*

The people below have certain predominant qualities. Say what characterizes each one. Replace the names in italics with those in parentheses, making the necessary changes.

> Modelo: *Pablo* es perezoso. (Cristina)
> **Cristina es perezosa.**

1. *Víctor* es muy guapo. (Gustavo ; Julia y Margarita ; Vicente ; Carmen)
2. *Raquel* es muy linda, ¿verdad? (Susana ; Teresa y Rebeca)
3. *Luisa* es bastante baja. (Virginia ; Arturo y Rafael ; Gregorio ; Pilar)
4. *Rodolfo* es muy bueno. (Manuel ; Laura ; Tomás ; Leonor y María)
5. *Miguel* es tonto, ¿no? (Eva ; Raúl ; Josefa ; Paco y Rita)
6. *Leonardo* es muy independiente. (Beatriz ; Jerónimo ; Cecilia y Héctor)
7. *Gloria* es conservadora. (Rafael y Jorge ; Liliana ; Antonia ; Benjamín)
8. *Guillermo* es muy joven. (Marta ; Mateo ; Mercedes ; Juan y Tina)

Ejercicio 3.   *Características opuestas*

The people in each pair below have opposite characteristics. Describe each one, following the model.

> Modelo: Felipe (moreno) / Isabel
> **Felipe es moreno.**
> **Isabel no es morena. Es rubia.**

1. Jaime (alto) / Clara
2. Rafael (gordo) / Anita
3. Tomás (viejo) / Inés
4. Luis (guapo) / Teresa
5. Guillermo (egoísta) / Alicia
6. Esteban (conservador) / Juanita
7. Carlos (perezoso) / Lucía
8. Alonso (aburrido) / Dolores
9. Raúl (simpático) / Pilar
10. Juan (divertido) / Ana
11. Ricardo (feo) / Raquel
12. Alberto (tonto) / Carmen

Ejercicio 4.   *Retratos (Portraits)*
*Prepare simple portraits of yourself and the following people. Use at least three adjectives to describe each one. You may also want to use the adverbs **bastante, demasiado,** and **muy**.*

Modelo: mi *(my)* amigo
**Mi amigo es simpático y generoso. No es aburrido.
Es muy divertido.**

1. yo
2. el presidente
3. mi novio/a
4. el/la profesor/a
5. Bruce Springsteen
6. Santa Claus
7. Los Muppets
8. Madonna
9. Julio Iglesias

El cantante español Julio Iglesias es muy popular.

Hay veinte millones de habitantes en la Ciudad de México. Es la ciudad más grande del mundo. ¿Qué más puede Ud. decir de la ciudad?

Ávila es una pequeña ciudad en España. La muralla *(wall)* alrededor de la ciudad se construyó en el siglo XI. ¿Cómo es diferente Ávila de una ciudad norte-americana?

Los países del Caribe, Centroamérica y algunas partes de Sudamérica tienen un clima tropical. Aquí se ve una selva *(forest)* tropical en Costa Rica. ¿Qué problemas presenta una zona tropical a los habitantes?

La economía de México depende mucho del turismo. En las costas del país hay centenares de bellas playas como las de Cancún. ¿Qué otros países hispanos atraen muchos turistas? ¿Por qué?

En los Andes del Perú, los indios usan las llamas como bestias de carga *(beasts of burden)* porque pueden travesar las montañas fácilmente. ¿Cómo es el clima de esta región? ¿Hay una región similar en los EEUU?

Los gauchos viven en las pampas de la Argentina donde cuidan *(take care of)* el ganado *(cattle)*. Describa el gaucho. ¿Cómo se compara con el «cowboy»?

Los indios de México y de Guatemala son famosos
por sus telas hechas a mano *(fabrics made by hand).*
¿Qué hacen con las telas?

En algunos países hispanoamericanos
más de cincuenta por ciento de la gente
trabaja en la agricultura. ¿Qué cultiva el
hombre en esta foto? ¿Qué otros productos se cultivan en el mundo hispánico?

Los mercados al aire libre son muy populares en los pueblos. ¿Qué venden
estos indios en el mercado?

Muchos méxicoamericanos viven en California y otras partes del suroeste de nuestro país. ¿Qué muestra esta pintura mural de su cultura?

El Paseo del Río es muy famoso en San Antonio, Tejas. Se puede dar un paseo en barco o caminar por allí. Durante los días festivos, se presentan espectáculos hispanos como éste. ¿Cómo se celebran los días festivos en su comunidad?

En la ciudad de Nueva York, los puertorriqueños celebran sus orígenes cada año con un desfile (parade) por la Quinta Avenida. ¿Cuáles son los desfiles más populares de este país?

C. La posición de los adjetivos

Note the position of the adjectives in the answers to the questions below.

¿ Es serio el Sr. Miranda ?   Sí, es un profesor **serio.**
¿ Es simpática Anita ?   Sí, es una chica **simpática.**
¿ Son inteligentes los chicos ?   Sí, son chicos **inteligentes.**

> In Spanish, descriptive adjectives usually come *after* the nouns they modify.

NOTAS GRAMATICALES

1. A few adjectives, such as **bueno** and **malo,** may come before or after nouns. When used before masculine singular nouns, **bueno** and **malo** are shortened to **buen** and **mal.**

   Felipe es un **buen** chico. *or* Es un chico **bueno.**
   Carlos es un **mal** estudiante. *or* Es un estudiante **malo.**

2. In questions with **ser** and an adjective, the word order is:
   ser + adjective + subject.

   ¿ Son serios los estudiantes ?   *Are the students serious?*

   Ejercicio 5.   *El recién llegado (newcomer)*
   A new student has just arrived at your school and wants to know more about the following people. Play both roles with another student, following the models.

   Modelos: Carlos / chico / simpático   María y Adela / chicas / serias
              Estudiante :   **¿ Quién es ?**   **¿ Quiénes son ?**
              Ud. :   **Es Carlos.**   **Son María y Adela.**
              Estudiante :   **¿ Es simpático ?** **¿ Son serias ?**
              Ud. :   **¡ Sí ! Carlos es un chico simpático.**   **¡ Sí ! María y Adela son chicas serias.**

   1. Isabel / chica / simpática
   2. Roberto / muchacho / inteligente
   3. El profesor Leyva / profesor / aburrido
   4. Ignacio / amigo / divertido
   5. Ana / amiga / trabajadora
   6. La profesora Reyes / profesora / conservadora
   7. Luisa y Silvia / estudiantes / mexicanas
   8. Juan y Paco / muchachos / egoístas
   9. Carmen y Pilar / amigas / generosas
   10. El profesor Piñero y la profesora Ruiz / profesores / buenos

Ejercicio 6.   *Su opinión*
Give your opinion about the following people, using **bueno** *or* **malo,** *as in the model.*

> Modelo: Mick Jagger / músico
> **Es un buen (mal) músico. Es un músico bueno (malo).**

1. el presidente
2. el Dr. Jeckyl / doctor
3. Stevie Wonder / músico
4. Barbra Streisand / cantante (*singer*)
5. Jimmy Connors / atleta
6. yo / estudiante

Ejercicio 7.   *¡Soy una persona estupenda!*
Things are off to a slow start socially, so you decide to register with a dating service. You are asked to tell about yourself.

> Modelo: Aspecto físico:
> **Soy bastante baja, soy rubia...**

1. Nombre: Me llamo...
2. Ocupación:
3. Nacionalidad:
4. Aspecto físico:
5. Carácter:
6. Temperamento:

Ejercicio 8.   *¿ Qué opina Ud. ?*
Some Spanish visitors are interested in knowing your opinion of certain popular figures. Tell them what you think, using several adjectives and two sentences as in the model.

> Modelo: Brooke Shields (actriz [*actress*])
> **Brooke Shields es una actriz bonita y alta. Es morena.**

1. Meryl Streep (actriz)
2. Miss Piggy (animal)
3. James Bond (espía)
4. James Michener (novelista)
5. Bill Cosby (cómico)
6. John McEnroe (atleta)
7. Ted Kennedy (político)
8. Julio Iglesias (cantante)

Vocabulario   *Expresiones útiles*

¿ cuál ? ¿ cuáles ?	*which? what?*	**¿ Cuál** es la capital de México ?
¿ qué ?	*what? which?*	**¿ Qué** guitarra quieres ?
¿ cuánto ? ¿ cuánta ?	*how much?*	**¿ Cuánto** dinero gana Ud. ?
¿ cuántos ? ¿ cuántas ?	*how many?*	**¿ Cuántas** chicas hay ?
mucho, mucha	*much, a lot of*	Ganamos **mucho** dinero.
muchos, muchas	*many, a lot of*	¿ Hay **muchas** chicas ?
otro, otra	*other, another*	Necesito **otro** libro.
otros, otras	*other*	Hablo con **otras** estudiantes.
todo el, toda la	*all, all (of) the*	Bailamos **toda la** noche (*night*).
todos los, todas las	*all, all (of) the; every*	Uso **todos los** libros **todos los** días.

OBSERVACIONES

1. **¿ Qué ?** is usually used instead of **¿ cuál ? (¿ cuáles ?)** to introduce a noun. However, **¿ cuál ? (¿ cuáles ?)** is used in front of **ser** when a choice is given. Compare:

    ¿ Qué libro deseas ?   *What (Which) book do you want?*
    ¿ Cuál es tu libro preferido ?   *What (Which) is your favorite book?*

    ¿ Qué amigos invitas ?   *Which friends are you inviting?*
    ¿ Cuáles son los amigos que invitas ?   *Which are the friends that you are inviting?*

2. Note that **otro** has two meanings: *other* and *another*. It is incorrect to use the indefinite article **un/a** with **otro/a** to give it the meaning of *another*.

    ¿ Quieres **otro** libro ?   *Do you want **another** book?*

Ejercicio 9.   *Preguntas personales*

1. ¿ Hay muchos muchachos en la clase ? ¿ Cuántos ? ¿ Cómo son ?
2. ¿ Hay muchas muchachas ? ¿ Cómo son ?
3. ¿ Hay muchos estudiantes extranjeros *(foreign)* en la universidad ?
4. ¿ Qué libro usan Uds. en la clase de español ?
5. ¿ Habla Ud. español todos los días ?
6. ¿ Hablan español todos los estudiantes de la clase ?
7. ¿ Qué programas de televisión mira Ud. ? ¿ Cuál es un programa interesante ?

Ejercicio 10.   *Muchas preguntas*
Replace the italicized expressions with the ones in parentheses. Make all the necessary changes.

1. ¿ Qué *libros* necesitas ? (diccionario, enciclopedias)
2. ¿ Cuánto *dinero* gana Ud. ? (pesos, dólares, pesetas)
3. ¿ Hablas con mucha *gente* ? (personas, profesores, chicas)
4. ¿ Quiere hablar con otra *persona* ? (joven, hombres, personas)
5. ¿ Bailas con otras *chicas* ? (señorita, muchachas, estudiantes)
6. ¿ Necesitamos todos los *libros* ? (enciclopedias, dinero)
7. ¿ Cuál es *el estudiante argentino* ? (los estudiantes chilenos, la profesora de matemáticas)

D. La fecha y los días de la semana

Note how dates are expressed in the sentences below.

Hoy es el 12 (doce) de octubre.   *Today is October 12 (twelfth).*
Mi cumpleaños es el primero de mayo.   *My birthday is May first.*

In Spanish, the date is expressed according to the following pattern:

el + number + **de** + month

NOTAS GRAMATICALES

1. Cardinal numbers are used to give the date. The only exception is the first day of the month.

   el primero de enero   *the first of January; January first*

2. In an abbreviation, the day is given before the month.

   4/7 = el cuatro de julio

Note how the days of the week are used in the examples below.

El viernes trabajo.   *I am working (on) Friday.*
Los sábados no trabajamos.   *We don't work (on) Saturdays.*
Mañana es **domingo.**   *Tomorrow is Sunday.*

The definite article is used with the days of the week, except after **ser.**

- The *singular* form is used to refer to a *specific day*.
- The *plural* form is used to refer to *regular* and *repeated events*.

NOTA GRAMATICAL

In Spanish, there is no equivalent for the word *on* before days of the week. The definite article is used instead.

El sábado no hay clases.   *(On) Saturday, there are no classes.*

Vocabulario *La fecha*

SUSTANTIVOS

el año	*year*
el cumpleaños	*birthday*
el día	*day*
el fin de semana	*weekend*
el mes	*month*
la fecha	*date*
la semana	*week*

LOS DÍAS DE LA SEMANA

(el) domingo	*Sunday*
(el) lunes	*Monday*
(el) martes	*Tuesday*
(el) miércoles	*Wednesday*
(el) jueves	*Thursday*
(el) viernes	*Friday*
(el) sábado	*Saturday*

last Friday

LOS MESES DEL AÑO *son*

monday

enero	julio
febrero	agosto
marzo	septiembre
abril	octubre
mayo	noviembre
junio	diciembre

ADVERBIOS Y EXPRESIONES

ahora	*now*
hoy	*today*
mañana	*tomorrow*

¿Qué día es hoy?	*What day is it today?*
¿Cuál es la fecha de hoy?	*What (Which) is today's date?*

OBSERVACIONES

1. The days of the week and the names of the months are not capitalized in Spanish.
2. Days of the week that end in **-s** in the singular have the same form in the plural.

   Los jueves hay clases.   *(On) Thursdays, there are classes.*

Ejercicio 11.   *El calendario*

1. ¿Cuál es la fecha de hoy?
2. ¿Cuál es la fecha de su *(your)* cumpleaños?
3. ¿Qué día es hoy?
4. ¿Qué día es mañana?
5. ¿Hay clases en su universidad los sábados? ¿los domingos?
6. ¿Qué días tiene *(do you have)* la clase de español?
7. ¿Cuál es el día más *(most)* difícil de la semana?
8. ¿Cuál es la fecha de las siguientes *(following)* fiestas?

¿la Navidad *(Christmas)*? ¿el Día de San Valentín?
¿el Día de la Independencia? ¿el Día de los Veteranos?
¿el cumpleaños de Jorge Washington? ¿Halloween?
¿el Día de la Raza *(Columbus Day)*?

Ejercicio 12. *En español*

Silvia is telling Cristina about her chemistry professor. Put their conversation into Spanish.

CRISTINA   Does Professor Morales speak Spanish?

SILVIA   Oh, yes. He speaks Spanish very well. But he is not from Spain. He is from California.

CRISTINA   And is he nice?

SILVIA   Yes, and he is also intelligent, interesting, and amusing.

CRISTINA   How nice! With an interesting professor, chemistry is interesting also, isn't it **(¿ verdad ?)** ?

SILVIA   No, it is boring!

≋Ahora le toca a Ud.   *¿ Cómo eres ? ¿ Cómo es ?*

1. Describe yourself in a short paragraph, using Víctor Marini's self-portrait as a guide.
2. Describe a friend.
3. Describe a famous person.

Fonética   *La letra* j

The **jota** sound is similar to the one a person makes when breathing on a pair of glasses to clean them. In Spanish, the **jota** sound is represented by the consonant **j,** by **g** before **e** and **i,** and sometimes by **x.**

Práctica

julio   jueves   viajar   trabajar   joven   mujer   bajo

    Julio es un joven muy trabajador.

generoso   gente   general   página *(page)*   Gilda

    La gente de Gijón es muy generosa.

México   mexicano   Oaxaca   Texas

    Jaime es mexicano. Es de Oaxaca.

EN RESUMEN

A. *Replace the italicized words with the words in parentheses. Make all the necessary changes.*

> **Modelo:**   *Yo* hablo español. (Nosotros)
> **Nosotros hablamos español.**

1. Juan *nada* bien. (hablar español; bailar; cantar; manejar; trabajar; tocar la guitarra)
2. Nosotros *viajamos* mucho. (trabajar; estudiar; escuchar la radio; ganar; mirar la televisión)
3. Adela baila *un poco.* (mal; mucho; con Eduardo; bien; también; a menudo; poco; siempre)
4. ¿ *Deseas* hablar con el doctor? (Esperas; Necesitas; Te gusta; Quieres; Es difícil; Es útil)
5. ¿Cuántos *estudiantes* escuchan la radio? (chicos; chicas; gente; jóvenes; personas)
6. Laura es una chica *buena.* (trabajador; mexicano; alto; moreno; delgado; guapo; generoso; serio)
7. Las estudiantes son *inteligentes.* (simpático; español; divertido; interesante; bonito; rubio; liberal)
8. ¿Hay otra *persona* conservadora? (profesor; estudiantes; gente; hombres; mujeres)
9. *Los chicos* son muy divertidos. (Nosotras; Tú; Pablo; Alicia; Alicia y yo; Yo; Las chicas)

B. *Create a complete sentence with the words that are given. Other words can be added. Subject pronouns may be omitted.*

> **Modelo:**   yo / desear / hablar / Ud.
> **Yo deseo hablar con Ud.**   or   **Deseo hablar español con Ud.**

1. las estudiantes / mexicano / ser / simpático
2. nosotros / trabajar / mucho / también
3. Víctor / cantar / tocar / guitarra
4. ¿cuánto / estudiantes / hay?
5. Alberto / no querer / bailar / Inés
6. ser / útil / estudiar / español
7. yo / no mirar / televisión / a menudo
8. el profesor / no hablar / español / otro / estudiantes
9. ¿cuál / ser / fecha / tu cumpleaños?
10. hoy / ser / lunes / 28 / marzo
11. no hay / clases / sábados / y / domingos

Otras perspectivas I

Lectura cultural *¿Hablamos español?*
¡Sí, señor!

El español es la **lengua** de **unas** veite naciones. Es una de las lenguas oficiales de las Naciones Unidas, y es la **quinta** lengua **mundial. Como** el francés, el italiano, el portugués y el **rumano,** es una lengua romance, derivada del latín. **Se dice** que es la **segunda** lengua de los Estados Unidos.

En Los Ángeles...

...**caminamos por Ventura** Boulevard o...
...**comemos** tacos en un restaurante mexicano o...
...**dormimos** la siesta en el patio o...
...**entramos** en un café y **pedimos** un **café** o un helado de chocolate.

En la televisión o en el **cine** miramos un « Western » y escuchamos palabras como « vamoose, rodeo, bonanza, hoosegow, burro ».

Hay muchas **palabras** derivadas del español en el inglés. La influencia del español es especialmente evidente en el oeste de los Estados Unidos. Cuando los conquistadores españoles **llegan** al **Nuevo** Mundo en el **siglo** XVI, establecen colonias y misiones en **esa** región. Y, **hasta** el siglo XIX, una gran parte del oeste es territorio mexicano. La economía en **esa época** se basa en la agricultura, principalmente en la **ganadería. Por eso,** muchas palabras españolas que se refieren a la ganadería entran en el vocabulario de los **vaqueros.** « Vamoose » es de **vamos ;** « hoosegow » es de **juzgado ;** y « rodeo » es de **rodear.**

Los **mismos** conquistadores y misioneros **dan** nombres españoles a los **lugares** en el Nuevo Mundo: **Nevada, Colorado, Pueblo, San José** y muchos más.

En las Américas los españoles **descubren** plantas y frutas que no existen en Europa en esa época: el tomate, la banana, el chocolate y el tabaco. Nosotros usamos palabras muy similares **para** estos productos.

Hoy en día, algunas palabras del inglés entran en la lengua española. El béisbol y el básquetbol son muy populares en algunos **países.** La gente viaja en jet o come un sándwich o una hamburguesa. Es otra forma de **intercambio** cultural en nuestra época de comunicaciones fáciles y rápidas.

Margin glosses:
language / some
fifth / world / Like
Rumanian
It is said / second

we walk along /
  Happiness
we eat
we sleep
we ask for / coffee

movies

words

arrive / New / century
that / until
that time
cattle raising /
  Because of this
cowboys
let's go / judged
to encircle

same / give
places / Snowfall /
  Red / Town / St.
  Joseph
discover

for
Nowadays / some
countries
exchange

La misión Carmel, una de las misiones construidas por los españoles en California.

Nota cultural Americans

When asked their nationality, most citizens of the United States respond by saying "American." But the inhabitants of Canada, Central America, and South America are also Americans! Therefore, in Spanish, the inhabitants of the United States are called **estadounidenses** or **norteamericanos,** and those who live in Central and South America are **centroamericanos** and **sudamericanos.**

Actividad A. *Comprensión de lectura*
Indicate whether the following statements are **Cierto** *or* **Falso.** *Correct the statements that are false.*

1. El español se habla *(is spoken)* en cinco naciones.
2. El español es una de las lenguas oficiales de las Naciones Unidas.
3. Solamente *(Only)* el español y el francés son lenguas romances.
4. Hay mucha influencia española en el oeste de los Estados Unidos por *(because of)* la presencia de los españoles y los mexicanos.
5. Los vaqueros usan muchas palabras derivadas del español.
6. Nosotros usamos palabras españolas, pero los hispanos no usan palabras del inglés.

Actividad B. *La geografía*
Test your knowledge of the geography of the Spanish-speaking world by matching the countries on the right with their capitals on the left.

Modelo: Madrid
Capital **Madrid es la capital de España.** country

1 San Salvador
2 Caracas
3 Buenos Aires
4 México
5 Quito
6 Managua
7 Tegucigalpa
8 La Paz
9 Montevideo
10 Lima
11 San José
12 Panamá
13 La Habana
14 Santiago
15 Guatemala
16 Santo Domingo
17 Asunción
18 Bogotá

(la) Argentina* 3
Bolivia 8
Colombia 18
Costa Rica 11
Cuba 13
Chile 14
(el) Ecuador 5
El Salvador 1
Guatemala 15
Honduras 7
México 4
Nicaragua 6
Panamá 12
(el) Paraguay 17
(el) Perú 10
(la) República Dominicana 16
(el) Uruguay 9
Venezuela 2

*The definite article is sometimes used with certain geographical names. Modern usage tends to omit it, particularly after prepositions.

¡ Hola ! ¿ Qué tal ?

Día por día   Conversaciones

I. ¿ QUÉ TAL ?

As Miguel is walking down the street with Carlos, he meets his friend Gloria.

MIGUEL   ¡ Hola, Gloria ! ¿ Cómo estás ?

> ¿ Qué tal ?
> **¿ Cómo andas ?**
> **¿ Cómo te va ?**

How are you doing?
How's everything?

GLORIA   ¡ Hola, Miguel ! **¡ Tanto tiempo !**

> **¡ Tanto gusto de verte !**

It's been a long time!

It's great to see you!

MIGUEL   **Quiero presentarte a** mi amigo Carlos Estrada.

> Me gustaría presentarte a...

I want to introduce
  you to . . .

GLORIA   Mucho gusto, Carlos.

Mucho gusto en conocerte, Carlos.   Pleased to meet you.

CARLOS   **Encantado.**   Delighted (to meet
GLORIA   Ay, Miguel. Quiero hablar más contigo, pero...   you).
         ...ya es tarde.

         ...no tengo tiempo.   I don't have time.
         ...tengo prisa ahora.   I'm in a hurry now.

         ¿ Me llamas ?   Will you call me?
MIGUEL   ¡ Sí ! ¡ Cómo no !

         ¡ Claro !   Of course!
         ¡ Por supuesto !   Of course!

GLORIA   ¡ Hasta luego !
MIGUEL   **¡ Hasta muy pronto !**   See you soon!
CARLOS   **¡ Nos vemos !**   I'll be seeing you!
                                                                 (*literally,* We'll be
                                                                 seeing each other!)

Actividad C.   *Un encuentro (An encounter)*
*Imagine that you have just run into José, an old friend whom you have not
seen in a while. Play the roles with a classmate.*

UD.   Hola, José. ¿ _____ ?
JOSÉ   Hola, _____ . ¿ _____ ?
UD.   ¡ Tanto gusto de verte !
JOSE   ¡ _____ !

Actividad D.   *La presentación*
*José would like to introduce you to his friend Silvia. Play the roles with two
classmates.*

JOSÉ   _____ a mi amiga Silvia.
UD.   _____ , Silvia.
SILVIA   _____ .

Actividad E.   *Tengo prisa (I'm in a hurry)*
*Tell José that you cannot talk with him now, but ask him to call you. Then
say good-bye to him and to Silvia. Play the roles with two other people.*

UD.   Ay, José, quiero hablar más contigo, pero _____ . ¿ _____ ?
JOSÉ   ¡ Sí, _____ !
UD.   ¡ Adiós !
JOSÉ   ¡ _____ !
SILVIA   ¡ _____ !

II. UN LINDO DÍA

As Mrs. Delgado is out strolling with her friend Mrs. Ortega, she meets her neighbor, Mr. Beltrán.

SRA. DELGADO	Buenos días, Sr. Beltrán. ¿Cómo está Ud.?

¡Hola!...   ¿Cómo le va?
Buenas tardes,...

SR. BELTRÁN	Muy bien, Sra. Delgado. ¿Y Ud.?

Bastante bien, gracias...

SRA. DELGADO	Bien, gracias. Me gustaría presentarle a mi amiga, la Sra. Ortega.
SR. BELTRÁN	Mucho gusto en conocerla, señora.
SRA. ORTEGA	Encantada, Sr. Beltrán.
SRA. DELGADO	Es un **lindo** día hoy, ¿no es cierto?

nice

¿verdad?

SR. BELTRÁN	¡Es un día **hermoso**!
SRA. DELGADO	¡Hasta la vista!
SRA. ORTEGA	¡Adiós, Sr. Beltrán!
SR. BELTRÁN	¡Hasta mañana, señoras!

beautiful

Actividad F.   *Otro encuentro*

As you are walking across campus, you see Professor Franco, and you greet him. Play the roles with another person.

UD.	Buenos días, Profesor Franco. ¿ _____ ?
PROFESOR FRANCO	_____ . ¿Y tú?
UD.	_____ .

Actividad G.   *Una presentación*

*Professor Franco's wife (**esposa**) is with him, and he introduces you to her. Play the roles with two other people.*

PROFESOR FRANCO	_____ a mi esposa.
UD.	_____ , Sra. Franco.
SRA. FRANCO	_____ .
PROFESOR FRANCO	Es un lindo día hoy, ¿ _____ ?
UD.	¡Es un día _____ !
PROFESOR FRANCO	¡Adiós, _____ !
UD.	¡ _____ !
SRA. FRANCO	¡ _____ !

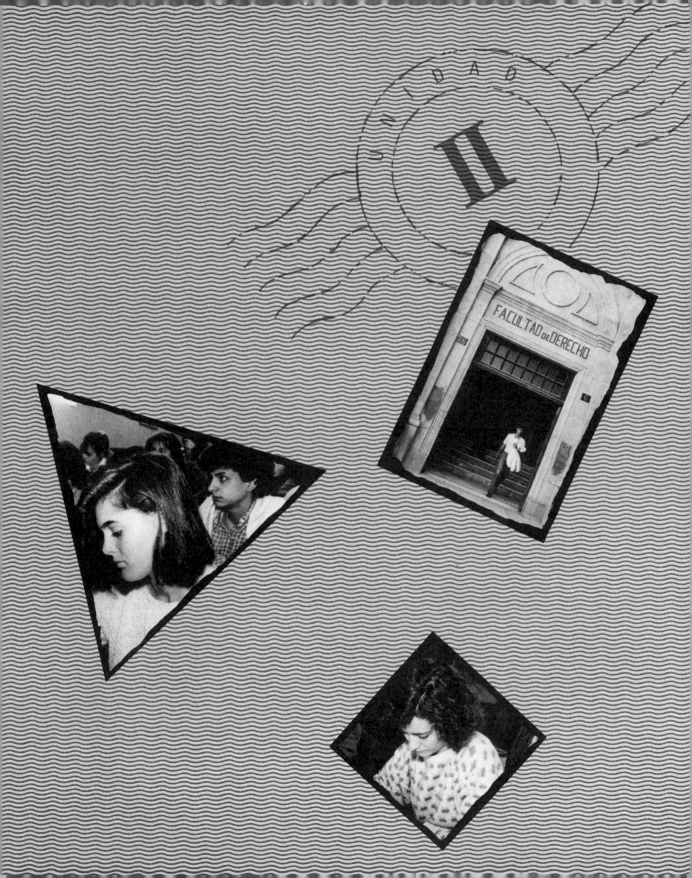

UNIDAD

II

FACULTAD de DERECHO

Miguel no tiene suerte

isn't lucky

Miguel **tiene** dos **entradas para** un concierto **esta noche** y **llama** a unas amigas.

has / tickets for / this evening / calls

MIGUEL	¿Quieres **asistir** al concierto de Julio Iglesias esta noche? **Tengo** dos entradas.	attend I have

Y las amigas responden:

SUSANA	¡Julio Iglesias! ¡El famoso **cantante** español! Pero tengo un examen de historia **mañana** y **todavía tengo que leer** cincuenta páginas.	singer tomorrow / still / I have to read
ALICIA	Muchas gracias, Miguel, pero tengo que **escribir** un artículo para el **periódico estudiantil.**	to write student newspaper
LA MAMÁ DE RITA	Rita **asiste** a una clase **ahora.** ¿Por qué **no llamas más tarde?**	is attending / now / don't you call later
JUANA	¿El concierto de Julio Iglesias? **Mi** novio también tiene dos entradas.	My
DIANA	Miguel, yo estudio la música clásica. No escucho la música popular. Pero si tienes entradas para un concierto de Plácido Domingo...	

Comprensión

1. ¿Cuántas entradas tiene Miguel para el concierto?
2. ¿Quién canta en el concierto?
3. ¿Por qué no asiste al concierto Susana?
4. ¿Qué tiene que escribir Alicia?
5. ¿Dónde está Rita ahora?
6. ¿Qué tiene el novio de Juana?
7. ¿Qué estudia Diana?

Lengua española

A. Verbos regulares que terminan en -er e -ir

Regular verbs ending in **-er** and **-ir** are conjugated like **aprender** *(to learn)* and **vivir** *(to live)*. Note the present-tense forms of these verbs in the sentences below.

	APRENDER	VIVIR
(yo)	**Aprendo** inglés.	**Vivo** en Nueva York.
(tú)	**Aprendes** francés.	**Vives** en Quebec.
(él, ella, Ud.)	**Aprende** italiano.	**Vive** en Roma.
(nosotros)	**Aprendemos** alemán.	**Vivimos** en Berlín.
(vosotros)	**Aprendéis** español.	**Vivís** en Toledo.
(ellos, ellas, Uds.)	**Aprenden** chino.	**Viven** en Hong Kong.

NOTA GRAMATICAL

The present-tense endings of regular **-er** and **-ir** verbs are the same in all forms except **nosotros** and **vosotros**.

Vocabulario *Verbos regulares que terminan en -er e -ir*

aprender	*to learn*	**Aprendo** portugués.
beber	*to drink*	Paco **bebe** mucho café.
comer	*to eat*	**Comemos** en la cafetería.
comprender	*to understand*	¿**Comprende** Ud. español?
correr	*to run*	Alberto **corre** en el maratón.
leer	*to read*	Papá **lee** un poema.
asistir (a)	*to attend, go (to)*	**Asistimos a** un concierto.
escribir	*to write*	¿Qué **escribe** Ud.?
vivir	*to live*	¿Dónde **viven** Uds.?

EXPRESIÓN

que	*that*	Escribe **que** las clases son interesantes.

BEBER   COMER   CORRER

LEER   ASISTIR (A)   ESCRIBIR

YO CORRO

OBSERVACIÓN

Although the conjunction *that* is often omitted in English, the conjunction **que** must always be used in Spanish to join two clauses.

Escribe **que** aprende inglés.   *He writes (that) he is learning English.*

Ejercicio 1.   *¿Qué pasa?*
Use each of the words in parentheses as the subject of the sentence and change the verb accordingly. Remember, the subject pronoun is usually not expressed.

Modelo: Ramón aprende español. (yo)
Aprendo español.

1. Comprendo español. (tú ; tú y yo ; José ; José y María)
2. Siempre asistimos a la clase. (los estudiantes ; el profesor ; yo ; tú)
3. Nunca bebemos café. (tú ; Anita ; Juan y Arturo ; yo)
4. ¿Comes en la cafetería? (Uds. ; Manuel ; yo ; Nicolás y yo)
5. Eduardo escribe un artículo. (Alfredo y yo ; tú ; Uds. ; el profesor)
6. Alberto corre en el maratón. (nosotros ; yo ; ellas ; tú)
7. Ellos no viven en Miami. (Ignacio y yo ; David ; tú ; yo)
8. Gloria lee una novela. (Gloria y yo ; yo ; los chicos ; tú)

Vocabulario *Beber, comer, leer, escribir y vivir*

PARA BEBER

un café	*coffee*	el agua *(f.)*	*water*
un té	*tea*	la cerveza	*beer*
el vino	*wine*	la leche	*milk*
el refresco	*soft drink*		

PARA COMER

un dulce	*(piece of) candy*	la carne	*meat*
un helado	*ice cream*	la fruta	*fruit*
un sándwich	*sandwich*	la hamburguesa	*hamburger*
un pastel	*cake, pastry*	las verduras	*vegetables*
el pan	*bread*	la ensalada	*salad*

PARA LEER

un artículo	*article*	la carta	*letter*
un libro	*book*	las noticias	*news*
un periódico	*newspaper*	la revista	*magazine*

PARA ESCRIBIR

un bolígrafo	*pen*	la máquina de escribir	*typewriter*
un lápiz	*pencil*	una computadora	*computer*
el papel	*paper*		

PARA VIVIR

un apartamento	*apartment*	la casa	*house*
un cuarto	*room*	la residencia	*dorm*

ADJETIVOS

grande ≠ pequeño   *big, large, great ≠ small*

OBSERVACIONES

1. Note that most (but not all) nouns ending in **-o** are masculine, and most (but not all) nouns ending in **-a** are feminine. Here are some nouns that do not follow this pattern:

   la fot**o** *(photo)*   **la** radi**o**   **el** poema   **el** día *(day)*   **el** programa

2. Although **agua** is feminine, the masculine definite article is used: **el agua.** **El** is used instead of **la** before any word beginning with a stressed **a** or **ha.**

   la amiga *but* **el a**gua and **el ha**mbre *(hunger)*

3. Nouns ending in **-z** in the singular drop the **z** and add **-ces** to form the plural.

    un lápi**z**   dos lápi**ces**

4. Note the use of **casa** in the following expressions.

    Vivo **en casa.**   *I live **at home**. (I am **home**.)*
    Escribo **a casa.**   *I am writing **home**.*

5. The adjective **grande** may be placed before or after a noun, but its position affects its meaning. Before a singular noun, the short form **gran** is used.

    un **gran** amigo ⎱
    una **gran** amiga ⎰ *a **great** friend*   un coche **grande** *a **big** car*
                                         una casa **grande** *a **big** house*

Regla
plástica

Ejercicio 2.   *Preguntas personales*

1. ¿Come Ud. en casa? ¿en la cafetería? ¿en un restaurante?
2. ¿Qué bebe Ud. con cereales y bananas? ¿con una hamburguesa? ¿con pizza? ¿con un pastel? ¿con una aspirina?
3. ¿Qué periódico lee Ud.? ¿Lee Ud. las noticias en el periódico o mira las noticias en la televisión? ¿Qué revista es muy interesante / aburrida?
4. ¿Dónde vive Ud.? ¿Dónde espera vivir en el futuro? ¿Vive Ud. en una casa, un apartamento o una residencia? ¿Vive Ud. en un cuarto grande?
5. ¿Escribe Ud. artículos? ¿cartas? ¿poemas? ¿ejercicios? ¿Qué usa Ud. para escribir, un lápiz, un bolígrafo o una máquina de escribir? ¿Es eléctrica la máquina de escribir? ¿Usa Ud. una computadora?
6. ¿Comprende Ud. español? ¿francés? ¿italiano?
7. ¿Siempre asiste Ud. a la clase de español? ¿Qué días asiste a clases? ¿Asiste Ud. a muchos conciertos? ¿a conferencias?

Ejercicio 3.   *¿Qué comen?*
The following people are eating in different places. Select their food and beverages from the list.

    Modelo: el prisionero / la prisión
                El prisionero come pan y bebe agua en la prisión.

1. los estudiantes / un restaurante italiano	caviar y champán
2. el hombre gordo que quiere ser delgado / una cafetería	tacos y cerveza
	pasteles y té
3. tú y yo / McDonald's	hamburguesas y Coca-Cola
4. Ricardo / un restaurante mexicano	una ensalada y café
5. los señores Pérez / un restaurante elegante	pizza y vino
6. tú / un café	carne y leche
7. los atletas / la cafetería	pan y agua
8. los niños / una fiesta de cumpleaños	pastel de chocolate y leche

B. *Tener*

As you read the sentences below, pay special attention to the present-tense forms of the irregular verb **tener** *(to have).*

(yo)	**Tengo** un hermano.	(nosotros)	**Tenemos** papel.
(tú)	**Tienes** una hermana.	(vosotros)	**Tenéis** una revista.
(él, ella, Ud.)	**Tiene** hermanos.	(ellos, ellas, Uds.)	**Tienen** un coche.

NOTA GRAMATICAL

To express obligation, Spanish uses the construction:

tener que + infinitive   *to have to*   —¿ Por qué no miras la televisión ?
—Porque **tengo que estudiar.**

—¿ Qué **tienen** Uds. **que hacer** ?
—**Tenemos que leer** la lección.

Ejercicio 4.   *La abundancia*
Say that the following people have many things. Form statements indicating who has what, following the model.

Modelo: Roberto / libros
Roberto tiene muchos libros.

1. Bárbara / lápices
2. nosotros / plantas
3. el doctor / medicinas
4. tú / revistas
5. Juan y Jaime / novias
6. yo / bolígrafos
7. Uds. / periódicos
8. Cecilia y yo / dinero

Ejercicio 5.   *Diálogo: ¿ Qué tienes ?*
Ask a classmate if he or she has the following items. If the answer is affirmative, use the adjectives in parentheses to continue the conversation, as in the model.

Modelo: bolígrafo (¿ bueno ?)
—¿ Tienes un bolígrafo ?
—Sí, tengo bolígrafo.   or   **—No, no tengo bolígrafo.**
—¿ Es un bolígrafo bueno ?
—Sí, es bueno.   or   **—No, es malo.**
or   **—No, no es un bolígrafo bueno.**

1. sándwich (¿ delicioso ?)
2. libro (¿ interesante ?)
3. revista (¿ española ?)
4. máquina de escribir (¿ eléctrica ?)
5. cuarto (¿ grande ?)
6. amigos (¿ simpáticos ?)
7. una computadora (¿ japonesa ?)

- Ejercicio 6.   *¡ Qué lástima !*
The following students would like to engage in their favorite activities, but they
all have to study. Express this according to the model.

> **Modelo:**   Inés (mirar la televisión)
> **Inés desea mirar la televisión pero tiene que estudiar. ¡ Qué**
> **lástima !**

1. Paco (asistir a un concierto)
2. tú (correr en el parque)
3. yo (leer una novela)
4. Carmen (escribir una carta)

5. nosotros (nadar)
6. los chicos (hablar con las chicas)
7. María y Carlos (bailar)
8. Uds. (escuchar música)

Ejercicio 7.   *Es imposible*
Ask a classmate if he or she wants to do the things in Column A. Your class-
mate will say he or she would like to, but cannot for one of the reasons in
Column B.

> **Modelo:**   visitar España
> **—¿ Quieres visitar España ?**
> **—Sí, pero no tengo dinero.**

A	B
1. bailar	tener que estudiar
2. asistir a un concierto	no tener dinero
3. mirar la televisión	no tener energía
4. tocar el piano	no hay música
5. nadar mañana	no tener tiempo *(time)*
6. ganar mucho dinero	tener que trabajar
7. comer un helado	tener que hablar con el profesor
8. viajar conmigo	tener que asistir a una clase

C. Expresiones con *tener*

Tener is used in many idiomatic expressions that in English use the verb *to be.*

> **Tengo hambre.**
> Como una hamburguesa.

I'm hungry. (literally, *I have hunger.*)

> Susana **tiene sed.**
> Bebe una cerveza.

Susana is thirsty. (literally, *Susana has thirst.*)

> No **tenemos sueño.**
> Bebemos café.

We are not sleepy. (literally, *We do not have sleep.*)

Vocabulario *Expresiones con* tener

tener (mucha) hambre	*to be (very) hungry*	**no tener razón**	*to be wrong*
tener (mucha) sed	*to be (very) thirsty*	**tener (mucho) miedo (de)**	*to be (very) afraid (of)*
tener (mucho) frío	*to be (very) cold*		
tener (mucho) calor	*to be (very) hot, warm*	**tener (mucha) prisa**	*to be in a (big) hurry*
tener (mucha) razón	*to be (very) right*		
		tener (mucho) sueño	*to be (very) sleepy*
		tener (mucha) suerte	*to be (very) lucky*

OBSERVACIÓN

The above **tener** expressions consist of **tener** plus a noun. These expressions may be intensified with the addition of the adjective **mucho/a.**

¿ Tienes hambre ?
¡ Sí, tengo **mucha** hambre ! *Yes, I am **very** hungry!*

Ejercicio 8.   *Lógica*
*Complete the following sentences logically with an expression using **tener.***

1. Bebe mucha agua porque _____ .
2. Pedro come dulces porque _____ .
3. Los chicos nadan porque _____ .
4. Necesito un suéter porque _____ .
5. El profesor Pardo es muy aburrido: yo siempre _____ cuando habla.
6. Nueva York no es la capital de los Estados Unidos. Ud. no _____ .
7. Sí, Madrid es la capital de España. Uds. _____ .
8. Siempre ganamos dinero en la lotería porque _____ .
9. ¿ Corres porque _____ ?
10. Roberto no estudia entomología porque _____ los insectos.

Ejercicio 9.   *Fragmentos de una conversación*
*Ask a classmate the following questions. Your classmate will reply using an expression with **tener.***

Modelo: ¿ Por qué bebes mucho café ?
Porque tengo sueño y tengo que estudiar.

1. ¿ Quieres comer ?   Sí, _____ .
2. ¿ Tienes frío ?   No, _____ .
3. ¿ Quieres beber agua ?   Sí, _____ .
4. ¿ Por qué corres ?   Porque _____ .
5. Yo siempre tengo razón, ¿ verdad ?   No, _____ .

D. Sustantivo + *de* + sustantivo

Contrast the expressions in boldface in the Spanish and English sentences.

Tengo **una clase de historia.**   *I have **a history class.***
El libro de español no es fácil.   ***The Spanish book** is not easy.*
Carmen mira **un programa de televisión.**   *Carmen watches **a television program.***

When one noun is used to qualify another, the following construction is used.

main noun + **de** + qualifying noun

In this construction, the word order in Spanish is the opposite of the word order in English.

un **libro** de inglés   *an English **book***

fotografía

Ejercicio 10.   *Preferencias*
Find out about a classmate's preferences by asking the following questions.

Modelo: ¿ Qué libros lees ? (ciencia-ficción, fotografía, historia)
Leo libros de historia.

1. ¿ Qué revistas lees ? (noticias, fotografía, humor)
2. ¿ Qué programas miras en la televisión ? (política, música, noticias)
3. ¿ Qué clases tienes ? (matemáticas, psicología, biología)
4. ¿ Qué pastel comes ? (chocolate, fruta, banana)
5. ¿ Qué ensalada comes ? (frutas, legumbres, tomates)
6. ¿ Qué programas escuchas en la radio ? (música, noticias, política)
7. ¿ A qué clase te gusta asistir ? (filosofía, español, inglés)

Ejercicio 11.   *En español*
*Translate the following profile of the model student **(el estudiante modelo)** into Spanish.*

Ramón is a model student. He runs in the marathon **(en el maratón),** reads all the books, and is always writing articles or compositions **(composiciones).** He lives in a big apartment and has a small car. Is he lucky ? No, he has no girlfriend.

≋Ahora le toca a Ud. *Para (For) mañana*

What do you have to do tonight to prepare for tomorrow's classes? And is there something you do not have to do? You may use some of the replies in *Miguel no tiene suerte* as a model.

Fonética *Uniones*

In Spanish, two or more words are often linked together so that to the American ear they sound like one long word. When the final vowel of one word is the same as the initial vowel of the following word, the two vowels sound like a single vowel. When a word ending with a consonant precedes a word beginning with a vowel, the consonant is pronounced as if it were the initial sound of the second word.

Práctica

vowel vowel: una amiga de Elena   tú usas   ella admira
                     para Ana

consonant vowel: dos años   el otro hombre   las estudiantes
                     con Anita   los Estados Unidos

El fin de semana, ¡por fin!

*¿ Estudia mucho Ud. ? ¿ Tiene mucho **trabajo**? Sí, por supuesto. Pero ¿ cómo **pasa** Ud. el **tiempo libre**? ¡ Las diversiones también son importantes ! **Aquí** cuatro estudiantes hispanos hablan de los planes que tienen para el fin de semana.*

work
spend / free time / Here

Isabel (del Perú)

El sábado **voy al centro** con Mónica y Susana. **Ellas van a comprar discos.** Y **después** vamos al **cine. Se exhibe una película** nueva con Robert Redford... Es muy guapo, ¿ no ?

I am going downtown / They're going to buy records

afterward / movies / They are showing a film

Fernando (de Chile)

¿ Cómo voy a pasar el fin de semana ? El sábado voy a estudiar... El domingo voy a estudiar... y estudiar... y estudiar... Tengo que leer **trescientas páginas para** el lunes.

three hundred pages for

Elena (de Venezuela)

Siempre paso los sábados y los domingos en la **playa.** ¿ Voy a nadar ? ¿ Quién, yo ? ¡ No, señor ! ¡ Tengo miedo del agua !

beach

Felipe (de España)

Los domingos mis amigos y yo siempre vamos a un partido de fútbol. Después vamos a un café para **tomar algo** y **charlar** un poco. ¿ De qué hablamos ? **Pues,** del partido, de la política y, claro, ¡ de las chicas también !

to drink something / to chat
Well

Comprensión

Select one or more correct answers for each question.

1. Isabel, Mónica y Susana. . .
    a) van a comprar discos en el centro
    b) quieren escuchar los discos inmediatamente
    c) van al cine
    d) van a mirar una película norteamericana
2. Fernando. . .
    a) va a estudiar todo el fin de semana   b) va a estudiar el sábado
    c) tiene que estudiar mucho   d) tiene que leer mucho
    e) tiene planes interesantes
3. Elena. . .
    a) no va mucho a la playa
    b) siempre pasa los fines de semana en la playa
    c) quiere nadar   d) va a la playa pero no nada
4. Felipe. . .
    a) mira los partidos de fútbol en la televisión los domingos
    b) va con sus amigos a un partido de fútbol
    c) va con sus amigos a un café para charlar
    d) habla con sus amigos del fútbol

Lengua española

A. La *a* personal

Contrast each pair of sentences, paying special attention to the words that come after the verbs.

Visitamos **un museo.**	Uds. visitan **a un amigo.**
Carlos escucha **la radio.**	Pedro escucha **a María.**
Silvia mira **la televisión.**	Dolores mira **a los chicos.**

> The personal **a** is used to introduce a direct object when that direct object represents a definite person or persons.

NOTAS GRAMATICALES

1. The personal **a** is not usually used after **tener** and is never used after **hay.**

   Tengo tres hermanos.
   Hay mucha gente en el estadio.

2. The personal **a** is usually repeated before each noun or pronoun.

Carlos invita **a ella** y **a Felipe.**

3. The personal **a** is also used in questions.

¿ A quién miras ahora ?   Miro **a Carmen.**
¿ A qué chico invita Pilar ?   Invita **a Esteban.**

Ejercicio 1.   *En Madrid*
A group of Argentine students is visiting Madrid. Say what or whom each one is looking at.

Modelos: Silvia (el monumento)   Carlos (una chica)
               Silvia mira el monumento.   **Carlos mira a una chica.**

1. yo (el Palacio Real)
2. tú (la Catedral de San Isidro)
3. nosotros (el Museo del Prado)
4. Juan (la gente)
5. Felipe (una turista francesa)
6. Margarita (los coches)
7. Roberto y Alberto (las chicas)
8. Elena y Carmen (los chicos)
9. Jaime (la Plaza Mayor)
10. Adela (las casas)
11. Dolores (la universidad)
12. Mónica (los estudiantes)

B. *De* para indicar posesión

Note how possession and relationship are expressed in the sentences below.

Es el cuarto de Roberto.   *It's Roberto's room.*
Los amigos de Paco son de Oaxaca. *Paco's friends are from Oaxaca.*
La hermana de Carmen no vive en casa. *Carmen's sister doesn't live at home.*

The following construction is used to indicate possession and relationship:

definite article + noun + **de** + article (when needed) + noun

NOTAS GRAMATICALES

1. The word **de** corresponds to the English *of* or *belonging to.* (Spanish does not use an apostrophe to show possession.)

el lápiz **de** María   *the pencil of María*   *María's pencil*
la casa **de** los Gómez   *the house of the Gómez*   *the Gómez's house*

2. Note the following constructions.

¿ De quién es el coche ?   *Whose car is that? (lit. **Of whom** is the car?)*
El coche **es de Elena.**   *The car **belongs to Elena.***

Ejercicio 2.   ¿De quién es?
Imagine that you have found the following objects. You inquire as to their owners. A classmate will answer you.

> Modelo: la guitarra (Isabel)
> —¿ **De quién es la guitarra ?**
> —**La guitarra es de Isabel.**

1. el libro (Felipe)
2. la radio (Ramón)
3. la revista (Lucía)
4. el bolígrafo (María)

5. el diccionario (Raúl)
6. la computadora (Clara)
7. los lápices (la profesora)
8. los sándwiches (Daniel)

C. Las contracciones *al* y *del*

In the sentences below, note the contractions of **a** and **de** with the article **el**.

el profesor	¿Escuchas **al** profesor ?	Hablamos **del** profesor.
el chico	Invitamos **al** chico.	No hablamos **del** chico.
el Perú	Carlos viaja **al** Perú.	Lima es la capital **del** Perú.

> a + el → **al**   de + el → **del**

NOTAS GRAMATICALES

1. The articles **la, los,** and **las** do not form contractions with **a** and **de.**

   Carlos invita **a la** chica.   Pablo habla **de las** chicas.

2. The same contraction **del** is used with a masculine singular noun when indicating possession.

   el coche **del** profesor   la casa **del** señor Fernández
   el coche **de la** profesora   la casa **de la** señora Fernández

Ejercicio 3.   *En el café*
You and your friends are in a café in Madrid looking at people on the street and commenting on them. Express this, following the model.

> Modelo: el muchacho alto
> **Miramos al muchacho alto.**
> **Hablamos del muchacho alto.**

1. la chica rubia
2. los estudiantes norteamericanos
3. el señor gordo
4. el chico moreno
5. las chicas bonitas

6. el señor Rivas
7. los turistas japoneses
8. el doctor González
9. la señora Mena
10. las personas elegantes

Ejercicio 4. *Número equivocado (Wrong number)*
*You seem to have dialed incorrectly. Have a classmate tell you that you have
reached the wrong number.*

Modelo: la familia Gómez / el señor Pareda
—**¿ Hablo con la casa de la familia Gómez ?**
—**No, señor (señorita, señora). Ud. habla con la casa del
señor Pareda.**

1. la señorita Rivas / el doctor López
2. el profesor Hurtado / la familia Correa
3. la señora Rivera / el señor Figueroa
4. la familia Chávez / el vicepresidente
5. el señor Torres / la profesora Córdova

Vocabulario *Actividades del fin de semana*

SUSTANTIVOS

un disco	*record*	**una entrada**	*ticket* (admission)
		una foto	*photograph*
		una película	*film, movie*

LOS LUGARES (PLACES)

el almacén	*department store*	**la biblioteca**	*library*
el café	*café*	**la cafetería**	*cafeteria*
el centro	*downtown*	**la playa**	*beach*
el centro deportivo	*sports center*	**la plaza**	*plaza, square*
el estadio	*stadium*	**la universidad**	*university*
el museo	*museum*		
el teatro	*theater*		

UN PARTIDO DE FÚTBOL   UNA FIESTA   EL CINE   LA TIENDA   EL RESTAURANTE   LA IGLESIA

VERBOS

comprar	to buy	¿**Compras** discos?
charlar	to talk, chat	Es interesante **charlar** contigo.
invitar	to invite	**Invitamos** a María.
llamar	to call	¿Quién **llama**?
llamar (por teléfono)	to phone	**Llamo** a Paco.
llevar	to carry, take (along)	Ella **lleva** muchos libros.
pasar (el tiempo)	to pass, spend (time)	¿Cómo **pasas el tiempo**?
regresar (a) (de)	to return (to) (from)	¿Cuándo **regresas**?
sacar	to take out, take	Tengo que **sacar** un libro de la biblioteca.
tomar	to take	**Toma** el autobús.
tomar	to drink	¿Quieres **tomar** un café?
vender	to sell	No **vendo** la entrada.

PREPOSICIONES

antes de	before	¿Quieres tomar algo **antes de** la película?
después de	after	Tengo que estudiar **después de** la fiesta.
durante	during	¿Tomas fotos **durante** el partido de fútbol?

TELECTRONICO
La televisión de mañana... hoy.

OBSERVACIONES

1. The verbs **llevar, tomar,** and **sacar** all have the general meaning of *to take.*

   a. **Llevar** is used in the sense of *to take along,* and implies movement.

      Llevo a un amigo a la fiesta.   También **llevo** discos.

   b. **Tomar** is used as a synonym for **beber.**

      Tomo un café.

      Tomar may also be used in the sense of *to take transportation.*

      Tomo el autobús.

   c. **Sacar** means *to take out* an object that is inside of another.

      Susana **saca** el coche del garaje.

2. The word **foto** is feminine because it is short for **fotografía** *(photograph).*

Ejercicio 5.   ¿ Dónde ?

Most of our activities take place in specific locations. Express this by complet-ing each of the following sentences with the name of the place that fits logically.

Modelo: Estudiamos _____ .
           Estudiamos en la biblioteca (en la universidad...).

1. Felipe compra discos _____ .
2. Susana toma un refresco _____ .
3. Elena nada _____ .
4. Juan y Luisa charlan _____ .
5. Tú miras el arte _____ .
6. Miro un drama _____ .

7. Ud. come _____ .
8. Vivo _____ .
9. Miramos una película _____ .
10. Asisto a un partido de fútbol _____ .
11. Los chicos leen _____ .
12. El Sr. Robles vende discos _____ .

Ejercicio 6.   *Preguntas personales*

1. ¿ Bailan Uds. durante las fiestas ?
2. ¿ Sacan Uds. muchos libros de la biblioteca ? ¿ Leen los libros también ?
3. ¿ Estudian Uds. antes del examen o después del examen ?
4. ¿ Pasan Uds. mucho tiempo en la cafetería ? ¿ Por qué ?
5. ¿ Trabajan Uds. durante las vacaciones ? ¿ Por qué ?
6. ¿ Regresan Uds. a la universidad en septiembre ?
7. ¿ Toman Uds. mucho café antes de un examen ? ¿ después de un examen ?
8. ¿ Charlan Uds. durante un examen ?
9. ¿ Leen Uds. la lección antes de la clase o después de la clase ?
10. ¿ Qué llevan Uds. a la clase de español ?
11. ¿ A quién lleva Ud. a una fiesta ?
12. Cuando Ud. va al cine con un/a amigo/a, ¿ quién compra las entradas ?

D. *Ir* e *ir a*

As you read the sentences below, pay special attention to the present-tense forms of the irregular verb **ir** *(to go)* and **ir a** *(to be going to . . .).*

	IR	**IR A** + *INFINITIVE*
(yo)	**Voy** al restaurante.	**Voy a** comer.
(tú)	**Vas** a Puerto Rico.	**Vas a** visitar San Juan.
(él, ella, Ud.)	**Va** al café.	**Va a** tomar un refresco.
(nosotros)	**Vamos** al cine.	**Vamos a** mirar una película.
(vosotros)	**Vais** a España.	**Vais a** pasar un mes en Madrid.
(ellos, ellas, Uds.)	**Van** al estadio.	**Van a** correr.

NOTAS GRAMATICALES

1. Be sure to distinguish between the following constructions:

   ir a   *to go, to be going to a place*   Rafael **va a** la playa.
   ir a + infinitive   *to be going to do something*   Rafael **va a nadar.**

2. The verb form **vamos** may also have the special meaning of *let's* or *let's go.*

   ¡ **Vamos** al cine ! $\begin{cases} \textbf{\textit{We are going}} \textit{ to the movies.} \\ \textbf{\textit{Let's go}} \textit{ to the movies!} \end{cases}$

   Vamos a tomar algo. $\begin{cases} \textbf{\textit{We are going}} \textit{ to have something} \\ \quad \textit{to drink.} \\ \textbf{\textit{Let's (go)}} \textit{ have something to drink.} \end{cases}$

3. The expression **¿ adónde ?** is used with **ir** to ask *where* someone is going.

   ¿ Adónde va Marta ?   ***Where*** *is Marta going?*
                                   (literally, ***To where*** *is she going?*)

   Ejercicio 7.   *Diálogo: ¿ Cómo pasas el fin de semana ?*
   Ask a classmate if he or she often goes to the following places or functions.

   Modelo: el cine
             —¿ **Vas al cine a menudo ?**
             —**Sí, voy al cine a menudo.**
        or   —**No, no voy al cine a menudo.**
        or   —**No, no voy nunca al cine.**

1. un restaurante   5. el centro   9. los partidos de fútbol
2. los almacenes   6. las fiestas   10. el museo
3. la playa   7. el centro deportivo 11. la biblioteca
4. los conciertos   8. el cine   12. el estadio

   Ejercicio 8.   *Después del partido de fútbol*
   Indicate where the following people are going to go after the soccer game.

   Modelo: Clara y yo (el cine)
             Clara y yo vamos a ir al cine después del partido de fútbol.

1. Inés (una fiesta)
2. Raúl y Silvia (casa)
3. yo (un restaurante)
4. tú (un café)
5. nosotros (la cafetería)
6. Uds. (el centro)

Ejercicio 9.   *El lugar apropiado (The right place)*
*When we go somewhere, it is usually for a reason. Make ten sets of logical sentences, combining elements from Columns **A, B,** and **C.** Use the verb **ir** as in the model.*

Modelo: **Elena y Pablo van a un café. Van a tomar algo.**

A	B	C
yo	un café	charlar con un amigo
tú	el centro	bailar
el señor Montero	la cafetería	pasar tiempo
Elena y Pablo	la playa	tomar fotos
Ud. y yo	el museo	tomar café
	un concierto	leer revistas
	una fiesta	estudiar
	una discoteca	comprar lápices
	la universidad	comer
	el almacén	mirar a la gente
	la residencia	nadar
	la biblioteca	asistir a un concierto
	el cine	hablar con el profesor
	el teatro	mirar una comedia
	la tienda	comprar entradas
	la casa	aprender el español
	la clase	

E. La construcción impersonal con *se*

Spanish frequently uses an impersonal construction with **se** that has many English equivalents. Note the following examples:

Aquí **se habla español.**	*Spanish is spoken here.*
	People speak Spanish here.
¿ Dónde **se venden entradas** ?	*Where **are tickets sold**?*
	*Where **do they sell** tickets?*
¿ Cómo **se dice** « thank-you » ?	*How **do you say** "thank-you"?*
	*How **does one say** "thank-you"?*

The impersonal construction with **se** is formed as follows:

se + third-person verb (singular or plural) + subject (if expressed)

NOTA GRAMATICAL

When a subject is not expressed, the verb is in the singular.

En la universidad **se estudia** mucho.   *People study a lot at the university.*

Ejercicio 10. *Aquí se habla...*
Which of the following languages are spoken in the countries named below?
English (inglés), French (francés), Spanish (español), or Portuguese (portugués)?

> Modelo: México
> **En México se habla español.**

1. Francia
2. Australia
3. Chile
4. Portugal
5. Guatemala
6. el Brasil
7. Venezuela
8. el Canadá

Ejercicio 11. *La orientación*
This is your first day in Caracas, Venezuela, so you ask your Venezuelan hosts where things are done. A classmate will answer your questions, as in the model.

> Modelo: vender discos de música venezolana
> **—¿Dónde se venden discos de música venezolana?**
> **—Se venden discos de música venezolana en el almacén (el centro).**

1. tomar café
2. comer sándwiches
3. nadar
4. mirar un partido de fútbol
5. vender diccionarios de español
6. estudiar las ciencias
7. comprar entradas
8. mirar una película

Ejercicio 12.   *En español*

Silvia, Anita, and José are discussing their weekend plans. Put their conversation into Spanish.

JOSÉ How are you going to spend the weekend?

SILVIA I'm going to spend the weekend in the library. I have to study a lot before the biology exam on Monday.

ANITA I'm going to the soccer match. Where are the tickets being sold?

JOSÉ Tickets are sold at the stadium today. I'm not going to the game. I'm going to spend the weekend at the beach.

ANITA When will you return?

JOSÉ Tuesday. I don't have classes on Monday.

SILVIA Some **(Algunos)** students have all the luck.

≋Ahora le toca a Ud.   *¿Cómo pasa Ud. el fin de semana?*

How do you spend your weekends? Select two of the times given below and describe what you do on those weekends.

en julio   cuando no tengo dinero
cuando tengo que estudiar   cuando tengo mucho dinero

Fonética   *Las consonantes* b *y* v

In Spanish, the letters **b** and **v** are generally pronounced the same.

At the beginning of a single word or group of words, or after **n** or **m,** they are pronounced /b/, very much like the English *b* in *boy.*

In the middle of a word or group of words, except after **n** or **m,** they are pronounced /ƀ/. This is a soft *b* sound in which the lips barely touch.

Práctica

/b/: viejo   visitar   viaja   bajo   bonita   bueno
/ƀ/: televisión   trabaja   novio   recibo   divertido   rubio

/b/: Víctor charla con Vicente.   Berta charla con Benjamín.
/ƀ/: Eva no va a visitar Ávila.   Isabel no viaja con Esteban.

Momentos en la vida de un estudiante

*La **vida** estudiantil tiene sus momentos serios y sus momentos divertidos.* life

CARLOS	¿Dónde está **mi cuaderno**? ¡ Necesito mi cuaderno !	my notebook
ENRIQUE	**¡ Tómalo con calma,** hombre ! ¿No está en **tu escritorio**?	Take it easy / your desk
CARLOS	No, no está en mi escritorio, no está en la biblioteca, no está en la cafetería...	
ENRIQUE	¿Por qué **buscas** tu cuaderno ahora? ¿Tienes un examen mañana? ¿Quieres **repasar tus apuntes**?	are you looking for review your notes
CARLOS	No, los apuntes no son importantes.	
ENRIQUE	**Entonces,** ¿por qué necesitas tu cuaderno a las 10:00 **de la noche**? **Total,** no tienes una clase ahora.	Then / at night After all
CARLOS	No, no. No comprendes mi problema. Es Graciela.	
ENRIQUE	¿Graciela?	
CARLOS	Sí, la chica que quiero invitar a la fiesta. ¡ Tengo su número de teléfono en mi cuaderno !	
ENRIQUE	Ahora sí comprendo. ¡ Tomas apuntes muy interesantes !	

Comprensión

1. ¿Qué busca Carlos?
2. ¿Dónde busca su cuaderno?
3. ¿Busca su cuaderno porque tiene un examen mañana?
4. ¿Necesita Carlos sus apuntes?

5. ¿Quién es Graciela?
6. ¿Por qué busca Carlos su cuaderno?
7. ¿Es el problema de Carlos serio o divertido?

Lengua española

A. *Estar*

As you read the sentences below, pay special attention to the present-tense forms of the irregular verb **estar** *(to be).*

ESTAR			
(yo)	**Estoy** en la universidad.	(nosotros)	**Estamos** en Nueva York.
(tú)	**Estás** en la biblioteca.	(vosotros)	**Estáis** en San Juan.
(él, ella, Ud.)	**Está** en el café.	(ellos, ellas, Uds.)	**Están** en Puerto Rico.

NOTAS GRAMATICALES

1. **Estar** is used to express *location*. In this sense, it means *to be* or *to be located.*

    San Juan **está** en Puerto Rico.

2. **Estar** is used in the following expessions.

estar de acuerdo (con)	*to agree (with)*	**Estoy de acuerdo** con Inés.
no estar de acuerdo (con)	*to disagree (with)*	Pero **no estoy de acuerdo** contigo.
estar de vacaciones	*to be on vacation*	Los estudiantes **están de vacaciones.**

Ejercicio 1. *De vacaciones*
The following students are spending their vacations abroad. Express this and say where each one is.

   Modelo: Carmen / Bogotá
            Carmen está de vacaciones. Está en Bogotá.

1. Pedro / Lima
2. Ud. / Asunción
3. yo / Córdoba
4. tú / Madrid
5. nosotros / Caracas
6. Uds. / París
7. Marta y yo / San Juan
8. Jaime y Federico / Cuzco

Ejercicio 2.   *Diversiones*
*Say whether or not you do the things indicated in parentheses when you are
in the situation or place mentioned.*

Modelo: en una fiesta (bailar)
Cuando estoy en una fiesta, bailo (no bailo).

1. en un café (tomar algo ; estudiar ; charlar ; mirar a la gente)
2. en una fiesta (bailar ; charlar ; escuchar música ; comer pasteles ; leer una revista)
3. en la playa (tomar el sol ; nadar ; correr ; leer ; beber refrescos)
4. con amigos (escuchar discos ; cantar ; bailar ; mirar la televisión)
5. de vacaciones (llevar una cámara ; ir a la playa ; visitar a amigos ; sacar libros de la biblioteca ; trabajar)
6. en el estadio (tomar cerveza ; mirar a la gente ; charlar ; tomar fotos)

Vocabulario   *Los estudios*

SUSTANTIVOS

los apuntes	*notes*	**una beca**	*scholarship*
un compañero de clase	*classmate*	**una calculadora**	*calculator*
un cuaderno	*notebook*	**una cinta**	*tape*
un ejercicio	*exercise*	**una compañera de clase**	*classmate*
un escritorio	*desk*	**una lengua**	*language*
los estudios	*studies*	**una nota**	*grade*
un examen (los exámenes)	*exam(s), test(s)*	**una página**	*page*
un laboratorio	*laboratory*	**una palabra**	*word*
un nombre	*name*	**una pregunta**	*question*
el reloj	*clock, watch*	**una respuesta**	*answer*
el trabajo	*work, job*	**una tarea**	*homework (assignment)*

VERBOS

buscar	*to look for*	**Busco** un lápiz.
contestar	*to answer*	Paco **contesta** la pregunta.
enseñar	*to teach*	Aquí se **enseña** español.
preguntar	*to ask*	Carlos **pregunta** dónde está su cuaderno.
repasar	*to review*	**Repasamos** los verbos.
tomar un examen	*to take an exam*	**Tomo** un examen mañana.
sacar una nota	*to get a grade*	Cuando estudias, **sacas buenas notas.**

EXPRESIONES

aquí	*here*	Trabajo **aquí.**
ahí, allí	*there*	¿Estudias **ahí**?
allá	*over there*	La cafetería está **allá.**
cerca (de)	*near, close (to)*	La biblioteca está **cerca de** la residencia.
lejos (de)	*far (from)*	Pero está **lejos de** la cafetería.

OBSERVACIÓN

In Spanish, certain adverbs of place may be transformed into prepositions with the addition of the word **de.**

adverb: El cine está **cerca.** — *The movie is **nearby**.*
preposition: El cine está **cerca del** almacén. — *The movie is **near** the department store.*

Ejercicio 3. *Diálogo: Preguntas personales*
Learn more about one of your classmates by asking the following questions.
(Note: A veces means sometimes.)

Modelo: —¿Estudias mucho?
—**Sí, estudio mucho.** or —**No, no estudio mucho.**
or —**A veces estudio mucho.**

1. ¿Tomas muchos apuntes en la clase de español?
2. ¿Te gusta aprender una lengua?
3. ¿Escribes los ejercicios antes de la clase?
4. ¿Buscas muchas palabras en el diccionario?
5. ¿Estudias mucho antes de un examen?
6. ¿Tienes mucho trabajo?
7. ¿Escuchas cintas en el laboratorio de lenguas?
8. ¿Sacas buenas notas?
9. ¿Comprendes las preguntas del profesor?
10. ¿Preparas la tarea?

Ejercicio 4. *¿Está Ud. de acuerdo o no?*
Indicate whether you agree or disagree with the following statements by saying
Estoy de acuerdo *or* ***No estoy de acuerdo.***

1. Es importante hablar otra lengua.
2. Hay muchas palabras similares en español e inglés.
3. Es necesario repasar mucho antes del examen final.
4. Es importante sacar buenas notas.
5. Los atletas deben *(ought to)* tener becas.
6. Tenemos muchas tareas en la clase de español.
7. Todos los profesores de mi universidad enseñan bien.
8. Es difícil buscar trabajo.

Los estudiantes universitarios están cerca de los dormitorios.

Ejercicio 5. *La orientación geográfica*
Help a foreign student get oriented on your campus and in your town by explaining where the following places are located in relation to each other.

Modelo: la cafetería / aquí
La cafetería está cerca de (lejos de) aquí.

1. mi residencia (casa) / la universidad
2. la biblioteca / la cafetería
3. el centro deportivo / los dormitorios
4. la estación / el centro
5. la playa / el centro
6. las tiendas / la universidad

Ejercicio 6. *Todo en orden (Everything in order)*
Match the items in Column A with a place in Column B where they could be found.

Modelo: **Hay libros en una biblioteca.**

A	B
1. un cuaderno	un laboratorio de lenguas
2. un reloj	una clase de matemáticas
3. un bolígrafo	un diccionario
4. compañeros de clase	un escritorio
5. cintas	un cuarto
6. una calculadora	un libro
7. una página	una biblioteca
8. una palabra	un coche
9. una respuesta	
10. una computadora	

B. Adjetivos posesivos

Possessive adjectives are used to indicate ownership or relationship. Note the forms of the possessive adjectives in the chart below.

POSSESSIVE ADJECTIVES

Possessors	Singular		Plural		English Equivalents
(yo)	**mi**	**mi** libro	**mis**	**mis** libros	*my*
(tú)	**tu**	**tu** amiga	**tus**	**tus** amigas	*your*
(él) (ella) (Ud.)	**su**	**su** cuaderno	**sus**	**sus** cuadernos	*his, its* *her, its* *your*
(nosotros)	**nuestro/a**	**nuestro** papá	**nuestros/as**	**nuestros** discos	*our*
(vosotros)	**vuestro/a**	**vuestra** mamá	**vuestros/as**	**vuestras** cintas	*your*
(ellos, ellas) (Uds.)	**su**	**su** fiesta	**sus**	**sus** apuntes	*their* *your*

NOTAS GRAMATICALES

1. Like all other adjectives, the possessive adjective agrees with the noun it introduces in gender and number.

   mi papá   **mi** mamá   **mis** herman**os**   **mis** herman**as**

   Only **nuestro** and **vuestro** have separate masculine and feminine forms.

   nuestr**o** papá   nuestr**a** mamá   nuestr**os** herman**os**   nuestr**as** herman**as**

2. Note that **su/sus** has several meanings.

la(s) amiga(s) de Clara	**su(s)** amiga(s)	*her friend(s)*
la(s) amiga(s) de Roberto	**su(s)** amiga(s)	*his friend(s)*
la(s) amiga(s) de Pedro y de Ramón	**su(s)** amiga(s)	*their friend(s)*
la(s) amiga(s) de Ud.	**su(s)** amiga(s)	*your friend(s)*

   To avoid possible ambiguity, the following phrases are often used instead of **su/sus : de él, de ella, de Ud., de ellos, de ellas, de Uds.**

   ¿Es José hermano de Paco o de Ana ?   Es hermano **de ella.** (= de Ana)

Ejercicio 7. *Diálogo: Preferencias*

Ask a classmate about his or her preferences, following the model. (Note:
Preferido/a *means* favorite.)

Modelo: el artista
—¿ **Cuál es tu artista preferido ?**
—**Mi artista preferido es Pablo Picasso.**

1. el atleta
2. el músico
3. la actriz *(actress)*
4. la revista
5. la clase
6. la película

Vocabulario *La familia*

EL ABUELO EL PADRE LA MADRE LA HIJA LA ABUELA

EL HIJO EL PERRO EL GATO

SUSTANTIVOS

el esposo	*husband*	**la esposa**	*wife*
el niño	*child* (male)	**la niña**	*child* (female)
el papá	*dad*	**la mamá**	*mom*
el primo	*cousin* (male)	**la prima**	*cousin* (female)
el sobrino	*nephew*	**la sobrina**	*niece*
el tío	*uncle*	**la tía**	*aunt*

ADJETIVOS

mayor	*older, oldest*	Juan es mi hermano **mayor.**
menor	*younger, youngest*	Elena es mi hermana **menor.**

OBSERVACIÓN

The masculine plural forms of the preceding terms are used to refer to groups
that include both males and females.

los abuelos	*grandparents*	**los niños**	*children*
los hermanos	*brothers and sisters*	**los padres**	*parents*
los hijos	*children, sons and daughters*	**los tíos**	*aunts and uncles*

Ejercicio 8.   *La graduación*
After the graduation ceremony, the graduates are chatting with their guests.
Express this, as in the model.

> Modelo: Carlos (las amigas)
> **Carlos charla con sus amigas.**

1. Felipe (el primo)
2. Luisa (la prima)
3. Raquel (el tío)
4. tú (la mamá)
5. Uds. (los abuelos)

6. yo (los padres)
7. nosotros (la tía)
8. Miguel y yo (los tíos)
9. Carmen (las amigas)
10. mis amigos y yo (los profesores)

Ejercicio 9.   *La clase ideal*
Professor Arenas asks a lot of questions. Answer them affirmatively, according
to the model.

> Modelo: (a Enrique)   ¿ Tiene Ud. su cuaderno ?
> Enrique :   **Sí, tengo mi cuaderno.**

(a Enrique)

1. ¿ Busca sus apuntes ?
2. ¿ Tiene el cuaderno de Carlos ?
3. ¿ Necesita mi calculadora ?
4. ¿ Escucha las cintas de Ana ?
5. ¿ Lee su libro ?

(a los estudiantes)

6. ¿ Contestan Uds. mis preguntas ?
7. ¿ Tienen Uds. su tarea ?
8. ¿ Repasan sus apuntes ?
9. ¿ Escuchan Uds. la pregunta de Luis ?
10. ¿ Comprenden Uds. la respuesta de Ana ?

Domingo 5 de Mayo, DIA DE LA MADRE

C. La hora

The verb **ser** is used in expressions of time.

¿ Qué hora **es** ?   *What time is it?*
Son las cuatro.   *It's four (o'clock).*

Vocabulario *La hora*

ES LA UNA.

SON LAS DOS.

ES MEDIODÍA.

ES MEDIANOCHE.

SON LAS
DIEZ Y CUARTO.

SON LAS
TRES Y MEDIA.

SON LAS CINCO
MENOS CUARTO.

SON LAS
CINCO Y CINCO.

ES LA
UNA Y VEINTE.

SON LAS NUEVE
MENOS DIEZ.

EXPRESIONES

¿ **Qué hora es** ?   *What time is it?*   ¿ **Qué hora es** ahora ?
¿ **A qué hora...** ?   *When? / At what time . . . ?*   ¿ **A qué hora** vas al cine?
...a las tres.   *. . . at three (o'clock).*   Voy al cine **a las tres.**

...de la mañana.   *. . . in the morning.*   Son las diez **de la mañana.**
...de la tarde.   *. . . in the afternoon.*   La clase es a la una **de la tarde.**
...de la noche.   *. . . in the evening, at night.*   Miro la televisión a las nueve **de la noche.**
   Ahora son las ocho y media.

OBSERVACIONES

1. The singular verb **es** is used only with **la una, mediodía,** and **medianoche.** With other hours, **son** is used.

2. When the question is **¿A qué hora...?, ser** is not used in the answer. The verb in the question is used.

> **¿A qué hora** comes?   **Como** a la una.

3. To distinguish between A.M. and P.M. in informal conversation, Spanish-speakers use the expressions **de la mañana, de la tarde, de la noche.*** However, the expressions **por la mañana, por la tarde,** and **por la noche** are used if there is no specific time mentioned. Contrast:

> Trabajo **a las diez de la mañana.**   *I work at ten in the morning.*
> Trabajo **por la mañana.**   *I work in the morning.*

Ejercicio 10.   *La hora española*
There is a six-hour time difference between New York and Madrid. Indicate what time it is in Madrid at each of the following New York times.

> Modelo: 1:00
> **Cuando es la una en Nueva York, son las siete en Madrid.**

1. 1:15   5. 3:10
2. 1:20   6. 4:25
3. 1:30   7. 4:35
4. 2:05   8. 4:50

Ejercicio 11.   *Su horario (Your schedule)*

1. ¿Qué hora es ahora?
2. ¿Qué hora va a ser en diez minutos? ¿en veinte minutos?
3. ¿A qué hora tiene Ud. la clase de español?
4. ¿A qué hora come Ud. por la mañana? ¿por la tarde? ¿por la noche?
5. ¿A qué hora escucha Ud. las noticias?
6. ¿A qué hora tiene Ud. que estar en su primera *(first)* clase?
7. ¿A qué hora va Ud. al centro deportivo?
8. ¿A qué hora llama Ud. a larga distancia *(long-distance)*?

---

*The twenty-four-hour clock is often used to express official time.
20:30 = **veinte horas, treinta minutos** = *8:30 P.M.*

D. *Ser* vs. *estar* (Primera parte)

Both **ser** and **estar** mean *to be;* however, they are not interchangeable. Each verb is used in different instances. Contrast the uses of the two verbs in the following sentences.

Soy estudiante.	Ahora **estoy** en la biblioteca.
Marta **es** de Puerto Rico.	Pero ahora no **está** en San Juan.
Son las diez de la noche.	La familia Hernández **está** en casa.

Ser is used to indicate:

identity:	¿ Quién **es**? **Es** Miguel.
profession:	El Sr. Gómez **es** profesor.
origin:	**Es** de México. **Es** mexicano.
religious and political affiliation:	**Es** católico. **Es** socialista.
time of day:	**Es** la una.
possession:	¿ De quién **es** el libro? **Es** de Julio.

Estar is used to indicate:

location:	María **está** en la biblioteca.
	San Juan **está** en Puerto Rico.

NOTAS GRAMATICALES

1. Remember that after **ser,** the indefinite article **un/una** is not used before the name of a profession, unless that name is modified by an adjective.

   El Sr. Gómez es profesor.   Es **un** profesor mexicano.

2. Note the interrogative expressions that correspond to *where.*

¿ dónde ?	location: with **estar**	**¿ Dónde está** la plaza ?	*Where is the* **square?**
¿ de dónde ?	origin: with **ser**	**¿ De dónde son** Uds. ?	*Where are you from?*
¿ adónde ?	destination: with **ir**	**¿ Adónde va** Juan ?	*Where is Juan going (to)?*

Ejercicio 12.   *Estudiantes latinoamericanos*
*The following Latin American students are presently studying in the United
States. Say where each one is from and where each one is at this time.*

> Modelo: Inés (Colombia / colombiana / San Diego)
> **Inés es de Colombia. Es colombiana. Ahora está en San Diego.**

1. Pedro (la Argentina / argentino / Santa Cruz)
2. Silvia (Bolivia / boliviana / Santa Fe)
3. Carmen y Alfonso (Chile / chilenos / Tampa)
4. Luisa y Ramón (Venezuela / venezolanos / San Antonio)
5. yo (el Ecuador / ecuatoriano / Nueva York)
6. tú (el Perú / peruano / Chicago)
7. Ud. y yo (Guatemala / guatemaltecos / Pueblo)
8. Uds. (Nicaragua / nicaragüenses / Albuquerque)

Ejercicio 13.   *Ocupaciones*
*One generally works at a specific location. Make ten sets of logical sentences
using elements from Columns **A**, **B**, and **C** with the appropriate forms of **ser**
and **estar**.*

> Modelo: **Carmen es estudiante. Ahora está en la universidad.**

A	B	C
yo	estudiante	la capital
tú	profesor/a	la universidad
Carmen	doctor/a	la biblioteca
Pablo y Ricardo	recepcionista	el hospital
Ud.	secretaria	la oficina
Uds.	atleta	el estadio
nosotros	presidente	la clase de español
		el hotel

Ejercicio 14.   *En español*
*Carlos goes to the language lab to listen to the tapes for his English class. The
following dialogue is between Pilar, the student who assists in the lab, and
Carlos. Put it into Spanish.*

CARLOS   I have to listen to the English tapes.
PILAR   What tapes do you need?
CARLOS   The tapes for exercises 5, 6, and 7 on page 103 in my lab manual.
PILAR   Here they are. What English class are you in?
CARLOS   Professor Wilson's class. Mondays, Wednesdays, and Fridays at
eleven o'clock.
PILAR   Do you have a lot of homework?
CARLOS   A lot. And tomorrow we have an exam.
PILAR   Are you getting good grades?
CARLOS   I have to get good grades. I have a scholarship!

≋Ahora le toca a Ud. *Pensamientos (Thoughts)*

Many thoughts will be going through your mind as you wait to receive your diploma on graduation day. Express some of them by completing the following sentences.

Mi familia y mis amigos que están aquí hoy son...
Ahora no tengo que...
Pero ahora tengo que...

Mañana...
El año próximo...
Espero...

Fonética *La consonante* d

At the beginning of a single word or group of words, or after **n** or **l,** the letter **d** is pronounced **/d/,** very much like the English *d* in *dog.*

In the middle of a word or group of words, except after **n** or **l,** it is pronounced **/d̶/,** like the English *th* in *the.*

Práctica

/d/:	**d**eseo	**d**ifícil	**d**e	**d**ía	**d**isco	**d**omingo
	discoteca	**d**iez			
/d̶/:	sá**b**ado	hela**d**o	parti**d**o	esta**d**io	ra**d**io	na**d**a
/d/ and **/d̶/:**	**d**elga**d**o	**d**iverti**d**o	**d**escansa**d**o	¿**d**ónde?	

EN RESUMEN

A. *Substitute the expressions in parentheses for the italicized words. Make all necessary changes.*

1. Emilia *estudia español.* (aprender el vocabulario ; comprender la gramática ; leer la lección ; escribir la tarea)
2. Tú *tomas café con leche.* (beber un refresco ; comer una ensalada ; tener hambre ; comprar un sándwich ; tener sed)
3. Nosotros *contestamos las preguntas.* (tener prisa ; vivir en la residencia ; escribir la tarea ; correr todos los días)
4. Yo *compro una revista.* (leer la revista ; tener calor ; llamar a mis primos ; regresar a las 11:00 ; charlar con mis amigos)
5. Mis compañeros de clase *escuchan las cintas.* (sacar buenas notas ; contestar en español ; tomar un examen ; repasar la lección)
6. María va a visitar *a su tía.* (sus amigas ; Madrid ; Carolina ; el museo ; Enrique y Miguel)
7. *Javier* charla con su tío. (tú ; yo ; mi hermano y yo ; Javier y Consuelo)
8. *Yo* busco a mi hermana. (nosotros ; Pepe ; tú ; Maruja y Lidia)
9. Aquí se *habla español.* (hablar dos lenguas ; vender revistas ; comprar las entradas ; beber café)

B. *Complete the sentences with the correct form of **ser, estar,** or **tener.***

1. Hoy _____ miércoles.
2. ¿ _____ Ud. sed ? La cafetería _____ cerca de aquí.
3. ¿ Qué hora _____ ? ¿ _____ la una ? Tengo que _____ en la clase de español ahora.
4. ¿ De dónde _____ el esposo de la Sra. Delgado ?
5. Él _____ español, pero ahora _____ en Venezuela porque _____ presidente de una compañía internacional.
6. Horacio _____ calor. Él no _____ bien.
7. ¿ _____ fácil tocar la trompeta ?
8. La revista _____ de España. _____ en la biblioteca.
9. Juan _____ alto, guapo e inteligente. ¡ _____ mi hombre ideal !

C. *The following schedule gives the flights of Iberia, the Spanish national air-line, from Sevilla to other cities in Spain. Change the 24-hour clock flight times to* A.M. *and* P.M. *as you indicate to the ticket agent the day, time, and flight number of the flight you wish to take.* (**Diario** *means* daily.)

1. Quiero ir a Barcelona el _____ a las _____ en el vuelo *(flight)* número _____ .

2. Tengo que llegar a Madrid el _____ a las _____ en el vuelo número _____ .

3. Quiero ir de Madrid a Sevilla el _____ a las _____ en el vuelo número _____ .

4. Quiero pasar el fin de semana en Las Palmas. ¿ Tiene Ud. un asiento *(seat)* en el vuelo número _____ que va el _____ a las _____ ? ¿ Es posible volver *(to return)* a Sevilla el _____ a las _____ en el vuelo número _____ ?

SEVILLA - BARCELONA			
IB-422	09.10	10.30	Diario
IB-582	19.30	20.50	Diario
IB-584	22.50	00.10	Diario, excepto Dom. (1)

SEVILLA - LAS PALMAS			
IB-649	00.40	01.40	Lun., Mar., Juev. y Sáb. (2)
IB-111	13.35	15.35	Lunes
IB-117	13.35	15.40	Miérc. y Vier.
IB-371	14.15	15.15	Lun., Miérc., Vier. y Dom.
IB-529	19.50	20.55	Mar., Juev. y Sáb.

SEVILLA - MADRID			
IB-682	07.45	08.35	Diario
IB-010	09.40	10.30	Diario, excepto Sáb. (4)
IB-012	13.05	13.55	Diario (5)
IB-112	15.55	16.45	Lunes
IB-116	15.55	16.45	Miérc. y Vier.
IB-014	18.15	19.05	Diario
IB-016	21.05	21.55	Diario, excepto Dom.
IB-018	23.55	00.45	Domingo.

BARCELONA - SEVILLA			
IB-583	07.35	09.00	Diario, excepto Sáb. y Dom.
IB-583	09.35	11.00	Sáb. y Dom.
IB-585	20.15	21.40	Diario, excepto Dom. (1)

LAS PALMAS - SEVILLA			
IB-112	11.10	15.10	Lunes
IB-116	11.10	15.10	Miérc. y Vier.
IB-528	11.40	14.35	Mar., Juev. y Sáb.
IB-370	16.20	19.10	Lun., Miérc., Vier. y Dom.
IB-648	23.05	02.00	Lun., Miérc., Vier. y Dom. (3)

MADRID - SEVILLA			
IB-011	07.30	08.25	Diario (4)
IB-015	11.25	12.20	Diario (5)
IB-111	11.55	12.50	Lunes
IB-117	11.55	12.50	Miérc. y Vier.
IB-683	16.20	17.15	Diario
IB-017	19.25	20.20	Diario, excepto Dom.
IB-019	22.55	23.50	Diario

Otras perspectivas II

Un almuerzo familiar en la Argentina.

Lectura cultural   ¡Qué familia más grande!

Cuando los norteamericanos hablan de su familia, generalmente hablan de sus padres y sus hermanos. Pero cuando los hispanos usan la palabra « familia », incluyen a los padres, a los hermanos, a los abuelos, a los tíos, a los primos y a todas las otras personas **emparentadas** por **sangre** o por matrimonio. **Por eso** las familias **parecen** grandes.

    Frecuentemente tres generaciones de una familia viven en una casa. Por lo general, los hijos viven con los padres **hasta casarse.** Los abuelos, cuando son muy viejos, viven en la casa de uno de sus hijos casados. Siempre hay un **pariente** para **echar una mano** con los **quehaceres** domésticos o con los niños de la familia. Además, muchas familias de la **clase media** y la clase **adinerada** tienen sirvientes para hacer las **tareas** domésticas y **cuidar** a los niños.

    Otras personas importantes en una familia son los **padrinos.** Generalmente los padrinos son amigos o parientes de los padres de una **criatura.** Ser madrina o padrino* es un honor y también una responsabilidad, y las dos

related / blood / That's why / seem

until getting married

relative / to lend a hand / chores middle class / wealthy work / to take care of godparents infant

*En México y algunos otros países se usan las palabras **comadre** y **compadre.**

familias mantienen una **estrecha** relación. Si **algo les pasa** a los padres de la criatura, los padrinos tienen la obligación de **cuidarla.** Y el **ahijado** siempre tiene una relación de **cariño** y respeto con ellos.

    Los hispanos pasan mucho tiempo con la familia. Celebran **juntos** todos los momentos importantes de la vida. **Se reúnen** los domingos para comer en casa o en un restaurante y pasar el día con la familia. Las familias no solamente son grandes. ¡También son muy unidas!

close / something happens to take care of it /   godchild affection together They get together

Nota cultural   Spanish surnames

When a Hispanic woman marries, she does not change her surname to that of her husband but simply adds his to her other names. Therefore, if her name is Esperanza Gómez Estrada and she marries Luis Villegas Rodríguez, her name after marriage will be Esperanza Gómez de Villegas. ("Estrada" is her mother's maiden name, and "Rodríguez" is his mother's maiden name.) Some professional women prefer to continue to use only their maiden names, and other women choose to omit the **de.** The children of Esperanza and Luis will also bear the surnames of both parents: Villegas Gómez or Villegas y Gómez.

Actividad A.   *Comprensión de lectura*
Complete the following sentences with the appropriate words from the Lectura.

1. Cuando un norteamericano habla de su familia, generalmente se refiere a
    _____ .
2. El hispano usa la palabra « familia » para indicar _____ .
3. Los hijos de la familia viven en casa hasta _____ .
4. Cuando los abuelos son muy viejos, viven _____ .
5. Los padrinos son _____ .
6. Ser padrino es una responsabilidad porque _____ .
7. Los fines de semana muchas familias hispanas _____ .

Actividad B.   *Diferencias culturales*
Examine some of the North American and Hispanic cultural differences by thinking about the following questions.

1. ¿Quiénes son los miembros *(members)* de su familia? ¿Dónde viven?
2. ¿Tiene Ud. padrinos? ¿Quiénes son?
3. ¿Piensa *(Do you intend to)* vivir en casa hasta casarse? ¿Dónde piensa vivir después de terminar sus estudios?
4. ¿Tiene Ud. abuelos? ¿Cuántos años tienen? ¿Dónde viven?
5. ¿Con quiénes celebra Ud. los momentos importantes de la vida?
6. ¿Cómo pasa su familia los fines de semana?

Día por día   *Llamada telefónica*

¡ Hola ! ¿ Quién habla ?

UNA LLAMADA A UNA AMIGA
Carlos calls up Gloria, and her mother answers the phone.

MAMÁ   ¿ Hola ?

| **Bueno.** | (México) |
| **Sí, dígame.** | (España) |

CARLOS   Buenos días, señora. Me gustaría hablar con Gloria, por favor.

| ¿ Está Gloria en casa ? |
| Con Gloria, por favor. |

MAMÁ   ¿Quién habla?

¿De parte de quién?   Who is calling?

CARLOS   Carlos Estrada.
MAMÁ   Momentito.

Un momento, por favor. No corte.   Don't hang up.

GLORIA   Hola, Carlos. ¿Cómo estás?

¿Qué hay de nuevo?   What's new?
¿Qué me cuentas?   What's new?

Actividad C.   *Con la mamá*
When Eduardo calls up Cecilia, her mother answers the phone.

MAMÁ   ¿Hola?
EDUARDO   Buenos días, señora. _____ .
MAMÁ   ¿_____?
EDUARDO   Eduardo Espinosa.
MAMÁ   _____ , por favor. _____ .

Actividad D.   *Con Cecilia*
Cecilia comes to the phone.

CECILIA   Hola. ¿Quién habla?
EDUARDO   _____ .
CECILIA   ¡Ah, Eduardo! ¿_____?
EDUARDO   Muy bien, Cecilia. ¿_____?

UNIDAD

III

Problemas y soluciones

En una revista popular hay una columna dedicada a preguntas y respuestas **dirigidas** a la señorita *Sabelotodo*. Aquí hay algunos **ejemplos** de las cartas que ella **recibe** y sus respuestas.

sent / Know-it-all / examples
receives

Querida señorita Sabelotodo:

    Tengo un problema muy curioso. No tengo hambre, no tengo sueño, pero estoy muy contenta. **¡Últimamente** siempre estoy **de buen humor!** ¿Estoy **enferma?** ¿Es **algo** grave?

Catalina

RESPUESTA: Estar **enamorada** no es grave.

Dear

Lately / in a good mood
sick / something

in love

Querida señorita Sabelotodo:

    Antes de los exámenes siempre estoy nervioso, estoy **preocupado** y tengo palpitaciones del **corazón.** ¿Cuál es mi problema?

Fernando

RESPUESTA: No tiene problema. Ud. es **completamente** normal.

worried
heart

completely

Querida señorita Sabelotodo:

Cuando voy a mi trabajo, estoy de mal humor. Cuando hablo con mi **jefe,** estoy **enojada.** Soy una persona muy trabajadora, pero últimamente **no tengo ganas de** trabajar. ¿Qué necesito?

María Inés

boss

angry / I don't feel like

RESPUESTA: Otro trabajo o unas vacaciones.

Querida señorita Sabelotodo:

Tengo cuarenta y dos años y soy **soltero.** Mi mamá y yo vivimos **juntos** en una casa linda y elegante. Me gusta mi trabajo y gano mucho dinero, viajo **frecuentemente,** y tengo un Jaguar XLG y una gran colección de arte. **Sin embargo,** no estoy contento. ¿Qué más necesito?

Lorenzo

I am forty-two years old / single / together

frequently / However

RESPUESTA: Una novia.

Comprensión

¿ Cierto o falso ? Correct the sentences that are false.

1. La señorita Sabelotodo contesta preguntas en su columna.
2. La gente escribe cartas a la señorita Sabelotodo.
3. Catalina no come mucho.
4. Catalina está enferma.
5. Fernando tiene problemas físicos y mentales antes de un examen.
6. Fernando necesita un doctor.
7. María Inés no está contenta.
8. María Inés no tiene ganas de trabajar porque es perezosa.
9. María Inés tiene que buscar otro trabajo.
10. Lorenzo es estudiante.
11. Lorenzo vive con su familia.
12. Lorenzo tiene mucho dinero y muchas novias.

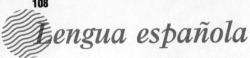
Lengua española

A. *Acabar de*

In the examples below, the first sentence of each pair describes an event that is going to happen soon. The second sentence describes an event that has just happened. Contrast the expressions in boldface.

Antonio **va a tomar** un examen.
Dolores **acaba de tomar** un examen.

*Antonio **is going to take** an exam.*
*Dolores **just took (has just taken)** an exam.*

¿Van Uds. **a comer**?
No, **acabamos de comer**.

*Are you **going to eat**?*
*No, we **just ate (have just eaten)**.*

To express an action that has just happened, Spanish-speakers use the following construction:

present tense of **acabar** + **de** + infinitive

Note: **Acabar** is a regular **-ar** verb that means *to finish*.

¿Vas a **acabar** el trabajo?

*Are you going **to finish** the work?*

Ejercicio 1. *¿Por qué no?*
When a classmate asks if you are going to do the following things, reply that you have just done them.

Modelo: comer
—¿**Vas a comer ahora**?
—**No, acabo de comer.**

1. hablar con el profesor
2. tomar un café
3. asistir a la clase de español
4. leer el periódico
5. correr en el centro deportivo
6. sacar un libro de la biblioteca
7. llamar a tus padres
8. comprar un refresco

Ejercicio 2.   *Son las 9:00 de la mañana*
It is only 9:00 A.M., but these diligent people have already done something.
Express what they have just done, as in the model.

Modelo: Daniel / correr diez kilómetros
Daniel acaba de correr diez kilómetros.

1. Alicia / estudiar sus apuntes
2. nosotros / tomar un examen
3. los estudiantes / comer
4. papá / comprar una calculadora
5. el profesor / enseñar una clase
6. tú / escribir una carta
7. yo / asistir a una clase de ejercicio
8. Pedro / leer cien páginas

B. *Estar* con adjetivos de condición

Note the use of **estar** in the sentences below.

Susana **está nerviosa** porque tiene
  un examen a las dos.
Elba **está cansada** porque acaba
  de correr cinco kilómetros.

*Susana **is nervous** because she*
  has an exam at two o'clock.
*Elba **is tired** because she has*
  just run five kilometers.

Estar is used with certain adjectives to describe a physical condition or an emotional state. The use of **estar** implies that this condition or state represents or is the result of a *change*. In the preceding examples, Susana is not usually nervous; she became nervous (as a result of thinking about the exam). Elba was not tired before; she became tired (after running five kilometers).

Vocabulario   *Adjetivos que se usan con* estar

EL ESTADO EMOCIONAL (EMOTIONAL STATE)

aburrido ≠ ocupado	*bored ≠ busy*
alegre ≠ triste	*happy ≠ sad*
contento ≠ enojado, furioso	*happy, contented ≠ angry, furious*
de buen humor ≠ de mal humor	*in a good mood ≠ in a bad mood*
tranquilo ≠ nervioso, preocupado	*calm, quiet ≠ nervous, worried*
(por algo), frustrado	*(about something), frustrated*
enamorado	*in love*

EL ESTADO FÍSICO (PHYSICAL CONDITION)

cansado ≠ descansado	*tired ≠ rested*
enfermo ≠ de buena salud	*sick ≠ healthy, in good health*
listo ≠ no listo	*ready ≠ unprepared, not ready*

EL ESTADO SOCIAL

casado	*married*
solo ≠ juntos	*alone, by oneself ≠ together*

ADVERBIOS

otra vez	*again*	Estoy enamorado **otra vez.**
todavía	*still; yet*	¿**Todavía** estás aquí?

EXPRESIONES

ser soltero/a	*to be single, unmarried*	Lorenzo es **soltero.**
tener... años	*to be . . . years old*	**Tiene** 42 **años.**
¿Cuántos años tienes?	*How old are you?*	

OBSERVACIONES

1. Note that in Spanish the verb **tener** is used when asking or telling one's age.

    ¿Cuántos años **tiene** Ud.?   **Tengo** 18 años.

2. Adjectives ending in **-ado** and **-ido** are often derived from verbs and frequently correspond to English past participles.

    aburrir   *to bore*   **aburrido**   *bored*

Ejercicio 3.   *Diálogo: ¿Cómo estás?*
*Ask a classmate how he or she feels at present, using the suggested expressions. Your classmate may wish to use certain modifiers (such as **muy, un poco,** and **bastante**) when answering.*

    Modelo: cansado
              —¿**Estás cansado/a?**
              —**Sí, estoy bastante cansado/a.**   or   —**No, no estoy cansado/a.**

1. descansado	6. aburrido	11. nervioso
2. enfermo	7. de mal humor	12. preocupado
3. contento	8. triste	13. solo
4. furioso	9. de buena salud	14. de buen humor
5. enamorado	10. tranquilo	15. alegre

Ejercicio 4.   *Circunstancias*
Something has just happened that influences the way the following people feel.
Describe their condition, using adjectives from pages 109 and 110.

> **Modelo:**   Felipe acaba de llamar a su novia.   **Está contento.**

1. Marta acaba de sacar una buena nota.
2. Ricardo y Miguel acaban de tomar mucho vino.
3. Los estudiantes acaban de tomar un examen muy difícil.
4. Yo acabo de pasar un fin de semana muy divertido.
5. Tú acabas de regresar del hospital.
6. Susana y yo acabamos de buscar trabajo.
7. La profesora acaba de enseñar una clase.
8. Tú acabas de sacar una mala nota.
9. Papá acaba de tener un accidente con el coche.
10. Nosotros acabamos de hablar con amigos.

Ejercicio 5.   *Otras circunstancias*
Ask a classmate how he or she feels under the following circumstances.

> **Modelo:**   ganar mucho dinero
> **—¿ Cómo estás cuando ganas mucho dinero ?**
> **—Estoy contento/a (de buen humor...).**

1. estar enfermo/a
2. ir a una fiesta alegre
3. tener novio/a
4. tener un examen
5. sacar una mala nota
6. ir a una fiesta aburrida
7. tener que hablar en público
8. trabajar mucho
9. no tener razón
10. no tener dinero

C. *Ser* vs. *estar* (Segunda parte)

Contrast the uses of **ser** and **estar** in the sentences below.

Soy optimista.	Pero hoy **estoy muy triste.**
Raquel **es simpática.**	Pero ahora **está de muy mal humor.**
Los estudiantes **son serios.**	**Están nerviosos** antes del examen.

Ser is used with adjectives expressing basic characteristics and qualities normally associated with the subject.

nationality:	Pablo **es** mexicano.
physical aspects:	Mi hermana **es** muy alta.
personality and intelligence:	Los estudiantes **son** inteligentes.
age:	Mi abuelo **es** viejo.

Estar is used with adjectives expressing stages and conditions associated with a change in the subject.

physical condition:	Mi hijo **está** enfermo hoy.
emotional state:	**Estamos** contentos durante las vacaciones.
social state:	Mi hermana mayor **está** casada.

Estamos con la gente.

NOTA GRAMATICAL

Some adjectives may be used with either **ser** or **estar,** but with different connotations. For instance:

El profesor Santos **es aburrido.**	*Professor Santos **is boring.*** (basic characteristic)
Los estudiantes **están aburridos.**	*The students **are bored.*** (emotional state)
Rafael **es listo.**	*Rafael **is clever.*** (basic characteristic)
Ahora **no está listo.**	*He **is not ready** now.* (condition subject to change)

Ejercicio 6.   *¿ Y tú ?*
*Find out more about a classmate by asking questions using **ser** and **estar** and the following cues.*

> Modelo: alegre
> —¿ **Estás alegre ?**
> —**Sí, estoy alegre.**   or   —**No, no estoy alegre.**

1. conservador/a
2. aburrido/a
3. nervioso/a
4. contento/a
5. trabajador/a
6. enfermo/a
7. serio/a
8. de México
9. generoso/a
10. cansado/a
11. norteamericano/a
12. de buen humor

Ejercicio 7.   *¿ Y Ud. ?*
*This is an opportunity to learn more about your professor by supplying the correct verb **(ser, estar, tener)** for the questions.*

1. ¿_____ Ud. norteamericano/a ?
2. ¿ De dónde _____ Ud. ?
3. ¿ Cuántos años _____ Ud. ?
4. ¿_____ Ud. contento/a con el progreso de la clase ?
5. ¿_____ Ud. siempre de buen humor ?
6. ¿_____ Ud. aburrido/a en la clase ?
7. ¿_____ Ud. casado/a ?
8. ¿_____ Ud. cansado/a hoy ?
9. ¿_____ Ud. generoso/a con las notas ?
10. ¿_____ Ud. prisa después de la clase ?

Ejercicio 8.   *¿ Cómo están ? ¿ Dónde están ? ¿ Cómo son ?*
*Describe the following people, places, and things by answering the questions below. Use **ser** or **estar**, as appropriate. If your answer requires an adjective, be sure it agrees with the subject.*

> Modelo: La biblioteca: ¿ grande o pequeño ?
> **La biblioteca es grande.**   or   **La biblioteca es pequeña.**

1. El presidente de los Estados Unidos: ¿ conservador o liberal ? ¿ alto o bajo ? ¿ guapo o feo ? ¿ todavía en Washington o de vacaciones ? ¿ enfermo o de buena salud ? ¿ casado o soltero ? ¿ Cuántos años tiene ?
2. Mi perro / gato: ¿ grande o pequeño ? ¿ joven o viejo ? ¿ inteligente o estúpido ? ¿ aquí o en casa ? ¿ tranquilo o nervioso ? ¿ gordo o delgado ?
3. El/La profesor/a de español: ¿ norteamericano o español ? ¿ siempre de buen humor o a menudo de mal humor ? ¿ divertido o serio ? ¿ aburrido o interesante ?
4. Yo: ¿ en la universidad o en casa ? ¿ aburrido u ocupado ? ¿ preocupado o tranquilo ? ¿ simpático o antipático ? ¿ alegre o triste ? ¿ casado o soltero ?
5. Mi compañero/a de cuarto: ¿ otra vez en la cafetería o en la biblioteca ? ¿ trabajador o perezoso ? ¿ listo para el examen o preocupado por el examen ? ¿ enamorado o no ? ¿ de Nueva York o de California ?

D. Adverbios que terminan en -mente

Contrast the adjectives in boldface type with the corresponding adverbs.

una chica **franca**	Ella habla **francamente.**	*frankly*
una persona **inteligente**	Ella contesta **inteligentemente.**	*intelligently*
una tarea **fácil**	Repasamos la tarea **fácilmente.**	*easily*

Adverbs are derived from adjectives as follows:

> feminine form of adjective + **-mente**

Note the adverb derived from the adjective **rápido.**

> **rápidamente**   A veces el profesor habla **rápidamente.**

Ejercicio 9.   *¿ Cómo ?*
How do you usually do things? Answer frankly when asked the following questions.

> Modelo: ¿ Cómo hablas español ? (perfecto)
> **Hablo español perfectamente.**
> or   **No hablo español perfectamente.**

1. ¿ Cómo manejas ? (rápido)
2. ¿ Cómo lees el español ? (fácil)
3. ¿ Cómo pasas los fines de semana ? (alegre)
4. ¿ Cómo tomas un examen ? (tranquilo)
5. ¿ Cómo estudias ? (serio)
6. ¿ Cómo contestas las preguntas ? (completo)
7. ¿ Cómo vas a la biblioteca ? (directo)

Ejercicio 10.   *Lógicamente*
Tell how or when the following things or people function. Follow the model.

> Modelo: Es una calculadora rápida. Funciona _____ .
> **Funciona rápidamente.**

1. Es una película especial. Es _____ interesante.
2. Necesito una respuesta inmediata. Necesito una respuesta _____ .
3. Soy una persona puntual. Siempe llego _____ .
4. Mi problema es urgente. Tengo que hablar contigo _____ .
5. Es un repaso completo. Los estudiantes repasan _____
6. Es la nota final. _____ tengo la nota.
7. Es un autobús directo. Va _____ a la universidad.
8. Elena es paciente. Trabaja _____ .

E. El pronombre relativo *que*

In the following sentences, the words in boldface are *relative pronouns*. Compare the forms of these pronouns in Spanish and English.

Miramos a dos chicos **que** comen dulces.	*We are watching two boys **who** are eating candy.*
Vamos al restaurante **que** está cerca del estadio.	*We are going to the restaurant **that** is near the stadium.*
Los profesores **que** tengo son demasiado serios.	*The professors **(whom)** I have are too serious.*
El libro **que** leo es muy divertido.	*The book **(that)** I am reading is very amusing.*

> The relative pronoun **que** *(who, that, which, whom)* may refer to either people or things.

NOTA GRAMATICAL

The relative pronoun **que** may not be omitted in Spanish. In English, however, the relative pronoun is often left out when it is the direct object.

la muchacha **que** invitamos...	*the girl **(whom)** we are inviting . . .*
el vino **que** tomas...	*the wine **(that)** you drink . . .*

COSAS QUE PASAN

Ejercicio 11.   *En un café*
Imagine that you are in a café in Madrid with a Spanish friend. Ask him or her to identify the other customers.

> Modelo: Una chica bebe Coca-Cola.
> **¿Cómo se llama la chica que bebe Coca-Cola?**

1. Un estudiante lee el periódico.
2. Un chico come tapas *(appetizers)*.
3. Un profesor habla con unos estudiantes.
4. Un señor toma cerveza.
5. Una señora escribe una carta.
6. Una muchacha charla con unos turistas.

Ejercicio 12.   *En español*
*Cecilia Ramos is applying for a summer job in a department store. Put her interview with the personnel director (**el director de personal**) into Spanish.*

D.P.   Good morning. You are Cecilia Ramos, right?
CECILIA   Yes, sir.
D.P.   How old are you, Miss Ramos?
CECILIA   I'm 20 years old.
D.P.   Are you still a student?
CECILIA   Yes, I study at the university.
D.P.   Are you married?
CECILIA   No, sir. I'm single.
D.P.   In good health?
CECILIA   Yes, sir. I'm in good health, and I'm a hardworking person.
D.P.   Very good. We frequently have many Americans who buy things in the store. Do you speak English?
CECILIA   Yes, very well. I have just taken my final English exam.
D.P.   Perfect! Are you still busy at the university? When are you ready to **(para)** work?
CECILIA   Immediately!

≋Ahora le toca a Ud.   *Preguntas y respuestas*

Do you have a problem that requires good advice? Write a letter to señorita Sabelotodo telling her about it. Perhaps you also give good advice. Reply to the letters that appear in *Problemas y soluciones.*

Fonética   *El sonido de* /k/

Before the vowels **a, o,** and **u,** and before consonants, the **/k/** sound is represented by the letter **c** in Spanish.

Before **e** and **i,** the **/k/** sound is represented by the letters **qu.**

Práctica

ca:	**ca**pital	chi**ca**	sa**ca**	bibliote**ca**	bus**can**
co:	po**co**	**Co**lombia	**con**	bus**co**	**co**mpañero
cu:	**cu**bano	¿**cu**ándo?	¿**cu**ántas?	¿**cu**ál?	**cu**atro
cl:	**cl**aro	**Cl**audio	**Cl**audia	**cl**ase	mexi**ca**no
que:	**que**	¿**qué**?	pe**que**ño	Enri**que**	**cu**arenta
qui:	a**quí**	**qui**én	**qui**nce	**quí**mica	

¡Vacaciones, lindas vacaciones!

*Después de los estudios, después del trabajo y después de los exámenes fina-les, **llegan** las vacaciones. ¡ Qué **alegría**! ¿ Qué **hace Ud.** cuando está de vacaciones? Vamos a **hacer la pregunta** a **algunos** estudiantes hispanos:*

arrive / joy / do you do
to ask / some

Consuelo (de España)

Generalmente **no hago nada** muy interesante, pero **este** año voy a **hacer algo** fascinante. La semana próxima **salgo** para los Estados Unidos. Es la **primera vez** que **hago un viaje** a otro **país,** y es la primera vez que viajo en **avión.** Y ¡ todavía tengo que **esperar** una semana más!

I don't do anything /
  this / to do
  something
I leave
first time / I'm taking
  a trip / country
airplane / to wait

Javier (de Chile)

Mi familia tiene una casa en Viña del Mar, cerca de la playa, **así que** siempre paso las vacaciones allá. Cuando **hace buen tiempo** paso los días en la playa, y cuando hace mal tiempo **hago** otras **cosas:** leo, escribo cartas, voy al cine con algunos amigos... No tengo **ningún** plan especial.

so

the weather is good
I do / things
any

José Luis (de California)

¿ Las vacaciones? **Algún día** voy a pasar las vacaciones en la playa, pero **por** el momento las vacaciones son una oportunidad para ganar dinero. Es **verdad** que necesito unas vacaciones. ¡Trabajo y estudio todo el año! Pero ¡ necesito el dinero más!

Someday
for
true

Guillermo (de la Argentina)

¡Este año voy a hacer un viaje fabuloso! En enero mi hermano y yo va-mos a la **Antártida.** ¡ Qué aventura! Primero vamos en avión a Ushuaia, una **ciudad** en la **isla** de Tierra del Fuego. De allá hacemos el viaje en **barco.** Claro, ahora es **verano,** pero en la Antártida siempre **hace mucho frío.** Voy a llevar mi cámara y voy a sacar unas fotos estupendas. **Si salen** bien, espero vender las fotos a una revista.

Antarctica
city / island / boat
summer / it is very
  cold
If they come out

Comprensión
¿ Cierto o falso ? *Correct the statements that are false.*

1. Consuelo siempre viaja a otros países.
2. Ella va a pasar las vacaciones en los Estados Unidos.
3. Ella va frecuentemente a los Estados Unidos.
4. Ella está muy entusiasmada.
5. Javier pasa los días lindos en la playa.
6. Él está aburrido cuando hace mal tiempo.
7. En el futuro, José Luis va a pasar las vacaciones en la playa.
8. Él tiene que trabajar durante las vacaciones.
9. Él es estudiante.
10. José Luis necesita unas vacaciones, pero no tiene mucho dinero.
11. Guillermo va a pasar las vacaciones en Tierra del Fuego.
12. Va a viajar en avión y en barco.
13. Él viaja en enero, así que es el invierno allí.
14. Espera ver sus fotos en una revista.

Lengua española

A. Verbos irregulares que terminan en *-go* en la primera persona singular

You have already learned one irregular verb **(tener)** whose **yo** form has an irregular **-go** ending: **tengo.** The following vocabulary listing presents six other common verbs that have the **-go** ending in the **yo** form.

Vocabulario   *Verbos irregulares*

hacer	*to do; to make*	Ahora **hago** mucho trabajo.
oír	*to hear*	**Oigo** las noticias.
poner	*to put; to place*	¿ Dónde **pongo** la carta ?
salir	*to go out; to leave*	**Salgo** a menudo con mis amigas mexicanas.
traer	*to bring*	¿ **Traigo** mi guitarra a tu casa ?
venir	*to come*	**Vengo** con mi hermano.

Note the complete conjugations of these verbs in the chart on the next page. Pay special attention to the irregularities that are indicated in boldface.

	HACER	PONER	TRAER	SALIR	OÍR	VENIR
(yo)	**hago**	**pongo**	**traigo**	**salgo**	**oigo**	**vengo**
(tú)	haces	pones	traes	sales	oyes	vienes
(él, ella, Ud.)	hace	pone	trae	sale	oye	viene
(nosotros)	hacemos	ponemos	traemos	salimos	oímos	venimos
(vosotros)	hacéis	ponéis	traéis	salís	oís	venís
(ellos, ellas, Uds.)	hacen	ponen	traen	salen	oyen	vienen

NOTAS GRAMATICALES

1. The **-er** verbs (**hacer, poner,** and **traer**) have regular **-er** endings. The **-ir** verbs (**salir, oír,** and **venir**) have regular **-ir** endings. (Note: **oír** has a written accent in the **nosotros** and vosotros forms.)

2. The present-tense forms of **venir** are similar to those of **tener,** with the exception of the **nosotros** and **vosotros** endings.

Ejercicio 1.   *Chismes (Gossip)*
In each sentence, replace the subject, whether expressed or not, with each of the subjects given in parentheses. Make all necessary changes.

    Modelo: Roberto sale con su prima. (yo) **Salgo con mi prima.**

1. Siempre salimos los domingos. (Cecilia ; yo ; tú ; Ud. ; María y Jaime)
2. ¿Dónde pone su artículo Guillermo ? (Rosa y yo ; Uds. ; tú ; yo ; Ud.)
3. Los estudiantes traen las revistas aquí. (yo ; tú ; nosotros ; Ud. ; Ana)
4. ¿Qué oyen los chicos ? (el profesor ; Alberto y yo ; Luis y tú ; yo ; tú)
5. Mis padres vienen mañana a las dos. (Ud. ; nosotros ; tú ; Teresa ; yo)
6. Paco siempre hace la tarea. (nosotros ; yo ; Ud. ; tú ; las chicas)

Vocabulario *Las vacaciones*

SUSTANTIVOS

un aeropuerto	*airport*	una bicicleta	*bicycle*
un autobús	*bus*	una cosa	*thing*
un avión	*airplane*	la estación	*station*
un barco	*boat*	una maleta	*suitcase*
un coche	*car*	una motocicleta (una moto)	*motorcycle*
un país	*country; nation*		
un tren	*train*		
un viaje	*trip; voyage*		

ADJETIVOS

curioso	*strange; rare*	Siempre compra cosas **curiosas.**
extranjero	*foreign*	Carlos tiene un coche **extranjero.**
nuevo ≠ viejo	*new ≠ old*	Tengo una maleta **nueva.** No compro cosas **viejas.**

VERBOS Y EXPRESIONES

caminar	*to walk; to go*	**Caminamos** por la playa.
descansar	*to rest*	Quiero **descansar** mañana.
esperar	*to wait (for)*	**Esperamos** cinco minutos más.
disfrutar (de)	*to enjoy*	Voy a **disfrutar de** las vacaciones.
hacer compras	*to shop*	**Hacen compras** en el almacén.
hacer la maleta	*to pack*	Acabo de **hacer la maleta.**
hacer preguntas	*to ask questions*	Los estudiantes **hacen preguntas.**
hacer un viaje	*to take a trip*	¿**Hacen** Uds. el **viaje** en barco?
ir, viajar en avión, en tren	*to go, travel by plane, train*	**Viajamos en avión.**
tener ganas de + inf.	*to feel like + inf.*	**Tengo ganas de** caminar.

ADVERBIOS Y EXPRESIONES

a veces	*sometimes*	**A veces** viajo en tren.
de vez en cuando	*from time to time; once in a while*	Hacemos viajes **de vez en cuando.**
entonces	*then*	**Entonces** viajamos en avión.
si	*if*	**Si** estoy cansado, descanso.

OBSERVACIONES

1. The adjectives **nuevo** and **viejo** may be placed before or after a noun, but their position affects their meaning.

un **nuevo** reloj	*a **new** (different) watch*	un libro **nuevo**	*a (brand) **new** book*
un **viejo** amigo	*an **old** (long-time) friend*	un coche **viejo**	*an **old** (aged) car*

2. Note that **esperar** means *to hope* and *to wait (for)*.

Espero viajar.	*I **hope** to travel.*
Espero el tren.	*I **wait** for the train.*
Espero a mis amigos.	*I **wait** for my friends.*

Ejercicio 2.   *Diálogo: ¿ Qué haces ?*
Ask a classmate if he or she does the following things.

Modelo: salir siempre los fines de semana
— **¿ Sales siempre los fines de semana ?**
— **Sí, siempre salgo los fines de semana.**
or   —**No, nunca salgo los fines de semana.**

1. descansar el viernes por la noche
2. salir a veces con personas aburridas
3. siempre traer los libros a clase
4. poner su dinero en el banco todas las semanas
5. caminar a sus clases
6. venir a clase cuando estás enfermo/a
7. oír todas las preguntas
8. hacer muchas preguntas en la clase de español
9. viajar en avión
10. disfrutar de los fines de semana

Ejercicio 3.   *Viajes y excursiones*
The following people are going on vacation. Tell where they are going, how they are traveling, and when they are leaving. Follow the model and be sure to supply the missing words.

Modelo: los turistas / España / avión / domingo / 8:00
Los turistas van a España en avión. Salen el domingo a las ocho.

1. los estudiantes / México / autobús / viernes / 5:00
2. yo / Panamá / barco / mañana / 1:00
3. mis amigos y yo / Chile / tren / miércoles / 4:30
4. el señor Vargas / Madrid / avión / hoy / 12:00
5. tú / California / bicicleta / jueves / 6:00

VIAJAR, VIAJAR, EN TREN.

VIAJAR, VIAJAR, EN TREN.

VIAJAR, VIAJAR, EN TREN.

Ejercicio 4. *¿ Qué tienen ganas de hacer?*

Ask a classmate what the following people feel like doing when they are on vacation.

Modelo: tú / estudiar

—**Cuando estás de vacaciones, ¿ tienes ganas de estudiar ?**

—**No, no tengo ganas de estudiar.**

or —**Sí, tengo ganas de estudiar.**

1. tus padres / trabajar
2. tus abuelos / descansar
3. tus hermanos / nadar o esquiar
4. tú / hacer un viaje
5. tú / estar solo/a
6. tú y tus amigos / salir mucho

B. Verbos que terminan en *-cer*

Verbs ending in **-cer** are irregular in the first-person form of the present tense. The rest of the conjugation is regular. Note the forms of **conocer** *(to know)* in the sentences below.

CONOCER	
(yo)	Cono**zco** a Felipe.
(tú)	Conoces a María.
(él, ella, Ud.)	Conoce a mis tíos.
(nosotros)	Conocemos México.
(vosotros)	Conocéis Madrid.
(ellos, ellas, Uds.)	Conocen mi coche.

Vocabulario *Verbos que terminan en* -cer

conocer   *to know; to be acquainted with*   **Conozco** a tus padres.
reconocer *to recognize*   No **reconozco** a tu hermano.

OBSERVACIÓN

Conocer means *to know* in the sense of *to be acquainted* or *familiar with*.

¿ **Conoces** a Felipe ?   **Conozco** a su familia pero no **conozco** su casa.

Remember to use the personal **a** when the direct object is a specific person.

Ejercicio 5.   *La fiesta de disfraz (costume)*
Tell whether the following people who are at a costume party know or recognize each other.

Modelo: Paquita / conocer / Daniel   **Paquita conoce a Daniel.**

1. Pablo / no reconocer / Tina
2. yo / conocer / tu hermana
3. tú / reconocer / tu prima
4. nosotros / conocer / mucha gente
5. ellas / reconocer / Carlos
6. Lupe / no conocer / mis amigos

C. Expresiones afirmativas y negativas

Note the affirmative and negative expressions in boldface type in the sentences below.

¿ Qué mira Ud. ?
  ¿ Mira **algo** ?   *Are you looking at **something**?*
  No, no miro **nada.**   *No, I'm **not** looking at **anything**.*

¿ A quién llama Ud. ?
  ¿ Llama a **alguien** ?   *Are you calling **someone**?*
  No, no llamo a **nadie.**   *No, I'm **not** calling **anyone**.*

¿ Qué hace Ud. ?
  ¿ Va a hacer **algún** viaje ?   *Are you going to take **some (kind of)** trip?*

  No, no voy a hacer **ningún** viaje.   *No, I'm **not** going to take **any** trip(s).*

¿ Qué bebe Ud. ?
  ¿ Bebe té **o** café ?   *Do you drink tea **or** coffee?*
  No bebo **ni** té **ni** café.   *I drink **neither** tea **nor** coffee.*

Salgo los sábados.
  Yo **también.**   *So do I. (I do, **too**.)*

No salgo los lunes.
  Yo **tampoco.**   *Neither do I. (I don't **either**.)*

In Spanish, when the negative expression comes after the verb, the following construction is used:

no + verb + negative expression

When the negative expression comes before the verb, the pattern is:

negative expression + verb

NOTA GRAMATICAL

In Spanish, more than one negative expression is often used in the same sentence.

Nunca traigo **nada.** ⎫
No traigo **nada nunca.** ⎭   *I **never** bring **anything**.*

Vocabulario   *Expresiones afirmativas y negativas*

algo ≠ nada	*something, anything ≠ nothing, not anything*
alguien ≠ nadie	*someone, anyone ≠ no one, nobody, not anyone*
alguno/a, algún ≠ ninguno/a, ningún	*some, any ≠ none, not any, no*
o... o ≠ ni... ni	*either . . . or ≠ neither . . . nor*
siempre ≠ nunca	*always ≠ never*
también ≠ tampoco	*also, too ≠ neither, not either*

OBSERVACIONES

1. The shortened forms **algún** and **ningún** are used before masculine singular nouns.

   alguna cosa   **algún** objeto   **ninguna** cosa   **ningún** objeto

2. Whereas **alguno** may be used in the singular or the plural, its negative counterpart, **ninguno,** is almost always used in the singular.

Tiene **algunos** primos en Cuba.	*He has **some** cousins in Cuba.*
No tiene **ningún** primo aquí.	*He has **no** cousins here.*

3. Note the following constructions with **algo** and **nada.**

¿Tienes **algo que hacer**?	*Do you have **something to do**?*
No, no tengo **nada que hacer.**	*No, I have **nothing to do**.*

4. The personal **a** is used before **alguien** and **nadie** when they are the direct object of the verb.

   No llamo **a nadie.**

Ejercicio 6.   *¿ El domingo ? ¡ Nunca !*
Tell a classmate that you never do the following things on Sunday and then ask whether he or she does.

   Modelo: estudiar
   　　　　　—**Yo nunca estudio los domingos. ¿ Y tú ?**
   　　　　　—**Yo tampoco.**   or   —**Yo sí estudio.**

1. repasar sus tareas
2. trabajar en la biblioteca
3. ir a la universidad
4. escribir cartas
5. comer en la cafetería
6. hacer compras
7. descansar
8. asistir a la clase de español

Ejercicio 7.   *¡ No !*

*Manuel is sick and is not going to do anything this weekend. He answers all
of Luisa's questions in the negative. Play both roles.*

> Modelo: salir con alguien
> Luisa: **¿ Vas a salir con alguien ?**
> Manuel: **No, no voy a salir con nadie.**

1. invitar a alguien al cine
2. caminar con alguien
3. llamar a alguien por teléfono
4. asistir al teatro con alguien

5. comprar algo
6. comer algo
7. hacer algo
8. leer algo

Ejercicio 8.   *Diálogo: Curiosidad*

Ask a classmate if he or she has or does any of the following.

> Modelo: tener algunas amigas en Nueva York
> **—¿ Tienes algunas amigas en Nueva York ?**
> **—Sí, tengo algunas amigas en Nueva York.**
> or   **—No, no tengo ninguna amiga en Nueva York.**

1. tener algún amigo en México
2. tener algunas amigas fantásticas
3. tener algunos amigos muy simpáticos

4. conocer a algunos mexicanos
5. asistir a algunas clases aburridas
6. leer algunas revistas

D. El tiempo y las estaciones

The verb **hacer** is used in many weather expressions.

¿ Qué tiempo **hace** en invierno ?   *How is the weather in winter?*
Hace frío. No **hace** sol.   *It's cold. It isn't sunny.*

Vocabulario *El tiempo (weather) y las estaciones (seasons)*

¿ Qué tiempo hace ?   *How is the weather?*

el invierno	*winter*	**la primavera**	*spring*
Hace frío.	*It's cold.*	Hace fresco.	*It's cool.*
Nieva.	*It snows. (It's snowing.)*	Llueve.	*It rains. (It's raining.)*
el verano	*summer*	**el otoño**	*autumn*
Hace calor.	*It's hot.*	Hace buen / mal tiempo.	*It's good / bad weather.*
Hace sol.	*It's sunny.*	Hace viento.	*It's windy.*

OBSERVACIONES

1. Most weather expressions with **hacer** use nouns: **calor** *(heat)*, **frío** *(cold)*, **sol** *(sun)*, **viento** *(wind)*. To modify these expressions, **mucho** and **poco** are used.

    Hace **mucho calor** en verano.   *It is **very hot** in the summer.*

2. Note the infinitives of **llueve** and **nieva** in the following sentences.

Ejercicio 9.   *El tiempo y las estaciones en los Estados Unidos*
Imagine that friends from Venezuela are planning to spend a year in the United States and will be in the following cities during certain seasons. Tell them what kind of weather they should expect.

> Modelo: Chicago / invierno
> **En invierno hace mucho frío y mucho viento. Nieva.**

1. Miami / invierno
2. San Francisco / primavera
3. Anchorage / invierno
4. Honolulú / primavera

5. Nueva York / verano
6. Boston / otoño
7. Washington / verano
8. Minneápolis / otoño

Ejercicio 10.   *La influencia del tiempo*
Are your activities or moods influenced by the weather? Complete the following sentences with a description of the weather.

1. Tomo fotos cuando _____ .
2. No salgo de casa cuando _____ .
3. Tengo mucha energía cuando _____ .
4. Tengo poca energía cuando _____ .
5. No tengo ganas de hacer nada cuando _____ .
6. Estoy triste cuando _____ .
7. Estoy alegre cuando _____ .
8. Estoy de mal humor cuando _____ .
9. Tengo ganas de esquiar cuando _____ .
10. Voy a la universidad en bicicleta cuando _____ .

Ejercicio 11.   *En español*
Mario finally has a vacation after a long, hard semester. Put his conversation with his mother into Spanish.

MAMÁ   Well, son, what are you going to do during the vacation?
MARIO   Nothing. Absolutely nothing.
MAMÁ   I understand. You're tired now. But what are you going to do tomorrow?
MARIO   Nothing. Absolutely nothing.
MAMÁ   Don't you feel like doing anything?
MARIO   No, I don't feel like doing anything.
MAMÁ   Are you sick?
MARIO   No, I'm tired, and I want to rest.
MAMÁ   What a pity. Your friends just called up. They are coming here at noon. But if you don't feel like going out with them . . .
MARIO   It's 11:45 now! And I'm not ready! Good heavens!

≋Ahora le toca a Ud. *Mis vacaciones*

Describe your vacations: what you usually do, where you go; then tell about your plans for the next vacation. As a model you may use the monologues from *¡ Vacaciones, lindas vacaciones !*

Fonética *Las consonantes* ll *e* y

At the beginning of a word, the letters **ll** and **y** often represent a sound that is similar to, but somewhat softer than, the *dg* in *ledge*.*

In other positions, this consonant sounds more like the *y* in *yes*.

Note: At the end of a word, the letter **y** represents the sound of the vowel **i**: **hoy.**

   Práctica

initial: llevamos   llega   llover   llueve   llamar   yo   Yolanda
other positions: ellos   ellas   allí   allá

Se llama Yolanda Falla. Ella va a llegar a Sevilla mañana.

---

*In Castilian Spanish (as spoken in the greater part of Spain), the letter **ll** is pronounced like the *li* in *million*.

Un regalo especial

*Eduardo está en un almacén cuando **encuentra** a su amigo Ricardo.*   he meets

EDUARDO	**Oye,** Ricardo. Tengo un problema. Necesito dos **regalos de cumpleaños** para mis hermanas —son **mellizas**— y tengo poco dinero. ¿Tienes algunas buenas ideas?
RICARDO	¡Ah sí, las mellizas! ¿Cuántos años tienen ahora?
EDUARDO	Mañana **cumplen** los quince años.
RICARDO	¡Ajá! ¡Un cumpleaños muy especial! ¿Qué **quieren** ellas?
EDUARDO	**No sé.**
RICARDO	**¿Ropa? ¿Blusas,** suéteres, jeans?
EDUARDO	No, ya tienen mucha ropa.
RICARDO	Las **flores** siempre son un lindo regalo.
EDUARDO	Sí, son lindas por **unos** días, pero después...
RICARDO	Las plantas no **cuestan** mucho y son lindas.
EDUARDO	Tienes razón, pero las plantas requieren atención y tú **sabes** cómo son mis hermanas.
RICARDO	Verdad. Pero un cactus requiere muy poca atención y vive por muchos años.
EDUARDO	¡Qué idea más original! Ricardo, ¡eres un **genio**!
RICARDO	Un genio, no. Pero un buen amigo, sí.

Side glosses:
Listen / birthday presents
twins
they turn
want
I don't know.
Clothes / Blouses
flowers
a few
cost
know
genius

Comprensión

Complete the following sentences.

1. Eduardo necesita dos regalos porque _____ .
2. Las mellizas van a cumplir _____ .
3. Ellas ya tienen _____ .
4. Eduardo no quiere comprar una planta porque _____ .
5. Eduardo compra _____ .
6. Ricardo es _____ .

Lengua española

A. Verbos con el cambio radical *e → ie*

Verbs like **empezar** *(to begin)* and **perder** *(to lose)* are called stem-changing verbs because the **e** of the stem changes to **ie** in certain forms of the verb. Note these changes in the chart below.

	EMPEZAR	PERDER
(yo)	empiezo	pierdo
(tú)	empiezas	pierdes
(él, ella, Ud.)	empieza	pierde
(nosotros)	empezamos	perdemos
(vosotros)	empezáis	perdéis
(ellos, ellas, Uds.)	empiezan	pierden

NOTAS GRAMATICALES

1. The vowel **e** changes to **ie** when it is stressed. This occurs in the **yo, tú, él,** and **ellos** forms of the present tense (but not in the **nosotros** and **vosotros** forms).

2. Stem-changing verb forms have the same endings as regular verb forms.

Vocabulario *Algunos verbos con el cambio radical* e → ie

VERBOS QUE TERMINAN EN -AR

empezar (e → ie)	to begin, start	¿Cuándo **empieza** la película?
empezar a + inf.	to begin to, start to	**Empiezo a trabajar** a las 7:30.
pensar (e → ie)	to think	**Pienso** que tienes razón.
pensar de	to think of	¿Qué **piensas de** su novio?
pensar en	to think about	Elena **piensa** mucho **en** el futuro.
pensar + inf.	to intend to; to plan to	¿**Piensas comprar** flores?

VERBOS QUE TERMINAN EN -ER

perder (e → ie)	to lose; to miss	Carlos **pierde** sus libros a menudo. No quiero **perder** el avión.
perder el tiempo	to waste time	Siempre **perdemos el tiempo** aquí.
querer (e → ie)	to love; to want	Ricardo **quiere** a Beatriz. ¿**Quiere** Ud. café o té?

OBSERVACIÓN

Pensar de means *to think of* in the sense of *having an opinion about*.
Pensar en means *to think about*.

¿Qué **piensa** Ud. **del** profesor?   *What do you **think of** the professor?*
Pensamos en el examen de   *We are **thinking about** tomorrow's exam.*
mañana.

Ejercicio 1.   *¿Qué hacen?*
Say what the following people are doing.

1. *Yo* empiezo a estudiar. (nosotros; Ramón; los estudiantes; tú)
2. *Dorotea* piensa hacer compras. (tú; tú y yo; mis padres; Eduardo)
3. ¿Qué pierdes *tú*? (Uds.; yo; nosotros; Cecilia)
4. *Nosotros* no queremos nada. (los chicos; Ricardo; yo; tú)
5. *Uds.* piensan antes de hablar. (yo; Ana y yo; tú; Ramona)

Ejercicio 2.   *Intenciones*
Describe everyone's weekend plans, using the suggested verbs.

Modelo: (pensar) el primo de Raquel / salir con ella
          El primo de Raquel piensa salir con ella.

(pensar)

1. Paco / ir a la playa
2. tú / hacer compras
3. nosotros / descansar
4. yo / correr en el maratón
5. mis amigos / hacer la tarea

(querer)

6. Marta / venir aquí
7. tú / comprar cintas
8. nosotros / mirar la televisión
9. mis hermanos / asistir a un partido de fútbol
10. Uds. / bailar

Ejercicio 3.   *Y Ud., ¿qué dice?*

1. ¿En qué circunstancias pierde Ud. el tiempo? ¿la paciencia? ¿la memoria? ¿el apetito?
2. ¿Dónde quiere Ud. trabajar? ¿Piensa trabajar en algún país hispano? ¿Quiere ganar mucho dinero? ¿Por qué?
3. Generalmente, ¿a qué hora empieza la clase de español? ¿Cuándo empiezan las próximas vacaciones? ¿las vacaciones de primavera? ¿las vacaciones de verano?
4. ¿Piensa Ud. mucho en la política nacional? ¿en la política internacional?
5. ¿Qué piensa Ud. hacer durante las próximas vacaciones? ¿durante el próximo fin de semana? ¿mañana?
6. ¿A qué hora empieza Ud. a hacer la tarea? ¿a mirar la televisión? ¿a tener sueño? ¿a asistir a sus clases?

Vocabulario *Regalos de cumpleaños (Birthday presents)*

SUSTANTIVOS

el perfume	*perfume*	**una grabadora**	*tape recorder*
un regalo	*gift, present*	**la ropa**	*clothes, clothing*
un tocadiscos	*record player*	**una sorpresa**	*surprise*
		una tarjeta	*card*

UN SUÉTER   UNA BLUSA   UNA CAMISA   UNA CORBATA   UNA PULSERA

UN ESTÉREO   UNA CÁMARA   UNAS FLORES   UNA PLANTA   UNA CARTERA

EXPRESIONES

barato ≠ caro	*cheap, inexpensive ≠ expensive*
para	*for; in order to*

OBSERVACIÓN

Para may be used before a noun, a pronoun, or an infinitive.

Compro una tarjeta **para** Juan.   *I buy a card **for** Juan.*
Van al centro **para** hacer compras.   *They go downtown **(in order) to** shop.*

Ejercicio 4. *Tu cumpleaños*
Ask a classmate if he or she would like the following things for a birthday present. Your classmate will react with a response patterned on the model.

Modelo: una cámara
—¿ **Quieres una cámara ?**
—**Sí, quiero una cámara.**
or —**No, ya tengo una cámara.**
or —**No, no necesito una cámara.**

1. un suéter italiano
2. flores
3. un tocadiscos caro
4. una cartera con dinero
5. una camisa de Calvin Klein
6. una planta enorme
7. una corbata fea
8. una computadora
9. una blusa barata
10. mucha ropa

B. Verbos con el cambio radical *o → ue*

In the chart below, note the changes in the stems of **encontrar** *(to meet),* **poder** *(to be able),* and **dormir** *(to sleep).*

	ENCONTRAR	PODER	DORMIR
(yo)	encuentro	puedo	duermo
(tú)	encuentras	puedes	duermes
(él, ella, Ud.)	encuentra	puede	duerme
(nosotros)	encontramos	podemos	dormimos
(vosotros)	encontráis	podéis	dormís
(ellos, ellas, Uds.)	encuentran	pueden	duermen

NOTA GRAMATICAL

The **o** in each stem is changed to **ue** when it is stressed. This stem change occurs in all forms of the present except for the **nosotros** and **vosotros** forms.

Vocabulario *Algunos verbos con el cambio radical* o → ue

VERBOS QUE TERMINAN EN -AR

costar (o → ue)	*to cost*	¿Cuánto **cuesta** el perfume?
encontrar (o → ue)	*to find;*	No **encuentro** mi cuaderno.
	to meet	**Encuentro** a mi amigo.
recordar (o → ue)	*to remember*	¿**Recuerdas** el número de teléfono?

VERBOS QUE TERMINAN EN -ER

| poder (o → ue) | *to be able, can* | ¿**Pueden** venir mañana? |
| volver (o → ue) | *to return* | **Volvemos** a las once. |

VERBO QUE TERMINA EN -IR

| dormir (o → ue) | *to sleep* | No **duermo** en mis clases. |

Ejercicio 5.   *De compras*

The following people want to buy things, but cannot because they cost too much. State this according to the model.

Modelo: Eduardo / el estéreo
> **Eduardo no puede comprar el estéreo porque cuesta demasiado.**

1. mis amigos / los regalos
2. mi novia y yo / el tocadiscos
3. la Sra. Díaz / la pulsera
4. yo / la grabadora
5. tú / las camisas
6. Alicia / las flores

Ejercicio 6.   *Diálogo: ¿ Cómo ? ¿ Cuándo ?*
Ask a classmate if he or she performs any of the following actions. Use adverbs such as **siempre, de vez en cuando,** *or* **nunca** *in your replies.*

> Modelo: dormir bien
> **—¿ Duermes bien ?**
> **—Sí, siempre duermo bien.** or **—No, nunca duermo bien.**

1. volver aquí
2. recordar el vocabulario
3. volver a casa
4. encontrar tus cosas

5. dormir en la clase de español
6. encontrar a gente interesante
7. recordar nombres
8. encontrar dinero en tu cartera

Ejercicio 7.   *¡ Qué día ! (What a day!)*
This is not a good day for some people. Tell what is happening by following the model.

> Modelo: Clara / no encontrar su cámara
> **Clara no encuentra su cámara.**

1. Mario / no recordar la fecha
2. tú / no encontrar una grabadora barata
3. yo / no poder dormir
4. los chicos / no querer comer
5. mi perro / no volver a casa

6. Alma / pensar en sus problemas
7. mi padre / empezar un proyecto difícil
8. nosotros / perder el tiempo
9. yo / dormir todo el día
10. tú / no recordar nada

C. *Saber*

Note the forms of **saber** *(to know)* in the sentences below. Only the first-person singular form is irregular.

	SABER
(yo)	**Sé** tu número de teléfono.
(tú)	**Sabes** quién es.
(él, ella, Ud.)	**Sabe** manejar un coche.
(nosotros)	**Sabemos** nadar.
(vosotros)	**Sabéis** dónde está Juan.
(ellos, ellas, Uds.)	**Saben** cuándo sale el tren.

NOTA GRAMATICAL

The construction **saber** + *infinitive* means *to know how (to do something).*

> No **sé** tocar el piano.   *I don't **know how** to play the piano.*

Note the distinction between **poder** and **saber: poder** means *can* in the sense of *to be able (to);* **saber** means *can* in the sense of *to know how (to).*

Puedo manejar.   *I **can** drive* (because my car is running, or because I have the time, or because I feel like doing so, or because I am able to do so).

Sé manejar.   *I **can** drive* (because I have learned how).

Ejercicio 8.   *¿ Quién sabe ?*
The following people are all going to Antonio's birthday party, and each one has a different bit of information. Tell what each one knows.

Modelo: Felipe / dónde está la casa de Antonio
         Felipe sabe dónde está la casa de Antonio.

1. Beatriz / ir a la casa de Antonio
2. Uds. / regresar de su casa
3. yo / tocar la guitarra
4. tú / la fecha
5. nosotros / cuándo empieza la fiesta
6. sus amigos / cuántos años tiene Antonio

D. *Conocer* vs. *saber*

Although **conocer** and **saber** both mean *to know,* they are not interchangeable. Each verb is used in specific instances. Contrast the uses of the two verbs in the following sentences.

Conozco a María.   **Sé** que es una chica simpática.
¿ Conoces a Pedro ?   **¿ Sabes** dónde vive ?
Conocemos un restaurante   **Sabemos** que preparan tacos excelentes.
  mexicano.

Conocer is used to express familiarity or acquaintance:

with people: **Conozco** a tus padres.
with places: **Conozco** Los Ángeles y San Francisco.
with things: **Conozco** la historia de California.

Saber is used to express knowledge:

of things learned: **Sé** la diferencia entre « ser » y « estar ».
of how to do something: **Sé** hablar español.

of information or facts: **Sé** { dónde / cuándo / cómo / por qué / con quién / que / si } trabajas.

NOTAS GRAMATICALES

1. **Conocer** is only used with a noun or a pronoun. It is never followed by an infinitive or a clause.

2. **Saber** is usually followed by a clause or an infinitive. It may be followed by a noun or pronoun representing something that has been learned.

Contrast:

José **conoce** el poema. (He is familiar with it.)
Ana **sabe** el poema. (She has memorized it.)

Ejercicio 9. *Diálogo: ¿ Tienes muchas habilidades?*
Ask a classmate if he or she knows how to do the following things. If the answer is positive, your classmate should then indicate his or her level of proficiency, as in the model.

Modelo: nadar
—¿ **Sabes nadar?**
—**Sí, sé nadar. Nado bastante bien (muy bien, mal...).**
or —**No, no sé nadar.**

1. hablar italiano
2. hablar francés
3. bailar
4. usar una computadora
5. tocar la guitarra
6. tocar el piano
7. cantar
8. manejar un coche
9. usar una calculadora
10. contestar la pregunta
11. enseñar el español
12. tomar buenos apuntes

Ejercicio 10. *Información*
Ask your classmates for information about the following people. Your classmates say they are acquainted with them, but know nothing about their activities. Follow the model.

Modelo: María / ¿ dónde estudia?
—¿ **Conoces a María?**   —**Sí, conozco a María.**
—¿ **Sabes dónde estudia?**   —**No, no sé dónde estudia.**

1. Beatriz / ¿ a qué hora sale de casa?
2. Carlos / ¿ por qué está de mal humor?
3. Paco y Manuel / ¿ dónde pasan los fines de semana?
4. Miguel / ¿ a quién llama por teléfono?
5. Luisa y Ana / ¿ cuándo trabajan?
6. Inés / ¿ dónde nada?
7. Ramón y Elena / ¿ cómo bailan?
8. el profesor / ¿ si viene mañana?

Ejercicio 11.   *En español*
María calls up Bernardo to invite him to a party. Put their conversation into Spanish.

MARÍA We are going to have a birthday party for Jaime next Saturday. Can you come?

BERNARDO Yes, of course. Is it a surprise?

MARÍA Yes, he doesn't know anything. And we plan to invite all his friends.

BERNARDO How nice! Can I bring something?

MARÍA We need more records.

BERNARDO OK **(Muy bien).** Do you know what **(lo que)** he wants? Something inexpensive, of course.

MARÍA A tie? A plant?

BERNARDO A plant! I know a place **(un lugar)** where they sell nice **(lindas)** plants.

MARÍA Very good! See you soon!

≋Ahora le toca a Ud.   *Una decisión difícil*

Prepare a short dialogue between two girls who are trying to decide on a birthday gift for the boyfriend of one of them. You may use the dialogue of *Un regalo especial* as a model.

Fonética   *El sonido de* /s/

In most of Latin America and a few parts of Spain, the letters **s, z,** and **c** (before **e** and **i**) are pronounced **/s/.** This sound is similar to the English *s* in *see**.

Práctica

s: deseas   más o menos   por supuesto   me gusta   nosotros

z: diez   perezoso   Venezuela   Esperanza   Beatriz   Pérez
Gómez   Sánchez   conozco

c *(before* e, i*):* difícil   necesito   doce   trece   catorce
ciencias

El señor Sánchez necesita más o menos diez pesetas.
Beatriz y Esperanza esperan visitar Venezuela.

---

*In Castilian Spanish, the letters **z** and **c** (before **e** and **i**) are pronounced like the *th* in the English word *thin.*

EN RESUMEN

A. Substitute the words in parentheses for the italicized words. Make all necessary changes.

> Modelo: Ana está *aburrida*. (enfermo)   **Ana está enferma.**

1. Las chicas están *de buen humor*. (alegre ; ocupado ; preocupado ; listo ; solo ; enojado)
2. *Yo* acabo de hacer la tarea. (los estudiantes ; Fernando ; tú ; mi amiga y yo ; Alicia)
3. Elena es una estudiante *seria* que estudia *seriamente*. (tranquilo ; inteligente ; diligente ; normal ; alegre)
4. Yo *hago* la tarea. (saber ; empezar ; pensar en ; perder ; recordar)
5. Yo *compro* el coche. (salir en ; disfrutar de ; venir en ; oír ; querer ; volver en)

B. Select the appropriate verb and give the correct form.

1. (ser, estar)
   Nosotros _____ aburridos cuando miramos un programa que _____ aburrido.
2. (tener, hacer)
   Horacio _____ 21 años y acaba de _____ un viaje al Perú.
3. (ser, estar)
   Graciela _____ muy divertida y siempre _____ de buen humor.
4. (ser, estar)
   Normalmente yo _____ una persona tranquila, pero siempre _____ nerviosa antes de un examen.
5. (hacer, tener)
   Miguel no _____ ganas de _____ nada hoy.
6. (ser, estar)
   Luis _____ antipático y egoísta, y generalmente _____ de mal humor.

C. Complete the sentences with a negative expression.

1. ¿ En qué piensas ahora ? —No pienso en _____ .
2. ¿ Con quién quieres salir ? —No quiero salir con _____ .
3. ¿ Conoces a algunos estudiantes mexicanos ? —No, no conozco a _____ .
4. ¿ Quieres té o café ? —No quiero _____ té _____ café.
5. No voy en bicicleta hoy. ¿ Y tú ? —Yo _____ voy en bicicleta.
6. ¿ Quieres hacer algunas preguntas ? —No, no quiero hacer _____ .

Otras perspectivas III

Filmando una película en Barcelona, España.

Lectura cultural   Las diversiones

Los hispanos trabajan mucho, pero también saben disfrutar de la vida. Y en el **mundo** hispano hay muchas diversiones. Hay fiestas con la familia y los amigos para celebrar las importantes fechas personales como el cumpleaños, un aniversario, un **casamiento,** o **fiestas** nacionales o religiosas. A mucha gente le gusta practicar **deportes** o mirar los **partidos** en la televisión o en el estadio. También hay muchas actividades culturales como el teatro, los museos y los conciertos. Algunas diversiones dependen de la situación socio-económica de la gente, **mientras que** otras dependen de la situación geográfica o del clima. ¡Pero a **todo el mundo** le gusta ir al cine!

    En los países hispanos se puede ver películas de España, México y la Argentina, los grandes centros de la industria cinematográfica del mundo hispanoparlante. También las películas europeas y norteamericanas son muy populares. ¡Entonces, si Ud. es **aficionado** a Woody Allen o a Meryl Streep, es posible conocer a hispanos que también son aficionados a ellos!

    Para ir al cine, generalmente es necesario comprar las entradas o los boletos en la **taquilla** con **anticipación.** Muchas veces es necesario **hacer cola,** especialmente si la película tiene mucho **éxito. Al entrar** al cine, es **costumbre darle** una **propina** al **acomodador.**

    Y si Ud. prefiere bailar, charlar, mirar a la gente y tomar algo, ¡las discotecas son muy populares, especialmente entre los jóvenes!

world

wedding / holidays
sports / games, matches

while
everybody

fan

ticket window /
  beforehand /
  to wait in line
success / On entering /
  custom
to give / tip / usher

Nota cultural   Films in Spanish

In recent years, more and more films in Spanish are being shown in movie theaters in the United States. *La línea del cielo (Skyline),* a comedy made in Spain, tells of a young photographer's difficulties with the English language and American customs when he comes to New York to pursue his career. *Carmen* is a flamenco version of Bizet's opera of the same name. And *La historia oficial,* an Argentine production, won an Oscar as the best foreign film of 1986.

Actividad A.   *Comprensión de lectura*

1. Las importantes fechas personales que los hispanos celebran son
   _____ , _____ o _____ .
2. Otras fiestas que se celebran son _____ .
3. Se miran los deportes en _____ o en _____ .
4. Hay actividades culturales como _____ , _____ y _____ .
5. Se hacen películas en español en _____ , _____ y _____ .
6. También se puede ver películas de los Estados Unidos y _____ .
7. Se puede comprar las entradas _____ .
8. Para ver una película, a veces es necesario _____ .
9. Es costumbre dar _____ al acomodador.
10. En las discotecas se puede _____ , _____ y _____ .

Actividad B.   *Diferencias culturales*

1. ¿Cuáles son los momentos de la vida que Ud. y su familia celebran con una fiesta?
2. ¿Cuáles son algunas fiestas nacionales que Ud. y su familia celebran? ¿Cómo celebran Uds. estas fiestas?
3. ¿Le gusta mirar los deportes en la televisión o prefiere asistir a un partido en el estadio?
4. ¿Asiste Ud. al teatro? ¿a conciertos? ¿Visita Ud. el museo?
5. ¿Le gusta ir al cine? ¿Va Ud. al cine frecuentemente? ¿Le gusta ver películas extranjeras *(foreign)*?
6. Donde Ud. vive, ¿es necesario comprar las entradas con anticipación para ver una película? ¿Es posible comprar las entradas con anticipación? ¿Tiene Ud. que hacer cola para ver algunas películas?
7. En los cines donde Ud. vive, ¿hay acomodadores? Si los hay, ¿tiene Ud. que darles una propina?
8. ¿Hay discotecas donde Ud. vive? ¿Van Ud. y sus amigos a las discotecas? ¿Adónde van cuando quieren bailar?

Actividad C.   *¡Vamos al cine!*
The following films are playing at your local cinemas. Select an appropriate one for the following people.

El color púrpura	Proyecto X
La guerra de las galaxias	Los aristogatos
Nunca digas nunca jamás	El mago de Oz
El policía de Beverly Hills	

1. Ud. quiere llevar a su sobrino de 5 años al cine. ¿Qué película le parece *(seems)* apropiada? ¿Por qué?
2. Sus amigos quieren ver *(to see)* una comedia. ¿Qué película recomienda Ud.? ¿Por qué?
3. A su novio/a le gusta la ciencia ficción. ¿Qué película va a ver esta noche?
4. Su abuela quiere ir al cine pero no quiere ver una película con violencia. ¿Qué películas tienen mucha violencia?
5. ¿Qué película recomienda Ud. para los aficionados a las películas de espionaje?
6. Sus padres quieren ver un drama serio. ¿De qué película van a disfrutar?

Día por día ¡*Vamos al cine!*

UNA INVITACIÓN

DANIEL Hola, Ana María. Hay una buena película en el centro esta noche.
ANA MARÍA ¿Sí? ¿Cómo se llama la película?
DANIEL Se llama *La venganza de los Nerds.*
ANA MARÍA ¿Qué tipo de película es?
DANIEL Es una comedia.

Es un drama.	
un musical.	
Es una película del **oeste.**	Western
de espionaje.	
de **guerra.**	war
de ciencia ficción.	
de aventura.	
musical.	
de **dibujos animados.**	cartoons
de terror.	

¿Quieres ir conmigo al cine?

¿Te gustaría acompañarme al cine?
Me gustaría invitarte al cine.

ANA MARÍA   ¡Qué bien! ¡Me gustan las comedias!

¡Cómo no! ¡Me encantan las comedias!
¡Qué lástima! **Ya he visto esa** película.   I've already seen that
Pues, no sé si puedo ir al cine esta noche.   Well
Me gustaría acompañarte, Daniel, pero no puedo.
Lo siento mucho, Daniel, pero no puedo ir al cine esta noche.   I'm very sorry

Actividad D.   *Al cine*
Jorge calls up Silvia to invite her to the movies.

JORGE   Hola, Silvia. _____ .
SILVIA   Ah, Jorge. ¿_____ ?
JORGE   Muy bien, Silvia. ¿_____ ?
SILVIA   Bien, _____ .
JORGE   Silvia, hay una película nueva que quiero ver esta noche.
      ¿_____ ?
SILVIA   ¿_____ ?
JORGE   Se llama *El año 2001.*
SILVIA   ¿Qué tipo de película es?
JORGE   Es _____ .
SILVIA   ¡Qué bien! Me gustan _____ . ¿A qué hora se da la película?
JORGE   _____ 9:00.

Actividad E.   *Otra invitación*
Marina would like to accept Gregorio's invitation to go to the movies, but she has seen the picture already.

GREGORIO   ¡Hola, Marina! Hay una buena película en el Cine Atlas esta
           noche. _____ .
MARINA   ¿_____ ?
GREGORIO   *Rambo.*
MARINA   ¡Ay, qué lástima! _____ .
GREGORIO   ¿Es buena?
MARINA   Sí (No), es _____ .

Madrid, la capital de España, tiene muchas plazas y fuentes. El Palacio de Comunicaciones (el correo) está en la Plaza de Cibeles. Describa la foto.

Estos jóvenes son miembros de una tuna. Generalmente son estudiantes universitarios. Caminan por las calles de Madrid dando serenatas. ¿Cómo se visten?

Por toda España se ve la influencia de antiguas civilizaciones en la arquitectura. El famoso acueducto de Segovia es de la época romana pero todavía funciona. ¿Para qué se usa un acueducto?

El Patio de los Leones está en la Alhambra, un antiguo palacio árabe en Granada. ¿Dónde hay influencia de antiguas civilizaciones en los EEUU?

El Escorial es un monasterio y palacio. Fue construido en el siglo XVI por Felipe II. La biblioteca tiene más de cuarenta mil libros raros. Describa el interior de la biblioteca.

En Europa sólo Suiza tiene más montañas que España. ¿Qué hacen estas personas en las montañas?

España es un país marítimo. Por eso el pescado y los mariscos son productos importantes. ¿En qué regiones de los EEUU es importante la pesca?

Barcelona tiene cuatro millones de habitantes y es un centro industrial muy importante. En el Barrio Gótico hay muchos edificios muy antiguos. ¿Qué hacen estas personas en la plaza de la catedral?

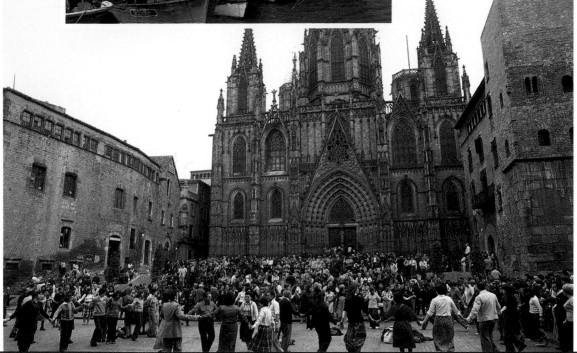

La Semana Santa en Sevilla es una ocasión solemne. Para las procesiones la gente lleva pasos *(floats)* y se viste de penitente. Describa esta procesión.

El flamenco es un baile tradicional de los gitanos *(gypsies)*. Durante la Feria de Abril en Sevilla algunas jóvenes llevan el vestido típico y se divierten cantando y bailando. ¿Cuáles son los bailes y la música folklórica de los EEUU?

UNIDAD

IV

Un encuentro en un café

encounter

ÉL	**Discúlpeme,** señorita. **Creo** que **la** conozco de **alguna parte.**	Excuse me / I believe / you / somewhere
ELLA	No, señor. **Lo siento mucho,** pero no **lo** conozco.	I'm very sorry / you
ÉL	¿No me reconoce?	
ELLA	No, no lo reconozco. ¿**Debo** reconocerlo?	Should I
ÉL	**Creo que sí.** ¿No es Ud. la hermana de Guillermo Méndez?	I believe so.
ELLA	No, no conozco **ese** nombre.	that
ÉL	¡Ahora la recuerdo! La fiesta en la casa de los Laredo.	
ELLA	Imposible, señor. No **los** conozco.	them
ÉL	¿O del Club Atlántico?	
ELLA	No voy nunca a ese club.	
ÉL	¡Qué curioso! Siempre recuerdo bien a la gente.	
ELLA	Señor, la **verdad** es que Ud. no me conoce pero que quiere conocerme.	truth
ÉL	¿Por qué no hablamos un poco más de **eso**? No quiero **molestarla,** pero... ¡Ah! Aquí está el **camarero. ¿Prefiere** Ud. té o café?	that / to bother you waiter / Do you prefer
ELLA	Yo prefiero estar sola **mientras** espero a mi novio. ¡Adiós, señor!	while

Comprensión

1. ¿Dónde están las dos personas?
2. ¿Conoce él a la señorita?
3. ¿Lo reconoce ella?
4. ¿Es ella la hermana de Guillermo Méndez?
5. ¿La conoce de una fiesta?
6. ¿Por qué habla él con ella?
7. ¿Qué prefiere la señorita?
8. ¿A quién espera ella?

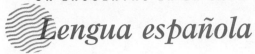

Lengua española

Vocabulario *Citas*

una cita	*date; appointment*	Hoy tengo una **cita** con Miguel.
creer (que)	*to believe; to think*	**Creo que** llega pronto.
deber + inf.	*ought to; should*	**Debe** llegar a las ocho.
entrar (en)	*to enter*	Todavía no **entra en** el café.
llegar a tiempo	*to arrive on time*	Normalmente **llega a tiempo.**
pronto	*soon*	Va a **llegar pronto.**
tarde	*late*	Nunca **llego tarde.**
temprano	*early*	Me gusta **llegar temprano.**
preferir (e → ie)	*to prefer*	**Prefiero** café.
sentir (e → ie)	*to regret; to be sorry*	Lo **siento.**

OBSERVACIÓN

In Spanish, the conjunction **que** *(that)* must always be used after **creer** when it means to *believe (think) that,* even though, in English, *that* is often omitted.

> **Creo que** José es mexicano.　　　*I believe (that) José is Mexican.*

Ejercicio 1.　*Citas*

1. ¿Tiene Ud. una cita hoy? ¿Con quién?
2. ¿Está Ud. de mal humor cuando tiene que esperar a alguien? O ¿espera con paciencia?
3. ¿Llega Ud. a tiempo a sus citas? O ¿llega a veces temprano, otras veces tarde?
4. ¿Qué hacen sus amigos cuando Ud. llega tarde a una cita?
5. ¿Cree Ud. que es importante llegar a tiempo?
6. ¿A qué hora debe Ud. llegar a la clase de español? ¿Llega Ud. a la hora que debe llegar?
7. ¿Prefiere Ud. salir con un grupo o solamente con una persona? Cuando Ud. tiene una cita, ¿prefiere ir al cine o a una fiesta?

A. Adjetivos y pronombres demostrativos

Demonstrative adjectives are used to point out people and things. They agree in gender and number with the nouns they introduce. Note the demonstrative adjectives in boldface in the sentences below.

¿Quieres **este** periódico?	*Do you want **this** newspaper?*
¿Quién es **ese** muchacho?	*Who is **that** boy?*
¿Conoces a **aquel** joven?	*Do you know **that** young man (over there)?*

The forms of the demonstratives, together with their corresponding adverbs, are given in the following chart.

		DE AQUÍ		DE AHÍ		DE ALLÁ
Singular	*(this)*	**este** chico **esta** chica	*(that)*	**ese** chico **esa** chica	*(that)*	**aquel** chico **aquella** chica
Plural	*(these)*	**estos** chicos **estas** chicas	*(those)*	**esos** chicos **esas** chicas	*(those)*	**aquellos** chicos **aquellas** chicas

NOTAS GRAMATICALES

1. The choice of **este, ese,** or **aquel** depends on the location of the speaker and listener in relation to the people or things that are being pointed out. **Este** *(This)* is close to the speaker; **ese** *(that)* is close to the listener; and **aquel** *(that over there)* is a good distance away from both of them.

2. The demonstrative pronouns are exactly the same as the demonstrative adjectives, except for the distinguishing accent marks on the stressed vowels.

¿A qué chica invitas a la fiesta?

Which girl are you inviting to the party?

¿A **ésta,** a **ésa** o a **aquélla**?

This one, that one, or that one over there?

Ejercicio 2.   *Por la ciudad (Around town)*
Imagine that you are in Mexico City and that a Mexican friend is showing you around. Ask him whether he knows the following people and places.

Modelos: (de aquí) el café   **¿Conoces este café?**
(de ahí) la mujer   **¿Conoces a esa mujer?**
(de allá) las muchachas   **¿Conoces a aquellas muchachas?**

(de aquí)	**(de ahí)**	**(de allá)**
1. la muchacha	6. las estudiantes	11. los chicos
2. las chicas	7. el museo	12. la chica
3. el restaurante	8. el almacén	13. las personas
4. los estudiantes	9. la estación de servicio	14. el hotel
5. la persona	10. los muchachos	15. la biblioteca

Ejercicio 3.   *Sobre gustos no hay nada escrito (Each to his or her own taste)*

Elena and Roberto are on a shopping trip. As they are looking, Elena remembers what she has to buy. Roberto makes some suggestions, but Elena has other ideas. Play both roles, following the model.

Modelo: un reloj
          Elena: **Tengo que comprar un reloj.**
          Roberto: **¿ Por qué no compras éste ?**
          Elena: **¡ Ése ! ¡ Qué horror ! Prefiero aquél.**

1. una maleta   4. una grabadora   7. un disco
2. un coche   5. una cartera   8. una camisa
3. (unos) suéteres 6. (unas) flores

B. Los complementos directos: *lo, la, los* y *las*

The words in boldface in the questions below are *direct objects*. They are directly affected by the action of the verbs. The pronouns in boldface in the answers are *direct object pronouns*. Note the forms and positions of these pronouns.

¿ Invitas a **Pedro** a la fiesta ?	Sí, **lo** invito.	*Yes, I'm inviting **him**.*
¿ Conoces a **mi hermana ?**	No, no **la** conozco.	*No, I don't know **her**.*
¿ Quiere Ud. **esta maleta ?**	Sí, **la** quiero.	*Yes, I want **it**.*
¿ Tienes **mis apuntes ?**	Sí, **los** tengo.	*Yes, I have **them**.*
¿ Llamas a **tus amigas** ahora ?	No, no **las** llamo.	*No, I'm not calling **them**.*

The chart below lists the third-person direct object pronouns.

	SINGULAR	PLURAL
Masculine	**lo** *(him, it)*	**los** *(them)*
Feminine	**la** *(her, it)*	**las** *(them)*

NOTAS GRAMATICALES

1. The pronouns **lo, la, los,** and **las** may refer to people or things.

          ¿ Dónde está **Pedro ?** No **lo** veo.   *I don't see **him**.*
          ¿ Donde está **mi libro ?** No **lo** veo. *I don't see **it**.*

2. The pronouns **lo/la** are also used to refer to **Ud.**, while **los/las** are used to refer to **Uds.**

> Sr. Montes, no **lo** comprendo. *Mr. Montes, I don't understand **you.***
> Pedro y Paco, no **los** necesito *Pedro and Paco, I don't need **you** now.*
> ahora.

3. In statements and questions, the direct object pronoun comes immediately *before* the conjugated verb.

Vocabulario *Algunos verbos que usan complementos directos*

admirar	*to admire*	¿Mi abuelo? **Lo admiro.**
ayudar	*to help*	¿Mis hermanas? **Las ayudo.**
cuidar	*to take care of*	¿Los niños? **Los cuido.**
dejar	*to leave*	¿La moto? **La dejo** aquí.
llevar	*to wear*	¿El suéter? No **lo llevo** hoy.
obtener (ie)	*to obtain, get*	¿El coche de mi papá? **Lo obtengo.**
recibir	*to receive*	¿Tarjetas? **Las recibo.**
ver	*to see*	¿Tu bicicleta? No **la veo.**

OBSERVACIONES

1. The verb **obtener** is irregular: it is conjugated like **tener.**
2. The verb **ver** is irregular in the **yo** form of the present: **yo veo.**
3. Although both **dejar** and **salir** mean *to leave,* they are used differently. **Dejar** means *to leave something or someone behind.* **Salir** means *to go out.*

> El tren **sale** a las dos. *The train **leaves** at two o'clock.*
> **Dejo** mis libros en mi cuarto. *I **leave** my books in my room.*

Vocabulario *La moda (Fashion)*

SUSTANTIVOS

ADJETIVOS

claro ≠ oscuro	*light ≠ dark*
corto ≠ largo	*short ≠ long*

¿ DE QUÉ COLOR ES ?

amarillo	*yellow*	**gris**	*gray*	**rojo**	*red*
azul	*blue*	**marrón**	*brown*	**verde**	*green*
blanco	*white*	**negro**	*black*	**violeta**	*purple*

OBSERVACIONES

1. In Spanish, the definite article rather than the possessive adjective is usually used to introduce articles of clothing.

    Llevo **el** impermeable hoy.

2. In some Spanish-speaking countries, *jeans* are called **los vaqueros.**

Ejercicio 4. *En el almacén*
Say what the following people are doing in the department store, using direct object pronouns, as in the model.

> Modelo: Juana / admirar / el vestido verde
> **Juana lo admira.**

1. el Sr. Rivera / comprar / el sombrero grande
2. yo / admirar / la falda azul
3. nosotras / mirar / las botas marrones
4. los muchachos / llevar / zapatos de tenis
5. tú / perder / las gafas de sol
6. Papá / preferir / los pantalones grises
7. la señorita Castro / comprar / el impermeable rojo
8. Esteban / admirar / la chaqueta verde

—*La escucho porque tiene una onda anti-pálida.*

Ejercicio 5. *La ropa apropiada*
Ask a classmate whether he or she wears the following articles of clothing under the circumstances mentioned. Use object pronouns in your replies.

> Modelo: para asistir a un concierto (los zapatos de tenis)
> **—Para asistir a un concierto, ¿ llevas zapatos de tenis ?**
> **—No, no los llevo.**   or   **—Sí, los llevo.**

1. para ir a la playa (el traje de baño ; las gafas de sol ; el impermeable ; el sombrero grande)
2. para ir a una fiesta (la falda larga ; la corbata ; las botas ; el traje)
3. cuando hace mucho frío (el abrigo ; los guantes ; el traje de baño ; las botas)
4. cuando hace mucho calor (la camiseta ; las medias ; la chaqueta ; el abrigo)
5. para asistir a sus clases (los jeans ; los zapatos de tenis ; la camiseta ; el vestido)

Ejercicio 6.   *¿ Cómo es Ud. ?*

1. En casa, ¿ ayuda Ud. a su mamá ? ¿ a su papá ? ¿ a sus hermanos ?
2. ¿ Ayuda a sus amigos con las tareas ? ¿ con sus problemas ?
3. ¿ Ve a menudo a su familia ? ¿ a sus amigos ? ¿ a sus abuelos ? ¿ a su novio/a ?
4. En casa, ¿ cuida Ud. a sus hermanos menores ? ¿ sus animales ? ¿ a sus primos ? ¿ a sus abuelos ?
5. ¿ Tiene Ud. un coche ? ¿ una cámara ? ¿ mucha ropa ? ¿ buenas notas ? ¿ un tocadiscos ? ¿ una computadora ?
6. ¿ A veces pierde Ud. el tiempo ? ¿ sus cosas ? ¿ la memoria ? ¿ el apetito ?
7. ¿ Comprende Ud. el español ? ¿ el francés ? ¿ los problemas de sus amigos ? ¿ la música moderna ?
8. En la universidad, ¿ encuentra a amigos nuevos ? ¿ profesores interesantes ? ¿ estudiantes extranjeros ?
9. Cuando es su cumpleaños, ¿ recibe muchas tarjetas ? ¿ ropa ? ¿ flores ? ¿ corbatas feas ? ¿ regalos que Ud. no necesita ?
10. ¿ A quién admira Ud. ? ¿ al presidente de los Estados Unidos ? ¿ a los astronautas ? ¿ a Fidel Castro ? ¿ a sus padres ? ¿ a los cantantes de música « rock » ?

C. Los complementos directos: *me, te, nos*

Note the direct object pronouns in the sentences below.

Mi papá **me** llama.	*My dad is calling **me**.*
Tu mamá **te** llama.	*Your mom is calling **you**.*
Nuestros padres **nos** llaman.	*Our parents are calling **us**.*

In Spanish, the following direct object pronouns are used for the first and second persons:

(yo)	**me**	(nosotros/as)	**nos**
(tú)	**te**	(vosotros/as)	**os**

NOTA GRAMATICAL

Like the third-person direct object pronouns, **me, te,** and **nos** come immediately before the conjugated verb.

Ana nunca **nos** ayuda.   *Ana never helps **us**.*

Ejercicio 7. ¿Cuándo?

Liliana asks her boyfriend Luis when he intends to do certain things. Play both roles, following the model.

> **Modelo:** invitar al cine (el sábado)
> Liliana: **¿Cuándo me invitas al cine?**
> Luis: **Te invito el sábado.**

1. invitar al teatro (mañana)
2. llevar a la fiesta (a las 10:00)
3. ayudar con la tarea (el lunes)
4. esperar (a las 8:00)
5. visitar en casa (durante las vacaciones)
6. llamar por teléfono (mañana por la noche)
7. escuchar atentamente (siempre)
8. ver (después de la clase)

Ejercicio 8. Otras preguntas

Liliana's parents want to know if Liliana and her sister Marta will or will not do certain things. Play both roles.

> **Modelo:** ayudar en casa (sí)
> Los padres: **¿Nos ayudan Uds. en casa?**
> Liliana y Marta: **Sí, los ayudamos en casa.**

1. encontrar a la 1:00 (no)
2. visitar a menudo (sí)
3. esperar aquí (sí)
4. escuchar (sí)
5. llevar en su coche (sí)
6. llamar frecuentemente (no)

D. La colocación de los complementos directos con infinitivos

Note the position of the direct object pronouns in the answers to the questions below.

¿Quieres ver **esta foto**?	Sí, **la** quiero ver.	Sí, quiero ver**la**.
¿Vas a cuidar a **tus hermanas**?	No, no **las** voy a cuidar.	No, no voy a cuidar**las**.
¿Tienes que hacer **la tarea**?	Sí, **la** tengo que hacer.	Sí, tengo que hacer**la**.

> In an infinitive construction, the direct object pronoun comes *before the conjugated verb* or is *attached to the infinitive.*

NOTA GRAMATICAL

With an impersonal expression introduced by **es,** the direct object pronoun must follow the infinitive.

> Es necesario llamar**los**.   *It is necessary to call **them**.*

Ejercicio 9.   *Diálogo: ¿ Qué vas a hacer ?*

Ask a classmate if he or she is going to include you in his or her plans for next Saturday.

> Modelo: llamar por teléfono
> —**¿ Vas a llamarme por teléfono el sábado ?**
> **(—¿ Me vas a llamar... ?)**
> —**Sí, voy a llamarte.**   or   —**No, no voy a llamarte.**
> **(—Sí, te voy a llamar.**   or   —**No, no te voy a llamar.)**

1. ayudar con las tareas
2. invitar a una fiesta
3. visitar
4. ver
5. esperar
6. llevar a casa en tu coche

Ejercicio 10.   *Obligaciones*

Esteban should do certain things, but he doesn't want to do them. Carmen asks him about his obligations. Play both roles, following the model.

> Modelo: cuidar a su hermana menor
> Carmen: **¿ Debes cuidar a tu hermana menor ?**
> Esteban: **Sí, debo cuidarla.**
> Carmen: **Y, ¿ quieres cuidarla ?**
> Esteban: **¡ Claro que no ! No la quiero cuidar.**

1. ayudar a su papá
2. hacer las tareas
3. llevar gafas
4. escribir el artículo

5. ver la película documental
6. visitar a sus tíos
7. buscar trabajo
8. comprar el regalo

Ejercicio 11.   *Entre nosotros*

Ask a classmate if he or she does the following things in the course of the day. Use object pronouns in the replies.

> Modelo: tomar el autobús
> —**¿ Tomas el autobús ?**
> —**Sí, lo tomo.**   or   —**No, no lo tomo.**

1. esperar a sus amigos/as
2. ver a sus padres
3. llamar a su novio/a
4. leer el periódico

5. perder sus cosas
6. hacer la tarea
7. tomar sus vitaminas
8. repasar los verbos

Ejercicio 12.   *En español*
Gabriel has written the following letter to his parents. Put it into Spanish.

Dear Mom and Dad,

I have just received your letter. It is always good to receive news. I'm going to answer all of your questions. Yes, I am well. My roommate is nice, but I don't see him often because he is very busy and I am also very busy. But sometimes he helps me with the math homework. Now I think I know how to do it. The professors? I think they are very good. I like this university, and I am happy. I must attend a class in fifteen minutes, and I don't want to arrive late because this class is very interesting. I hope to receive another letter soon.

Love **(Cariños),**

Gabriel

≋Ahora le toca a Ud.   *Mis relaciones*

In a paragraph of ten lines, describe your relationship with one of your friends. You may use direct object pronouns with verbs such as **admirar, ayudar, conocer, cuidar, escuchar, invitar, llamar por teléfono, respetar, ver,** and **visitar.**

Fonética   *La consonante /g/*

Before the vowels **a, o,** and **u,** and before consonants, the /**g**/ sound is represented by the letter **g** in Spanish. Before **e** and **i,** the /**g**/ sound is represented by the letters **gu.***

Note: At the beginning of a single word or group of words, or after **n** or **m,** the /**g**/ sound is similar to the English *g* in *go*. In the middle of a word or group of words, except after **n** or **m,** a softer /**g**/ sound is used, similar to the English *g* in *sugar*.

Práctica

/**g**/:	**ga**nas	**go**zar	**gu**sto	**gue**rrilla	**Gui**llermo	**gr**ande
	Gloria	nin**gún**				
/**g**/:	ami**ga**	ami**go**	al**gu**no	hambur**gue**sa	pre**gu**ntar	
	al**go**	a**go**sto				

---

*If the **u** in **gu** + **e** or **i** is pronounced, a diaeresis is used: **lingüística, bilingüe.**

¿Qué clase de amigo es Ud.?

kind

*¿ Qué **significa la amistad** para Ud. ? ¿ Es Ud. un buen amigo ? ¿ Tiene buenos amigos ? ¡ Vamos a ver !*

does friendship mean

¿ Qué hace Ud. cuando... ?

1. Un amigo no tiene dinero para ir al cine.
   a. Ud. lo invita al cine.
   b. **Le presta** a su amigo el dinero que necesita.
   c. **Le dice** a su amigo que Ud. no tiene dinero.
2. Una amiga tiene un problema sentimental muy serio.
   a. Ud. **le da consejos.**
   b. La escucha atentamente.
   c. Le da la **dirección** de un psiquiatra.
3. Una amiga **cumple** los 21 años.
   a. Ud. la **sorprende** con una fiesta.
   b. Le **manda** una tarjeta.
   c. Le dice: « Y, ¿todavía no estás casada ? »
4. Unos amigos lo invitan a una fiesta.
   a. Ud. **les** dice «gracias» y lleva su disco nuevo a la fiesta.
   b. Les dice «gracias» y asiste a la fiesta.
   c. Les dice «gracias», pero no va a la fiesta y tampoco los llama para **excusarse.**
5. Ud. presta su bicicleta a un amigo y él tiene un accidente con ella.
   a. Le dice: **« No importa ».**
   b. Le pregunta: « ¿ Cómo estás ? ».
   c. Le pregunta: « ¿ Cómo está mi bicicleta ? ».

You lend him
You tell

give her advice

address
turns
surprise
send

to them

to excuse yourself

It doesn't matter.

Interpretación

a = 3 **puntos**   b = 2 puntos   c = 1 punto   points

13–15 puntos   ¡ Ud. es muy generoso ! ¡ Tiene un gran **corazón** !   heart
8–12 puntos   ¡ Sus amigos tienen mucha suerte porque tienen un amigo
                      como Ud. !   like
5–7 puntos   ¿ Tiene algún amigo ? o ¿ solamente **enemigos** ?   enemies

Lengua española

A. *Dar* y *decir*

Note the present-tense forms of **dar** *(to give)* and **decir** *(to say; to tell)* in the
following sentences.

	DAR	DECIR
(yo)	**Doy** las gracias.	**Digo** « gracias ».
(tú)	**Das** regalos.	**Dices** « de nada ».
(él, ella, Ud.)	**Da** su palabra.	**Dice** que sí.
(nosotros)	No **damos** nada.	**Decimos** que no.
(vosotros)	**Dais** un regalo.	**Decís** « felicitaciones ».
(ellos, ellas, Uds.)	**Dan** la respuesta.	**Dicen** que hablan español.

NOTA GRAMATICAL

While the conjunction **que** *(that)* may be left out in English, it must be used
in Spanish after **decir.**

> Ud. dice **que** es inútil.   *You say **(that)** it is useless.*

Vocabulario   *¿ Qué da Ud. ? ¿ Qué dice ?*

¿ QUÉ DA UD. ?

un abrazo	*hug, embrace*	**la amistad**	*friendship*
un beso	*kiss*	**una dirección**	*address*
un consejo	*(piece of) advice*	**las felicitaciones**	*congratulations*
un número de teléfono	*telephone number*		

¿QUÉ DICE UD.?

una mentira	*lie*
una tontería	*something foolish; nonsense*
la verdad	*truth*

EXPRESIONES

dar la mano (a)	*to shake hands (with)*	Le **doy la mano al** profesor.
dar un paseo	*to take a walk*	**Doy un paseo** con mi novia.
decir que sí / no	*to say yes / no*	¿Necesita dinero? **Dice que sí.**

Vocabulario *Los números de 100 a 2.000.000*

100	cien (ciento)	**500**	quinientos/as	**1.000**	mil
101	ciento uno	**600**	seiscientos/as	**2.000**	dos mil
200	doscientos/as	**700**	setecientos/as	**200.000**	doscientos/as mil
300	trescientos/as	**800**	ochocientos/as	**1.000.000**	un millón
400	cuatrocientos/as	**900**	novecientos/as	**2.000.000**	dos millones

OBSERVACIONES

1. The short form **cien** is used before all nouns and before numbers larger than one hundred.

    cien libros   **cien** fotos   **cien** mil

2. The masculine forms of numbers between **200** and **900.000** are used in counting and before masculine nouns. The feminine forms are used with feminine nouns.

    doscient**os**   doscient**os** niñ**os**   doscient**as** niñ**as**

3. In Spanish, a period is used instead of a comma to indicate thousands. (A comma is used instead of a decimal point.)

Ejercicio 1.   *Las tarjetas de Navidad*
*Should you send Christmas cards to all your friends? The following people are not in agreement. Express each one's opinion, using the correct form of **decir**.*

    Modelo: Marta / sí   **Marta dice que sí.**

1. Roberto / no
2. mi mamá / es importante
3. mis amigos / es normal
4. mis amigas / es muy caro
5. yo / es una tontería
6. tú / no es necesario
7. nosotros / es una tradición
8. Uds. / es una buena idea

Ejercicio 2.   *La Cruz Roja (The Red Cross)*
Ana María is collecting money for the Red Cross. Say how much the following
*people are giving. (The **peseta** is the monetary unit of Spain.)*

Modelo: Elena / 200 pesetas   **Elena da doscientas pesetas.**

1. el Sr. Mena / 2.000 pesetas
2. la Srta. Ochoa / 1.000 pesetas
3. Rubén y Pablo / 500 pesetas
4. yo / 100 pesetas
5. nosotros / 900 pesetas

6. tú / 600 pesetas
7. Uds. / 700 pesetas
8. mis primos / 400 pesetas
9. mis padres / 1.500 pesetas
10. el profesor y yo / 300 pesetas

Ayude a la Cruz Roja Venezolana

Ejercicio 3.   *¿ Cómo es Ud. ?*

1. ¿ Da dinero para causas importantes ? ¿ Por qué ?
2. ¿ Da buenos consejos su papá ? ¿ su mamá ? ¿ su profesor ? Y, ¿ Ud. los escucha ?
3. ¿ Da la mano a su novio/a ? ¿ a su papá ? ¿ a su mamá ? ¿ al presidente de la universidad ?
4. ¿ Dónde da Ud. paseos ? ¿ Con quién ? ¿ Cuándo ?
5. ¿ Siempre dice Ud. la verdad ? ¿ Dice una mentira de vez en cuando ? ¿ Es necesario decir una mentira a veces ? ¿ Dice tonterías cuando está nervioso/a ?

B. Verbos con el cambio radical *e → i*

In the chart below, note the changes in boldface in the stem of **pedir** *(to ask for).*

PEDIR			
(yo)	Pido un estéreo.	(nosotros)	Pedimos café.
(tú)	Pides consejos.	(vosotros)	Pedís flores.
(él, ella, Ud.)	Pide un reloj.	(ellos, ellas, Uds.)	Piden dinero.

NOTA GRAMATICAL

The **e** in the stem is changed to **i** when it is stressed. This stem change occurs in all forms of the present tense except the **nosotros** and **vosotros** forms.

Vocabulario *Algunos verbos con el cambio radical* e → i

pedir (e → i)   *to ask for; to request; to order*   **Pido** un refresco.
repetir (e → i)   *to repeat*   ¿Vas a **repetir** la pregunta?
servir (e → i)   *to serve*   Tú **sirves** el café.

OBSERVACIÓN

Note the difference between **pedir** and **preguntar**:

Pedir means *to request (something):*

> **Pide** dinero.   **Pedimos** permiso *(permission)*.

Preguntar means *to ask (a question):*

> Juan **pregunta** qué hora es.

Ejercicio 4.   *La repetición*
For better or for worse, each of the following people repeats something. Indicate what each one is repeating.

> Modelo: Pablo / la palabra
> **Pablo repite la palabra.**

1. yo / mis errores
2. Ana / la pregunta
3. tú / los números
4. nosotros / el diálogo
5. Teresa y Manuel / la respuesta
6. Ud. / el número de teléfono

Ejercicio 5.   *¿Preguntas o pedidos? (Questions or requests?)*
*Ask a classmate if he or she asks or asks for the following. Use **pedir** or **preguntar**, as appropriate.*

> Modelo: dinero
> —¿**Pides dinero?**
> —**Sí, pido dinero.**   or   —**No, no pido dinero.**

1. regalos
2. qué hora es
3. qué día es hoy
4. cuándo empieza la fiesta
5. el coche de tu papá
6. un número de teléfono
7. un libro en la biblioteca
8. qué tiempo hace

C. Los complementos indirectos: *le, les*

The words in italics in the questions and answers below are indirect objects. They are the indirect recipients of the action of the verbs. The words in bold-face are indirect object pronouns. Note the forms and positions of these pronouns.

—Escribo una carta.   —Escribo una tarjeta.
—¿ A *quién* ?   —¿ A *quién* ?
—A *Paco*.   —A *Clara*.
—¿ **Le** escribes a menudo ?   —¿ Qué **le** dices ?

—Presto mis discos.   —Presto mis cintas.
—¿ A *quiénes* ?   —¿ A *quiénes* ?
—A *mis amigos*.   —A *mis amigas*.
—¿ Por qué **les** prestas tus discos ? —¿ Cuándo **les** vas a prestar tus cintas ?

The third-person indirect object pronoun has the following forms:

Singular	**le**	*(to) him, her, you*
Plural	**les**	*(to) them, you*

NOTAS GRAMATICALES

1. Note that while in English the preposition may or may not be used with the indirect object pronoun, it is *never* used with this pronoun in Spanish.

   Quiero a Ana. **Le** escribo una   *I am writing **her** a letter.*
   carta.   or *I am writing a letter **to her**.*

2. The pronouns **le** and **les** are used to refer to **Ud.** and **Uds.,** respectively.

   Sr. Pacheco, **le** hago la pregunta   *I am asking **you** the question.*
   (a Ud.).
   José y Felipe, **les** hago la pregunta *I am asking **you (both)** the question.*
   (a Uds.).

3. When the indirect object is a noun representing a specific person or persons, the corresponding indirect object pronoun is normally used in the sentence. This pronoun is also frequently used with **a alguien, a nadie,** and **¿ a quién ?**

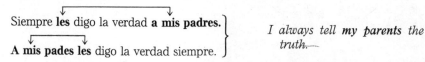

   Siempre **les** digo la verdad **a mis padres.** ⎫   *I always tell **my parents** the*
                                                   ⎬   *truth.*
   A mis pades les digo la verdad siempre.   ⎭

4. Verbs of communication, such as **hablar** and **decir,** usually require indirect object pronouns.

5. For clarification or emphasis, Spanish-speakers may add the expression **a él (a ella, a ellos, a ellas, a Ud., a Uds.)** to the sentence.

> **¿ Le** escribes **a Pedro** o **a Luisa?**   **Le** escribo **a él** *(i.e.,* **a Pedro***).*
> **¿ Le** das tus apuntes **a Ana?**   ¡ Claro ! **Le** doy mis apuntes **a ella.**

6. The indirect object pronoun is usually placed before the conjugated verb. In infinitive constructions, the indirect object pronoun (like the direct object pronoun) often comes after the infinitive and is attached to it.

> No voy a llamar **a Carlos.** $\left\{\begin{array}{l}\text{Voy a escribir}\textbf{le.}\\ \textbf{Le} \text{ voy a escribir.}\end{array}\right\}$ *I'm going to write **him**.*

Ejercicio 6. *La generosidad*

Paco is spending his junior year abroad and is leaving something with each of his friends. Express this, as in the model.

> Modelo: a María / sus discos   **Paco le deja sus discos a María.**

1. a Miguel / sus libros de inglés
2. a Ana / su dirección
3. a Rafael / su gato
4. a Luis y a Isabel / su estéreo *les*

5. a sus amigos / sus apuntes de biología *les*
6. a sus amigas / su número de teléfono

Ejercicio 7.   *Diálogo: ¿ Les pides algo o no?*

Ask a classmate if he or she asks the following people for certain things. Follow the model.

> Modelo: a su papá (el coche)
> —¿ **Le pides el coche a tu papá?**
> —**Sí, le pido el coche (de vez en cuando, todos los días).**
> or   —**No, nunca le pido el coche.**

1. a sus padres (dinero)
2. a su novio/a (un beso)
3. a su profesor/a (buenas notas)
4. a sus hermanos (consejos)

5. a sus abuelos (regalos)
6. a un/a amigo/a (una cita)
7. a sus amigos (sus apuntes)
8. a sus profesores (más exámenes)

Ejercicio 8.   *Regalos de Navidad*
Select a Christmas present from the list for each of the people below.

un reloj	un coche	guantes
perfume	un estéreo	una grabadora
una camisa	un televisor	una maleta
una pulsera	una cartera	una cámara
una blusa	una computadora	un suéter
una corbata	una planta	una bicicleta
un libro	una camiseta	flores
un perro	un disco	un beso y un abrazo
un gato		

Modelo: a su papá
Voy a darle un reloj (una camisa, un disco...).
or   **No voy a darle nada.**

1. a su mamá
2. a su hermano mayor
3. a su hermana menor
4. a sus abuelos
5. a sus tíos
6. al profesor / a la profesora de español
7. a un amigo muy especial
8. a una amiga muy especial

Vocabulario *Algunos verbos que usan complementos indirectos*

MOSTRAR (UE)	MANDAR	PRESENTAR	HACER UNA PREGUNTA
Les **muestro** las fotos a mis primas.	Le **manda** un regalo a su novia.	Marta les **presenta** a Juan a sus amigas.	La estudiante le **hace una pregunta**.

deber	*to owe*	Les **debo** dinero a mis amigos.
ofrecer	*to offer*	Les **ofrezco** consejos a mis amigos.
prestar	*to loan, lend*	Nunca le **presto** mi ropa a mi hermana.
prometer	*to promise*	Le **prometo** mi coche a Rafael.

OBSERVACIÓN

Ofrecer is conjugated like **conocer:**

Le **ofrezco** a Ud. mis felicitaciones.

Ejercicio 9. *Y Ud., ¿ qué dice?*

1. ¿En qué circunstancias les presta Ud. dinero a sus amigos? ¿a sus hermanos?
2. ¿Qué le va a dar a su novio/a para Navidad *(Christmas)*? ¿para su cumpleaños?
3. ¿Les manda cartas a sus padres? ¿a sus abuelos? ¿a sus representantes en el congreso?
4. ¿Les ofrece consejos a sus amigos? ¿Les ofrece dinero? ¿café? ¿vino?
5. ¿Le hace preguntas a veces al profesor de inglés? ¿al profesor de ciencias? ¿al profesor de historia?
6. ¿Les muestra a sus amigos sus apuntes? ¿su examen? ¿sus notas?
7. ¿Le vende su bicicleta a un amigo? ¿a su compañero de cuarto?
8. ¿Les debe dinero a sus amigos? ¿a sus padres?
9. Cuando sus amigos vienen a su casa, ¿qué les sirve? ¿café? ¿refrescos?

Ejercicio 10.   *Lo correcto (The right thing)*
As human beings, we have certain obligations. Say how you would act if your friends were in the following situations. Use items from Columns A and B.

A	B
mandar	una tarjeta
ofrecer	dulces
decir	champán *(champagne)*
dar	una planta
prestar	un abrazo
prometer	cincuenta dólares
comprar	doscientos dólares
	un telegrama
	una novela
	consejos
	felicitaciones
	la verdad

> **Modelo:**   Un amigo está en el hospital.
> **Voy a mandarle una tarjeta (regalarle una planta...).**

1. Es el cumpleaños de un amigo.
2. Es el cumpleaños de una amiga.
3. Un amigo está enfermo.
4. Una prima se casa *(is getting married)*.
5. Sus padres celebran su aniversario.
6. Sus amigos no estudian.
7. Una amiga tiene problemas personales.
8. Un hermano necesita dinero.
9. Sus tíos tienen un bebé.
10. Su compañero de cuarto recibe una beca.

D. Los complementos indirectos; *me, te, nos*

Note the indirect object pronouns in boldface in the sentences below.

Mis amigos siempre **me** prestan dinero.	*My friends always lend **me** money.*
¿ **Te** escriben a menudo tus padres ?	*Do your parents often write **to you**?*
Mi tía va a mandar**nos** diez dólares.	*My aunt is going to send **us** ten dollars.*

In Spanish, the first- and second-person indirect object pronouns are the same as the direct object pronouns.

Ejercicio 11.   *Después de la operación*
Antonio is going to have his appendix out tomorrow. Rita wants to know what she can do for him while he is recuperating in the hospital. Play both roles, as in the model.

Modelo: hablar por teléfono mañana / no
Rita: **¿ Te hablo por teléfono mañana ?**
Antonio: **No, no puedes hablarme por teléfono mañana.**
or   **No, no me puedes hablar por teléfono mañana.**

1. mandar una tarjeta / sí
2. escribir una carta / sí
3. traer cerveza después de la operación / no
4. prestar mi grabadora / sí
5. comprar una novela interesante / sí
6. hacer preguntas sobre *(about)* la operación / sí

Ejercicio 12.   *Antes de decir « Adiós »*
Carmen's younger sisters ask her to do various things for them before she goes away to college. She agrees. Play both roles, as in the model.

Modelo: mostrar su ropa nueva
Las hermanas: **¿ Nos muestras tu ropa nueva ?**
Carmen: **Bueno, yo les muestro mi ropa nueva.**

1. dejar sus discos
2. dar su dirección
3. decir « Adiós »
4. dar un beso
5. prestar su tocadiscos
6. regalar su ropa vieja
7. hacer un favor
8. dejar su bicicleta

Ejercicio 13.   *Diálogo: ¿ Qué vas a hacer ?*
Ask a classmate if he or she is going to do the following things for you during your next vacation. Use direct or indirect object pronouns, as appropriate.

Modelo: escribir
—**¿ Vas a escribirme ?**
—**Sí, voy a escribirte.**   (—**Sí, te voy a escribir.**)
or   —**No, no voy a escribirte.**   (—**No, no te voy a escribir.**)

1. invitar a tu casa
2. visitar
3. mandar tarjetas
4. ofrecer tu coche
5. presentar a tu hermano/a
6. mandar fotos
7. llamar por teléfono
8. prestar su traje o vestido nuevo

Ejercicio 14. *En español*

The following conversation between José and his father takes place in Mexico City. Put it into Spanish.

JOSÉ Dad, can you lend me a few pesos, please?

PAPÁ I just said that you can use the car tonight. And now you tell me that you need money also.

JOSÉ I don't like to ask you for money, but I have a date.

PAPÁ If you don't have money, how do you intend to buy gas *(gasolina)* for the car?

JOSÉ I think I'll look for a job tomorrow. But could you lend me 650 pesos now?

PAPÁ You already owe me 935 pesos. Why don't you invite the young lady to take a walk? (It) doesn't cost anything.

≋Ahora le toca a Ud. *Nos vemos poco*

Select a person whom you know well but whom you do not see very often (for instance, a relative or a friend who lives in another city). Describe your relationship with this person. Use object pronouns and verbs such as **conocer, escribir, hablar, mandar, llamar por teléfono, prometer, regalar,** and **decir.**

Fonética *Las consonantes* /p/, /t/ y /k/

In the initial position in English, the consonant sounds **/p/, /t/, /k/** are aspirated—that is, they are pronounced with a puff of air. In the initial position in Spanish, however, these consonant sounds are not aspirated—there is no puff of air.

Contrast the English *pot, top,* and *car* (aspirated */p/, /t/, /k/*) with the English *spot, stop,* and *scar* (unaspirated */p/, /t/, /k/*). In the following exercises, if you link the **s** of **los** or **las** to the following noun, you will tend to produce unaspirated initial consonants.

Práctica

/p/:	las personas: persona	los partidos: partido	los pasteles: pastel
/t/:	las tareas: tarea	las tarjetas: tarjeta	los tacos: taco
/k/:	las cosas: cosa	los consejos: consejo	las compras: compra

Un partido de tenis

match, game

Leonor y su hermano Alberto están en el club **deportivo** este domingo. Con las **raquetas** en la **mano,** esperan pacientemente una **cancha** de tenis.

sports
raquets / hand / court

LEONOR	Alberto, ¿ quién es ese muchacho que **juega** al tenis ahora ? Debe ser un **campeón** porque juega muy bien.
ALBERTO	Creo que es el primo de Alicia Gómez. Es de Monterrey y está aquí de vacaciones.
LEONOR	**¡ Qué** bien juega ! ¡ Y qué guapo es ! ¿ Me lo vas a presentar ?
ALBERTO	¿ Cómo puedo presentártelo si yo no lo conozco ?
LEONOR	Sí. Es un poco difícil. ¡ Ay, Alberto ! **¡ Cuidado !**

is playing
champion

How

Be careful!

En ese momento la **pelota** sale de la cancha y **cae** en la **cabeza** de Alberto. El muchacho guapo viene inmediatamente y le dice :

ball / falls / head

JOVEN	**Lo siento mucho.** ¿ Está bien ?
ALBERTO	Sí, sí, estoy bien. No es nada.
JOVEN	*(Le da la mano a Alberto.)* Me llamo Pablo Gutiérrez.
ALBERTO	**Mucho gusto en conocerlo.** Me llamo Alberto Linares y quiero presentarle a mi hermana Leonor.

I'm very sorry.

Pleased to meet you.

Comprensión

1. ¿ Cómo se llaman los hermanos ?
2. ¿ Dónde están ?
3. ¿ Qué esperan ?
4. ¿ A quién mira Leonor ?
5. ¿ Quién es el muchacho ?
6. ¿ Cómo juega ?
7. ¿ Lo conoce Leonor ?
8. ¿ Lo conoce Alberto ?
9. ¿ Qué pasa cuando la pelota sale de la cancha ?
10. ¿ Cómo está Alberto ?
11. ¿ Cómo se llama el primo de Alicia Gómez ?

Lengua española

Vocabulario *Los deportes*

SUSTANTIVOS

los deportes *(sports):*	**el fútbol** *(soccer),* **el béisbol, el tenis, el básquetbol, el baloncesto, el vólibol**
un equipo *(team):*	**un jugador / una jugadora** *(player)*
	un atleta / una atleta *(athlete)*
	un aficionado / una aficionada *(fan; supporter)*
	un campeón / una campeona *(champion)*
el partido de tenis	**la cancha** *(court)*
(tennis game):	**la pelota** *(ball)*
	la raqueta *(racket)*

VERBOS

esquiar	*to ski*	Quiero **esquiar** con mis **esquís** *(skis)* nuevos.
ganar	*to win*	¿Quién va a **ganar**? Yo, ¡por supuesto!
jugar (u→ue)	*to play* (a game)	¿Quiere **jugar** al tenis?

ADJETIVOS

cierto	*certain*	**Ciertas** raquetas son mejores.
mejor	*better; best*	Juegas bien, pero yo soy **mejor** jugador.
mismo	*same*	Tenemos la **misma** raqueta.
preferido	*favorite*	El fútbol es mi deporte **preferido.**
próximo	*next*	Vamos a ganar el **próximo** partido.
último	*last*	Éste es el **último** partido.
varios	*several; various*	Me gusta jugar a **varios** deportes.

PREPOSICIONES

contra	*against*	Hoy vamos a jugar **contra** un buen equipo.
entre	*between; among*	Hay un partido **entre** los chicos y las chicas.
sin	*without*	Es imposible jugar al tenis **sin** pelota.

OBSERVACIONES

1. Note the vowel change **(u → ue)** in the stem of the present tense of **jugar.**

   j**ue**go   j**ue**gas   j**ue**ga   jugamos   jugáis   j**ue**gan

2. With names of sports, the construction **jugar a** is used.

   Mis hermanos **juegan al** béisbol.

3. The adjectives **mismo** and **último** precede the noun.

   la **misma** atleta   la **última** semana

4. **Cierto,** like **otro,** is not preceded by the indefinite article.

   | A Clara le gusta **cierto** joven. | *Clara likes **a certain** young man.* |
   | Pero sale con **otro** joven. | *But she goes out with **another** young man.* |

5. Note the use of the accent in the present tense of **esquiar.**

   esquío   esquías   esquía   esquiamos   esquiáis   esquían

   Ejercicio 1.   *¿Le gustan los deportes?*

1. ¿Sabe Ud. esquiar? ¿Saben esquiar sus hermanos? ¿sus padres?
2. ¿Asiste Ud. a veces a partidos de fútbol? ¿Tiene un buen equipo su universidad? ¿Quiénes son los mejores jugadores?
3. ¿Cuál es el mejor equipo de la universidad? ¿el equipo de béisbol masculino? ¿el equipo de vólibol femenino?
4. ¿Juega Ud. al tenis? ¿Tiene una buena raqueta? ¿Hay canchas de tenis cerca de su casa?
5. ¿Cuál es su deporte preferido? ¿Por qué?
6. ¿Hay ciertos deportes que son aburridos para los espectadores? ¿Cuáles son?

A. La secuencia de dos complementos con *me, te, nos*

The answers to the questions below contain two object pronouns. Note which one comes first.

| — ¿Me prestas tus esquís? | — Por supuesto **te los** presto. |
| — ¿Vas a venderme esta raqueta? | — No, no voy a vendér**tela.** |

When an indirect and a direct object pronoun are used in the same sentence, they follow this sequence:

indirect object pronoun + direct object pronoun

$$
\left.\begin{matrix} \textbf{me} \\ \textbf{te} \\ \textbf{nos} \end{matrix}\right\} + \left\{\begin{matrix} \textbf{lo} \\ \textbf{la} \\ \textbf{los} \\ \textbf{las} \end{matrix}\right.
$$

NOTA GRAMATICAL

When two pronouns are attached to an infinitive, an accent mark should be placed on the last syllable of the infinitive in order to show that the original stress is maintained.

Necesito diez dólares.   Teresa va a **prestármelos.**

Ejercicio 2.   *Diálogo: ¿ Quieres hacerme un favor ?*
Ask a classmate if he or she wants to do the following things for you.

Modelo: prestar sus libros
—¿ **Me prestas tus libros ?**
—**Sí, te los presto.**   or   —**No, no te los presto.**

1. prestar su bicicleta   5. dar su dirección
2. repetir las preguntas   6. decir su número de teléfono
3. servir el café   7. regalar su raqueta de tenis
4. mostrar sus apuntes   8. vender su estéreo

Ejercicio 3.   *Un joven generoso*
Antonio is graduating this year. Before he leaves school, he wants to give something to each of his friends. Indicate to whom he is going to give each of the following items

Modelo: su raqueta (a mí)   **Va a dármela.**

1. un beso (a ti)   4. sus pelotas de tenis (a ti)
2. un abrazo (a nosotros)   5. sus plantas (a nosotros)
3. su impermeable (a mí)   6. su chaqueta vieja (a ti)

B. El complemento indirecto *se*

In the answers below, both the direct and the indirect objects are pronouns. Note the form and position of the indirect object pronoun in each of these answers.

—¿ **Le** prestas los esquís **a Roberto ?**   —Sí, **se** los presto.   *Yes, I'm loaning them **to him.***
—¿ **Le** regala Ud. ese reloj **a Ana ?**   —Sí, **se** lo regalo.   *Yes, I'm giving it **to her.***
—¿ **Les** mandas la foto **a tus tíos ?**   —No, no **se** la mando.   *No, I'm not sending it **to them.***

When two third-person object pronouns are used in the same sentence, they follow this sequence:

indirect object pronoun + direct object pronoun

$$\text{se} + \begin{cases} \textbf{lo} \\ \textbf{la} \\ \textbf{los} \\ \textbf{las} \end{cases}$$

NOTAS GRAMATICALES

1. In a two-pronoun sequence, the indirect object pronoun **le / les** is replaced by **se.** This may occur even when the indirect object noun is included in the sentence along with the pronoun.

   ¿A quién le das consejos ?   **Se** los doy **a Cecilia.**

2. With an infinitive construction, the two pronouns may come after the infinitive and are then attached to it.

   ¿Debo mandarle esta carta a mamá ?   Sí, debes **mandársela.**

Ejercicio 4.   *¿ Es Ud. una persona generosa ?*
Imagine that the following people need certain things of yours. Indicate whether you are going to lend them these things or not.

Modelo: Un amigo necesita cincuenta dólares.
          Se los presto.   or   **No se los presto.**
          or   **Voy a prestárselos.**   or   **No voy a prestárselos.**

Un amigo necesita...
  1. su raqueta
  2. su máquina de escribir

  3. su bicicleta
  4. sus guantes

Un compañero de clase necesita...
  5. su computadora
  6. su diccionario

  7. sus apuntes
  8. su cuaderno

Sus hermanos necesitan...
  9. su coche
  10. su calculadora

  11. sus pelotas de tenis
  12. sus suéteres

Balón de futbol

Ejercicio 5.   *Repetición*
*Lupe is telling Tomás some things that are so astonishing that he repeats them
to make sure he has heard correctly. Play the role of Tomás by repeating what
Lupe says, using direct and indirect object pronouns in your statements, as
shown in the model.*

> **Modelo:**   Lupe: Lola le manda cartas a Robert Redford.
>   Tomás: **¡ Se las manda ! ¡ Caramba !**

1. Roberto no les presenta su novia a sus padres.
2. Horacio le repite los secretos a Adela.
3. La policía les hace preguntas a Diego y Carlos.
4. El profesor les sirve pizza a los estudiantes.
5. Felipe le presta su motocicleta a su abuela.
6. Nosotros le escribimos una carta al presidente.
7. Ricardo les manda flores a todas las profesoras.
8. Paco le da su número de teléfono al detective.

C. El uso del artículo definido en el sentido general

Note how the definite article is used in the Spanish sentences below and how
it is omitted in the equivalent English constructions.

> **El verano** es una estación.   ***Summer*** *is a season.*
> **La ropa buena** es cara.   ***Good clothing*** (in general) *is expensive.*

In Spanish, the *definite* article is used to introduce a noun with an *abstract, general,*
or *collective* sense.

Ejercicio 6.   *¿ En qué piensan ?*
*Say what the following people usually think about, adding the definite articles,
as in the model.*

> **Modelo:**   atletas / partidos
>   **Los atletas generalmente piensan en los partidos.**

1. jugadores de tenis / tenis
2. aficionados / partidos
3. jugadores de béisbol / béisbol
4. atletas / deportes
5. atletas profesionales / dinero
6. gente que esquía / invierno
7. estudiantes / trabajo y fiestas
8. profesores / exámenes y notas

*Calzado deportivo para
cualquier deporte.*

D. El uso del artículo definido con la ropa y el cuerpo

Contrast the use of the definite article in each Spanish sentence with the use of the possessive adjective in the corresponding English sentence.

Cuando hace frío, llevo **el** abrigo.   *When it is cold, I wear **my** coat.*
¿Qué tienes en **la** mano ?   *What do you have in **your** hand?*

> In Spanish, the *definite article* rather than the possessive adjective is used to introduce *parts of the body* or *articles of clothing.*

Vocabulario   *El cuerpo (The body)*

SUSTANTIVOS

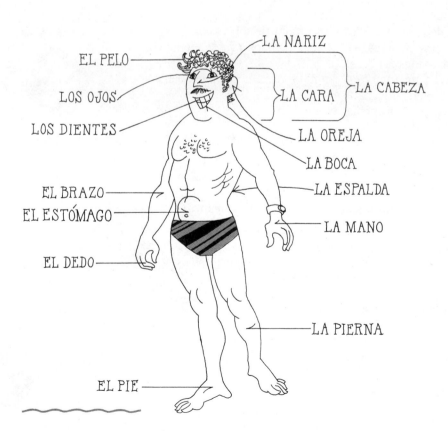

EL PELO
LOS OJOS
LOS DIENTES
EL BRAZO
EL ESTÓMAGO
EL DEDO
EL PIE

LA NARIZ
LA CARA
LA CABEZA
LA OREJA
LA BOCA
LA ESPALDA
LA MANO
LA PIERNA

Ejercicio 7. *La clase de anatomía*
Complete the following sentences with the appropriate part of the body.

1. Se ve con _____ .
2. Se come con _____ .
3. Se camina con _____ .
4. Se oye con _____ .
5. Se escribe con _____ .
6. Se huele *(smells)* con _____ .
7. Se llevan cosas con _____ .
8. Se juega al fútbol con _____ y _____ .

Ejercicio 8. *El desfile de modelos (The fashion show)*
Imagine that you are a reporter covering a fashion show. Tell your readers about the lastest word in fashion by completing the sentences below with the appropriate parts of the body.

1. Algunas modelos no llevan zapatos en _____ .
2. Pero todas llevan guantes blancos en _____ .
3. No puedo ver _____ de una porque ella lleva gafas de sol.
4. Una modelo lleva muchas pulseras en _____ , anillos *(rings)* en todos _____ y dos aretes *(earrings)* en _____ .
5. Todas las modelos llevan un sombrero grande en _____ y mucho maquillaje *(makeup)* ridículo en _____ .
6. Este año las mujeres van a llevar medias oscuras en _____ .

E. La construcción con *gustar*

Note the verb forms and pronouns in boldface in the sentences below.

Me gusta el tenis.
¿**Te gusta** mi raqueta ?
Nos gusta este coche.
¿**A Uds. les gusta** mi cámara ?

No **me gustan** los deportes violentos.
¿**Te gustan** las raquetas de metal ?
A mis padres no **les gustan** las motos.
¿**A Ud. le gustan** las flores ?

With **gustar,** the following pattern is used:

(**a** + person) +	indirect object pronoun	+ **gusta(n)** + subject

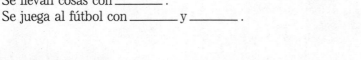

NOTAS GRAMATICALES

1. Note these English equivalents of **le gusta.**

    A Teresa **le gusta** el suéter.
    { *Teresa **likes** the sweater.*
    *The sweater **is pleasing** to Teresa.*
    *The sweater **pleases** Teresa.* }

2. When the subject of this type of construction is a singular noun (or an infinitive), the singular verb form **gusta** is used. When the subject is a plural noun, the corresponding plural form, **gustan,** is required. Contrast:

    Nos **gusta** tu raqueta.   Nos **gustan** tus esquís.

3. To refer to a specific person or persons, or for emphasis or clarity, Spanish-speakers may begin the sentence with **a** + name, noun, or pronoun.

    A mí me gusta el tenis, pero **a ti te gusta** el golf.
    A Ricardo le gusta esquiar. **A sus hermanas les gusta** nadar.
    ¿ A ellos les gustan los deportes ?
    A Fernando le gusta mirarlos en la televisión.

Vocabulario   *Expresiones como* me gusta

me gusta(n) más	**Me gusta más** el golf.	*I prefer golf.*
		*I like golf **better.***
		*Golf **is more pleasing** to me.*
me importa(n)	**Me importa** la gente.	*I **care about** people.*
		*People **matter** to me.*
me interesa(n)	**Me interesan** los deportes.	*I am **interested** in sports.*
		*Sports **interest** me.*
me duele(n)	**Me duele** la espalda.	*I have a **sore** back.*
		*My back **hurts (me).***
	Me duele la cabeza.	*I have a **headache.***
me molesta(n)	**Me molesta** pedir favores.	*Asking for favors **bothers** me.*

Ejercicio 9. *Diálogo: ¿ Qué le(s) gusta más ?*

*Ask your classmates about their preferences. You may address your questions
to one or several students.*

> Modelos: el cine / el teatro
> (a un estudiante)
> **—¿ Qué te gusta más, el cine o el teatro ?**
> **—Me gusta más el teatro.** or **—Me gusta más el cine.**
> (a unos estudiantes)
> **—¿ Qué les gusta más, el cine o el teatro ?**
> **—Nos gusta más el teatro.** or **—Nos gusta más el cine.**

1. la televisión / el cine
2. el español / el francés
3. el béisbol / el básquetbol
4. el verano / el invierno
5. los discos / las cintas
6. los coches pequeños / los coches grandes
7. la primavera / el otoño
8. el helado de chocolate / el helado de vainilla
9. el avión / el tren
10. la música clásica / la música popular

Ejercicio 10. *La entrevista (The interview)*

*A reporter for a popular Spanish magazine is visiting your campus to find out
what American students think. Play the role of the reporter and have another
student answer, according to the model.*

> Modelo: a los estudiantes / importar / sus estudios
> **—¿ A los estudiantes les importan sus estudios ?**
> **—Sí, les importan sus estudios.**
> or **—No, no les importan sus estudios.**

1. a ti / importar / los deportes
2. a tus amigos / interesar / la política internacional
3. a los profesores / molestar / enseñar a las ocho de la mañana
4. a ti y a tus amigos / interesar / la ecología
5. al presidente de la universidad / importar / los deportes
6. a los estudiantes / molestar / tener dos exámenes en un día
7. a los profesores / importar / el progreso de los estudiantes
8. a los estudiantes / interesar / la política nacional
9. a los estudiantes / molestar / la situación económica

Ejercicio 11. *¿ Qué le duele ?*

*Explain the physical problems of the following people, using **duele(n)**.*

> Modelo: Cuando leo mucho,...
> **Cuando leo mucho, me duelen los ojos.**

1. Cuando Antonio mira la televisión mucho,...
2. Cuando el Sr. Rivas come mucho,...
3. Cuando Marta escucha mucha música « rock »,...
4. Cuando los atletas practican mucho,...
5. Los chicos van al dentista porque...
6. Cuando tú tocas la guitarra mucho,...
7. Cuando nosotros caminamos mucho,...
8. Cuando yo tengo la gripe *(flu)*,...

Ejercicio 12.   *En español*

Lorenzo and Álvaro are discussing their favorite soccer team. Put their conversation into Spanish.

LORENZO	Do you think our team will win the next game?
ÁLVARO	I doubt it. They just lost a game this week.
LORENZO	And how is Roberto? He is our best player.
ÁLVARO	I think his leg still hurts him.
LORENZO	Good heavens! They'll never be the champions. I'm interested in reading about **(de)** that game. Do you still have the sports page of the newspaper? Can you lend it to me?
ÁLVARO	I'll give it to you. I don't need it. Do you want to play a game of tennis after reading the newspaper?
LORENZO	Of course. Are you a good player?
ÁLVARO	Yes! And I don't like to lose! I'll meet you at one o'clock.

≋Ahora le toca a Ud.   *¡Hola!*

Compose a dialogue in which someone is trying to meet someone else, using *Un partido de tenis* as a model. You may want to choose a different setting, such as a soccer game or a beach.

Fonética: *Las vocales*

Vowels in Spanish represent a single, pure sound. In the stressed position, they do not glide, as English vowels do. Contrast the English word *say* with the Spanish **se.**

In the unstressed position, Spanish vowels receive their full value and are not reduced to the *uh* sound of English. Contrast the English word *telephone* with the Spanish **tel*é*fono.**

Práctica

/a/:	examen	Antonio	tradición	matemáticas	vacaciones		
/e/:	me	de	se	que	soltero	periódico	café
	pelota	atleta					
/i/:	mí	ti	sí	aquí	interesante	inteligente	cine
/o/:	no	o	quiero	cuando	bonito	novio	teléfono
	radio						
/u/:	música	museo	muchacha	universidad	furioso		
	fruta						

EN RESUMEN

A. Substitute the words in parentheses for the italicized words in the sentences. Be sure to make other necessary changes.

1. Marisol prefiere estas *flores*. (raqueta; estéreo; zapatos)
2. ¿Sales a menudo con esos *jóvenes*? (chicas; muchacho; mujer)
3. Aquel *café* es muy bueno. (museos; cafetería; playas)
4. ¿Esperas a tu *amigo*? Sí, lo espero. (novia; hermanos; primas)
5. ¿Les muestra Ud. las fotos a *ellos*? Sí, les muestro las fotos. (su amiga; nosotros; mí; el profesor)
6. ¿Le das *la dirección* a Juan? Sí, se la doy. (el número de teléfono; tus apuntes; la raqueta; las pelotas)
7. ¿Me lo ofrece a *mí*? Sí, se lo ofrezco a Ud. (nosotros; Ernestina; las chicas)
8. ¿Les puede prestar 50 pesos a *ellos*? Sí, se los puedo prestar. (mí; Juanita; nosotros; él)
9. A *mí* me interesan los deportes. (Joaquín; ti; los chicos; nosotros)
10. A Josefina no le gusta *el tenis*. (sus clases; las flores; la sorpresa)
11. A *nosotros* no nos importa el examen. (mí; los estudiantes; mi amigo; ti)
12. Tengo la gripe **(flu)**. Me duele *la cabeza*. (la espalda; las piernas; todo el cuerpo)
13. A *Emilio* le molesta su compañero de cuarto. (mí; ti; mi hermana; mis amigas; nosotras)

B. Answer the questions about the cartoons.

1. ¿Qué pide el hombre? (1)
2. ¿Cómo está mientras *(while)* espera? (2)
3. ¿Qué hace ahora? (3)
4. ¿Cómo está mientras espera? (4)
5. ¿Qué hace ahora? (5)
6. ¿Cómo está mientras espera? (6)
7. ¿Y ahora qué hace el hombre? (7)

1 2 3 4

5 6 7

Otras perspectivas IV

Un partido de fútbol en un estadio en Buenos Aires, Argentina.

Lectura cultural   *¡Gol! ¡Jonrón!*

Cuando los hispanos hablan de fútbol, lo hacen con fervor, entusiasmo y pasión, porque hablan del deporte más popular de España y de Latinoamérica. Los domingos van al estadio para ver el partido de fútbol; los días de semana los pueden ver por televisión o pueden leer sobre ellos en la página **deportiva**   sports
del periódico o en revistas dedicadas al fútbol. En los cafés, en el trabajo y en su casa la gente discute con gran entusiasmo las virtudes y los defectos de los varios equipos y jugadores. Y no solamente son espectadores, **sino** también   but
son participantes. Cada **pueblo** o **vecindad** tiene su equipo de fútbol, y **donde**   town / neighborhood /
haya un parque o un **terreno desocupado,** hay niños y **mayores** que juegan al   wherever there is / empty lot / adults
fútbol.

Cada cuatro años **tiene lugar** «El Mundial», el **Campeonato Mundial** de   takes place / World Championship
Fútbol, en que participan los mejores equipos de Latinoamérica, Europa, Asia, Australia y África. Ya que los equipos representan a sus respectivos países, El Mundial es una **cuestión** de fervor patriota y honor nacional. El   matter, issue
Mundial de 1978 **tuvo lugar** en la Argentina, y la Argentina **ganó** el cam-   took place / won
peonato. El Mundial de 1982 **fue** en España, y él de 1986 en México, donde   was
ganó la Argentina otra vez. Hoy en día también en los Estados Unidos hay mucho interés en el fútbol y muchos norteamericanos pasan los días del Mundial **pegados** a sus **televisores.**   glued / television sets

En los países del Caribe, especialmente en Puerto Rico, Cuba, la República Dominicana y Venezuela, el béisbol es el deporte más popular. Algunos de los mejores jugadores de los equipos norteamericanos de béisbol **nacieron** en los   were born
países del Caribe y **comenzaron** sus carreras deportivas allí. Seguramente los   they began
aficionados al béisbol **entre** Uds. saben sus nombres.   among

Nota cultural Sports clubs

In many Latin American cities, there are sports clubs that people can join for a
reasonable fee. Labor unions, companies, municipalities, and fraternal organiza-
tions often sponsor these clubs to give their members the opportunity to practice a
sport in a pleasant setting that includes such facilities as swimming pools, tennis
courts, running tracks, gyms, and soccer fields.

Actividad A. *Comprensión de lectura*

1. El fútbol es muy _____ en los países hispanos.
2. Los partidos de fútbol generalmente tienen lugar _____ .
3. Los hispanos no solamente son espectadores ; también son _____ .
4. Hay revistas dedicadas al _____ .
5. Los equipos que participan en El Mundial son de _____ .
6. En 1986, _____ ganó El Mundial.
7. El béisbol es muy popular en Puerto Rico, Cuba, _____ y _____ .

Actividad B. *Diferencias culturales*

1. ¿ Cuáles son los deportes populares en los Estados Unidos ?
2. ¿ Qué deporte le gusta practicar ? ¿ Qué deporte le gusta mirar en la
   televisión ?
3. ¿ Lee Ud. revistas deportivas ? ¿ Hay revistas dedicadas solamente a un
   deporte ?
4. ¿ Se juega mucho al fútbol en su región ? ¿ Es muy popular el béisbol ?
5. ¿ Cree Ud. que su equipo preferido representa el honor regional o
   nacional ?
6. ¿ Dónde juega Ud. a los deportes ? ¿ Por qué practica Ud. un deporte ?
7. ¿ Ha visto *(Have you seen)* alguna vez un partido de fútbol ? ¿ Dónde ?
   ¿ Le gustó ?
8. ¿ Quiénes son los jugadores hispanos de béisbol ? ¿ De dónde son ? ¿ En
   qué equipos juegan ?

Día por día: ¡Vamos a jugar!

Jugando al fútbol en un pueblo mexicano.

¿ QUIERES JUGAR CON NOSOTROS ?
Juan asks Antonio if he would like to join a soccer match.

JUAN   ¡ Oye, Antonio ! ¿ Tienes ganas de jugar al fútbol con
nosotros ?

> ¿ Quieres jugar al fútbol con nosotros ?
> ¡ Vamos a jugar un partido de fútbol !

ANTONIO   ¡ Sí, cómo no !

> No sé. ¿ Quiénes juegan ?
> ¿ Dónde piensan jugar ?
> ¿ Cuándo piensan jugar ?
> No, no tengo ganas hoy.
> No, prefiero (tengo ganas de) nadar (correr, jugar al
> béisbol...).

JUAN   ¡ **Vamos,** hombre ! Necesitamos una persona más para formar el   **Come on**
equipo.

> ¡ Te necesitamos ! Eres un buen jugador.

Actividad C.   *Un partido de tenis*
José Luis invites Patricia to play tennis.

JOSÉ LUIS   ¡ Oye, Patricia ! ¿ _____ jugar al tenis hoy ?
PATRICIA   ¡ Cómo no ! ¿ Dónde _____ ?
JOSÉ LUIS   Tengo una cancha reservada en el club.
PATRICIA   ¡ Qué bien ! ¿ _____ hora ?
JOSÉ LUIS   _____ 4:00.

Actividad D.   *Indeciso*
Pedro asks Julio to join the fellows for a game of soccer, but Julio thinks he might prefer doing something else.

PEDRO   Julio, ¿ _____ ?
JULIO   No sé, Pedro. ¿ _____ ?
PEDRO   Todos los muchachos de la vecindad.
JULIO   ¿ Y _____ van a jugar ?
PEDRO   Ahora mismo. ¡ _____ , hombre !

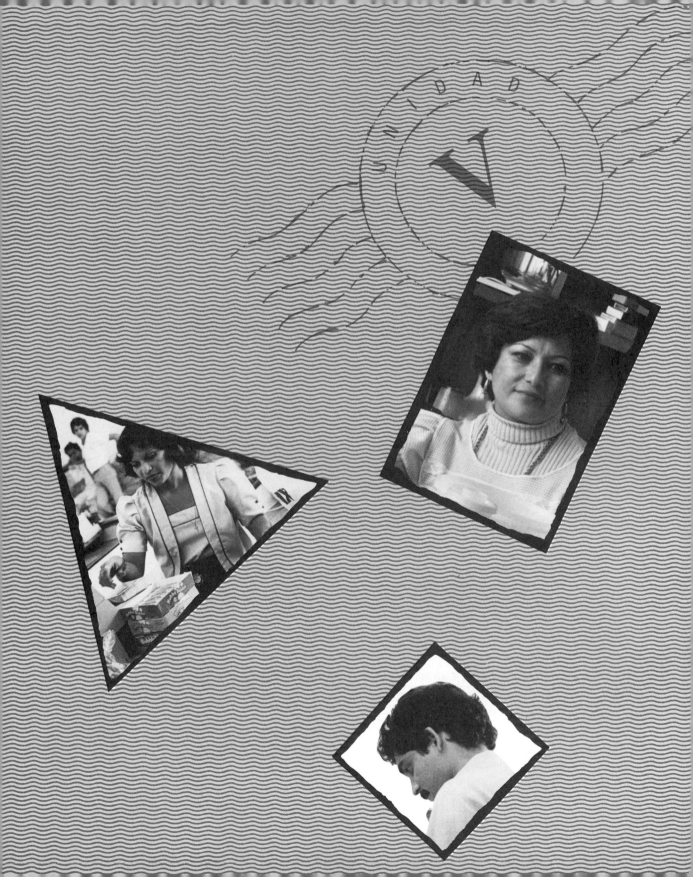

UNIDAD V

¿Trabajar o descansar?

to rest

Las señoras Nilda Torres y Ana Rojas trabajan en la misma oficina. Hoy es lunes, y son las nueve de la mañana.

NILDA	Buenos días, Ana. ¿**Pasaste** un buen fin de semana? ¿**Descansaste**?
ANA	¡**Uf**! **Ni** un minuto.
NILDA	¿**Pasó** algo? ¿No estás bien?
ANA	No, no pasó nada. **Es que preparé** tres **comidas cada** día; cada persona **comió** a otra hora; **limpié** la **cocina; lavé** mucha ropa...
NILDA	¡Caramba! **Con razón** estás cansada. ¿Por qué no te **ayudaron** tu **esposo** y los chicos? Ya son grandes.
ANA	**Pues, decidimos arreglar** un poco la **sala**; entonces ellos **sacaron** todos los **muebles** y la **pintaron. ¡Cuánto trabajo!**
NILDA	¿**Quedó** bien la sala?
ANA	Oh, la sala quedó muy bien, pero yo no.

Did you spend / Did you rest?

Phew! / Not

Happened

It's just that I prepared / meals each

ate / I cleaned / kitchen / I washed

No wonder / they help husband

Well, we decided to fix up / living room / took out

furniture / they painted. What a lot of work!

Did it come out

Comprensión   *¿Cierto o falso?*

Indicate whether the following statements are true or false. Correct the false ones.

1. Ana Rojas dice «¡Uf!» para indicar que está cansada.
2. Ana Rojas está cansada porque trabajó mucho durante el fin de semana.
3. Su esposo no la ayudó porque es perezoso, y sus hijos no la ayudaron porque todavía son pequeños.
4. Ana pintó la cocina y limpió la sala.
5. La sala quedó bien y Ana también.

Lengua española

Vocabulario *El hogar (Home)*

LA CASA

EL DORMITORIO (LA ALCOBA) · LA HABITACIÓN (EL CUARTO) · EL COMEDOR · EL CUARTO DE BAÑO (EL BAÑO) · EL BALCÓN · EL GARAJE · LA COCINA · EL JARDÍN · LA SALA · EL CUARTO DE ESTAR

OBSERVACIÓN

Used in the broader sense, **el cuarto** also means *room*.

EN LA COCINA

LA MESA · EL REFRIGERADOR · EL LAVAPLATOS · LA COCINA (LA ESTUFA) · LA LAVADORA · LA SILLA

LAS COMIDAS (MEALS)... *y sus verbos*

el desayuno	*breakfast*	**tomar el desayuno**	*to eat breakfast*	**Tomo el desayuno** a las ocho.
el almuerzo	*lunch*	**almorzar (ue)**	*to eat lunch*	**¿Almuerzas** con tus amigos?
la cena	*supper*	**cenar**	*to eat supper*	**Cenamos** a las 9:00.
la comida	*food; meal*			

ACONDICIONADORES DE AIRE

LAVARROPAS CENTRIFUGOS

ACTIVIDADES DE CASA

arreglar	*to arrange; to fix up*	**Arreglo** la sala.	*I **fix up** the living room.*
cocinar	*to cook*	Papá **cocina** también.	*Dad **cooks** also.*
lavar	*to wash*	**Lavamos** el balcón.	*We **wash** the balcony.*
limpiar	*to clean*	Los chicos **limpian** su cuarto.	*The children **clean** their room.*
pintar	*to paint*	¿Vas a **pintar** el garaje?	*Are you going to **paint** the garage?*
preparar	*to prepare*	¿Quién **prepara** la comida?	*Who **prepares** the meal?*

ADJETIVOS

delicioso	*delicious*
limpio ≠ sucio	*clean ≠ dirty*

Ejercicio 1. *Mi casa es su casa*

1. ¿Vive Ud. en un apartamento o en una casa? ¿Es viejo/a o moderno/a? ¿Cuántas alcobas tiene? ¿Cuántos cuartos de baño?
2. ¿Tiene su casa o apartamento un balcón? ¿un garaje? ¿un jardín?
3. ¿En qué cuarto come Ud.? ¿En qué cuarto duerme? ¿En qué cuarto da las fiestas? ¿En qué cuarto mira la televisión? ¿En qué cuarto estudia?
4. ¿Tiene Ud. una cocina de gas o una cocina eléctrica? ¿Tiene horno *(oven)*? ¿Es un horno de microondas *(microwave)*?
5. ¿Tiene lavaplatos? ¿refrigerador? ¿congelador *(freezer)*? ¿Tiene una mesa en la cocina? ¿sillas? ¿Cuántas sillas?
6. ¿Tiene Ud. lavadora? ¿Está en la cocina?
7. ¿Cómo está ahora su cuarto? ¿limpio o sucio?
8. ¿A qué hora generalmente toma Ud. el desayuno? ¿A qué hora almuerza? ¿A qué hora cena? ¿Cuál es su comida preferida del día?

Ejercicio 2. *¿Quién lo hace?*
Say who is doing the following things, according to the model.

Modelo: nosotros (arreglar la sala) **Nosotros arreglamos la sala.**

1. Victoria (limpiar el refrigerador; lavar la ropa; preparar la cena)
2. los chicos (pintar su cuarto; arreglar las cosas; lavar el perro; cenar)
3. yo (arreglar mi cuarto; cocinar muy bien; pintar la cocina; almorzar)
4. tú (limpiar el refrigerador; pintar las sillas; tomar el desayuno)

cocina

A. Formas regulares del pretérito: verbos que terminan en *-ar*

The sentences in the column entitled **hoy** describe today's events. The verbs in these sentences are in the present tense. The sentences in the column entitled **ayer** describe events that happened yesterday. The verbs in these sentences are in the preterite tense.

(hoy)	**(ayer)**	*(yesterday)*
Pinto un cuarto.	**Pinté** el comedor.	*I painted the dining room.*
Ana **escucha** un disco.	**Escuchó** una cinta.	*She listened to a tape.*
Mis padres **compran** sillas.	**Compraron** una mesa.	*They bought a table.*

Note the preterite forms of **comprar** in the sentences below.

COMPRAR	
(yo)	Compr**é** una casa.
(tú)	Compr**aste** un apartamento.
(él, ella, Ud.)	Compr**ó** un lavaplatos.
(nosotros)	Compr**amos** un refrigerador.
(vosotros)	Compr**asteis** una cocina.
(ellos, ellas, Uds.)	Compr**aron** una lavadora.

NOTAS GRAMATICALES

1. The preterite tense is used when describing past events, actions, or facts. It is formed as follows:

> preterite stem + preterite endings

The stem of any regular **-ar** verb is the infinitive minus **-ar.** Note the written accent marks in the **yo** and **él** forms of the preterite. Note also that the **nosotros** form is the same as in the present tense.

2. Verbs ending in **-ar** that have a stem change in the present do not have a stem change in the preterite.

encontrar	Hoy **encuentro** a Paco en el museo.
but	Ayer **encontré** a Paco en el museo.

3. In the preterite, verbs ending in **-car, -gar,** and **-zar** have a spelling change in the **yo** form. (This is to preserve the sound of the stem before the ending **-é.**)

sacar	(c → qu)	Ayer **sa***qué* una foto de mi familia.
jugar	(g → gu)	El sábado pasado **ju***gué* al béisbol.
almorzar	(z → c)	El viernes pasado **almor***cé* en el restaurante.

4. The position of object pronouns is the same for the present and the preterite tenses: the pronouns precede the conjugated verb.

¿Invitaste a Beatriz?   No, no **la** invité.

Ejercicio 3.   *Otras actividades*
The following people did not do what they should have done yesterday. They did something else instead. Express this, as in the model.

Modelo: Carlos / estudiar / mirar la televisión
Carlos no estudió. Miró la televisión.

1. Carmen / escuchar al profesor / hablar con sus amigos
2. yo / ayudar a mi hermana / jugar al béisbol
3. tú / limpiar tu cuarto / escuchar tus discos
4. nosotros / preparar la comida / arreglar las flores
5. Felipe y Antonio / lavar la ropa sucia / encontrar a sus novias

Ejercicio 4.   *Diálogo: ¿Cómo pasaste el día?*
Ask a classmate if he or she did the following things yesterday.

Modelo: limpiar tu cuarto
—¿ **Limpiaste tu cuarto ayer?**
—**Sí, limpié mi cuarto ayer.**   or   —**No, no limpié mi cuarto ayer.**

1. comprar alguna ropa
2. almorzar en un restaurante
3. jugar al tenis
4. bailar en una fiesta
5. comenzar algo nuevo
6. preparar una comida
7. sacar libros de la biblioteca
8. cenar con amigos
9. arreglar tu cuarto
10. tomar el desayuno tarde
11. llegar temprano a la clase
12. encontrar a tus amigos

Vocabulario *El pasado y el presente*

ADVERBIOS

anoche	*last night*	¿Qué pasó **anoche**?
anteayer	*the day before yesterday*	Limpié mi cuarto **anteayer**.
ayer	*yesterday*	Y lo pinté **ayer**.
hoy en día	*nowadays*	Las cosas son diferentes **hoy en día**.
ya	*already; yet*	¿Estás listo **ya**?

ADJETIVOS

cada	*each; every*	**Cada** persona ayudó un poco.
pasado	*last; past*	Te llamé la semana **pasada**.
siguiente	*following*	Me mandaste una carta el día **siguiente**.

Ejercicio 5. *En otros momentos*

Describe at least three things that each of the following people did at the times indicated. Use the preterite forms of -ar verbs and your imagination.

1. Anoche yo _____ .
2. La semana pasada mis amigos y yo _____ .
3. Anteayer el profesor / la profesora _____ .
4. Ayer el presidente de los Estados Unidos _____ .
5. El verano pasado mis padres _____ .
6. Anoche mi novio/a y yo _____ .
7. El año pasado nuestro equipo de béisbol (fútbol, básquetbol...) _____ .

B. Formas regulares del pretérito: verbos que terminan en *-er* e *-ir*

Note the preterite forms of the verbs **aprender** and **escribir** in the sentences below.

	APRENDER	ESCRIBIR
(yo)	Aprend**í** el pretérito.	Escrib**í** una carta.
(tú)	Aprend**iste** la lección.	Escrib**iste** un artículo.
(él, ella, Ud.)	Aprend**ió** algo interesante.	Escrib**ió** las palabras.
(nosotros)	Aprend**imos** algo nuevo.	Escrib**imos** un drama.
(vosotros)	Aprend**isteis** un poema.	Escrib**isteis** un poema.
(ellos, ellas, Uds.)	Aprend**ieron** los verbos.	Escrib**ieron** tarjetas.

NOTAS GRAMATICALES

1. For regular **-er** and **-ir** verbs, the stem is the infinitive minus **-er** or **-ir.** The endings for both types of verbs are the same.

   Note the written accent marks on the **yo** and **él** forms of the preterite. The **nosotros** form of any **-ir** verb (but not an **-er** verb) is the same in the preterite and the present.

2. Verbs ending in **-er** (but not those in **-ir**) that have a vowel stem change in the present do not have a stem change in the preterite.

perder	Hoy no **pierdo** el tiempo.
but	Ayer **perdí** mucho tiempo.

3. Verbs that end in **-eer** use the endings **-yo** and **-yeron,** respectively, in the **él** and **ellos** forms of the preterite.

leer	Paco **leyó** una revista.	Ellos **leyeron** una novela.
creer	María no **creyó** las noticias.	Sus padres tampoco las **creyeron.**

Ejercicio 6.   *Un día diferente*
Describe what each of the following people did yesterday.

   Modelo: Jaime (vender periódicos)   **Jaime vendió periódicos.**

1. nosotros (comer en el Ritz)
2. Rosa (perder 100 pesos)
3. tú (escribirle una tarjeta a cada amigo)
4. yo (salir con un amigo nuevo)
5. Carmen (leer una revista)
6. yo (asistir a una clase de música)
7. tú y yo (volver tarde)
8. Ana y Marcos (correr 20 kilómetros)

Ejercicio 7.   *Ayer*
Ask a classmate if he or she did any of the following things yesterday.

   Modelo: comer en la cafetería
   —¿ **Comiste en la cafetería ayer ?**
   —**Sí, comí en la cafetería.**   or   —**No, no comí en la cafetería.**

1. comer caviar
2. beber champán
3. escribir una canción
4. volver a casa
5. correr diez kilómetros
6. leer un cuento en español
7. aprender algo interesante
8. perder el tiempo
9. asistir a un concierto
10. salir bien en un examen

Ejercicio 8. *Una conversación*

Imagine that two of your classmates have just returned from a trip to Mexico.
Ask them questions, as in the model.

> Modelo: volver la semana pasada (sí)
> —**¿ Volvieron Uds. la semana pasada ?**
> —**Sí, volvimos la semana pasada.**

1. comer tacos (sí)
2. escribir muchas tarjetas (no)
3. leer revistas mexicanas (sí)
4. salir por la noche (sí)
5. perder sus maletas (no)

6. beber cerveza mexicana (sí)
7. asistir al Ballet Folklórico (sí)
8. visitar el Museo Antropológico (sí)
9. disfrutar del viaje (sí)

C. Las formas irregulares del pretérito de *dar* y *ver*

Dar and **ver** have similar forms in the preterite.

	DAR	VER
(yo)	di	vi
(tú)	diste	viste
(él, ella, Ud.)	dio	vio
(nosotros)	dimos	vimos
(vosotros)	disteis	visteis
(ellos, ellas, Uds.)	dieron	vieron

Note that the preterite forms of **dar** and **ver** do not have accent marks.

Ejercicio 9. *El cine*

The following people went to the movies last night. Tell what they saw and
whether or not they liked it.

> Modelo: yo / una película inglesa / sí
> **Yo vi una película inglesa. Me gustó.**

1. Rafael / una película vieja / sí
2. Enrique y yo / una comedia / no
3. mis padres / una película de ciencia ficción / sí
4. tú / una película con Cantinflas / sí
5. yo / una película española / no

Ejercicio 10. ¿Cuándo dieron un paseo?
Tell when the following people took a walk, according to the model.

Modelo: los novios (anoche) **Los novios dieron un paseo anoche.**

1. el profesor (ayer)
2. tú y yo (anteayer)
3. los jóvenes (por la tarde)
4. yo (a las 10:00 de la mañana)
5. Graciela (la semana pasada)
6. nosotros (anoche)

Ejercicio 11. *En español*

Mrs. Nievas is telling her neighbor, Mrs. Ochoa, how her son Arnoldo spent his recent vacation. Put her comments into Spanish.

I don't believe it. Arnoldo returned home last week and only spent two days in this house. He went out a lot with his friends, or his friends visited him here. I prepared lots of food, and they ate everything. Arnoldo didn't wash his clothes, and he never cleaned that room! He returned to the university yesterday. Now I can rest a bit. The young people nowadays . . .

≋Ahora le toca a Ud. *Ayer y anteayer*

Give an hour-by-hour account of what you did yesterday and what you did the day before. Indicate things you did on one day that you didn't do on another. Is your routine varied, or are you a creature of habit?

Fonética *El acento*

Remember: Words that end with a vowel are accented on the next-to-last syllable. However, words that end with a vowel are accented on the last syllable when the final vowel carries an accent mark.

Práctica

garaje   alcoba   cocina   comida   lavadora   desayuno
papá   mamá   café   esquí   bailé   comió   escribió
ganó   comprendí

Compare:

canto/cantó   mando/mandó   presto/prestó   llego/llegó
vendo/vendió   bebo/bebió   recibo/recibió   asisto/asistió

Una conversación familiar

family

*Son las nueve de la noche y la familia Valencia cena en el comedor. El Sr. Valencia les pregunta a sus hijos —¿ **Qué tal les fue** hoy ?—y ellos le contestan así:*   How did it go

MARGARITA (18 años)	¡El **cartero** me **trajo** otra carta de mi novio ! ¡Y también recibí una anteayer !	mailman / brought
MIGUEL (15 años)	¡El **maestro** de inglés me **dijo** que mi última composición **fue la mejor** !	teacher / said was the best one
MARCOS (12 años)	Primero, Mamá **vino** a la **escuela** para hablar con la maestra. Después **tuve** una **pelea** con otro chico. También **fui** al dentista. **¡Eso sí fue el colmo !**	came / school I had / fight I went / That was the last straw!
MAMÁ	¿Y tú, mi amor ? ¿Qué tal te fue hoy ?	
PAPÁ	Bueno, cuando llegué a mi oficina **vi** a los **bomberos** y a la policía entrando en el edificio...	I saw / firefighters
TODOS	¿Un **incendio** ?	fire
PAPÁ	No, mucho tumulto **por** una falsa alarma.	about
TODOS	**¡Menos mal !**	Thank goodness!

Comprensión

Complete the following sentences.

1. La familia Valencia cena a...
2. Margarita está contenta porque...
3. Miguel está contento porque...
4. Mamá fue a...
5. Durante el día, Marcos...
6. Marcos está...
7. Papá fue...
8. Papá vio...
9. No hubo un incendio. Hubo...

Lengua española

Vocabulario

SUSTANTIVOS

el **centro comercial**	*shopping center*	la **ciudad**	*city*
el **consultorio del doctor**	*doctor's (dentist's) office*	la **farmacia**	*drugstore*
(dentista)		la **escuela primaria**	*elementary school*
el **hospital**	*hospital*	la **escuela secundaria**	*high school*
el **mercado**	*market*	la **oficina de correos**	*post office*
el **ruido**	*noise*	la **tienda**	*shop, store*
el **supermercado**	*supermarket*	la **vecindad**	*neighborhood*

LA GENTE

EL/LA
CARTERO/A

EL/LA
DENTISTA

EL/LA
DOCTOR/A

EL/LA
BOMBERO/A

EL/LA
ENFERMERO/A

EL/LA
POLICÍA

el/la **cliente**	*customer, client*
el/la **dependiente**	*salesperson*
el/la **empleado/a**	*employee, office worker*
el/la **maestro/a**	*teacher*
el/la **vecino/a**	*neighbor*

VERBOS

nacer	*to be born*	¿En qué año **naciste**?	*What year **were you born**?*
ocurrir	*to occur; to happen*	¿Cuándo **ocurrió** el accidente?	*When **did** the accident **happen**?*
pasar	*to happen,*	¿Qué **pasó**?	*What **happened**?*
	to pass by	¿Ya **pasó** el cartero?	***Did** the mailman **pass by** already?*

OBSERVACIÓN

El policía refers to a *policeman*. **La policía** refers to a *policewoman* or the *police force*.

Ejercicio 1.   *En la vecindad*
The following people have matters to attend to in their neighborhood. Tell where they go and to whom they speak.

> Modelo: Necesito legumbres.
> **Voy al mercado (supermercado).**
> **Hablo con el/la empleado/a.**

1. Amalia quiere comprar ropa.
2. El señor Gómez no está bien.
3. La señora Romero quiere saber si su hijo de ocho años estudia bien.
4. Tú quieres mandar una carta a tu novio.
5. Cecilia y Carlos son estudiantes que tienen 16 años.
6. Nosotros acabamos de tener un accidente.
7. Lupe y Osvaldo quieren comprar una mesa y algunas sillas para su comedor.
8. Tengo que comprar leche.
9. Mi esposo y yo no podemos descansar porque los vecinos en el otro apartamento tienen una fiesta y hacen mucho ruido.
10. La señora Noguera cree que hay un incendio *(fire)* en la cocina de otro apartamento.
11. Me duele un diente.

A. Las formas irregulares del pretérito de *ir, ser* y *hacer*

Note the irregular preterite forms of **ir, ser,** and **hacer.**

IR	SER	HACER
Fui al museo.	**Fui** artista.	**Hice** mucho trabajo.
Fuiste a la universidad.	**Fuiste** un estudiante serio.	**Hiciste** la tarea.
Fue a clase ayer.	**Fue** un profesor excelente.	**Hizo** algo importante.
Fuimos al concierto.	**Fuimos** músicos.	**Hicimos** un disco.
Fuisteis a España.	**Fuisteis** turistas.	**Hicisteis** un viaje.
Fueron al almacén.	**Fueron** clientes.	**Hicieron** compras.

NOTA GRAMATICAL

Ir and **ser** have the same preterite forms. The context always indicates the meaning.

Fue al teatro.	*He went to the theater.*
Fue una actriz excelente.	*She was an excellent actress.*

Ejercicio 2. *La tercera edad (Senior citizens)*
Follow the model to tell what the following people did before they retired.

> **Modelo:** el Sr. Medina / bombero **El Sr. Medina fue bombero.**

1. la doctora Cuevas / dentista
2. yo / policía
3. el Sr. y la Sra. López / maestros
4. la Sra. Aguirre y yo / enfermeras
5. tú / dependiente
6. el Sr. Soto / cartero

¡A TODOS LOS LUGARES DE COLOMBIA!

CORREO DE COLOMBIA
LLEGA SEGURO Y A TIEMPO

Ejercico 3. *Diálogo: ¿ Adónde fuiste ?*
Ask a classmate if he or she went to the following places last weekend.

> **Modelo:** el cine
> —¿ **Fuiste al cine el fin de semana pasado ?**
> —**Sí, fui al cine.** or —**No, no fui al cine.**

1. la oficina de correos
2. el hospital
3. la casa de tu vecino/a
4. el supermercado
5. el consultorio del doctor
6. el centro comercial
7. una tienda
8. la biblioteca
9. otra ciudad

Ejercicio 4. *¿ Qué hicieron allá ?*
The following people went to different places yesterday. Tell where they went and what they did, according to the model.

> **Modelo:** Beatriz / el mercado / comprar fruta
> **Beatriz fue al mercado. Compró fruta.**

1. nosotros / el hospital / visitar a nuestra tía
2. los señores Jiménez / el centro comercial / hacer compras
3. tú / la oficina de correos / mandar una tarjeta
4. yo / la biblioteca / sacar libros
5. los niños / una fiesta / hacer mucho ruido
6. Carmen / el supermercado / buscar trabajo
7. los bomberos / un restaurante / contestar una llamada *(call)*

Ejercicio 5.   *¿ Quién lo hizo ?*
Who broke Sr. Bustamante's window? Tell him who did not do it, and tell him whom or what you suspect of having done it, according to the model.

> **Modelo:**   nosotros / los chicos
> **Nosotros no lo hicimos. Los chicos lo hicieron.**

1. yo / Felipe
2. el cartero / Ud.
3. mi hermano y yo / el vecino
4. nosotros / Julio y Pedro
5. Ud. / Miguel y Mario
6. la vecina / el viento

B. Pretéritos irregulares: el grupo con *u* en la raíz

The verbs below have irregular stems containing the vowel **u** in the preterite.

ESTAR	TENER	PODER	PONER	SABER
estuve	**tuve**	**pude**	**puse**	**supe**
estuviste	**tuviste**	**pudiste**	**pusiste**	**supiste**
estuvo	**tuvo**	**pudo**	**puso**	**supo**
estuvimos	**tuvimos**	**pudimos**	**pusimos**	**supimos**
estuvisteis	**tuvisteis**	**pudisteis**	**pusisteis**	**supisteis**
estuvieron	**tuvieron**	**pudieron**	**pusieron**	**supieron**

—¿ Dónde **estuvieron** Uds. ayer ?
—Yo **estuve** en casa pero mi hermana **estuvo** en el hospital.

*Where **were** you yesterday?*
*I **was** at home, but my sister **was** in the hospital.*

—¿ **No pudieron** Uds. visitar a Rosario el domingo pasado ?
—No, **tuvimos** que preparar la comida para la familia.

***Weren't** you **able** to visit Rosario last Sunday?*
*No, we **had** to prepare the meal for the family.*

NOTAS GRAMATICALES

1. All of the above verbs have the same preterite endings.

   -e   -iste   -o   -imos   -isteis   -ieron

2. The preterite of **hay** is **hubo**.

   Ayer **hubo** un accidente cerca de mi casa.

Ejercicio 6.   *¡ Qué lástima !*
Last Monday the following students could not do what they wanted because
they had an exam. Explain this, as in the model.

Modelo: Teresa (ir al cine)
Teresa tuvo un examen. Por eso no pudo ir al cine.

1. Enrique (charlar con su vecino)
2. Paco y Pedro (visitarme)
3. tú (ir al centro comercial)
4. Ud. (limpiar su cuarto)
5. yo (almorzar contigo)
6. nosotros (jugar al tenis)
7. Uds. (preparar la cena)
8. Clara (salir con su novio)

Ejercicio 7.   *Anoche*
Ask a classmate if he or she did the following things last night.

Modelo: estar en casa
—¿ Estuviste en casa anoche ?
— Sí, estuve en casa anoche.
or   **—No, no estuve en casa anoche.**

1. estar en tu cuarto
2. estar de mal humor
3. poder estudiar mucho
4. poder mirar la televisión
5. dar un paseo
6. tener tiempo para escuchar música
7. poner los dientes en un vaso
   (glass) de agua
8. poner la leche en el refrigerador
9. tener ganas de ir al cine
10. tener un accidente

C. Pretéritos irregulares: el grupo con *i* y *j* en la raíz

Note the irregular stems of the verbs below in the preterite.

QUERER	VENIR	DECIR	TRAER
quise	**vin**e	**dij**e	**traj**e
quisiste	**vin**iste	**dij**iste	**traj**iste
quiso	**vin**o	**dij**o	**traj**o
quisimos	**vin**imos	**dij**imos	**traj**imos
quisisteis	**vin**isteis	**dij**isteis	**traj**isteis
quisieron	**vin**ieron	**dij**eron	**traj**eron

NOTA GRAMATICAL

The above verbs have the same endings in the preterite as those of the **u** group, with one exception: in the **ellos** form, those verbs with stems ending in **j** have the ending **-eron**.

Ejercicio 8.   *La fiesta*
The following people came to a party last night, and each one brought something. What did each one bring?

> Modelo: Paco (su tocadiscos)
> **Paco vino y trajo su tocadiscos.**

1. Diego (su cámara)
2. Enrique e Isabel (vino)
3. yo (flores)

4. tú (discos de música latina)
5. nosotros (una sorpresa)
6. mis amigos (regalos)

Ejercicio 9.   *Una visita al palacio (palace)*
An elderly Spanish duke has invited us to have sherry at his palace and is now showing us the family portraits and telling us a bit about his ancestors. Complete his sentences with the preterite form of the verb in parentheses.

1. Éste es mi abuelo. Él (ser) _____ un general famoso. (Nacer) _____ en este palacio.
2. Ésta es mi abuela. Ella (estar) _____ aquí con mi madre cuando yo (nacer) _____ .
3. Éste es mi tío José Ignacio. Él y mi tía (tener) _____ diez hijos. Ellos (ser) _____ personas muy interesantes.
4. Éste es mi padre. Él también (nacer) _____ en este palacio. Mi madre y él me (decir) _____ que ellos (ser) _____ muy felices.
5. Éste es Osvaldo, el primo de mi papá. Él (ser) _____ la oveja (*sheep*) negra de la familia. Él no (querer) _____ hacer nada. Pero alguien me (decir) _____ que él (tener) _____ una vida muy interesante.

D. La construcción preposición + infinitivo

Note how the infinitive is used in the sentences below.

> Josefina no llamó a Isabel **antes de ir** al hospital.
> Fueron al hospital **para visitar** a su hermana.

> *Josefina did not call Isabel **before going** to the hospital.*
> *They went to the hospital **to visit** their sister.*

In Spanish, when a preposition is followed by a verb form, the usual pattern is:

> preposition + infinitive

NOTA GRAMATICAL

Note that in English, prepositions are usually followed by a verb ending in *-ing*.

Salieron **sin tomar** el café.   *They left **without drinking** their coffee.*

Vocabulario *Algunas preposiciones que se usan con el infinitivo*

antes de	*before*	**para**	*(in order) to*
después de	*after*	**sin**	*without*
en vez de	*instead of*		

Ejercicio 10.   *Diligencias (Errands)*
*The people below went to the **centro comercial** yesterday for different reasons. Explain these reasons, following the model.*

Modelo: Marisa / comprar ropa
Marisa fue al centro comercial para comprar ropa.

1. nosotros / mirar las cosas
2. Pilar / buscar un trabajo
3. Uds. / almorzar con su mamá

4. Antonio / encontrar a su novia
5. yo / hacer compras
6. tú / disfrutar del día

Ejercicio 11.   *¡Lógico!*
*Put the two suggested actions in logical order, using **después de** or **antes de** as appropriate. Use the preterite.*

Modelo: Roberto (estudiar / tomar el examen)
Roberto estudió antes de tomar el examen.
or   **Roberto tomó el examen después de estudiar.**

1. Mariana (comer / tomar café)
2. tú (buscar tu pasaporte / hacer un viaje)
3. Uds. (ir al hospital / tener un accidente)
4. yo (leer el artículo / comprar la revista)
5. mi vecino (ganar mucho dinero / comprar un coche grande)
6. nosotros (pensar / hablar)
7. los buenos estudiantes (estudiar / salir)
8. yo (asistir a la escuela secundaria / asistir a la escuela primaria)

Ejercicio 12. *Hacer otras cosas*
Yesterday the following people did something other than what they usually do.
Express this, as in the model.

Modelo: tú (ir en coche / caminar)
Tú fuiste en coche en vez de caminar.

1. Mamá (descansar / trabajar)
2. Yolanda y yo (ir a la playa / asistir a la clase)
3. mis amigos (poner un disco / tocar sus instrumentos)
4. yo (hacer una torta / estudiar)
5. tú (manejar el coche / ir en bicicleta)

Ejercicio 13. *En español*
Paquita is absolutely exhausted today, but considering what she did yesterday,
it is no wonder. Write the list of her activities in Spanish.

7:00 Paquita and her mother had breakfast together.
8:00 She cleaned her room and washed her clothes.
9:00 She and her sister went to the hospital to visit their grandmother.
10:00 She missed the bus and was very angry.
10:30 She arrived at her ten o'clock class. Fortunately **(Afortunadamente)**,
the professor also arrived late.
1:00 She met her boyfriend, and they ate lunch in a café.
3:00 They went to a shopping center and listened to records in a shop.
8:00 The family ate supper.
9:00 She took out her books and began to study. She studied until **(hasta)**
five o'clock in the morning. Before coming to class today, she drank
coffee, but she is still sleepy.

≈Ahora le toca a Ud. *Una autobiografía*

Write a brief autobiography telling about the major events in your life and the year
in which they occurred. If you like, you can begin by saying **« Nací en... ».**

Fonética   *La letra* n *antes de ciertas consonantes*

In Spanish, the letter **n** represents the sound /ŋ/, before the sounds **/k/** (written **c**), **/g/,** and **jota** (written **j,** or **g** before **e** and **i**).

The letter **n** represents the sound **/m/** when it occurs before the consonant sounds **/b/** (written **b** and **v**), **/f/, /m/,** and **/p/.** Note: When **n** occurs before **m,** the resulting sound is often a single consonant **/m/.**

Práctica

/ŋk/	incompleto	inclinado	en casa	son cubanos
	están cansadas			
/ŋg/	tango	con gusto	tienen ganas	son gordas
	inglés	sin gasolina		
/ŋ + jota/	injusto	ángel	un jefe	un juego	ingeniero
/mb/	un banco	un baile	un bolígrafo	son buenos	un barco
	un valor	un violín	invitar	enviar	sin vida
	invierno			
/mf/	un fin de semana	son feos	están furiosos
	son fuertes	son felices	
/mm/	un médico	un mecánico	un mundo	un modo
	son matemáticos			
/mp/	un perro	un porcentaje	un papel	un problema
	son pobres			

Las multas

tickets, fines

En las oficinas de Gutiérrez Hermanos, S.A., el empleado Carlos Arizmendi trabaja tranquilamente cuando entra su **jefe**, el Sr. Domingo Gutiérrez.

boss

GUTIÉRREZ	¡Otra vez! ¡Me pasó otra vez! ¡No lo puedo creer!
ARIZMENDI	Ah, buenos días, Sr. Gutiérrez. ¿Me permite preguntar qué le pasó otra vez? Yo no **oí** nada.
GUTIÉRREZ	Fui a almorzar y vi a la policía...
ARIZMENDI	¿Lo **arrestaron**?
GUTIÉRREZ	¡No, no me arrestaron! **¡Me pusieron una multa!**
ARIZMENDI	Pero, ¿por qué? ¿Cuál es la **infracción**?
GUTIÉRREZ	**Estacioné** mi coche en la **calle** y no puse suficiente dinero en el **parquímetro. Lo mismo** me pasó ayer.
ARIZMENDI	¡Qué lástima! ¿Por qué no dejó Ud. el coche en el **estacionamiento**?
GUTIÉRREZ	Porque esta mañana tuve prisa y no quise ir al estacionamiento, que está bastante lejos de aquí.
ARIZMENDI	Sr. Gutiérrez, si me permite una pequeña recomendación... Hay una estación de **metro** aquí en la **esquina...**
GUTIÉRREZ	¿El metro?
ARIZMENDI	Sí, el metro. Es rápido, **cómodo** y **además...** ¡es económico!

heard

they arrested

They gave me a ticket!

violation

I parked / street

parking meter / The same thing

parking lot

subway / corner

comfortable / furthermore

Comprensión

¿ Cierto o falso ? Correct the statements that are false.

1. Carlos Arizmendi trabaja con el Sr. Gutiérrez.
2. El Sr. Gutiérrez está furioso.
3. El Sr. Gutiérrez tiene que pagar otra multa.
4. La policía arrestó al Sr. Gutiérrez.
5. El Sr. Gutiérrez estacionó su coche en el estacionamiento.
6. El estacionamiento está cerca de la oficina del Sr. Gutiérrez.
7. La estación de metro está lejos de la oficina del Sr. Gutiérrez.
8. No cuesta mucho dinero viajar en el metro.

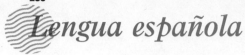 Lengua española

A. Verbos que terminan en -cir

Verbs like **conducir** *(to drive)* have an irregular **yo** form in the present and an irregular stem in the preterite. Note the forms of **conducir** in the chart below.

PRESENT		PRETERITE	
condu**zco**	conducimos	**conduj**e	**conduj**imos
conduces	conducís	**conduj**iste	**conduj**isteis
conduce	conducen	**conduj**o	**conduj**eron

Vocabulario *Verbos que terminan en* -cir

conducir	*to drive*	**Conduzco** un coche extranjero.
traducir	*to translate*	Alberto **tradujo** este poema al inglés.

ESTACIONAMIENTO
gratis frente a
nuestras tiendas

OBSERVACIÓN

Conducir *(to drive a car)* is used more frequently in Spain, while **manejar** is more common in Latin America.

Ejercicio 1.   *¿ Qué hacen ? ¿ Qué hicieron ?*
Substitute the words in parentheses for the italicized subjects.

1. *Mi hermano* conduce bien. (yo ; mis hermanas ; tú ; mi hermano y yo)
2. *Henry Ford* condujo un Ford Modelo A. (mi abuela ; yo ; tú y yo ; tú ; mis abuelos)
3. *Nosotros* no traducimos mucho. (la profesora ; yo ; mis compañeros de clase ; tú)
4. *El profesor Gómez* tradujo una novela. (nosotros ; dos profesores ; tú ; yo ; el escritor)

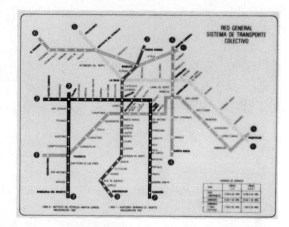

Vocabulario *En la calle*

SUSTANTIVOS

el atasco	*traffic jam*	la avenida	*avenue*
el/la conductor/a	*driver*	la calle	*street*
el estacionamiento	*parking lot*	la esquina	*corner*
el metro	*subway*	la infracción	*violation*
el parquímetro	*parking meter*	la licencia de conductor	*driver's license*
el/la peatón	*pedestrian*	la multa	*fine, ticket*
el semáforo	*traffic light*	la plaza	*plaza; square*
el transporte	*transportation*	la policía	*police force*
el transporte público	*public transportation*		

VERBOS

cruzar	*to cross*	Los chicos **cruzaron** en la esquina.	*The children **crossed** at the corner.*
chocar	*to crash, collide*	¿Dónde **chocaron** los coches?	*Where **did the cars collide?***
estacionar (el coche)	*to park (the car)*	¿Dónde **estacionaste**?	*Where **did you park?***

Ejercicio 2.   *Sobre el transporte*

1. ¿Cómo llegó Ud. a la universidad hoy? ¿Caminó? ¿Vino en bicicleta? ¿Condujo? ¿Vino con transporte público?
2. ¿Qué forma de transporte público prefiere Ud.? ¿Por qué?
3. ¿Hay un metro en la ciudad donde Ud. vive? ¿Es bueno el servicio? ¿Es el metro limpio o sucio? ¿Es rápido? ¿Cuánto cuesta viajar en el metro?
4. ¿Conduce Ud.? ¿Es un/a buen/a conductor/a? ¿Vino a la universidad en coche hoy? ¿Vio algún accidente? ¿Estuvo en un atasco? ¿Qué hizo durante el atasco? ¿Dónde estacionó su coche?
5. Cuando Ud. tiene una multa porque estacionó ilegalmente, ¿de cuánto es la multa?

B. El pretérito de verbos con cambios radicales que terminan en *-ir*

Verbs like **mentir** *(to lie, tell a lie)* and **dormir** *(to sleep)* have stem changes in the present tense.

> Cuando **miento** no **duermo** bien después.

Note the new stem changes that occur in the preterite.

	MENTIR (IE, I)	DORMIR (UE, U)
(yo)	Hoy **mentí.**	**Dormí** mal.
(tú)	**Mentiste** a la policía.	**Dormiste** mucho.
(él, ella, Ud.)	No **mintió.**	**Durmió** bien.
(nosotros)	Nunca **mentimos.**	**Dormimos** poco anoche.
(vosotros)	Siempre **mentisteis.**	**Dormisteis** en la clase
(ellos, ellas, Uds.)	Ayer **mintieron.**	**Durmieron** todo el día.

NOTAS GRAMATICALES

1. Stem-changing **-ir** verbs are listed in the vocabulary with two vowel changes. The second one is used in the **él** and **ellos** forms of the preterite.
2. Stem-changing verbs with the pattern **(e → i)** have the same change in the third-person forms of the preterite.

> Le **pidió** dinero a su abuelo.

Vocabulario *Algunos verbos que terminan en -ir que tienen un cambio radical en el pretérito*

E → IE, I		E → I, I		O → UE, U	
mentir	*to lie, tell a lie*	**pedir**	*to ask for*	**dormir**	*to sleep*
preferir	*to prefer*	**repetir**	*to repeat*	**morir**	*to die*
sentir	*to feel*	**servir**	*to serve*		

Ejercicio 3.   *¿ Verdad o mentira ?*
Tell whether the following people lied or told the truth.

Modelos: Lidia / no   **Lidia no mintió. Dijo la verdad.**
Nilda / sí   **Nilda mintió. Dijo un mentira.**

1. yo / no   3. el policía / no   5. tú / no
2. los empleados / sí   4. nosotros / sí   6. el peatón / sí

Ejercicio 4.   *¿ Dónde pasaron la noche ?*
Tell where the following people slept last night.

Modelo: yo / en casa   **Yo dormí en casa.**

1. el señor López / un hotel   4. yo / el hospital
2. los estudiantes / la residencia 5. Elena / casa de una amiga
3. tú / tu alcoba   6. nosotros / nuestro cuarto

Ejercicio 5.   *Historia de un accidente*
Tell about the accident that took place on the corner.

Modelo: Marta / ver el accidente   **Marta vio el accidente.**

1. el conductor / no ver el otro coche
2. los dos coches / chocar
3. los peatones / cruzar la calle
4. yo / ver todo
5. la policía / llegar inmediatamente
6. un policía / pedirles a los conductores sus licencias
7. nadie / ir al hospital
8. yo / contarle la historia al profesor cuando llegué tarde
9. el profesor / no creerme

C. *Al* + infinitivo

Note the use of **al** + infinitive in the sentences below.

Al ver la infracción, el policía le   *Upon seeing* the violation, the policeman
puso una multa.   *gave him a ticket.*
Recibió la multa **al estacionar**   *He received the ticket upon parking*
el coche.   *the car.*

To express the simultaneity of two actions, the following construction is used
in Spanish:

al + infinitive

NOTAS GRAMATICALES

1. The **al** + infinitive construction has several English equivalents.

   Al llegar a la esquina, chocó con otro coche.

   On arriving at the corner,
   Upon arriving at the corner, ⎫
   When he arrived at the corner, ⎭ *he collided with another car.*

2. The **al** + infinitive construction may also denote cause.

   Al perder su licencia de conductor,   *Since (Because) he lost his driver's*
      Diego no condujo más.   *license, Diego didn't drive anymore.*

   Ejercicio 6.   *Por primera vez (For the first time)*
Tell what happened the first time the following people drove a car.

   Modelo: Lourdes / ir al mercado
            Al conducir por primera vez, Lourdes fue al mercado.

1. nosotros / estar nerviosos
2. Paco / recibir una multa
3. yo / perder mi licencia

4. tú / chocar con otro oche
5. mis amigos / conducir mal
6. Carmen / estacionar ilegalmente

   Ejercicio 7.   *¿ Qué ocurrió ?*
Use a verb from Column A to tell what Fernando did, and select a verb from
Column *B to tell what happened afterward.*

   Modelo: estacionar su coche   ver al policía
           Al estacionar su coche, Fernando vio al policía.

A	B
1. estacionar su coche	estar furioso
2. cruzar la calle	empezar a correr
3. oír el ruido	estacionar su coche
4. salir de una tienda	recibir una multa
5. recibir una multa	caminar a la esquina
6. llegar al centro comercial	ver a sus vecinos

D. Verbos que terminan en *-uir*

Note the forms of the verb **contribuir** *(to contribute)* in the chart below.

PRESENT	PRETERITE
Contribuyo con 1.000 pesos.	**Contribuí** con 500 pesos.
Contribuyes con 100 pesos.	**Contribuiste** con 10 pesos.
Contribuye con un dólar.	No **contribuyó** con nada.
Contribuimos con mucho dinero.	**Contribuimos** con poco.
Contribuís con una fortuna.	**Contribuisteis** con 200 pesos.
Contribuyen con su tiempo.	**Contribuyeron** con 50 pesos.

NOTAS GRAMATICALES

1. In verbs like **contribuir,** a **y** is inserted before all endings except those beginning with a stressed **i.** In the preterite, note the endings **-yó** and **-yeron.**
2. The preterite form of **oír** follows the pattern of the preterite of verbs ending in **-uir.**

oí	oíste	oyó	oímos	oísteis	oyeron

Vocabulario   *Verbos que terminan en* -uir

construir	*to build, construct*	**Construyeron** el metro.
contribuir	*to contribute*	Los coches **contribuyen** a la contaminación del aire.
destruir	*to destroy*	El criminal **destruyó** la evidencia.

Ejercicio 8.   *Ayer y hoy*

Substitute the subjects in parentheses for the one in the original sentence. Use the same tense.

1. El Sr. López construye una cocina nueva. (tú; mis hermanos; yo; mis hermanos y yo; León)
2. Ellos destruyeron la cocina vieja. (el Sr. López; yo; tú; sus hijos; el Sr. López y sus hijos)
3. Tú construiste esa mesa en poco tiempo. (yo; tú y yo; Isabel; Isabel y José)
4. La clase contribuyó con mil pesetas. (los empleados; la Sra. Romero; yo; tú; la Sra. Romero y yo)
5. Yo contribuyo con mi tiempo. (nosotros; los carteros; la enfermera; tú)
6. ¿Oíste algo? (yo; la policía; los vecinos; los vecinos y yo; Ana)
7. El Sr. Canales no oye nada. (tú; nosotros; mis compañeros de cuarto; yo; la Sra. Canales)

E. *Hace:* su uso con el pretérito

Note the use of **hace** in the sentences below.

Puse dinero en el parquímetro **hace una hora**.   *I put money in the parking meter **an hour ago**.*

Construyeron el metro **hace dos años**.   *They built the subway **two years** ago.*

To indicate the amount of time elapsed since a past event took place, Spanish-speakers use the construction:

preterite + **hace** + period of time

Ejercicio 9.   *La licencia de conductor*
Use the information given in parentheses to tell how long ago the following people received their driver's licenses.

Modelo: mi abuelo (1948)
Mi abuelo recibió su licencia hace (cuarenta) años.

1. yo (1983)
2. mi abuela (1948)
3. Carlos (1979)
4. nosotros (1969)
5. mis hermanos (1981)
6. tú (1935)

Ejercicio 10.   *¿ Cuánto tiempo hace ?*
Ask a classmate how long ago he or she did the following things.

Modelo: llegar a la universidad
—**¿ Cuánto tiempo hace que llegaste a la universidad ?**
—**Llegué hace (un año... dos meses...).**

1. preparar esta lección
2. beber champán
3. ir de vacaciones
4. comer algo
5. hablar con tus padres
6. limpiar tu cuarto
7. recibir una carta
8. hacer algo diferente

F. El año

In Spanish, dates are always expressed in thousands and hundreds. Contrast:

1775 **mil setencientos setenta y cinco** { *seventeen seventy-five* / *seventeen hundred and seventy-five* }

Note the use of **de** between the month and the year.

el primero de abril **de** mil ochocientos doce

Ejercicio 11. *Fechas importantes*
Complete the following sentences with the year to which they refer.

1. Yo nací en _____ .
2. Cristóbal Colón llegó a las Américas en _____ .
3. George Orwell escribió una novela que se llama _____ .
4. Hay una película que se llama _____ .
5. Los Estados Unidos declararon su independencia en _____ .
6. El abuelo de Marta tiene 87 años en 1987. Nació en _____ .

Ejercicio 12. *En español*
Mercedes is telling a colleague what happened to her yesterday. Put her monologue into Spanish without translating word for word.

I can't believe it! I parked my car on the street and went into a shop for **(por)** five minutes. Only five minutes! When I was leaving the shop, I saw the policewoman. I crossed the street quickly and ran to the car and said to the policewoman, "I parked here five minutes ago." And she said (to me), "But you didn't put money into the meter," and she gave me a ticket. The same thing happened to me a week ago! Later, I went home. I arrived late because I spent an hour in a traffic jam. I prefer driving my own car, but I will travel on the subway or be a pedestrian in the future.

≋Ahora le toca a Ud. *¿Qué pasó?*

Have you ever had an interesting experience while driving a car or traveling by public transportation? Tell about it, mentioning the people involved, what happened, and the outcome.

Fonética *Entonación I*

1. Normal statements

In normal statements, Spanish-speakers begin on a low tone and then rise to a higher pitch on the first accented syllable. This high pitch is maintained until the last accented syllable, where it drops to the first tone. At the end of the sentence, the pitch drops somewhat more.

Note: In English statements, American-speakers tend to begin on the higher pitch characteristic of Spanish and then raise that pitch even more on the last stressed syllable before dropping off at the end.

2. Normal information questions

In normal information questions, Spanish-speakers reach the high pitch on the stressed syllable of the question word. (If this is not the first syllable of the sentence, the question begins on the lower pitch.) The voice drops on the last accented syllable of the sentence.

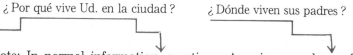

Note: In normal information questions, American-speakers often use an intonation pattern similar to that of normal statements.

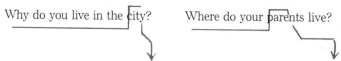

EN RESUMEN

A. Complete the sentences with the expressions in parentheses.

1. Al llegar a casa, Julia...
   (preparar la comida ; lavar la ropa ; arreglar la sala ; limpiar la cocina)
2. Hace dos días yo...
   (almorzar con Paco ; cenar con mi familia ; jugar al tenis ; tener un accidente ; ir al cine ; conducir un coche italiano)
3. Ayer mis amigos...
   (no tomar el desayuno ; no hacer la tarea ; no asistir a la clase ; no leer la lección ; no dar un paseo ; no traducir el Ejercicio 12)
4. Anoche nosotros...
   (oír un ruido raro ; estar en casa ; saber las noticias ; no poder mirar la televisión ; destruir el coche)
5. Anteayer dos policías...
   (venir a mi casa ; decirme algo ; cruzar la calle ; pedirme la licencia ; morir)
6. Guillermo Castro...
   (nacer aquí ; construir esta casa ; traducir sus poemas)
7. Algunas fechas importantes en la historia de los Estados Unidos son...
   (el 12 de octubre de 1492 ; el 4 de julio de 1776 ; el 3 de abril de 1865 ; el 7 de diciembre de 1941 ; el 22 de noviembre de 1963)

PARA PENSAR, JUGAR Y RESOLVER

*B. Complete the sentences with one of the following prepositions: **para, sin, antes de, después de.***

1. Nosotros estudiamos _____ tomar el examen.
2. Vamos al centro comercial _____ comprar ropa.
3. Los chicos van a la escuela secundaria _____ asistir a la escuela primaria.
4. El peatón cruzó la calle _____ mirar el semáforo.

Otras perspectivas V

Carlos Fuentes, diplomático,
novelista, dramaturgo y
profesor.

Gabriela Mistral, la poetisa
chilena que recibió el Premio
Nóbel.

Lectura cultural Los escritores latinoamericanos

El **éxito** de los autores latinoamericanos contemporáneos es muy grande actualmente. Se traducen sus **obras** a muchas lenguas. En periódicos y revistas
de todo el mundo aparecen entrevistas con ellos o artículos **escritos** por ellos,
y se consideran **entre** los más respetados y distinguidos escritores contemporáneos. Pero su prestigio no sólo se limita a **asuntos** literarios o intelectuales,
sino se extiende a **cuestiones** políticas. **Aunque no sean políticos,** la **mayoría**
de los intelectuales latinoamericanos son activistas políticos.

La integración de una **vida** literaria con una vida política es una tradición
en los países hispánicos. En el **siglo** XIX, el escritor argentino Domingo Faustino Sarmiento fue presidente de su país, y en nuestro siglo el novelista Rómulo Gallegos fue presidente de Venezuela, **mientras** otro escritor, Juan
Bosch, fue presidente de la República Dominicana.

success
works
throughout the world /
  appear / interviews /
  written
among
·subjects
but / issues /
  Although they may
  not be politicians
majority
life
century
while

Otros escritores **han representado** a sus países en **puestos** diplomáticos. Cuando el **premiado** Nóbel Pablo Neruda **era** un poeta joven y poco **conocido,** Chile lo mandó al Oriente como diplomático. El distinguido poeta ecuatoriano Jorge Carrera Andrade también fue diplomático. El novelista Miguel Ángel Asturias pasó varios años de su **juventud** en París como exilado político. Irónicamente, cuando recibió el Premio Nóbel en 1967, estaba en París otra vez —como **embajador** de Guatemala en Francia. La poetisa chilena Gabriela Mistral representó a su país en varias partes de Sudamérica y Europa. Después de recibir el Premio Nóbel en 1945, ella **desempeñó el cargo de** representante de su país ante una comisión de las Naciones Unidas poco tiempo después de la formación de esa organización.

En la **segunda mitad** de este siglo la novelista y poetisa mexicana Rosario Castellanos fue embajadora de su país en Israel; el novelista cubano Alejo Carpentier tuvo un puesto diplomático en Francia, y el escritor mexicano Carlos Fuentes tuvo un puesto en su **embajada** en París. Cuando Gabriel García Márquez recibió el Premio Nóbel de Literatura en 1982, el presidente de Colombia le ofreció una **embajada,** pero no la aceptó. Actualmente, la novelista Beatriz Guido es la **agregada** cultural de la embajada argentina en España.

Al reconocer a sus escritores de esta forma, los países latinoamericanos **demuestran** su **aprecio** por la literatura y por la contribución de los escritores a la cultura **mundial.**

have represented / positions
prizewinner / was / known

youth

ambassador

served as

second half

embassy

ambassadorship
attaché

show / appreciation
world

Actividad A. *Comprensión de lectura*
Match the name of the writer with his or her nationality, being sure to use the correct form of the adjective.

Modelo: Carlos Fuentes **Carlos Fuentes es mexicano.**

1. Jorge Carrera Andrade   cubano
2. Gabriel García Márquez   argentino
3. Rosario Castellanos   dominicano
4. Domingo Faustino Sarmiento mexicano
5. Alejo Carpentier   chileno
6. Pablo Neruda   ecuatoriano
7. Juan Bosch   venezolano
8. Gabriela Mistral   guatemalteco
9. Rómulo Gallegos   colombiano
10. Miguel Ángel Asturias
11. Beatriz Guido

Actividad B. *¿ Cierto o falso ?*
Tell whether the following statements are **cierto** *or* **falso.** *If you think a statement is* **falso,** *correct it.*

1. Hay mucho interés en la literatura latinoamericana actualmente.
2. A los escritores latinoamericanos les interesa solamente la literatura.
3. No hay ninguna relación entre la vida creativa y la vida política en los países hispanos.
4. Tres escritores latinoamericanos fueron presidentes de su país.
5. Dos poetas chilenos ganaron el Premio Nóbel de Literatura.

Actividad C. *Diferencias culturales*

1. ¿ Cree Ud. que los escritores son buenos representantes de su país ? ¿ Por qué ?
2. ¿ Qué escritor/a norteamericano/a recomienda Ud. como diplomático/a ? ¿ como político/a ?
3. Muchos escritores/as norteamericanos/as enseñan en las universidades. En su opinión, ¿ es preferible para un/a escritor/a ser profesor/a o diplomático/a ?

Día por día *De compras*

*El farmacéutico con unas
clientas en México.*

I. EN LA FARMACIA

EMPLEADA　Buenos días, señorita. **¿ En qué puedo servirle ?**　　　　May I help you?

¿ Puedo servirle en algo ?　　　　May I help you?

MAITE　Sí. Necesito aspirinas.

Sí. ¿ Tiene aspirinas ?

| EMPLEADA | Pues, aquí las tenemos. Las aspirinas vienen en **cajitas** de cincuenta, de cien o doscientas. | little boxes |

¿Cuál desea?

> ¿Cuál necesita?
> ¿Cuál prefiere?

| MAITE | **¿A cuánto se vende** la cajita de cien? | How much is |

> ¿Cuánto es...?
> **¿A cuánto está...?**
> **¿Cuánto sale...?**
> **¿Qué precio tiene...?**
> **¿Cuál es el precio** de...?

What is the price

| EMPLEADA | La cajita de cien se vende a 50 pesetas y la cajita de doscientas está a 75 pesetas. |
| MAITE | Bueno. Llevo la cajita de cien. |

> Voy a llevar la cajita de cien.
> Quiero la cajita de cien.

| EMPLEADA | Muy bien, señorita. ¿Algo más? |

> ¿Necesita Ud. algo más?

| MAITE | Hoy no. *(Le da el dinero a la empleada.)* Gracias. |
| EMPLEADA | De nada. |

> **Para servirle,** señorita.
> **A sus órdenes.**

Pleased to serve you
At your service.

Actividad D.   *¡Atchú!*
Manuel feels that he is coming down with a cold and goes into the drugstore to buy vitamin C. Together with another student, play the roles of the salesclerk and Manuel.

EMPLEADA	Buenas tardes, señor. ¿ _____?
MANUEL	Sí. ¿Tiene Ud. vitamina C?
EMPLEADA	Sí, cómo no. _____.
MANUEL	¿ _____ el frasco *(bottle)* de cien?
EMPLEADA	El frasco de cien se vende a 50 pesetas y el frasco de doscientas _____.
MANUEL	Pues, como es más económico comprar el frasco de doscientas, _____.
EMPLEADA	¿ _____, señor?
MANUEL	Hoy, no. *(La empleada pone el frasco en una bolsa* **[bag]** *y se la da a Manuel.)* Gracias, señorita.
EMPLEADA	_____.

Actividad E.   *La ampolla (blister)*

*Elena just got a blister and goes into the drugstore to buy a small package of
adhesive strips. Play the roles of Elena and the salesclerk.*

EMPLEADA   Buenos días, señorita. ¿ _____ ?
ELENA   Sí, _____ curitas.
EMPLEADA   _____ en una cajita de cien.
ELENA   Eso es mucho. ¿No tiene una cajita más pequeña *(smaller)* ?
EMPLEADA   Lo siento, señorita, pero no tenemos otro tamaño *(size)*.
ELENA   Bueno, entonces me compro ésta. ¿ _____ ?
EMPLEADA   Ciento cincuenta pesetas.
ELENA   Acá lo tiene. *(La empleada le da la cajita.)* Gracias.
EMPLEADA   _____ .

II. EN LA ZAPATERÍA

*Hay zapatos para cada gusto
en esta zapatería en Panamá.*

Ricardo needs a new pair of shoes, so he enters a shoe store.

DEPENDIENTE   Buenos días, señor. ¿En qué puedo servirle?

> ¿Puedo servirle en algo?
> ¿Qué le gustaría ver?

RICARDO   Buenos días. Me gustaría ver unos zapatos negros.

> Necesito unos zapatos negros.
> Quiero ver...

DEPENDIENTE   Cómo no. ¿Qué número lleva Ud.?

> ¿Qué número **calza** Ud.?   wear *(footwear)*

RICARDO   Creo que llevo un 39.

DEPENDIENTE	Muy bien. **Siéntese** aquí, por favor, y en seguida se los muestro. *(Sale y regresa con dos **pares** de zapatos.)*	Sit down pairs
RICARDO	Estos zapatos son muy cómodos. ¿Le gustaría **probárselos**?	to try them on
RICARDO	¿No tiene otro modelo?	
DEPENDIENTE	Sí, cómo no. *(Le muestra el segundo par.)* Éstos están muy de moda ahora, y están **rebajados** a 50.000 pesos.	reduced
RICARDO	Éstos sí me gustan. Me los voy a probar. *(Se pone los zapatos.)* No son muy cómodos. ¿Tiene los mismos zapatos en el número 40?	
DEPENDIENTE	Lo siento mucho, señor. Es el último par de este modelo que **nos queda**.	remains

Actividad F. *Los nuevos zapatos*

Viviana goes into the shoe store. Play the roles of Viviana and the salesperson.

DEPENDIENTE	Buenos días, señorita. ¿ _____?
VIVIANA	_____ unos zapatos marrones.
DEPENDIENTE	Muy bien. ¿ _____?
VIVIANA	_____ número 36.
DEPENDIENTE	*(Le muestra un par.)* ¿ _____?
VIVIANA	No, prefiero un tacón más bajo *(lower heel)*.
DEPENDIENTE	Acá *(Here)* los tengo. ¿ _____?
VIVIANA	Son muy cómodos. ¿ _____?
DEPENDIENTE	Están rebajados a 40.000 pesos hoy.
VIVIANA	Bueno, _____ .
DEPENDIENTE	Muy bien. Los voy a poner en una bolsa. Acá los tiene.
VIVIANA	Gracias.
DEPENDIENTE	_____ . Adiós.

Nota cultural

The sizing systems in most Spanish-speaking countries are different from the ones used in the United States, as shown on the accompanying equivalency charts. The word **talla** is used to indicate clothing size; for shoe size, the word **número** is used.

GRAFICA—COMPARACION DE MEDIDAS

Hombres

Trajes	E.E.U.U.	36	38	40	42	44	46	48
	Métrico	46	48	50	52	54	56	58
Camisas	E.E.U.U.	14	14½	15	15½	16	16½	17
	Métrico	36	37	38	39	41	42	43
Zapatos	E.E.U.U.	6½	7	8	9	10	10½	11
	Métrico	39	40	41	42	43	44	45

Damas

Trajes y	E.E.U.U.	32	34	36	38	40	42	44
vestidos	Métrico	40	42	44	46	48	50	52
Jovencitas	E.E.U.U.		10	12	14	16	18	20
(chicas)	Métrico		38	40	42	44	46	48
Medias	E.E.U.U.	8	8½	9	9½	10	10½	
	Métrico	0	1	2	3	4	5	
Zapatos	E.E.U.U.	5½	6	7	7½	8½	9	
	Métrico	36	37	38	39	40	41	

UNIDAD VI

El mejor momento del día

Hay muchas cosas que **todo el mundo** hace día **tras** día. **Por ejemplo,** todas las mañanas **nos levantamos**; **nos bañamos**; **nos cepillamos** los dientes; **nos vestimos**; y **nos ocupamos** de nuestro trabajo o de nuestros estudios. ¿Esto quiere decir que todo es rutina, y que nunca ocurre nada extraordinario en nuestras **vidas**? ¡Claro que no! Estas actividades son muy rutinarias, pero cada una **significa** algo diferente para cada persona. Si les preguntamos a varias personas cuál es el mejor momento del día, cada uno nos da una opinión diferente. Por ejemplo:

> everybody / after / For example
> we get up / we bathe / we brush / we dress
> we are busy
> lives
> means

Carmen Díaz (20 años, estudiante)

El mejor momento del día es cuando **me despierto...** ¡Cada día es una experiencia nueva!

> I wake up

Ángel Ruiz (40 años, *campesino*)

Me levanto a las cinco todas las mañanas. Para mí, el mejor momento del día es cuando **duermo la siesta.**

> farmer
> I get up
> I take a nap

Blanca Espinosa (35 años, dependiente)

El mejor momento es cuando **me quito** los zapatos y **me siento** a mirar la televisión. ¡Me duelen los pies después del trabajo!

> I take off / I sit down

Javier Escobar (20 años, estudiante)

Para mí, es cuando **me reúno** con mi novia en un café después de las clases. **Nos vemos** todos los días.

> I get together
> We see each other

Paco Fuentes (4 años)

El mejor momento es cuando me baño porque tengo un **barquito** nuevo. Pero no me gusta **lavarme** el pelo porque el **jabón** me entra en los ojos.

> little boat
> to wash / soap

Comprensión

Escoja una respuesta para completar cada frase.

1. Las actividades rutinarias...
    a) significan lo mismo para cada persona.
    b) significan algo diferente para cada persona.
    c) significan que nunca ocurre nada nuevo.
2. Carmen Díaz tiene una actitud...
    a) realista.   b) pesimista.   c) optimista.
3. Ángel Ruiz duerme la siesta porque...
    a) se acuesta tarde por la noche.
    b) se levanta temprano por la mañana.
    c) no le gusta trabajar.
4. Blanca Espinosa mira la televisión después del trabajo porque...
    a) le duelen los pies.   b) no se quita los zapatos.
    c) está cansada.
5. Javier Escobar y su novia...
    a) no se ven frecuentemente.   b) tienen una rutina.
    c) son estudiantes y se reúnen en la cafetería de la universidad.
6. A Paco Fuentes no le gusta...
    a) bañarse.   b) lavarse el pelo.   c) su barquito.

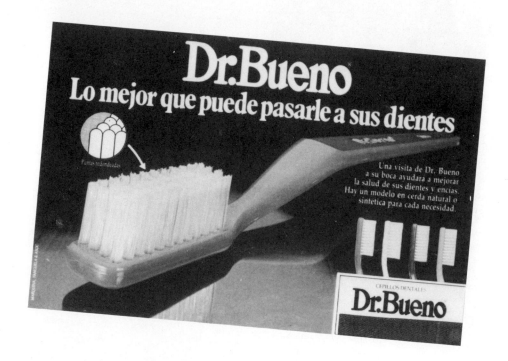

Lengua española

A. Los verbos reflexivos: introducción

Compare the forms and uses of the object pronouns in boldface in the sentences corresponding to each pair of pictures.

ANA LAVA SU ROPA.
LA LAVA.

Y DESPUÉS **SE** LAVA.

JUANA MIRA A JOSÉ.
LO MIRA.

Y DESPUÉS **SE** MIRA.

MIS AMIGOS PREPARAN
LOS REGALOS.
LOS PREPARAN.

Y DESPUÉS **SE** PREPARAN
PARA LA FIESTA.

The object pronouns in the sentences on the left represent a thing or a person distinct from the subject.

The object pronouns in the sentences on the right refer to the subject. These are called *reflexive pronouns* because the action of the verb is "reflected" on the subject.

The verbs in the sentences on the right are called *reflexive verbs,* since they are used together with reflexive pronouns.

Study the conjugation of the reflexive verb **expresarse** *(to express oneself).*

	EXPRESARSE	
(yo)	**Me expreso** bien.	*I express myself well.*
(tú)	**Te expresas** mal.	*You express yourself poorly.*
(él)	**Se expresa** fácilmente.	*He expresses himself easily.*
(ella)	**Se expresa** difícilmente.	*She expresses herself with difficulty.*
(Ud.)	Ud. **se expresa** claramente.	*You express yourself clearly.*
(nosotros)	**Nos expresamos** en inglés.	*We express ourselves in English.*
(vosotros)	**Os expresáis** en español.	*You express yourselves in Spanish.*
(ellos)	**Se expresan** en francés.	*They express themselves in French.*
(ellas)	**Se expresan** en italiano.	*They express themselves in Italian.*
(Uds.)	Uds. **se expresan** en ruso.	*You express yourselves in Russian.*

NOTAS GRAMATICALES

1. In a dictionary entry, the infinitive of a reflexive verb is listed with the pronoun **se: expresarse, lavarse, mirarse.**

2. In the first- and second-persons, the reflexive pronouns are the same as the direct and indirect object pronouns: **me, te, nos, os.** The third-person singular and plural reflexive pronoun is **se.**

3. In a sentence, the reflexive pronoun has the same position as an object pronoun. When a simple verb is used, the reflexive pronoun precedes it.

   ¿ No **te** vas a lavar ?   ¿ No vas a lavar**te** ?

4. When a direct object pronoun is used in a reflexive construction, it comes after the reflexive pronoun.

   Clara se lava la cara.   Se **la** lava.

Vocabulario *Algunos verbos reflexivos*

adaptarse (a)	*to adapt (oneself) to*	Clara **se adapta** fácilmente **a** todo.
dedicarse (a)	*to devote (oneself) to*	Ella **se dedica a** los estudios.
expresarse	*to express (oneself)*	**Se expresa** bien.
preocuparse (por)	*to worry (oneself) about*	No **se preocupa por** los exámenes.
prepararse	*to prepare (oneself)*	**Se prepara** para ser doctora.

Ejercicio 1. *El examen oral*

Algunos estudiantes se preparan bien para el examen y se expresan bien durante el examen, pero otros no se preparan y no se expresan bien. Use las formas correctas de **prepararse** y **expresarse** para decir esto.

Modelo: Roberto (no)
Roberto no se prepara para el examen.
Entonces, no se expresa bien.

1. Carmen (sí)
2. Antonio y Elena (no)
3. yo (sí)
4. mi hermano y yo (sí)
5. tú (no)
6. mis compañeros de cuarto (no)

Ejercicio 2. *Tendencias personales*

Pregúntele a otra persona en la clase sobre (about) sus tendencias personales.

Modelo: expresarse francamente (siempre ; a veces ; nunca)
—¿ **Te expresas francamente ?**
—**Sí, me expreso francamente siempre (a veces).**
o —**No, no me expreso francamente nunca.**

1. expresarse bien en español
2. adaptarse bien a situaciones nuevas
3. dedicarse al trabajo
4. preocuparse por las cosas pequeñas
5. prepararse bien para los exámenes
6. preocuparse antes de los exámenes

Vocabulario *El cuidado personal (Personal care)*

afeitarse	*to shave*	No me gusta **afeitarme**.
arreglarse	*to fix oneself up*	**Me arreglo** antes de una cita.
bañarse	*to take a bath*	**Se baña** por la noche.
cepillarse	*to brush*	**Me cepillo** los dientes después de comer.
lavarse	*to wash (oneself)*	¿ Por qué no **te lavas ?**
peinarse	*to comb (one's hair)*	Debes **peinarte**.
ponerse	*to put on (clothing)*	Voy a **ponerme** el suéter.
quitarse	*to take off (clothing)*	**Se quitan** los suéteres porque hace calor.
vestirse (e → i)	*to dress, get dressed*	Silvia **se viste** rápidamente.

Ejercicio 3.   *Diálogo: ¿ Te arreglas bien ?*
Pregúntele a un/a compañero/a de clase si hace las siguientes cosas.

Modelo: bañarse todas las mañanas
          —¿ Te bañas todas las mañanas ?
          —Sí, me baño todas las mañanas.
          o   **—No, no me baño todas las mañanas.**

1. bañarse por la noche
2. vestirse rápidamente
3. ponerse perfume
4. afeitarse todos los días
5. ponerse botas cuando llueve
6. quitarse los zapatos en la clase
7. arreglarse antes de una cita
8. peinarse después de bañarse
9. lavarse el pelo después de nadar
10. cepillarse el pelo todas las noches

Ejercicio 4.   *La fiesta de Año Nuevo (New Year)*
Las siguientes personas se arreglan para asistir a una fiesta de Año Nuevo.
Cuente lo que hacen.

Modelo: nosotros / arreglarse   **Nosotros nos arreglamos.**

1. Mercedes / bañarse
2. Pedro y Carlos / afeitarse
3. tú / ponerse ropa nueva
4. yo / quitarme la ropa sucia
5. la Sra. González / peinarse bien
6. nosotros / vestirse temprano
7. mis amigos / cepillarse los dientes
8. tú y yo / vestirse elegantemente

JOSE·LUIS
PELUQUEROS

BALMES, 133 - TEL. 217 77 76
08008 BARCELONA

B. Los verbos reflexivos: su sentido idiomático

Sometimes the English equivalent of a Spanish reflexive verb does not explicitly convey the notion of an action being reflected on the subject.

Llamo a Paco.	*I am calling Paco.*
Me llamo Antonio.	*I am called Antonio. (I call myself Antonio.)*

Note the relationships between the meanings of the reflexive and nonreflexive verbs presented in the *Vocabulario* on the next page.

Vocabulario *Actividades de todos los días*

acostar (o → ue)	**acostarse (o → ue)**	Pablo **se acuesta** a las diez.
to put to bed	*to go to bed*	
despertar (e → ie)	**despertarse (e → ie)**	Carmen **se despierta** a las seis.
to awaken (someone)	*to wake up*	
divertir (e → ie)	**divertirse (e → ie)**	Siempre **nos divertimos** en sus fiestas.
to amuse	*to have fun*	
dormir (o → ue)	**dormirse (o → ue)**	De vez en cuando **me duermo** en clase.
to sleep	*to fall asleep*	
levantar	**levantarse**	¿A qué hora **se levanta**?
to raise, lift	*to get up*	
sentar (e → ie)	**sentarse (e → ie)**	José **se sienta** en la silla.
to seat (someone)	*to sit down*	

Ejercicio 5.   *Diálogo: ¿A qué hora?*
Pregúntele a un/a compañero/a de clase a qué hora hace las siguientes cosas.

> Modelo: acostarse
> —¿**A qué hora te acuestas?**
> —**Me acuesto a las diez.**

1. despertarse
2. levantarse
3. dormirse generalmente

4. acostarse
5. acostarse los sábados
6. despertarse los domingos

Ejercicio 6.   *¿Qué hacen?*
Complete las siguientes frases con la forma reflexiva o no reflexiva del verbo entre paréntesis.

1. (acostar) Mamá _____ a los niños y después ella _____ .
2. (dormir) Generalmente yo _____ bien, pero si tomo demasiado café no puedo _____ .
3. (divertir) Los niños _____ en la fiesta porque hay un payaso *(clown)* que los _____ .
4. (levantar) Si tú vas a ayudarme a _____ el sofá, primero tienes que _____ .
5. (despertar) Yo _____ a las seis y después _____ a mi compañero de cuarto.
6. (sentar) Juan _____ a su abuela antes de _____ .

Ejercicio 7.   *A las ocho de la mañana*
¿ Qué hacen las siguientes personas a las 8:00 de la mañana ? Complete las siguientes frases con un verbo reflexivo.

1. El señor Ramírez tiene que _____ .
2. Anita va a _____ porque tiene una clase a las 9:00.
3. La señorita Vásquez tiene que _____ para ir al trabajo.
4. El señor Soto va a _____ porque trabaja por la noche.
5. Los niños quieren _____ los pijamas.
6. A mí me gusta _____ por la mañana.
7. No tenemos clases hoy. No queremos _____ .
8. Tú te miras en el espejo *(mirror)* para _____ y _____ .

C. Los verbos reflexivos: su sentido recíproco

Each sentence in Column **B** corresponds to two sentences in Column **A**. Note the uses and meanings of the reflexive constructions in Column **B**.

A	**B**	
Rubén encuentra a Inés.⎫ Inés encuentra a Rubén⎭	Rubén e Inés **se encuentran.**	*Rubén and Inés **meet** each other.*
Yo te escribo.⎫ Tú me escribes.⎭	**Nos escribimos.**	*We write (to) each other.*

A plural reflexive construction may express a *reciprocal* action.

NOTA GRAMATICAL

In English, reciprocity is usually expressed by the phrase *one another* or *each other*.

Ejercicio 8.   *Historias de amor (Love stories)*
Describa la reciprocidad de los sentimientos y las acciones de las siguientes personas.

   Modelo: Carlos y Maribel / escribirse   **Carlos y Maribel se escriben.**

1. Felipe y Juanita / visitarse a menudo
2. Luisa y Antonio / llamarse por teléfono todos los días
3. Susana y Enrique / quererse
4. Roberto y Carmen / conocerse bien
5. Elena y Juan / verse todas las tardes
6. Pablo y Pilar / darse muchos regalos
7. Romeo y Julieta / decirse cosas románticas

Estos novios se quieren y se ven todos los días.

Ejercicio 9.   *Diálogo: Relaciones (Relationships)*
Pregúntele a un/a compañero/a cómo son sus relaciones con otras personas.

> Modelo: verse a menudo / tu novio/a
> —¿ **Ves a menudo a tu novio/a** ?
> —**Sí, nos vemos a menudo.** o —**No, no nos vemos a menudo.**

1. hablarse a menudo / tus padres
2. visitarse a menudo / tus amigos
3. ayudarse mucho / tus hermanos
4. conocerse / tus profesores
5. escribirse frecuentemente / tus amigos

6. llamarse frecuentemente / tu novio/a
7. prestarse sus cosas / tu compañero/a de cuarto
8. cuidarse / tus hermanos

D. Los verbos reflexivos: un resumen

In a true reflexive construction, the object of the verb represents the same person as the subject.

Such a Spanish reflexive construction may correspond to one of several English constructions:

1. reflexive construction with *myself, yourself,* etc.

> Elena **se mira** en el espejo.   *Elena **is looking at herself** in the mirror.*

2. an idiomatic expression.

> Pablo **se divierte.**   *Pablo **is having fun.***

Often in such an idiomatic English expression, the reflexive construction is implied, not expressed. Literally, **Pablo se divierte** means *Pablo amuses himself.*

3. a reciprocal construction with *each other* or *one another.*

> Elena y Pablo **se miran.**   *Elena and Pablo **are looking at each other.***

Ejercicio 10. *En español*

Es un viernes, a las 6:30 de la mañana. El señor Lezama entra a la cocina.
Dé su conversación con la señora Lezama en español.

SRA. Good morning, Guillermo. Did you sleep well last night?

SR. No, I couldn't fall asleep.

SRA. Nervous tension **(tensión).** You worry too much about your work. Why
don't you take a bath, shave, and get dressed while **(mientras)** I prepare breakfast?

SR. I'll have coffee now before I get ready. Coffee always wakes me up.

SRA. What time did you go to bed last night? I didn't hear you because I
fell asleep immediately.

SR. I went to bed at midnight, after I had another coffee.

SRA. That's why **(Por eso)** you didn't fall asleep!

≋Ahora le toca a Ud. *El mejor momento de mi día*

En un párrafo de cinco o seis frases describa el mejor momento de su día.

Fonética *Entonación II*

1. Continuing intonation

In longer sentences that contain pauses, Spanish-speakers tend to let their
voice rise slightly at the end of the phrase.

El mejor momento del día es cuando me quito los zapatos.

Esto significa que todo es rutina.

Note: In continuing phrases in English, most speakers let their voices rise
on the important word and then drop the pitch back to the normal tone,
letting it fade away a little.

The best moment of the day is when I take off my shoes.

2. Parenthetical comments

In Spanish, parenthetical comments are usually spoken on a lower pitch.

Es importante — dice Ángel — dormir la siesta.

¿Hay diferencias entre las generaciones?

Nosotros no vivimos ni pensamos del mismo **modo** que nuestros padres, y ellos **tampoco vivían ni pensaban** como sus padres cuando ellos **eran** jóvenes. ¿Cuáles son algunas de las diferencias entre las **actitudes** de las tres generaciones? Les hicimos esta pregunta a cinco hispanos, y ellos nos contestaron **así.**

way
didn't live or think / were
attitudes

thus

Enrique Salas (51 años, *ingeniero,* mexicano)

Cuando yo era joven, **respetábamos** a nuestros padres y los **escuchábamos.** Cuando mi papá me dijo: «Tienes que estudiar **ingeniería**», ¡la estudié! Pero cuando le digo lo mismo a mi hijo, me contesta: «Papá, es mi **vida**». Ahora los jóvenes hacen **lo que** quieren.

engineer
we respected / we listened
engineering

life / what

Rosita Garza (21 años, estudiante, costarricense)

Un buen **ejemplo** de las diferencias entre las generaciones es el **caso** de mi abuela, mi mamá y yo. Mi abuela **no votaba** porque las mujeres de su época no **podían** votar. Mamá puede votar pero siempre le pregunta a papá qué candidato prefiere. Las mujeres de mi generación participan más activamente en la política **que** las mujeres de otras generaciones.

example / case
didn't vote
were not able

than

Consuelo Palmas (23 años, ama de casa, española)

Mi madre se dedicaba a **criar** a su familia y a **mantener** nuestra **felicidad** y **bienestar.** Y mi padre se dedicaba a su familia también. Mi **esposo** y yo queremos hacer lo mismo. Los **valores** que **servían** para ellos pueden servir para nosotros también.

to raise / maintain / happiness
well-being / husband
values / served

Ricardo López (20 años, estudiante, norteamericano)

Mi abuelo vino a este país **como** «**mojado**» y **trabajaba** en el terreno. Mi papá **hacía** el mismo trabajo porque no tenía mucha educación. Pero yo estudio en la universidad. Ellos no tenían **tanta** oportunidad como yo.

as / wetback (illegal Mexican immigrant) / did field work
did
as much

Comprensión

Escoja la frase que mejor resuma (summarizes) *las actitudes.*

1. Enrique Salas dice que...
    a) cuando él era joven, escuchaba a sus padres, pero los jóvenes hoy en día no escuchan a sus padres.
    b) cuando él era joven, hacía lo que quería.
    c) su hijo es independiente y desobediente.
2. Rosita Garza dice que...
    a) cada generación de mujeres es más independiente.
    b) su generación tiene más oportunidades que tenían sus madres o sus abuelas.
    c) las mujeres de su generación son más activas en la política que las mujeres del pasado.
3. Consuelo Palmas quiere...
    a) criar a su familia.
    b) mantener los valores tradicionales.
    c) dedicarse a su familia.
4. Ricardo López dice que...
    a) su papá y su abuelo trabajaban en el terreno.
    b) él tiene más oportunidades que tenían ellos.
    c) él tiene más oportunidades que ellos porque tiene más educación.

Lengua española

Vocabulario   *La igualdad de los sexos*

SUSTANTIVOS

el cambio	*change; exchange*	**la actitud**	*attitude*
el derecho	*right*	**el ama** *(f.)* **de casa**	*housewife*
el modo	*mode, manner, way*	**la carrera**	*career*
el papel	*role*	**la desigualdad**	*inequality*
el problema	*problem*	**la edad**	*age*
		la estructura	*structure*
		la igualdad	*equality*
		la oportunidad	*opportunity*
		la vida	*life*

ADJETIVOS

actual	*present, current*	¿Cuál es la condición **actual** de la mujer norteamericana?
igual	*equal*	En principio, somos **iguales.** Pero en realidad...
medio	*middle*	La clase **media** tiene un papel importante.
último	*latest*	¿Sabe Ud. las **últimas** noticias?
único	*only*	Éste no es el **único** modo de hacerlo.

VERBOS

aceptar	*to accept*	Uds. no tienen que **aceptar** la injusticia.
cambiar	*to change*	En la vida todo **cambia.**
casarse (con)	*to get married*	Ellos **se casaron** en junio.
reclamar	*to claim, demand*	La mujer **reclama** igualdad de derechos.
seguir (e → i)	*to follow*	Ud. tiene que **seguir** los consejos de sus amigos.
votar	*to vote*	Es importante **votar.**

EXPRESIONES

casi	*almost*	**Casi** siempre tengo razón.
sin duda	*doublless, without a doubt*	**Sin duda,** la mujer de hoy es más independiente que antes.

OBSERVACIONES

1. **Ama,** like **agua,** is a feminime noun beginning with a stressed **a.** Therefore, one says

   el ama, *but* **una** ama

2. In verbs like **seguir,** the **u** is dropped before an **a** or **o** ending in the present tense but is retained in the preterite.

   (yo) **sigo**   (yo) **seguí**

   Ejercicio 1.   *¿ Está de acuerdo o no ?*
Dé su opinión con expresiones como Estoy (completamente, parcialmente) de acuerdo o No estoy de acuerdo.

1. La mujer tiene un papel importante en la vida política norteamericana.
2. El único modo de obtener cambios es con una revolución.
3. La igualdad absoluta no existe.
4. La mayoría de los hombres pueden aceptar a las mujeres como iguales.
5. En la sociedad actual, la desigualdad de los sexos es el problema más importante.
6. La sociedad actual ofrece más igualdad que la sociedad de 1900.
7. No hay derechos sin responsabilidades.
8. Todavía la mujer no tiene las mismas oportunidades económicas que tienen los hombres.

Mujer, conoce tus derechos

MINISTERIO DE CULTURA
INSTITUTO DE LA MUJER

A. Las formas regulares del imperfecto

The sentences in the first column describe what happens now. The verbs are in the present tense. The sentences in the second column describe what happened in the past. The verbs are in the imperfect.

(hoy)	(antes)	*(before)*
Estudio español.	**Estudiaba** francés.	*I **was studying** French.*
Mi mamá **trabaja** en una oficina.	Mi mamá **trabajaba** en casa.	*My mother **used to work** at home.*
Las mujeres **votan.**	Las mujeres **no votaban.**	*Women **did not vote**.*

Note the forms of the imperfect tense in the chart, paying special attention to the endings in boldface.

HABLAR	COMER	VIVIR	-AR *ENDINGS*	-ER, -IR *ENDINGS*
habl**aba**	com**ía**	viv**ía**	**-aba**	**-ía**
habl**abas**	com**ías**	viv**ías**	**-abas**	**-ías**
habl**aba**	com**ía**	viv**ía**	**-aba**	**-ía**
habl**ábamos**	com**íamos**	viv**íamos**	**-ábamos**	**-íamos**
habl**abais**	com**íais**	viv**íais**	**-abais**	**-íais**
habl**aban**	com**ían**	viv**ían**	**-aban**	**-ían**

NOTAS GRAMATICALES

1. The imperfect is a simple tense. It is formed as follows:

> imperfect stem + imperfect endings

2. For all regular and stem-changing verbs, and for most irregular verbs, the imperfect stem is the infinitive minus **-ar, -er, -ir.**

contar	→	**cont**aba	**d**ar	→	**d**aba
jugar	→	**jug**aba	**est**ar	→	**est**aba
querer	→	**quer**ía	**hac**er	→	**hac**ía
sentir	→	**sent**ía	**sal**ir	→	**sal**ía

3. Note the various English equivalents of the imperfect.

Lo aceptaba. $\begin{cases} \textit{I accepted it.} \\ \textit{I used to accept it.} \\ \textit{I was accepting it.} \end{cases}$

4. Note the imperfect of **hay (haber)** → **había.** Remember that it remains singular.

> ¿Cuántos candidatos **había**?   *How many candidates **were there**?*

Ejercicio 2.   *La vida de antes*
Algunas mujeres hablan de las cosas que hacían y no hacían. Cuente eso, según el modelo.

> **Modelo:**   Elena / siempre votar   **Elena siempre votaba.**

1. la Sra. Ruiz / aceptar su papel
2. yo / trabajar en casa
3. Inés y su hermana / preocuparse
4. nosotras / no reclamar nada

5. tú / querer cambiar tu papel
6. mi abuela / no manejar un coche
7. Ud. y yo / divertirse
8. las madres / tener muchos hijos

Ejercicio 3.   *Diálogo: ¿Qué hacías?*
Pregúntele a un/a compañero/a de clase si hacía las siguientes cosas durante su último año en la escuela secundaria.

> **Modelo:**   estudiar mucho
> —¿ **Estudiabas mucho**?
> —**Sí, estudiaba mucho.**   o   —**No, no estudiaba mucho.**

1. dedicarse a sus estudios
2. aprender a manejar
3. sacar buenas notas
4. seguir los consejos de sus padres
5. aceptar los consejos de sus profesores
6. leer mucho

7. jugar al fútbol
8. hacer tareas todas las noches
9. despertarse temprano
10. preocuparse por los exámenes
11. pensar en la universidad
12. divertirse

Ejercicio 4.   *Todo cambia*
¿ Qué hacen las siguientes personas este año ? ¿ Qué hacían el año pasado ?

>   **Modelo:**   Carlos / ganar mucho dinero (poco dinero)
>   **Este año Carlos gana mucho dinero.**
>   **El año pasado ganaba poco dinero.**

1. Elena / estar en Francia (España) ; hablar francés (español) ; salir poco (mucho)
2. Federico / tener mucho dinero (poco dinero) ; vivir en una casa grande (un apartamento pequeño) ; tener un coche (una moto)
3. yo / asistir a la universidad (al colegio) ; estudiar español (italiano) ; divertirme mucho (poco)
4. tú / salir con amigos divertidos (serios) ; escuchar música popular (clásica) ; hablar de deportes (política)
5. nosotros / estudiar mucho (poco) ; levantarnos temprano (tarde) ; acostarnos tarde (temprano)

Ejercicio 5.   *Antes y ahora*
Describa la situación de la mujer al principio del siglo (beginning of the century) *y la situación actual.*

>   **Modelo:**   asistir a la universidad
>   **Antes muchas mujeres no asistían a la universidad.**
>   **Ahora muchas mujeres asisten a la universidad.**

1. votar
2. tener responsabilidades importantes
3. reclamar sus derechos
4. dedicarse a su familia
5. casarse a una edad joven
6. obtener un buen trabajo
7. prepararse para una carrera
8. tener una vida fácil

B. Las formas irregulares del imperfecto

Only three Spanish verbs have irregular imperfect forms.

SER:	era	eras	era	éramos	erais	eran
IR:	iba	ibas	iba	íbamos	ibais	iban
VER:	veía	veías	veía	veíamos	veíais	veían

Ejercicio 6. *Diálogo: Recuerdos (Remembrances)*
Pregúntele a un/a compañero/a de clase cómo era su niñez (childhood).

> **Modelo:** ser independiente
> —¿ **Eras independiente ?**
> —**Sí, era independiente.** o —**No, no era independiente.**

1. ser feliz
2. ser hijo/a único/a
3. ser un poco tímido/a
4. ir al cine a menudo

5. ir a la playa en el verano
6. ir al parque *(park)* a menudo
7. ver a tus abuelos frecuentemente
8. ver las películas de Walt Disney

C. Las comparaciones de desigualdad: la construcción comparativa

In comparisons of inequality, certain people or things exhibit more or less of a specific trait or quantity than others. In the comparisons below, note the words in boldface.

Pedro es **más alto que** Carmen.	*Pedro is **taller than** Carmen.*
Carmen es **más liberal que** Pedro.	*Carmen is **more liberal than** Pedro.*
Luis es **menos inteligente que** yo.	*Luis is **less intelligent than** I.*
Trabajo **más seriamente que** él.	*I work **more seriously than** he.*
Tengo **más trabajo que** Rafael.	*I have **more work than** Rafael.*
Tengo **menos problemas que** Luisa.	*I have **fewer problems than** Luisa.*

Para ser un buen servidor público...

hay que...

ser eficiente...

In comparisons of inequality, the following constructions are used:

$$\left.\begin{array}{l}\textbf{más}\\\textbf{menos}\end{array}\right\} + \left\{\begin{array}{l}\text{adjective}\\\text{adverb}\\\text{noun}\end{array}\right\} + \textbf{que} \text{ (if expressed)}$$

NOTAS GRAMATICALES

1. In comparisons, subject pronouns are used after **que.**

   Ud. tiene más tiempo **que yo.**

2. The following adjectives and adverbs have irregular comparative forms:

(bueno)	**mejor**	*better*	Soy **mejor** estudiante que Ud.
(bien)	**mejor**	*better*	Uds. cantan **mejor** que yo.
(malo)	**peor**	*worse*	Tengo un problema **peor...**
(mal)	**peor**	*worse*	Hoy estoy **peor** que ayer.
(grande)	**mayor**	*older*	Soy **mayor** que mi hermano.
(pequeño)	**menor**	*younger*	Pero soy **menor** que mi hermana.

   Note that **más** and **menos** are not used with the irregular comparative forms.

   When **grande** and **pequeño** refer to size, not age, regular comparative forms are frequently used.

   Soy mayor que mi primo, pero no soy **más grande que** él.

3. The expressions **más de** *(more than)* and **menos de** *(less than)* are used before specific numbers.

   Tiene **más de veinte años.**   Tengo **menos de dos dólares.**

diligente

paciente...

comprensivo...

Vocabulario *La descripción*

DEBIL ≠ FUERTE

FAMOSO/A ≠ DESCONOCIDO/A

LENTO/A ≠ RÁPIDO/A

POBRE ≠ RICO/A

amable	*kind, amiable*
atento	*courteous, polite*
cariñoso	*affectionate, loving*
feliz	*happy; lucky*
honrado	*honest*
independiente	*independent*
maduro	*mature; ripe*
orgulloso	*proud*
sensible	*sensitive*
tímido	*timid, shy*

Ejercicio 7.   *La batalla de los sexos (The battle of the sexes)*
*Roberto cree que los hombres son superiores a las mujeres, pero Elena no está
de acuerdo. Hagan Uds. los papeles de ellos, según el modelo.*

>   **Modelo:**   inteligente
>   Roberto: **Los hombres son más inteligentes que las mujeres.**
>   Elena: **¡ No es verdad ! ¡ Son menos inteligentes !**

1. amable
2. sincero
3. serio
4. sensible
5. romántico
6. honrado
7. trabajador
8. orgulloso
9. cariñoso

Ejercicio 8.   *La sociedad actual*
¿ Cómo son las cosas hoy en día ? Exprese sus opiniones, según el modelo.

>   **Modelo:**   la mujer / independiente
>   **La mujer es más independiente hoy en día.**
>   **La mujer era menos independiente antes.**

1. las mujeres / feliz
2. los problemas / grande
3. los estudiantes / maduro
4. la gente / amable
5. los políticos / honrado
6. la vida / bueno
7. los hombres / sensible
8. las oportunidades económicas / bueno
9. la sociedad / violento
10. los jóvenes / atento

D. Las construcciones superlativas

The superlative is used when certain people or things, in comparison with the
rest of a group, exhibit the most or least of a specific trait or quantity.

Soy **el** chico **más inteligente del** mundo... pero no soy **el más rico.**	*I am **the most intelligent** boy **in the** world . . . but I am not **the richest.***
Luisa y Pilar son **las** estudiantes **más simpáticas de** la clase. Son también **las menos egoístas.**	*Luisa and Pilar are **the nicest** students **in** the class. They are also **the least selfish.***

Superlative constructions are formed according to the following pattern:

$$
\left.\begin{array}{l} \textbf{el} \\ \textbf{la} \\ \textbf{los} \\ \textbf{las} \end{array}\right\} + \begin{array}{c} \text{noun} \\ \text{(if expressed)} \end{array} + \begin{array}{c} \textbf{más} \\ \textbf{menos} \end{array} + \text{adjective} + \begin{array}{c} \textbf{de} \\ \text{(if expressed)} \end{array}
$$

NOTAS GRAMATICALES

1. In superlative constructions with adjectives, the noun is often omitted, especially if it has been expressed earlier.

> Consuelo es la chica más inteligente de la clase y es **la más bonita** también.

2. In a superlative construction, **de** corresponds to the English *in*.

3. Note the forms and positions of irregular superlative adjectives in the sentences below. They are never modified with **más**.

Silvia es **la mejor** estudiante de la clase.	*Silvia is **the best** student in the class.*
¿Es **la** hija **mayor** de la familia?	*Is she **the oldest** daughter in the family?*
¿Quién es **el** hijo **menor**?	*Who is **the youngest** child?*
Es **el peor** mes del año.	*It is **the worst** month of the year.*

ES MEJOR DAR QUE RECIBIR

 American Red Cross

Ejercicio 9.   *Actualmente*
Un amigo español quiere saber qué gente y qué cosas actualmente son las mejores y las peores en los Estados Unidos. Dé su opinión.

> Modelo: el actor
> **El mejor actor es Paul Newman.**
> **El peor actor es Sylvester Stallone.**

1. la película
2. el político
3. el coche
4. la cerveza

5. el/la cantante *(singer)*
6. la revista
7. el programa de televisión
8. el/la atleta

Ejercicio 10.   *Diálogo: ¿Cómo es tu familia?*
Conozca más de la familia de un/a compañero/a de clase con las siguientes preguntas.

> Modelo: alto
> —¿Quién es la persona más alta de tu familia?
> —Mi papá es (Yo soy) la persona más alta de mi familia.

1. trabajador   3. sensible   5. amable   7. inteligente
2. mayor   4. menor   6. atento   8. divertido

E. Comparaciones de igualdad

In comparisons of equality, certain people or things are said to exhibit the same qualities or quantities as others. Study the constructions in boldface.

¿Son los hombres **tan atentos como** las mujeres ?   *Are men as polite as women?*

¿Trabajan **tan rápidamente como** Ud. ?   *Do they work as quickly as you?*

Tiene **tanta oportunidad como** yo.   *She has as much opportunity as I.*

Tenemos **tantos derechos como** él.   *We have as many rights as he.*

In comparisons of equality, the following constructions are used:

> **tan** + adjective or abverb⎫
> **tanto, tanta, tantos, tantas** + noun (if expressed)⎭ + **como** (if expressed)

NOTAS GRAMATICALES

1. In comparisons of equality, subject pronouns are used after **como.**

2. **Tanto** agrees in gender and number with the noun it introduces.

Ejercicio 11.   *¿ Qué opina Ud. ?*
Pregúntele a un/a compañero/a de clase sus opiniones sobre la igualdad del hombre y de la mujer.

Modelo: talento
—¿ **Tiene la mujer tanto talento como el hombre ?**
—**Sí, la mujer tiene tanto talento como el hombre.**
o   —**No, la mujer no tiene tanto talento como el hombre.**

1. paciencia
2. ideas
3. problemas
4. energía
5. oportunidades
6. entusiasmo
7. responsabilidad
8. derechos
9. independencia

Ejercicio 12.   *Su opinión*
Compare las siguientes personas, cosas y animales, según el modelo.

>   Modelo: el pero / cariñoso / el gato
>   **Creo que el perro es tan cariñoso como el gato.**
>   o   **Creo que el perro no es tan cariñoso como el gato.**

1. un coche barato / rápido / un coche caro
2. un chico de doce años / maduro / una chica de doce años
3. el pesimista / feliz / el optimista
4. las mujeres / sensible / los hombres
5. el fútbol / divertido / el béisbol
6. el lavaplatos / útil / la lavadora

Ejercicio 13.   *En español*
Teresa habla con su abuela y le hace preguntas sobre (about) *su juventud* (youth). *Dé su conversación en español.*

TERESA   Grandma, what were things like when you were young? Were they
          very different?
ABUELA   Oh yes, they were very different. I don't know if they were better or
          worse, but they were different.
TERESA   What were some of the most important differences **(diferencias)?**
ABUELA   Well **(Pues),** fewer women had careers, and more women were
          happy to be housewives. We didn't have as many opportunities
          as you and your friends have.
TERESA   Were you happy?
ABUELA   Yes, I was happy. Life was calmer, people weren't in as much of a
          hurry as they are today, and young folks were more courteous
          than the young people of today.
TERESA   And did you have much fun?
ABUELA   Of course we had fun! We had as much fun as you and your friends
          have—and perhaps **(tal vez)** more!

≋Ahora le toca a Ud.   *Una entrevista*

Haga una entrevista con tres o cuatro personas y pídales que comparen su juventud *(youth)* con la suya *(yours)*. ¿ En qué sentido *(what way)* era la vida mejor hace algunos años ? ¿ En qué sentido era peor ? ¿ Cuáles son algunos de los cambios *(changes)* notables, en la opinión de ellos ?

Si Ud. quiere, puede usar la forma de la presentación **¿ Hay diferencias entre las generaciones ?**

Fonética *La consonante* x

For most Spanish-speakers, when the letter **x** comes before a consonant, it represents the sound /**s**/. Between vowels, the letter **x** does ***not*** represent the /**gz**/ in **exact,** nor the /**ks**/ in **excellent.** It represents the sound /**gs**/: the /**g**/ sound is that of the soft **g** between the vowels, as in **agua.** (In some place names, like **México,** the letter **x** represents the **jota** sound.)

Práctica

/**s**/:	extranjero	excusa	experto	excursión	experimento
	expresión				
/**gs**/:	próximo	existe	examen	exactamente	exageración

¡Qué susto!

*Eran las nueve de la mañana, y el señor Rivera y su esposa estaban muy preocupados porque su hijo, Pedro, no regresó a casa la noche anterior. De repente, alguien **tocó el timbre**. La señora de Rivera **abrió la puerta** y **gritó**.*

Suddenly
rang the bell / opened
the door / cried out

SRA. RIVERA	Pedro, ¡por fin! ¿Qué te pasó, hijo? ¿Dónde estuviste? ¿Por qué no regresaste a casa anoche?
PEDRO	Bueno, bueno, mamá. Estoy bien. Me pasó una cosa muy curiosa anoche. **¿Te acuerdas** que fui a encontrarme con Felipe?
SRA. RIVERA	Sí, sí. Eran las seis de la tarde cuando saliste y llovía. Me acuerdo porque no llevabas impermeable.
PEDRO	Sí, mamá. Bueno, cuando llegué a la Plaza San Martín, donde tenía que encontrarme con Felipe, había una **manifestación** estudiantil en la calle. Los estudiantes estaban **en huelga** para protestar...
SR. RIVERA	Y ¿fuiste con ellos?
PEDRO	No, papá. No hice nada, pero vino la policía y nos arrestó a todos.
SRA. RIVERA	¿No explicaste que esperabas a un amigo?
PEDRO	¡Mamá! No tuve tiempo. Todo pasó muy rápido. **Además,** el policía que me **agarró** era más grande que yo.
SRA. RIVERA	¿Te llevaron a la **comisaría**? ¿Pasaste la noche allá?
PEDRO	Sí, porque no me creyeron cuando les dije que esperaba a un amigo **no más.**
SRA. RIVERA	¡Ay, mi pobre hijo!
SR. RIVERA	Cuando yo era joven, estas cosas no pasaban...
PEDRO	Pero, ¡papá! ¿No me contabas de las huelgas de tus días estudiantiles...?
SR. RIVERA	¡Eran diferentes!

Do you remember

demonstration

on strike

Besides
grabbed
police station

only, just

Comprensión

Complete las frases para contar la historia.

1. Anoche Pedro Rivera no volvió _____ .
2. Sus padres estaban muy _____ .
3. El día siguiente Pedro regresó a _____ .
4. Su mamá gritó, — _____ .
5. Y Pedro le contestó, — _____ .
6. Anoche Pedro fue a _____ .
7. Tenía que encontrarse con _____ .
8. Pero en la calle había _____ .
9. Los estudiantes _____ .
10. Pedro no _____ .
11. La policía _____ .
12. Pedro no explicó nada porque _____ .
13. Pedro pasó la noche _____ .
14. El papá de Pedro dice, — _____ .
15. Pero yo creo que _____ .

Lengua española

A. El imperfecto vs. el pretérito: acciones repetidas vs. sucesos aislados

Although both the imperfect and the preterite are past tenses, their uses are quite different. These uses depend on the type of past actions or events being described. Note that in the sentences below, those on the left describe habitual, repeated actions, while those on the right describe isolated actions. Compare the verbs used in each set of sentences.

(generalmente)	(ayer)
Encontraba a mis amigos en la universidad.	Los **encontré** en el café.
Íbamos a la biblioteca.	**Fuimos** a un concierto.
Manuel **estaba** de mal humor.	**Estuvo** de muy mal humor.

The *imperfect* is used to describe *habitual past actions*—that is, actions that repeated themselves on a regular basis. Such actions are often expressed in English with the construction *used to* (+ verb).

> Durante las vacaciones, **iba** al cine a menudo.
>
> *During vacation, I often **used to go** (I would often go) to the movies.*

The *imperfect* is also used to describe a *state of affairs* that existed in the past (how things were, how they used to be).

> En 1900, las mujeres **no votaban.**
>
> *In 1900, women **did not vote** (were not voting, did not used to vote).*

The *preterite* is used to describe *isolated, specific past actions*—that is, actions that did not repeat themselves on a regular basis.

> Durante las vacaciones, **fui** al teatro con mi tía.
>
> *During vacation, **I went** to the theater with my aunt.*
>
> En 1928, las mujeres **votaron** por primera vez.
>
> *In 1928, women **voted** for the first time.*

Vocabulario   *Expresiones de tiempo*

CON EL IMPERFECTO

casi siempre	*almost always*	**Casi siempre** comía en casa.
la mayoría de las veces	*most of the time*	**La mayoría de las veces** llegaban temprano.
generalmente } por lo general }	*generally*	**Generalmente** } **Por lo general** } las mujeres no trabajaban.
por lo común	*normally*	
todos los días	*every day*	**Todos los días** limpiaba la casa.

CON EL PRETÉRITO

de repente	*suddenly*	**De repente,** oí un ruido.
una vez	*once, one time*	Fueron a España **una vez.**
dos veces	*twice, two times*	¿Fuiste **dos veces** a México?

OBSERVACIONES

1. The imperfect is often used with the first group of expressions because these expressions imply repetition. Other adverbs that usually refer to habitual actions are **siempre, a menudo, a veces, de vez en cuando, todos los días, los lunes (martes...).**

> Yo **siempre me levantaba** temprano. *I always got up early.*

2. Some expressions that are frequently used with the preterite are **un día, el (miércoles...) pasado, anoche, ayer,** and **anteayer.** However, when they refer to an ongoing or incompleted action, the imperfect is used.

> **Anoche me acosté** temprano. *Last night I went to bed early.*
> **Anoche,** cuando **yo me acostaba,** oí algo raro. *Last night, when I was going to bed, I heard something strange.*

Ejercicio 1.   *Mi pasado*

Cuente lo que (what) *Ud. hacía en los siguientes momentos de su vida: el año pasado, hace diez años.*

> **Modelo:**   vivir (¿ en qué ciudad ?)
> **Hace diez años, vivía en Chicago.**

1. vivir (¿ en una casa o un apartamento ?)
2. estudiar (¿ mucho o poco ?)
3. aprender (¿ francés ? ¿ inglés ? ¿ latín ?)
4. jugar (¿ a qué deporte ?)
5. salir (¿ con su familia o sus amigos ?)
6. ir al cine (¿ todos los sábados ?)
7. hacer (¿ muchos viajes ?)
8. tener (¿ un coche ? ¿ una bicicleta ? ¿ una moto ?)
9. escuchar (¿ qué tipo de música ?)
10. ver (¿ qué tipo de programas ?)
11. ser (¿ introvertido/a ? ¿ extrovertido/a ?)

Ejercicio 2.   *Pero un día...*

Hay ciertas cosas que Teresa generalmente hacía el verano pasado, pero un día decidió hacer otras cosas.

> **Modelo:**   ir a la playa (al centro)
> **Todos los días Teresa iba a la playa, pero un día fue al centro.**

1. levantarse temprano (tarde)
2. salir con Tomás (con Rafael)
3. ir al cine (a la ópera)
4. jugar al tenis (al vólibol)
5. almorzar en casa (en un restaurante)
6. hacer la misma cosa (algo diferente)
7. acostarse a las once (a las dos de la mañana)
8. estar de buen humor (triste)

Ejercicio 3.   *¿ La rutina o algo diferente ?*
Describa lo que las siguientes personas hacían generalmente y lo que hicieron
después que era diferente. Use el pretérito y el imperfecto, según los modelos.

Modelos: Elena / siempre / cepillarse el pelo
Elena siempre se cepillaba el pelo.

Anoche / no cepillarse
Anoche no se cepilló el pelo.

1. Todos los días / el Sr. Ramos / afeitarse
   El domingo / no afeitarse
2. Por lo general / nosotros / cepillarnos los dientes antes de acostarnos
   Anoche / no cepillarnos los dientes antes de acostarnos
3. Por lo común / tú / seguir los consejos de tus padres
   Ayer / no seguir los consejos de tus padres
4. Yo / usualmente / no votar
   El año pasado / votar
5. A veces / Paquito / no lavarse la cara
   Esta mañana / lavarse la cara dos veces
6. Los señores Guzmán / ir al cine / los sábados
   El sábado pasado / ir a la ópera
7. Nunca / pasar / nada
   De repente / algo / pasar
8. Todos los veranos / mi familia / hacer un viaje
   Solamente una vez / no hacer un viaje

Vocabulario   *Catástrofes*

UN INCENDIO   UN ROBO   UNA AMBULANCIA

SUSTANTIVOS

un accidente	*accident*	una ambulancia	*ambulance*
un incendio	*fire*	una guerra	*war*
un ladrón	*robber, thief*	una huelga	*strike*
un muerto	*fatality; dead person*	una manifestación	*demonstration*
un robo	*robbery, burglary*	la muerte	*death*
un suceso	*event*	la paz	*peace*
		la pelea	*fight*
		una víctima	*victim*

VERBOS

acordarse (o → ue) (de)	*to remember*	¡Claro que **me acuerdo de** Ud.!
encontrarse (o → ue) (con)	*to meet (with)*	**Me encontré con** Felipe en la esquina.
entrar (en)	*to enter*	**Entramos** en un café.
gritar	*to yell, cry (out)*	¿Por qué **gritaste**? ¿Viste algo extraordinario?
irse	*to leave, go away*	¿A qué hora **se fueron**?
llorar	*to cry, weep*	El niño **lloró** cuando perdió su bicicleta.
matar	*to kill*	El policía **mató** al criminal durante el robo.
pelearse (con)	*to fight (with)*	Dos jóvenes **se peleaban.**
robar	*to rob, steal*	Alguien entró en mi cuarto pero no **robó** nada.
tener lugar	*to take place*	La huelga **tuvo lugar** en Bolivia.

ADJETIVOS

asustado	*frightened*
herido	*injured*
muerto	*dead*

EXPRESIONES

mientras (que)	*while*	El robo tuvo lugar **mientras** dormían.
¡Qué (noun)!	*What (a/an) (noun)!*	**¡Qué** accidente terrible!
¡Qué (adjective)!	*How (adjective)!*	**¡Qué** horrible!
¡Socorro!	*Help!*	Las víctimas gritaron: «**¡Socorro!**»

OBSERVACIONES

1. **Víctima,** like **persona,** is feminine whether it refers to males or females.

2. The adjectives **asustado, herido,** and **muerto** are derived from past participles. They are used with **estar** rather than **ser.**

   La víctima del robo estaba muy **asustada.**

Ejercicio 4. *Sucesos tristes*

1. ¿Hay muchos incendios en la ciudad donde Ud. vive? ¿Vio alguno? ¿Había gente herida? ¿algún muerto? ¿Llegó rápidamente la policía? ¿la ambulancia? ¿Llegaron rápidamente los bomberos?

2. ¿Había muchas huelgas estudiantiles durante la guerra de Vietnam? ¿Tuvieron efecto en la política norteamericana?

3. ¿Es muy eficiente la policía de la ciudad donde Ud. vive? ¿Hay muchos robos en su ciudad? ¿Hay muchos accidentes de tránsito? ¿Hay peleas en las calles?

4. ¿Tuvo Ud. un accidente alguna vez? ¿Estuvo en un incendio? ¿Hubo un robo en su casa alguna vez? ¿Estaba asustado/a?

5. En las residencias de su universidad, ¿hay incendios a veces? ¿Hay robos? ¿Hay peleas? ¿Qué hace Ud. en esos casos?

6. En su universidad, ¿hay o había manifestaciones? ¿huelgas? ¿Por qué?

B. El imperfecto vs. el pretérito: información de fondo vs. sucesos principales

The first sentence in each group describes a specific event. The sentences that follow provide background information on these events. Compare the tenses of the verbs in the following sentences.

Hice un viaje a México con mis amigos.	*I **took** a trip to Mexico with my friends.*
Teníamos veinte años.	*We **were** twenty years old.*
Éramos jóvenes.	*We **were** young.*
Queríamos conocer una cultura diferente.	*We **wanted** to become acquainted with a different culture.*
Aquella noche **no dormí.**	*That night **I didn't sleep.***
Hacía mucho calor.	*It **was** very hot.*
Mis compañeros **estaban** enfermos.	*My friends **were** sick.*
Clara **habló** con un policía.	*Clara **spoke** with a policeman.*
Era jueves.	*That **was** Thursday.*
El policía **era** muy amable.	*The policeman **was** very kind.*
Llevaba un uniforme azul.	*He **was wearing** a blue uniform.*

The *preterite* may relate *specific events* that occurred in the past.

The *imperfect* may describe the *background* or *circumstances* of the main action.

This background may concern:

date	**Era** el 2 de julio.
time	**Eran** las diez de la mañana.
weather	**Hacía** mucho calor.
age	**Tenía** veinte años.
physical appearance	El chico **llevaba** una camisa azul.
emotional and mental states	**Estaba** de buen humor.
	Quería ir a la playa.

NOTA GRAMATICAL

Sometimes an occurrence may be considered as either a specific action or the background for another action. Note the difference between the following two sentences.

(specific action)	**Llovió** ayer.	*It rained yesterday.*
(background)	**Llovía** ayer cuando salí.	*It was raining yesterday when I went out.*

Ejercicio 5. *Circunstancias*
Las siguientes personas no hicieron ciertas cosas por (due to) *las circunstancias.*

Modelo: Anita (salir / llover) **Anita no salió porque llovía.**

1. Enrique (votar / tener solamente 17 años)
2. Ana y Teresa (gritar / no tener miedo)
3. Rafael (ir a la manifestación / estar enfermo)
4. nosotros (bañarnos / no hay agua)
5. el cartero (venir / ser el 4 de julio)
6. tú (encontrarte con tus amigos / no acordarte de la fecha)
7. los estudiantes (asistir a clases / ser domingo)
8. Manuel (llamar a la policía / no estar asustado)
9. yo (pelearme con el hombre / ser más grande que yo)
10. nosotros (jugar al tenis / hacer mucho calor)

Ejercicio 6. *Los testigos (Witnesses)*

Ayer hubo un robo en un banco en Madrid. Los testigos dan a la policía una descripción de los ladrones. Haga el papel de los testigos.

> Modelo: ver a un hombre (ser joven / tener unos 20 años / tomar un taxi)
> **Vi a un hombre. Era joven. Tenía unos veinte años. Tomó un taxi.**

1. ver a un hombre (llevar un traje azul / ser alto / entrar en un café a las 11:00 de la mañana)
2. ver a una mujer (tener un revólver / ser rubia / salir del banco rápidamente)
3. ver a dos jóvenes (tener unos 18 años / ser atléticos / llevar gafas de sol)
4. ver a una señora vieja (llevar un vestido negro / entrar en el banco a las 11:15 de la mañana / escaparse en una bicicleta)
5. ver al ladrón (llevar un impermeable / ser joven / robar 10.000 pesetas)

C. El imperfecto vs. el pretérito: acciones que continúan vs. acciones completas

In each of the sentences below, two actions are described: one action that was in progress that had neither a specific beginning nor end, and another that occurred and was completed at a given point in time. Compare the tenses of the verbs that describe each of these actions.

Cuando **llegué** a la plaza, **había** una manifestación.	*When **I arrived** at the square, **there was** a demonstration.*
Vi a un policía que **tenía** un revólver.	*I saw a policeman who **was holding** a revolver.*

The *preterite* relates **what happened.** It is used to describe specific events that took place at a specific moment in the past.

The *imperfect* relates **what was happening.** It is used to describe actions that were in progress for an unspecified amount of time. Such actions are often expressed in English with the construction *was / were* + verb in *-ing.*

The relationship between the two tenses can be visually represented as follows.

(specific actions)	Cuando **llegué**	Vi a un policía
	x	x
	— — ↓ — — — — →	— — ↓ — — — →
(actions in progress)	**había** una manifestación.	que **tenía** un revólver.

NOTA GRAMATICAL

The choice between the preterite and the imperfect often reflects how the speaker views a past action. The preterite is used when the speaker sees the action as having a beginning or an end. The imperfect is used when the speaker views the action as ongoing and of unspecified duration.

Ana **lloró** cuando Raúl se fue.	*Ana **cried** when Raúl left.*
Ana **lloraba** cuando Raúl se fue.	*Ana **was crying** when Raúl left.*

Ejercicio 7.   *En la calle*

Cuando Miguel iba a una manifestación, encontró a varias personas en la calle.

Modelo: encontrar a una amiga / ir a la manifestación también
Miguel encontró a una amiga que iba a la manifestación también.

1. hablar con dos estudiantes / regresar de la manifestación
2. reconocer al hombre / sacar fotos
3. encontrarse con algunos chicos / gritar « ¡ socorro ! »
4. escuchar a la Sra. Morales / hablar de la manifestación
5. ver a su profesor / venir de la biblioteca
6. ayudar a una chica / llorar

Ejercicio 8.   *El robo*

Un robo tuvo lugar anoche. La policía habla con los vecinos para saber lo que hacían cuando el robo ocurrió. Describa las actividades de las siguientes personas.

Modelo: Andrés / comer
Cuando el robo tuvo lugar, Andrés comía.

1. el Sr. Montez / dormir
2. Rafael / estudiar
3. tú / no estar en casa
4. Beatriz / bañarse
5. nosotros / escuchar música «rock»
6. yo / limpiar mi apartamento
7. los señores Ruiz / pelearse
8. mis vecinos / mirar la televisión

Ejercicio 9.   *El accidente*

Ud. vio un accidente anoche, y ahora sus amigos le hacen muchas preguntas.
Contésteles, según los modelos, usando las palabras entre paréntesis. Cambie
los verbos del presente al pretérito o imperfecto.

Modelos: ¿ Cuándo viste el accidente ? (anoche)
Vi el accidente anoche.

¿ Qué hacías cuando ocurrió ? (camino con mi perro)
Caminaba con mi perro.

1. ¿ Dónde tuvo lugar el accidente ? (la esquina)
2. ¿ Qué día era ? (jueves)
3. ¿ Qué hora era ? (las diez de la noche)
4. ¿ Qué tiempo hacía ? (llueve)
5. ¿ Cómo era la visibilidad ? (mala)
6. ¿ Había mucha gente en la calle ? (poca)
7. ¿ Qué causó el accidente ? (la lluvia y la mala visibilidad)
8. ¿ Qué pasó ? (los dos coches chocan)
9. ¿ Cómo eran los coches ? (uno pequeño, uno grande)
10. ¿ Cuántas personas había en los coches ? (cinco)
11. ¿ Quiénes eran ? (no sé)
12. ¿ Había algunas personas heridas ? ¿ Había muertos ? (dos personas
    heridas, ningún muerto)
13. ¿ Vino una ambulancia ? ¿ más de una ? (dos)
14. ¿ Vino la policía ? (llega inmediatamente)
15. ¿ Vinieron los bomberos ? (nadie los llama)
16. ¿ Qué ocurrió después ? (las ambulancias llevan a las personas heridas al
    hospital y la policía lleva a los otros a casa)
17. ¿ Y qué hiciste después del accidente ? (voy a casa)

Es necesario tener un policía y
un semáforo en esta esquina.

D. Algunos verbos que tienen significados diferentes cuando se usan en el imperfecto y el pretérito

Certain verbs in Spanish may have special connotations in the preterite. Note these meanings in the following chart.

	IMPERFECT	PRETERITE
Conocer	Yo **conocía** este hospital. *I knew / was familiar with . . .*	Ayer **conocí** a un nuevo médico. *I met* (for the first time) *. . .*
Saber	**Sabía** que Ud. tuvo un accidente. *I knew / was aware . . .*	Lo **supe** hace una hora. *I found out / heard about . . .*
Poder	**Podía** participar en la huelga. *I was able / had the chance . . .*	**Pude** sacar unas fotos. *I succeeded / was able to and did . . .*
Querer	**Quería** llamar a la policía. *I wanted to / felt like . . .*	**Quise** ayudar a los heridos. *I tried / wanted to and did . . .*
No querer	**No quería** mirar al muerto. *I didn't want to . . .*	**No quise** ir al funeral. *I refused / didn't want to and didn't . . .*

NOTA GRAMATICAL

Note that the imperfect meanings of these verbs describe ongoing conditions or states, while the preterite meanings refer to completed actions.

Ejercicio 10. *Un misterio*
Aquí hay los elementos básicos de un cuento (story). *Con estos elementos, y usando el pretérito y el imperfecto, cuente la historia en sus propias palabras. Se puede inventar y agregar* (add) *otros detalles* (details). *¡ El desenlace* (outcome) *depende de su imaginación !*

1. Un hombre sale de un café.
2. Es alto, joven y moreno.
3. Lleva un impermeable y un sombrero.
4. Mira su reloj.
5. Son las tres.
6. Hace frío. No hace sol.
7. Camina lentamente hasta *(to)* la esquina.
8. Habla con un peatón.
9. El peatón lleva pantalones negros, un abrigo y un pañuelo.
10. El peatón le dice algo y le da un paquete.
11. El peatón se va.
12. Hay un artículo en el periódico.
13. Dice que la policía encuentra un cuerpo en la calle cerca del café.
14. El cuerpo es de un hombre alto, joven y moreno. Lleva un impermeable.
15. La policía nunca sabe quién es el hombre.
16. Yo creo que...

E. El imperfecto vs. el pretérito: un resumen

The imperfect and the preterite are used to describe different types of actions and states.

PRETERITE	IMPERFECT	
actions that did not occur regularly: what people did what happened	**repeated actions in the past:** what people used to do what used to be	Todos los años **íbamos** a México, pero un año **fuimos** a España.
actions that occurred at a specific point in time: what people did what happened	**actions in progress:** what people were doing what was happening	Mi novio me **llamó** mientras yo **miraba** la televisión.
specific events and main actions: what happened what people did	**background circumstances of these actions:** when what weather how old people were. how they looked. how they felt	Mi hermana **se casó** cuando **tenía** 25 años.

Ejercicio 11.   *En español*
Dos vecinos, el Sr. Valdez y el Sr. Anchorena, se encuentran en el autobús cuando van a su trabajo por la mañana. Dé su conversación en español.

SR. VALDEZ   Good morning, Osvaldo. How are you today?

SR. ANCHORENA   Not very well. What a day! It couldn't **(puede)** be worse.

SR. VALDEZ   What happened to you? Didn't you have your coffee yet?

SR. ANCHORENA   Yes, but I drank it while I was shaving because I got up late. And I listened to the radio while I shaved.

SR. VALDEZ   I didn't read the newspaper this morning, and I was unable to hear the news because the children were yelling and fighting with each other. Bad news?

SR. ANCHORENA   The news is almost always bad. Yesterday there was a big fire downtown.

SR. VALDEZ   Good heavens! Was anyone hurt?

SR. ANCHORENA   Six people were injured, and there was one dead. I think he was a fireman.

SR. VALDEZ   How terrible! Yesterday I read that there was a general strike in Mexico . . .

SR. ANCHORENA   . . . and last week there were public demonstrations in Argentina . . . Were there as many strikes, wars, and demonstrations when we were young?

SR. VALDEZ   Yes, but we didn't read the newspapers, we listened to amusing radio programs, and we didn't have television!

≋Ahora le toca a Ud.   *Un momento inolvidable (unforgettable)*

Cuente de un suceso importante de su vida como su graduación de la escuela secundaria, la primera vez que Ud. se fue de casa, la primera vez que Ud. habló en público o un suceso en que era necesario llamar a la policía. Describa el fondo *(background)* del suceso y las ocurrencias principales.

Fonética   *La consonante ñ*

The letter **ñ** represents a sound similar to that of the *ni* in *onion*.

Práctica

compañero   compañera   año   niño   pañuelo   señor   mañana   español

.   La señora de Castañeda es mi profesora de español.

EN RESUMEN

A. *Reemplace la expresión en cursiva con la forma correcta de las expresiones entre paréntesis.*

1. Todos los días *me baño.* (levantarse temprano ; cepillarse los dientes ; peinarse ; afeitarse)
2. El verano pasado Elena *se acostaba tarde* todas las noches. (divertirse ; dormirse temprano ; irse al cine ; vestirse elegantemente)
3. No *nos preocupábamos por* el examen. (prepararse para ; dedicarse a estudiar para ; sentarse durante ; arreglarse para)

B. *Complete la frase con la forma correcta de uno de los verbos entre paréntesis.*

1. Margarita _____ los guantes en la mesa. (poner, ponerse)
2. Tengo que _____ la comida. (preparar, prepararse)
3. Los chicos no quieren _____ las manos. (lavar, lavarse)
4. Anita _____ el pelo todas las noches. (cepillar, cepillarse)
5. ¿Vas a _____ la blusa ? (lavar, lavarse)
6. Beatriz y Alma _____ los zapatos. (poner, ponerse)

C. *Dé una frase para comparar las siguientes cosas, usando las palabras entre paréntesis.*

1. el tren y el avión (rápido)
2. un Mercedes Benz y un Jaguar (caro)
3. la mujer y el hombre (independiente)
4. Ud. y el presidente (famoso)
5. el elefante y el mosquito (grande)
6. la guerra y la paz (mejor)
7. noventa y ocho centavos y un dólar (menos)
8. doce bananas y una docena *(dozen)* de bananas (tantas)

D. *Cambie los verbos del presente al pretérito o imperfecto.*

Son las once de la noche y *llueve* cuando Armando *regresa* a casa. *Está* cansado del trabajo. *Tiene* hambre y le *duele* la cabeza. *Se sienta* en la silla y *se quita* los zapatos. La casa *está* muy tranquila. Toda la familia ya *duerme.* *Va* a la cocina, *saca* algunas cosas del refrigerador y *se hace* un sándwich. Mientras *come, piensa* en los sucesos del día. De repente *ve* que *hay* una carta en la mesa. Su madre siempre *deja* su correspondencia allí. La carta *es* de ella, la chica que *conoce* el verano pasado. La *lee* rápidamente. Ella todavía *se acuerda* de él. *Espera* verlo el verano próximo. Armando no *piensa* más en los problemas del día. No *tiene* sueño. *Se sienta* al escritorio y *contesta* la carta inmediatamente.

Otras perspectivas VI

Un mural proclamando el poder chicano en el Barrio de Los Ángeles.

Lectura cultural   Los hispanoamericanos

La **herencia** hispana de los Estados Unidos es **antigua** y tiene **raíces profundas.** Cuando llegaron los **peregrinos** a Nueva Inglaterra en 1620, ya había **poblaciones** españolas en el **sur,** el **oeste** y el suroeste de lo que es hoy los Estados Unidos. La ciudad de San Agustín, Florida, fue **fundada** por los españoles en 1565, y Santa Fe, en Nuevo México, fue fundada en 1610. Por muchos años después, el territorio que hoy es Texas, California, Nevada, Nuevo México, Arizona, Colorado y Utah **pertenecía** a España.

> heritage / ancient /
>   deep roots /
> Pilgrims
> settlements / south /
>   west
> founded
>
> belonged

Hoy hay más de 19 millones de habitantes de los Estados Unidos que son de origen hispano. ¿Quiénes son los hispanoamericanos? Sus orígenes son variados. Algunos llegaron a este país recientemente, **mientras** otros son descendientes de los **pueblos** que ya vivían en estas **tierras** cuando llegaron los españoles. Los hispanoamericanos representan muchas culturas diferentes, cada una con su propia historia.

> while
> peoples / lands

Los mexicano-americanos: Algunos de ellos son descendientes de los colonizadores españoles y de los indígenas que vivían aquí antes de la **llegada** de los españoles. Otros son mexicanos que **han llegado** más recientemente para encontrar trabajo. La cultura española y las grandes civilizaciones precolombinas de los Aztecas y los Mayas forman su herencia. Muchos de ellos viven en el oeste y el suroeste de los Estados Unidos, donde vivían sus **antepasados.** A veces se llaman «chicanos» o dicen que son parte de «La **Raza»,** un término que indica **orgullo** por su herencia.

> arrival
> have arrived
>
> ancestors
> Race
> pride

Los puertorriqueños: Puerto Rico era una colonia de España hasta la guerra entre España y los Estados Unidos en 1898, y hoy es un estado **libre** asociado a los Estados Unidos. Por eso, los puertorriqueños son **ciudadanos** estadounidenses y pueden entrar y salir libremente de este país (**aunque** no tienen ciertos derechos que tienen los otros ciudadanos*). Puerto Rico es una **isla** pequeña con una **población** grande y una **alta tasa** de **desempleo.** Entonces, muchos puertorriqueños vienen al **continente** con la **esperanza** de encontrar trabajo y vivir mejor aquí. Muchos de ellos viven en el noreste de este país.

> free
> citizens
> although
> island
> population / high rate
>   unemployment
> mainland / hope

Los cubanos: Cuando Fidel Castro **llegó a ser** el líder de Cuba en 1959, los cubanos que no estaban de acuerdo con su política salieron de su país. Muchos de ellos eran **comerciantes** o profesionales que tenían un alto **nivel** de **formación.** Al llegar a los Estados Unidos, se establecieron en Miami, pero después algunos se fueron a vivir en otras partes del país. **Sin embargo,** hoy forman una comunidad económica y políticamente fuerte en esta ciudad.

> became
> business people /
>   level
> education
> However

Los otros: Para mucha gente de todo el mundo los Estados Unidos todavía representa la **«tierra de promisión»,** donde hay más oportunidad para todos. Los inmigrantes o refugiados llegan a los Estados Unidos escapándose de la opresión política o económica, de la violencia en sus países o simplemente con la esperanza de encontrar oportunidades más amplias. Hoy en día los hispanoamericanos en los Estados Unidos son de la República Dominicana, El Salvador, Guatemala, Nicaragua, Costa Rica, la Argentina, Uruguay, Chile y otros países de Centro y Sudamérica.

> promised land

Actividad A.   *Comprensión de lectura*

1. La ciudad más vieja de los Estados Unidos es _____ .
2. Actualmente hay más de _____ personas de origen hispano en los Estados Unidos.
3. Algunos de los _____ son descendientes de los pueblos que vivían en este país cuando llegaron los españoles.
4. Los «chicanos» son los _____ .
5. Los _____ son ciudadanos estadounidenses porque su país es un _____ libre asociado a los Estados Unidos.
6. Fidel Castro es el líder político de _____ .
7. Los primeros cubanos que llegaron a los Estados Unidos como refugiados políticos vinieron en _____ .
8. Se encuentran a muchos comerciantes y profesionales entre los _____ .
9. Muchos hispanos vienen a los Estados Unidos por razones económicas y _____ .

---

*Los puertorriqueños tienen el derecho de elegir *(to elect)* representantes a ambas cámaras *(both chambers)* del gobierno local, pero no pueden votar en elecciones presidenciales o legislativas si no residen en el continente.

Actividad B. *Diferencias culturales*

1. ¿De dónde eran sus antepasados?
2. ¿Eran inmigrantes sus abuelos? ¿Son inmigrantes sus padres? ¿En qué año o en qué siglo vinieron a los Estados Unidos? ¿Por qué vinieron a los Estados Unidos?
3. ¿Hablan sus padres o sus abuelos otra lengua? ¿Qué lengua hablan?
4. ¿Conoce Ud. a algunos inmigrantes recientes? ¿De dónde vinieron? ¿Sabe Ud. por qué vinieron a los Estados Unidos?
5. ¿Cuáles son algunas de las dificultades que se presentan a los inmigrantes durante el proceso de adaptarse a otro país?

Día por día *En el consultorio del doctor*

I. LA *SALA DE ESPERA*

FELIPE	Buenos días, señorita. Tengo una **cita** con la doctora Figueroa.
RECEPCIONISTA	¿Su nombre?
FELIPE	Felipe Bastos.
RECEPCIONISTA	Ah, sí. Aquí lo tengo. Su cita es a las 11:00. Antes de que la doctora lo atienda, necesito algunos **datos**.

facts

¿Cuándo nació Ud.?

¿Cuál es su fecha de nacimiento?

FELIPE	El 12 de septiembre de 1967.
RECEPCIONISTA	¿Lugar de nacimiento?
FELIPE	La capital.
RECEPCIONISTA	¿Y qué tiene? ¿Se siente mal?
FELIPE	**Me lastimé la espalda...**

I hurt my back

...el brazo
...la **rodilla**   knee
...la pierna
...la mano
...el **codo**   elbow
...el **tobillo**   ankle
...la **muñeca**   wrist

...cuando jugaba al fútbol, y todavía me duele cuando hago un movimiento abrupto.

RECEPCIONISTA   Ya veo. Siéntese, por favor, en la sala de espera. La doctora **no va a tardar mucho.**

won't be long
right away

...lo va a atender **en seguida.**
...anda un poco atrasada.

is a bit behind schedule

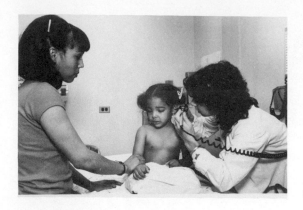

*La doctora mira las orejas de
una pequeña paciente.*

Actividad C.   *Dolor de cabeza*
*La Sra. Nevares tiene una cita con el Dr. Romero porque frecuentemente tiene
dolor de cabeza* (a headache). *Hagan los papeles de la Sra. Nevares y la
recepcionista.*

SRA. NEVARES   Buenos días, señorita. Tengo _____ .
RECEPCIONISTA   Buenos días, señora Nevares. ¿A _____ ?
SRA. NEVARES   A la una y media.
RECEPCIONISTA   Muy bien. Pero primero tengo que hacerle unas preguntas.
　　　　　　　　　¿ _____ ?
SRA. NEVARES   El 27 de diciembre de 1932.
RECEPCIONISTA   ¿ _____ ?
SRA. NEVARES   Sevilla.
RECEPCIONISTA   ¿Y _____ ?
SRA. NEVARES   Hace dos semanas que tengo dolores de cabeza.
RECEPCIONISTA   ¡Lo siento! Siéntese _____ .
SRA. NEVARES   ¿Tengo que esperar mucho?
RECEPCIONISTA   No, _____ .

Actividad D.   *Otro paciente*
*Cuando el Sr. Díaz entra al consultorio, camina muy mal. Hagan los papeles
de la recepcionista y el Sr. Díaz.*

RECEPCIONISTA   Buenos días, Sr. Díaz. ¿ _____ con el doctor?
SR. DÍAZ   Creo que a las tres y cuarto.
RECEPCIONISTA   Ah sí, ya lo veo. ¿Tiene Ud. un problema con _____ ?
SR. DÍAZ   Sí. No puedo caminar porque _____ cuando jugaba al
　　　　　　　tenis.
RECEPCIONISTA   ¡Lo siento! ¿ _____ mucho?
SR. DÍAZ   Sí, mucho. ¿Me puede atender en seguida el doctor?
RECEPCIONISTA   Lo siento, pero el doctor _____ . ¿Por qué no se sienta en
　　　　　　　　　una silla cómoda para esperarlo?

II. CON EL DOCTOR

DOCTOR   Hola, Felipe. ¿Qué le pasa?

> ¿Qué tiene?
> ¿Qué le duele?
> ¿Cómo está Ud. hoy?
> ¿Cómo le va?

FELIPE   Hola, doctor. Me lastimé la espalda cuando jugaba al fútbol, y todavía me duele.

DOCTOR   Ajá. ¿Le duele cuando **lo toco**?   I touch it

FELIPE   ¡Ay, sí!

DOCTOR   ¿Le duele levantar el brazo?

FELIPE   Sí, mucho.

DOCTOR   Entonces es necesario tomar una **radiografía**.   X ray

> ...hacerle un examen.
> ...hacerle algunas **pruebas**.   tests
> ...hacerle un **análisis de sangre**.   blood test

Mañana tenemos los **resultados**.   results

> Llámeme mañana para saber los resultados.
> Mañana **le aviso** de los resultados.   I'll tell you

Actividad E.   *Un examen de vista (Eye examination)*
El doctor atiende a la Sra. Nevares.

DOCTOR   Buenos días, Sra. Nevares. ¿_____?

SRA. NEVARES   Más o menos, doctor. Hace dos semanas que _____.

DOCTOR   ¿Lee Ud. mucho o mira mucho la televisión?

SRA. NEVARES   Pues, sí, leo mucho porque soy bibliotecaria *(librarian)*.

DOCTOR   ¿Le duelen _____ también?

SRA. NEVARES   Sí. ¿Cree Ud. que necesito gafas?

DOCTOR   Es posible. Vamos a _____ ahora.

Actividad F.   *Un pequeño accidente*
Y ahora atiende al Sr. Díaz.

DOCTOR   Hola, Sr. Díaz, ¿_____?

SR. DÍAZ   Hola, doctor. No muy bien. Mire la pierna.

DOCTOR   Un pequeño accidente, ¿eh? ¿Le duele cuando toco _____? Y ahora, ¿cuando toco _____?

SR. DÍAZ   ¡Ay, ay! _____ más cerca de la rodilla.

DOCTOR   Creo que es necesario _____.

SR. DÍAZ   ¿Y cuándo puedo tener _____?

DOCTOR   _____, y mientras *(in the meantime)* no ponga ninguna presión *(pressure)* en la pierna.

UNIDAD VII

Para vivir muchos años

Mi **querido nieto,** — dear grandson

    Te agradezco mucho la tarjeta que me mandaste la semana pasada cuando **cumplí** los 85 años. Me preguntaste **lo que he hecho** para vivir tantos años y disfrutar de ellos, y **me alegro de compartir** mis secretos contigo.

  I thank you for
  I turned / what I have done
  I am happy to share

1. **Come alimentos** nutritivos. **No comas** muchos dulces. (¡Todavía tengo casi todos los dientes!) — *Eat / foods / Don't eat*
2. **Toma bebidas** alcohólicas con moderación. (Pero un **poquito** de vino de vez en cuando no hace ningún **daño.**) — *Drink / beverages / little bit* — *harm*
3. **Haz** ejercicio regularmente. (Jugué al tenis **hasta** los 65 años y todavía doy un paseo todos los días.) — *Do / until*
4. **¡No fumes!** — *Don't smoke!*
5. **¡Diviértete!**... también con moderación. — *Enjoy yourself!*
6. **No te preocupes** por problemas que no puedes resolver. — *Don't worry*
7. **¡Cásate!** (Acabo de leer en un artículo que los hombres casados viven más años que los solteros.) — *Get married!*
8. **Ten** abuelos que **han vivido** muchos años... ¡como yo! — *Have / have lived*

Un abrazo fuerte,
Tu abuelo

Comprensión

1. ¿A quién le escribe el abuelo?
2. ¿Cuántos años tiene el abuelo?
3. ¿Tiene buena salud?
4. ¿Qué tipo de ejercicio hace regularmente?
5. ¿Tiene un temperamento tranquilo o nervioso?
6. ¿Qué cosas hace?
7. ¿Qué cosas no hizo?
8. ¿Está Ud. de acuerdo con todos los consejos o sólo algunos? ¿Cuáles son? ¿Hay alguno que no le parece bueno?

Lengua española

Vocabulario *Beber y comer*

EL DESAYUNO

el cereal	*cereal*	la leche	*milk*
el huevo	*egg*	la mantequilla	*butter*
el jugo de fruta	*fruit juice*	la mermelada	*marmalade, jam*
el pan tostado	*toast*		
el tocino	*bacon*		

EL ALMUERZO

el perro caliente	*hot dog*	la ensalada mixta	*mixed salad*
el sándwich de jamón	*ham sandwich*	de atún	*tuna fish salad*
de pavo	*turkey sandwich*	la sopa	*soup*
de queso	*cheese sandwich*		

LA CENA

el arroz	*rice*	la carne	*meat*
el biftec	*steak*	la papa	*potato*
el cerdo	*pork*	las papas fritas	*french fries*
el pescado	*fish*	la verdura	*vegetable*
el pollo	*chicken*		

LAS VERDURAS

el pepino	*cucumber*	la cebolla	*onion*
el tomate	*tomato*	la lechuga	*lettuce*
		la zanahoria	*carrot*

LOS CONDIMENTOS

el aceite	*oil*	la mayonesa	*mayonnaise*
el ajo	*garlic*	la mostaza	*mustard*
el azúcar	*sugar*	la pimienta	*pepper*
el vinagre	*vinegar*	la sal	*salt*
		la salsa de tomate	*ketchup; tomato sauce*

LOS POSTRES

el flan	*custard*	la torta	*cake*
el helado	*ice cream*		
el pastel	*pastry*		

LA FRUTA

el melón	melon	la banana	banana
		las fresas	strawberries
		la manzana	apple
		la naranja	orange
		la pera	pear
		la piña	pineapple
		la sandía	watermelon

Ejercicio 1.   *¿ Está de acuerdo o no ?*

¿ Está Ud. de acuerdo con las siguientes declaraciones o no ? Puede modificar sus respuestas con adverbios como **completamente** *o* **parcialmente**.

1. No se puede comer « bien » sin buen vino.
2. Los norteamericanos comen demasiada carne.
3. Para tener buena salud, hay que ser vegetariano.
4. Algunos estudiantes prefieren dormir tarde y no levantarse con tiempo para el desayuno.
5. El pollo y el pescado son mejores para la salud que el cerdo.
6. Es necesario tomar por lo menos cuatro vasos *(glasses)* de leche todos los días para mantener la salud.
7. Los norteamericanos comen demasiado azúcar.
8. Es necesario tomar vitaminas suplementarias todos los días.

Ejercicio 2.   *Sus preferencias gastronómicas*

¿ Qué come Ud... ?

1. para el desayuno del domingo
2. cuando tiene mucha hambre y poco tiempo para preparar algo
3. cuando almuerza en la cafetería
4. cuando va a un restaurante elegante con su tío rico
5. cuando tiene que preparar una comida para sus amigos
6. cuando está a dieta
7. cuando sale con sus amigos
8. cuando tiene ganas de comer su comida preferida
9. con una hamburguesa o con un perro caliente
10. el Día de Gracias *(Thanksgiving)* o Navidad *(Christmas)*

ALIMENTOS NATURALES

Es básica una alimentación adecuada para que nuestro metabolismo funcione correctamente. Cada fruto, cereal o raíz tiene propiedades diferentes, y lo ideal es incorporarlo a nuestra dieta.

Manzana

Zanahoria

A. Los mandatos afirmativos familiares: formas regulares

The sentences on the left are statements about certain people; the verbs are in the present tense. In the sentences on the right, these people are told what to do; the verbs are in the command form. Compare the verbs in boldface.

Roberto no **estudia.**	**Estudia,** Roberto.	*Study, Roberto.*
Clara no **escucha.**	**Escucha,** Clara.	*Listen, Clara.*
Isabel no **come** fruta.	**Come** fruta, Isabel.	*Eat fruit, Isabel.*
Ramón no **trae** su almuerzo.	**Trae** tu almuerzo, Ramón.	*Bring your lunch, Ramón.*

For most verbs, **familiar affirmative commands** are formed as follows:

> affirmative **tú** command = **él** form of the present tense

NOTA GRAMATICAL

The above pattern applies to all regular and stem-changing verbs, as well as many irregular verbs.

pensar **(e → ie)**	**Piensa** un poco, Federico.
repetir **(e → i)**	**Repite** la pregunta, Carmen.
mostrar **(o → ue)**	**Muestra** tus fotos, Diego.
jugar **(u → ue)**	**Juega** con nosotros, Francisco.

Ejercicio 3. *¿ Le gusta enseñar ?*
Imagínese que Ud. enseña en una escuela primaria en México. Pídales a los estudiantes que hagan lo siguiente.

Modelo: Isabel / estudiar   **¡ Isabel ! Estudia, por favor.**

1. Paco / escuchar
2. Pilar / mirar esta foto
3. Rubén / contestar en inglés
4. Luisa / buscar su cuaderno
5. Felipe / pedir más papel
6. María / pensar un poco
7. José / jugar con los otros chicos
8. Clara / leer la lección
9. Inés / aprender los verbos
10. Pablo / escribir la composición
11. Jaime / repetir las palabras
12. Francisca / cantar una canción
13. Pedro / empezar su tarea

B. Los mandatos negativos familiares: formas regulares

In the sentences on the left, Elena says what she's doing; the verbs are in the present tense. In the sentences on the right, Carlos tells Elena not to do these things; his commands are in the negative. Compare the stems of the verbs in boldface.

Elena:	**Carlos (a Elena):**
Estudio.	**No estudies,** Elena.
Vendo mi guitarra.	**No vendas** tu guitarra.
Escribo una carta.	**No escribas** la carta.
Salgo con Enrique.	**No salgas** con Enrique.
Digo tonterías.	**No digas** tonterías.
Conduzco rápidamente.	**No conduzcas** rápidamente.

For most verbs, the formation of familiar negative commands follows the pattern below:

yo form of the present (minus **-o**) + $\begin{cases} \textbf{-es} & \text{(for verbs ending in } \textbf{-ar}\text{)} \\ \textbf{-as} & \text{(for verbs ending in } \textbf{-er} \text{ or } \textbf{-ir}\text{)} \end{cases}$

NOTA GRAMATICAL

In order to preserve the sound of the stem, verbs ending in **-car, -gar,** and **-zar** have the following spelling changes:

bus**car**	c → qu	No bus**ques** mi guitarra.
ju**gar**	g → gu	No jue**gues** cuando debes estudiar.
empe**zar**	z → c	No empie**ces** a hacer esta tarea.

Ejercicio 4. *¡Ahora no!*
Las siguientes personas no deben hacer lo que hacen. Díganles que hagan otra cosa.

Modelo: Rafael bebe vino. (leche)
   ¡ No bebas vino ! ¡ Bebe leche !

1. Rita come un sándwich. (una ensalada)
2. Felipe pide un helado. (una manzana)
3. Marisela compra jamón. (queso)
4. Roberto toma café. (un refresco)
5. Isabel sirve los pasteles. (la sopa)
6. Pepe prepara el arroz. (el pescado)
7. Mi hermano corta una naranja. (una sandía)

Ejercicio 5. *Un cambio*

Las siguientes personas necesitan un cambio. Dígales lo que deben hacer.

> **Modelo:** Ana siempre estudia. (mirar la televisión)
> **¡No estudies tanto! ¡Mira la televisión!**

1. Luz siempre mira la televisión. (leer un libro)
2. Marcos siempre conduce al trabajo. (caminar de vez en cuando)
3. Raquel siempre trabaja. (jugar al tenis)
4. Alicia siempre bebe refrescos. (tomar jugo de naranja)
5. Alberto siempre duerme en la clase. (descansar en casa)
6. Tomás siempre habla mucho. (escuchar más)
7. Andrés siempre toca la trompeta. (estudiar más)
8. Dorotea siempre juega al bridge. (asistir a tus clases)

Ejercicio 6. *El régimen (The diet)*

Su amigo/a quiere perder peso (weight). *Dígale si debe o no debe comer las cosas del 1 al 9, y si debe beber las bebidas del 10 al 18.*

> **Modelo:** carne
> **Come carne.** o **No comas carne.**

1. mantequilla	7. helado	13. alcohol
2. cerdo	8. pasteles	14. cerveza
3. papas fritas	9. flan	15. jugo de manzana
4. ensalada de tomates	10. té	16. vino
5. fruta	11. leche	17. agua
6. naranjas	12. refrescos	18. chocolate

C. El uso de los complementos con los mandatos

In Column **A,** Carmen is asking advice on certain matters. Pedro (Column **B**) tells her to do what she suggests, and Luisa (Column **C**) tells her not to. Contrast the positions of the object pronouns in the affirmative **(B)** and negative **(C)** commands.

(A) Carmen	**(B) Pedro**	**(C) Luisa**
¿Invito a Roberto a bailar?	Sí, invíta**lo.**	No, no **lo** invites.
¿Llamo a Clara?	Sí, lláma**la.**	No, no **la** llames.
¿Les escribo a mis primos?	Sí, escríbe**les.**	No, no **les** escribas.
¿Me preparo para la fiesta?	Sí, prepára**te.**	No, no **te** prepares.

> In an affirmative command, the object pronoun comes *after* the verb and is attached to it.
>
> In a negative command, the object pronoun comes *before* the verb.

NOTAS GRAMATICALES

1. When a pronoun is attached to the verb in an affirmative command, an accent mark is used to indicate that the stress pattern of the verb has not changed.

    Manda la carta. → **Mándala.**

2. When two pronouns are used in a command, the indirect object pronoun comes before the direct object pronoun.

    Préstame tus apuntes.   → Présta**melos.**
    No nos leas el horóscopo. → No **nos lo** leas.

3. When a one-syllable affirmative command is used together with only one object pronoun, no accent mark is needed.

    Dame el helado. *but:* **Dámelo.**

Ejercicio 7.   *El ángel y el diablo (devil)*
Ud. está a dieta y hay ciertas cosas que Ud. puede comer y beber y otras cosas que no debe comer ni beber. El diablo le dice que sí, pero el ángel le dice que no.

    Modelo: comer dulces
              El diablo: ¡ **Cómelos** !
              El ángel: ¡ **No los comas** !

1. tomar cerveza
2. comer papas fritas
3. pedir más mantequilla

4. beber refrescos con azúcar
5. comer helado
6. comer pasteles

Ejercicio 8.   *Para salir bien (To do well)*
Un estudiante de primer año quiere saber cómo se puede salir bien en la universidad. Dígale lo que debe hacer y lo que no debe hacer.

    Modelo: —¿ **Debo comprar una calculadora** ?
              —¡ **Sí, cómprala** !   o   —¡ **No, no la compres** !

1. ¿ Debo comprar todos los libros ?
2. ¿ Debo vender mis libros después de los exámenes finales ?
3. ¿ Debo llamar a mis profesores por teléfono ?
4. ¿ Debo invitar a mi compañero/a de cuarto a las fiestas de mis amigos ?
5. ¿ Debo prestar dinero a mi compañero/a de cuarto ?
6. ¿ Debo pedirles a mis profesores mejores notas ?
7. ¿ Debo usar la computadora ?

Ejercicio 9. *Para recuperarse*

Dolores se recupera de mononucleosis. Dígale lo que debe hacer y lo que no debe hacer.

Modelo: levantarse tarde **Levántate tarde.**

1. levantarse temprano
2. acostarse tarde
3. acostarse temprano
4. descansar mucho

5. comer bien
6. ocuparse de sus estudios
7. tomar bebidas alcohólicas
8. preocuparse

D. Los mandatos familiares: formas irregulares

Eight verbs have irregular affirmative commands in the **tú** form.

(decir)	**Di** la verdad.	(salir)	**Sal** inmediatamente.
(hacer)	**Haz** ejercicio.	(ser)	**Sé** generoso.
(ir[se])	**Vete** al estadio.	(tener)	**Ten** paciencia.
(poner)	**Pon** las verduras aquí.	(venir)	**Ven** a las dos.

Four verbs have irregular familiar negative command forms.

(dar)	**No** le **des** chocolate a Ana.	(ir)	**No vayas** a la cocina.
(estar)	**No estés** triste.	(ser)	**No seas** impaciente.

NOTAS GRAMATICALES

1. Only **ir** and **ser** have irregular affirmative and negative **tú** command forms.

2. The negative **tú** command form of **saber** is **sepas.** However, **saber** is seldom used in negative commands.

3. The affirmative **tú** command form, **ve,** is almost always used in the reflexive.

   Vete a la cama ahora mismo.   *Go to bed right now.*

The above usage is a redundant form used in colloquial speech for emphasis. The true reflexive meaning of **irse** is *to go away.* It is used when the point of departure but not the destination is expressed.

Ejercicio 10. *¡ Esos chicos !*
Maruja cuida a los hijos de una vecina. Haga el papel de Maruja.

> Modelo: Isabel / ir(se) a su cuarto
> **¡ Isabel ! Vete a tu cuarto.**

1. Paco / tener paciencia con su hermana
2. Jaime / hacer otra cosa ahora
3. Teresa / ser generosa con sus hermanos
4. Isabel / decirle gracias a su hermana
5. Paco / ponerse los zapatos
6. Jaime / salir del cuarto de baño
7. Teresa / venir aquí ahora mismo
8. Isabel / ir(se) a la cocina para comer

E. Los mandatos formales

The **Ud.** and **Uds.** commands are the same in both the affirmative and negative. As you read the following commands, pay attention to the verb forms in boldface.

	UD.	UDS.
(hablar)	**Hable** español.	No **hablen** francés.
(pensar)	**Piense** en el viaje.	No **piensen** en el trabajo.
(leer)	**Lea** el menú.	No **lean** las revistas.
(traer)	**Traiga** fruta.	No **traigan** pasteles.
(abrir)	**Abra** la boca.	No **abran** los ojos.
(dormir)	**Duerma** bien.	No **duerman** hasta las seis.
(salir)	No **salga** con Paco.	**Salgan** con nosotros.

The **Ud.** and **Uds.** commands are formed according to the following pattern:

	UD.	UDS.	
yo form of the present (minus **-o**) +	-e	-en	(for verbs ending in **-ar**)
	-a	-an	(for verbs ending in **-er** or **-ir**)

NOTAS GRAMATICALES

1. The subject pronouns **Ud.** and **Uds.** are often used in formal commands.

2. Like the negative **tú** commands, the **Ud.** and **Uds.** commands are derived from the **yo** form of the present. This applies to all regular and stem-changing verbs, and almost all irregular verbs.

3. In order to preserve the sound of the stem, verbs ending in **-car, -gar,** and **-zar** have the same spelling changes you have seen in negative **tú** commands.

bus**car**	**c → qu**	Bus**quen** una ambulancia.
ju**gar**	**g → gu**	No jue**guen** al tenis.
empe**zar**	**z → c**	Empie**cen** ahora.

4. Verbs that have irregular negative **tú** command forms have the same irregularities in the **Ud.** and **Uds.** command forms.

(dar)	No le **dé Ud.** nada.	No nos **den Uds.** fruta.
(estar)	**Esté** tranquilo.	No **estén** nerviosos.
(ir)	**Vaya** en avión.	No **vayan** en tren.
(ser)	**Sea** médico.	No **sean** abogados.

5. The placement of object pronouns is the same in formal commands as in informal commands.

¿ Le escribo ?	Sí, escríba**me.**	No, no **me** escriba.
¿ Invitamos a María al cine ?	Sí, invíten**la.**	No, no **la** inviten.
¿ Nos ponemos suéteres ?	Sí, póngan**selos.**	No, no **se los** pongan.

Modera el consumo de sal y disfrutarás mejor tu vida.

ASOCIACION MEDICA DE PUERTO RICO

Ejercicio 11. *En el consultorio del médico*
Imagínese que Ud. es doctor/a. Dígale a su paciente lo que debe hacer y lo que no debe hacer para estar de buena salud.

Modelo: comer mucho
No coma mucho. o **Coma menos.**

1. tomar bebidas alcohólicas
2. dar paseos largos
3. comer mucho azúcar o sal
4. meditar
5. dormir ocho horas
6. preocuparse por tonterías
7. correr cinco kilómetros todos los días
8. hacer otro ejercicio también
9. fumar *(to smoke)*
10. divertirse frecuentemente

Ejercicio 12. *Situaciones*

Ahora imagínese que Ud. está en las siguientes situaciones y tiene que decirles a otras personas lo que deben hacer o lo que no deben hacer.

> **Modelo:** el ladrón a la policía (arrestar; llamar a mi abogado [*lawyer*])
> **¡No me arresten! ¡Llamen a mi abogado!**

1. la policía al ladrón (levantar las manos; decirnos por qué está en esta casa; quitarse la máscara [*mask*]; venir con nosotros)
2. el dentista al paciente (sentarse aquí; decirme qué diente le duele; no gritar, por favor; no tener miedo)
3. el profesor a los estudiantes (preparar la lección; no traer su perro a la clase; no dormir en la clase; acordarse del examen)
4. los padres a sus hijos pequeños (no pelearse; lavarse las manos; no llorar; cepillarse los dientes; acostarse)
5. un/a estudiante a sus dos compañeros/as de cuarto (no hacer tanto ruido; no llevar mi ropa; presentarme a sus amigos; no tocar música después de la medianoche)
6. un/a cliente al mesero *(waiter)* (traerme el menú; decirme las especialidades de hoy; mostrarme los pasteles; darme la cuenta [*bill*])

Ejercicio 13. *En español*

El señor Acosta regresa a casa después de una visita con el médico. Dé su conversación con la señora Acosta en español.

SRA. ACOSTA	Tell me, Osvaldo, what did the doctor say to you?
SR. ACOSTA	He said that I am in good health but I am too fat.
SRA. ACOSTA	Did he give you a diet?
SR. ACOSTA	Yes, here it is. Read it to me while I prepare drinks for us.
SRA. ACOSTA	Wait a minute. It says, "Do not drink alcoholic beverages."
SR. ACOSTA	Don't worry. I'll start the diet tomorrow. What else does it say?
SRA. ACOSTA	"Eat only three meals per day."
SR. ACOSTA	I never eat more than three meals a day. Do we have something to nibble **(picar)** with the drinks?
SRA. ACOSTA	Look in the refrigerator. I bought a very good cheese today. No, wait! It says here, "Do not eat more than 100 grams **(gramos)** of cheese."
SR. ACOSTA	No alcohol! No cheese! What can I eat?
SRA. ACOSTA	"Try to eat a salad every day. Do not put oil on the salad. Do not use salt."
SR. ACOSTA	Please don't read it to me anymore. It probably says that chocolate cake has 5,000 calories **(calorías).**
SRA. ACOSTA	Five hundred. And don't prepare a drink for me. Give me mineral water. I'm going to start this diet today.

≋Ahora le toca a Ud. *Buenos consejos*

Ud. tiene que aconsejar a las siguientes personas sobre la salud. Dígales qué comidas y bebidas deben comer y beber, qué comidas y bebidas deben evitar (to avoid) y si deben hacer ejercicio o no. Déles por lo menos cinco consejos.

1. un atleta
2. un/a amigo/a que pesa *(weighs)* demasiado
3. un/a pariente/a que no debe comer comidas con mucho colesterol
4. el comité de estudiantes que hace recomendaciones a la cafetería
5. un/a amigo/a que solamente quiere comer comidas naturales

Sugerencias, recomendaciones y consejos

*José Antonio Delgado tiene 18 años, y **dentro de poco** va a **terminar** sus estudios secundarios. Ahora tiene que decidir en qué **facultad** de la universidad va a **matricularse.** ¡ Es una decisión difícil! **Por eso** les pide consejos a sus **parientes** y amigos, que le ofrecen las siguientes opiniones:*

soon / to finish

school

to enroll / Therefore
relatives

Su papá

Yo prefiero que estudies **derecho.** Yo soy **abogado** y tu abuelo era abogado ; es una tradición **familiar.**

law / lawyer
family

Su mamá

Te aconsejo que pienses en la medicina porque los doctores siempre tienen trabajo y ganan bien.

I advise you to think of

Juanita (su hermana mayor)

Ya sé que **todo el mundo** va a darte consejos ; **sólo** te recomiendo que **hagas lo que** tú quieras hacer y lo que te **haga** feliz.

everybody / only
you do what / makes

Diego (su amigo)

Ojalá que te decidas a estudiar arquitectura como yo. Así podemos trabajar en los proyectos juntos.

I hope you decide

Señora Núñez *(su consejera)*

guidance counselor

Sugiero que **escuches** las opiniones de todos, que **tengas en cuenta** tu **capacidad** y que después **tomes tu propia** decisión.

I suggest / you listen /
 keep in mind
ability / make your
 own

Comprensión   *¿ Cierto o falso ?*
Corrija los comentarios falsos.

1. José Antonio tiene dificultad en decidir qué quiere estudiar en la universidad.
2. Les pide consejos a sus parientes y a sus amigos.
3. Su papá quiere que José Antonio estudie derecho porque es una tradición familiar.
4. Su mamá le aconseja que estudie medicina porque es una tradición en su familia.
5. Su hermana le recomienda que siga los consejos de sus padres.
6. Su amigo Diego espera que José Antonio estudie arquitectura porque quiere que sean compañeros de clase.
7. Su consejera sugiere que escuche bien, que piense en su capacidad y que decida lo que es mejor para él.

A. El subjuntivo: las formas regulares

INTRODUCCIÓN

Tenses and Moods

The verb is the word in a sentence that expresses an action or state of being. It is characterized by its tense and its mood.

1. The tense indicates at what time the action occurs. The *present,* the *imperfect,* the *preterite,* and the *future* are tenses.
2. The mood indicates the attitude of the speaker toward the action. The *indicative* and the *subjunctive* are moods.

Indicative and Subjunctive

1. The *indicative* mood is used to state facts and to express what is considered certain. It is the mood of *what is, was,* or *will be.* So far, it is the mood that you have been using for the most part.
2. The *subjunctive* is often used to convey wishes, requests, needs, emotions, doubts, and possibilities. It is the mood of *what may* or *might be.*

In the group of sentences below, contrast the forms of the verbs in boldface. The verbs in the sentences on the left are in the *indicative* mood because the speaker is expressing facts. The verbs in the sentences on the right are in the *subjunctive* mood because the subject of the first clause is expressing a desire or request concerning the subject of the second clause.

facts: indicative	*desires: subjunctive*	
Carlos **estudia** poco.	Quiero que Carlos **estudie** más.	*I want Carlos to **study** more.*
Mis amigos **llegan** hoy.	Prefiero que **lleguen** mañana.	*I prefer that they **arrive** tomorrow.*

FORMAS

The **Ud.** and **Uds.** commands and the *present subjunctive* are formed in the same way. In the accompanying chart, note the *subjunctive* forms of three regular verbs **(hablar, comer,** and **vivir)** and one irregular verb **(salir).** Pay special attention to the first-person singular stems and the endings in boldface.

	HABLAR	COMER	VIVIR	SALIR
Present Indicative **yo** form	**hablo**	**como**	**vivo**	**salgo**
Present Subjunctive				
(yo)	habl**e**	com**a**	viv**a**	salg**a**
(tú)	habl**es**	com**as**	viv**as**	salg**as**
(él, ella, Ud.)	habl**e**	com**a**	viv**a**	salg**a**
(nosotros)	habl**emos**	com**amos**	viv**amos**	salg**amos**
(vosotros)	habl**éis**	com**áis**	viv**áis**	salg**áis**
(ellos, ellas, Uds.)	habl**en**	com**an**	viv**an**	salg**an**

NOTAS GRAMATICALES

1. The present subjunctive of all regular and most irregular verbs is formed according to the following pattern.

subjunctive stem	+	subjunctive endings
yo form of the present indicative (minus **-o**)	+	**-e -es -e -emos -éis -en** (for **-ar** verbs) **-a -as -a -amos -áis -an** (for **-er** and **-ir** verbs)

2. Note that the vowel of the subjunctive ending is always: **e** for **-ar** verbs, **a** for **-er** and **-ir** verbs.

In order to maintain the sound of the stem, verbs ending in **-car, -gar, -ger, -gir,** and **-zar** have the following spelling changes in the subjunctive.

tocar	c → **que**	No quiero que **toques** la trompeta.
llegar	g → **gu**	¿A qué hora quieres que **lleguemos?**
escoger	g → **j**	¿Quieres que yo **escoja** el postre?
almorzar	z → **c**	Mamá quiere que **almorcemos** a la una.

Ejercicio 1.   *¿Qué quiere el/la profesor/a?*
¿Qué quiere su profesor/a de español que Ud. haga?

> **Modelo:**   aprender el vocabulario
> **El/La profesor/a (no) quiere que yo aprenda el vocabulario.**

1. aprender los verbos
2. leer el libro en clase
3. escribir legiblemente
4. llegar puntualmente
5. almorzar en la clase
6. hablar inglés en la clase
7. escuchar las cintas
8. sacar buenas notas
9. copiar la tarea
10. mirar el examen de mi vecino/a

Ejercicio 2.   *La voz (voice) estudiantil*
¿Qué desean Uds. que sus profesores hagan?

> **Modelo:**   llegar a tiempo (no)
> **Deseamos que (no) lleguen a tiempo.**

1. comprendernos
2. olvidarse de los exámenes
3. tener paciencia
4. ayudarnos
5. expresarse claramente
6. hacer muchas preguntas
7. llegar tarde a las clases
8. almorzar con nosotros
9. preparar clases bien organizadas
10. traer dulces a la clase

Vocabulario *En la universidad*

SUSTANTIVOS

el/la consejero/a	*adviser, guidance counselor*	una asignatura	*course*
el derecho	(study of) *law*	una conferencia	*lecture*
el examen de ingreso	*entrance exam*	una especialidad	*major*
un requisito	*requirement*	una facultad	*school* (of a university)
un título	*degree, diploma*	la matrícula	*tuition*
		una sugerencia	*suggestion*

VERBOS

aconsejar	*to advise*	Te **aconsejo** tomar otra asignatura.
decidir	*to decide*	Ana **decidió** estudiar matemáticas.
equivocarse	*to make a mistake*	**¿ Te equivocaste ?**
escoger	*to choose, select*	¿ Qué asignaturas **escogiste** ?
exigir	*to demand, require*	Mis profesores **exigen** mucho.
explicar	*to explain*	Este profesor **explica** todo.
faltar a una clase	*to cut a class*	No debes **faltar a una clase.**
graduarse	*to graduate*	**Me gradúo** en junio.
matricularse (en)	*to enroll, register (in)*	Ellos **se matriculan en** la Facultad de Derecho.
recomendar (e → ie)	*to recommend*	¿ Qué **recomienda** que yo estudie ?
salir bien / mal	*to do well / badly*	**¿ Saliste bien** en el examen ?
sugerir (e → ie)	*to suggest*	El consejero **sugiere** que yo estudie química.
terminar	*to end, finish*	El semestre **termina** pronto.
tomar una decisión	*to make a decision*	Tienes que **tomar una decisión.**

ADVERBIOS

a tiempo	*on time*
pronto	*soon*

OBSERVACIÓN

Verbs ending in **-ger (escoger)** and **-gir (exigir)** are irregular in the **yo** form of the present tense. The **g** is changed to **j** when the ending begins with an **a** or **o,** in order to preserve the **jota** sound. The same change occurs in the present subjunctive. Such verbs are regular in the rest of the conjugation.

Escojo una carrera.	*I select a career.*
Es una profesión que **exige** mucha paciencia.	*It is a profession that **requires** a lot of patience.*
Mi consejero quiere que yo **escoja** una asignatura más.	*My adviser wants me to **choose** one more course.*

Ejercicio 3. *¿ Qué hacen ? ¿ Qué hicieron ?*
Reemplace el sujeto con las palabras entre paréntesis, y cambie la forma del verbo, según el modelo.

> **Modelo:** Nosotros escogemos al mejor estudiante. (Uds.)
> **Uds. escogen al mejor estudiante.**

1. Yo escojo mis asignaturas en mayo. (tú ; los nuevos estudiantes ; nosotros ; Santiago)
2. El año pasado las escogimos en septiembre. (yo ; los otros estudiantes ; tú ; Josefina)
3. El profesor Vargas exige mucho. (mis profesores ; yo ; tú y yo ; tú)
4. El año pasado no exigió tanto. (Ud. y yo ; la profesora Soto ; tú ; yo)

Ejercicio 4. *Tus estudios*
Converse con otra persona en la clase usando las siguientes preguntas.

1. ¿ Qué título deseas obtener ?
2. ¿ En qué facultad estudias ?
3. ¿ Para qué carrera te preparas ?
4. ¿ Tiene tu facultad muchos requisitos ?
5. ¿ Es difícil el examen de ingreso de tu facultad ? ¿ Saliste bien en este examen ?
6. ¿ En qué asignaturas tienes solamente conferencias ?
7. Si faltas a una clase, ¿ cuál es la razón generalmente ?
8. ¿ Cuándo te matriculaste en esta universidad ?
9. ¿ Ya escogiste una especialidad ? ¿ Cuál es ?
10. ¿ Cuándo vas a terminar tus estudios ?
11. ¿ Qué piensas hacer después de graduarte ?
12. ¿ Son buenos los consejos o las sugerencias de tus padres ? ¿ de tu consejero/a ? ¿ de tus amigos ?

Ejercicio 5. *Buenos consejos*
Antonio habla con su consejero, el profesor Martínez. Haga el papel del profesor para aconsejarle a Antonio.

> **Modelo:** hacer la terea **Le aconsejo que haga la tarea.**

1. tomar decisiones
2. no faltar a las clases
3. terminar su trabajo a tiempo
4. llegar puntualmente a sus clases
5. escoger una especialidad pronto
6. escuchar las conferencias
7. aceptar mis sugerencias
8. no equivocarse otra vez

B. El subjuntivo después de verbos de deseo y pedido

In Spanish, when the subject makes a request or expresses a wish concerning another person, the second verb in the sentence is in the subjunctive mood. Note the two verbs in boldface in the following sentences.

Espero que **escuchen** mis ideas.	*I hope (that) **they listen to** my ideas.*
Quiero que **estudies** derecho.	*I **want you to study** law.*
Mis padres **insisten en** que **me prepare** para una carrera científica.	*My parents **insist** that **I prepare** for a career in science.*

To express the subject's feelings about the actions of someone else, Spanish-speakers use the construction:

> expression of emotion + **que** + subjunctive

NOTA GRAMATICAL

When the wish or request concerns the subject, an infinitive construction is used. Contrast:

Quiero salir.	*I want to go out.*
Quiero que Ud. **salga** conmigo.	*I want you to go out with me.*

Vocabulario

VERBOS DE MANDATO Y DESEO

aconsejar	*to advise*	permitir	*to permit, allow*
desear	*to wish, want*	preferir (e → ie)	*to prefer*
esperar	*to hope*	prohibir	*to forbid*
insistir en	*to insist*	querer (e → ie)	*to want*
pedir (e → i)	*to request*	recomendar (e → ie)	*to recommend*
		sugerir (e → ie)	*to suggest*

EXPRESIONES

ojalá*	*let's hope*	**Ojalá** que **haga** buen tiempo mañana.
quizás	*perhaps*	**Quizás** el profesor no **venga.**

---

*The expression **ojalá (que),** which is used to express a general wish, is derived from an Arabic phrase meaning *May Allah grant that* . . . It has several English equivalents: *let's hope that* . . . , *I hope that* . . . , *hopefully* . . .

OBSERVACIONES

1. With the verbs **aconsejar, pedir, recomendar,** and **sugerir,** Spanish-speakers use the indirect object pronoun that corresponds to the implied subject of the subjunctive clause.

   Su padre **le** pide a **Carlos** que estudie más.

2. The verbs **prohibir** and **permitir** may also be followed by infinitives.

   Me permite **que fume.**
   Me permite **fumar.** } *He allows me **to smoke.***

Ejercicio 6.   *Posibilidades*

*Comente sobre las siguientes declaraciones utilizando las expresiones **ojalá** o **quizás,** según su opinión o deseo.*

   Modelo: La administración va a cambiar los requisitos.
   Ojalá que la administración cambie los requisitos.

1. Nuestros profesores no nos van a exigir mucho trabajo.
2. Un astronauta va a dar una conferencia en esta universidad.
3. La administración va a pedir sugerencias de los estudiantes.
4. La administración va a eliminar el examen de ingreso.
5. La administración va a eliminar ciertos requisitos en su facultad.
6. Uno de sus profesores se equivoca en la nota que le da.

Ejercicio 7.   *Esperanzas (Hopes)*

*Combine una expresión de la Columna **A** con una expresión de la Columna **B** para expresar sus deseos.*

A	**B**
1. Quiero que	mis amigos me llamen
2. No quiero que	mis hermanos menores se matriculen en
3. Espero que	esta universidad
4. Prefiero que	mis hijos escojan la misma carrera que yo
5. Insisto en que	mis amigos tengan suerte
6. Ojalá que	esta universidad me ofrezca un título honorario
	la administración acepte mis sugerencias
	mi consejero/a no se equivoque con su consejo
	el semestre termine pronto
	el/la profesor/a comience la conferencia pronto

Ejercicio 8.   *Recomendaciones, sugerencias y consejos*

¿ Qué nos recomiendan, qué nos sugieren o qué nos aconsejan las siguientes personas u oficinas ?

> Modelo: el doctor / recomendarnos / hacer ejercicio
> **El doctor nos recomienda que hagamos ejercicio.**

1. el dentista / aconsejarnos / cepillarse los dientes
2. los profesores / recomendarnos / sacar libros de la biblioteca
3. la oficina de correos / sugerirnos / mandar los regalos de Navidad antes del 15 de diciembre
4. la policía / aconsejarnos / no estacionar aquí
5. el mecánico / recomendarnos / comprar otro coche
6. nuestros padres / sugerirnos / buscar trabajo
7. los consejeros / aconsejarnos / escoger asignaturas útiles
8. los vecinos / recomendarnos / terminar la fiesta antes de las dos de la mañana

Ejercicio 9.   *¿ Qué dicen ?*

¿ Qué quieren las siguientes personas que Ud. haga ? ¿ Qué quiere Ud. ? Complete las siguientes declaraciones.

1. Mi consejero/a sugiere que yo _____ .
   Yo (también) quiero _____ .
2. Mis amigos esperan que yo _____ .
   Yo espero _____ .
3. Mi profesor/a de español insiste en que yo _____ .
   Insisto en _____ .
4. Un/a amigo/a me pide que yo _____ .
   Yo prefiero _____ .
5. Mis padres prohiben que yo _____ .
   Yo quiero _____ .
6. Mi hermano/a prefiere que yo _____ .
   Yo prefiero _____ .

UNIVERSIDAD NACIONAL
AUTÓNOMA DE
MÉXICO

UNIVERSIDAD NACIONAL AUTONOMA DE MEXICO
CENTRO DE ENSEÑANZA PARA EXTRANJEROS

Ejercicio 10.   *Sus consejos*
Déle sus consejos a una persona de la clase que se los pide, según el modelo.

> Modelo: estudiar una lengua útil
> —**Quiero estudiar una lengua útil.**
> —**Te aconsejo (sugiero, recomiendo) que estudies el japonés.**

1. ver una película buena este fin de semana
2. tomar una asignatura interesante
3. hacer algo divertido esta noche
4. mirar un programa interesante en la televisión
5. hacer un viaje interesante y divertido
6. comprar un coche económico
7. comer en un restaurante bueno y barato
8. salir bien en el examen de español

Ejercicio 11.   *En español*
Los señores Delgado quieren hacer un viaje. Entonces, van a la agencia de viajes y hablan con la señorita Reyes. Dé su conversación en español.

SR. DELGADO	We want to take a trip in December. Can you recommend an interesting place?
SRTA. REYES	Oh, I can recommend lots of interesting places. Do you want to travel alone, or do you prefer traveling with a group?
SRA. DELGADO	What do you suggest?
SRTA. REYES	I usually suggest that you travel with a group because it is cheaper.
SRA. DELGADO	Perhaps you can give us more information.
SRTA. REYES	Of course. We have a trip to Peru in December that is inexpensive. The weather is fine there, but I advise you to take raincoats anyhow **(de todos modos).**
SRA. DELGADO	How nice! I've always wanted to go to Peru!
SR. DELGADO	And it's inexpensive. We'll go to Peru. I hope that the group is nice.
SRTA. REYES	Very good. I think you made a good decision.

≈Ahora le toca a Ud.   *Sugerencias y recomendaciones*

¿Qué sugerencias le dan a Ud. su familia y amigos sobre sus estudios y/o sus planes para el futuro? Exprese las recomendaciones en un párrafo corto de cuatro a seis frases y use el subjuntivo.

> Modelo: **Mi papá quiere que estudie español.**

Esposos ideales

¿Piensa Ud. **casarse** algún día? ¿Sí? ¡Por supuesto, Ud. quiere casarse con la persona ideal! Pero, ¿cómo es? ¿Cuáles son las cualidades necesarias e importantes que debe tener? Dé un número entre uno y cinco a las **siguientes frases, según** la importancia que tienen para Ud. El uno indica que es de mínima importancia, y el cinco indica que es de máxima importancia.

subjunctive

1. Es necesario que mi **esposo/a** tenga una buena profesión.	5 4 3 2 1	*husband/wife*
2. Es importante que **sea** atractivo/a.	5 4 3 2 1	*he/she be*
3. Es indispensable que **gane** bastante dinero.	5 4 3 2 1	*he/she earn*
4. Es esencial que sea inteligente.	5 4 3 2 1	
5. Es necesario que sea de la misma clase social.	5 4 3 2 1	
6. Es importante que tenga interés en la familia y en la casa.	5 4 3 2 1	
7. Es esencial que tenga un buen **sentido** de humor.	5 4 3 2 1	*sense*
8. Es necesario que se interese por las mismas cosas que yo.	5 4 3 2 1	
9. Es esencial que sea **comprensivo/a** y **compasivo/a.**	5 4 3 2 1	*understanding / sympathetic*
10. Es necesario que sea honrado/a y sincero/a.	5 4 3 2 1	

Ahora comparen sus respuestas. ¿Cuáles son las cualidades más importantes para las mujeres de la clase? ¿Cuáles son las más importantes para los hombres? ¿Cuáles no le importan mucho a nadie? ¿Hay diferencias de opinión?

Margin glosses:
to get married
following
sentences / according to

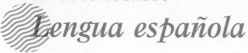
Lengua española

Vocabulario *El matrimonio*

SUSTANTIVOS

el amor	*love*	la boda	*wedding ceremony*
el anillo	*ring*	la esposa	*wife*
el apellido	*surname*	la felicidad	*happiness*
el casamiento	*wedding*	la fidelidad	*faithfulness*
el divorcio	*divorce*	la infelicidad	*unhappiness*
el esposo	*husband*	la luna de miel	*honeymoon*
el matrimonio	*marriage; married couple*	la novia	*bride*
el novio	*groom*	la pareja	*couple*
los recién casados	*newlyweds*		
el respeto	*respect*		

ADJETIVOS

eterno	*eternal*
familiar	*(of the) family*

VERBOS

amar	*to love*	Romeo y Julieta se **amaban**.
divorciarse	*to get divorced*	En los países hispanos, la gente **se divorcia** menos que en los Estados Unidos.
durar	*to last*	¿**Dura** el amor por toda la vida?
llevarse bien	*to get along well*	Se casaron porque **se llevaban bien**.
querer (e → ie)	*to love*	Rafael **quiere** a Mari Carmen.
respetar	*to respect*	**Respetamos** a nuestros padres.
sentirse (e → ie)	*to feel*	**Me siento** mejor, gracias.

EXPRESIONES

en seguida	*right away*	La boda comienza **en seguida**.
inmediatamente	*immediately*	Los recién casados salen de luna de miel **inmediatamente**.

Ejercicio 1. *¿ Está de acuerdo o no?*

¿ Está Ud. de acuerdo o no con las siguientes declaraciones? Explique por qué.

1. El amor es eterno.
2. Los factores más importantes en el matrimonio son la fidelidad y el respeto.
3. Las parejas que se pelean van a divorciarse algún día.
4. No se debe permitir el divorcio.
5. Los recién casados no deben vivir con sus padres.

6. La boda es más importante para los padres de los novios que para los novios.
7. El matrimonio no es tan importante hoy en día como era antes.
8. El matrimonio es más importante para una mujer que para un hombre.

A. El subjuntivo después de expresiones impersonales

The subjunctive is used after impersonal expressions of opinion. Note the verbs in boldface in the sentences below.

Es importante que los novios **se conozcan** bien.	*It is important that the bride and groom know each other well.*
Es mejor que no **se casen** inmediatamente.	*It is better that they not marry right away.*

In Spanish, opinions are often expressed using the following construction:

es + adjective (noun) + **que** + subjunctive clause

NOTA GRAMATICAL

If the opinion expressed does not concern a specific person, the infinitive is used. Contrast:

Es importante **respetar** a la gente mayor.	*It is important to respect older people.*
Es importante **que se respeten.**	*It is important that they respect each other.*

Vocabulario   *Unas expresiones de opinión*

Es bueno / malo		*It's good / bad*	
Es esencial		*It's essential*	
Es importante		*It's important*	
Es indispensable		*It's indispensable*	*(that) she . . .*
Es una lástima	que se case	*It's too bad*	*marry him.*
Es mejor	con él.	*It's better*	*will marry him.*
Es necesario		*It's necessary*	*is marrying him.*
Es normal / sorprendente		*It's normal / surprising*	
Es posible / imposible		*It's possible / impossible*	
Es probable / improbable		*It's probable / improbable*	

Ejercicio 2.   *¿ Bueno o malo ?*

Con las expresiones **es bueno que** *o* **es malo que,** *exprese sus opiniones.*

> Modelo: Los padres escogen al novio de su hija.
> **Es bueno que los padres escojan al novio de su hija.**
> o   **Es malo que los padres escojan al novio de su hija.**

1. Los recién casados viven con los padres.
2. Los novios se conocen bien antes de casarse.
3. Los jóvenes esperan unos años antes de casarse.
4. Una pareja se divorcia cuando tiene niños.
5. Las mujeres se dedican exclusivamente a la familia.
6. Los jóvenes se casan por amor.
7. El divorcio no existe en algunos países.
8. La sociedad considera el matrimonio como algo serio.
9. Los novios se llevan bien con sus padres.
10. La mujer cambia su apellido después de casarse.

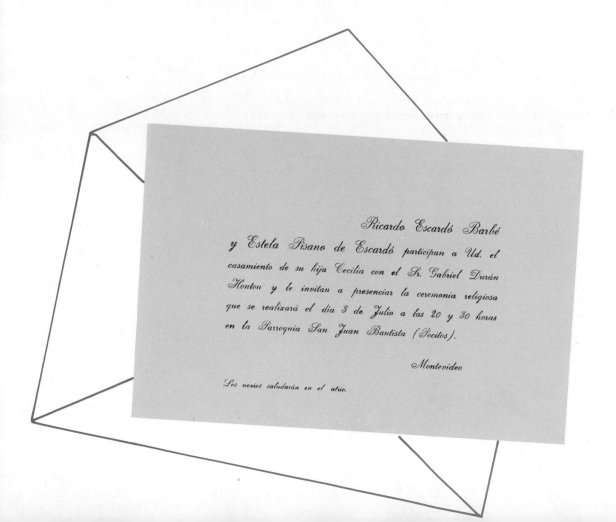

Ricardo Escardó Barbé y Estela Pisano de Escardó participan a Ud. el casamiento de su hija Cecilia con el Sr. Gabriel Durán Hontou y le invitan a presenciar la ceremonia religiosa que se realizará el día 3 de Julio a las 20 y 30 horas en la Parroquia San Juan Bautista (Pocitos).

Montevideo

Los novios saludarán en el atrio.

Ejercicio 3.   *¿ Necesario o no ?*
¿ Es necesario o no es necesario que las siguientes personas hagan las cosas que piensan hacer ?

> **Modelo:**   Francisca quiere ser arquitecta. (asistir a la universidad)
> **Es necesario que asista a la universidad.**

1. Paula quiere ser enfermera. (asistir a la Facultad de Medicina ; estudiar biología ; aprender el francés ; casarse con un doctor)
2. Teresa quiere trabajar para las Naciones Unidas. (aprender lenguas extranjeras ; hablar inglés ; tener muchos títulos ; viajar)
3. Queremos pasar un año en Costa Rica. (hablar español ; tener mucho dinero ; conocer a gente que vive allá ; viajar en avión)
4. Armando quiere casarse. (hablar con los padres de su novia ; comprar un anillo de diamantes ; tener empleo ; estar enamorado)
5. Juanita quiere divorciarse. (separarse ; regresar a la casa de sus padres ; hablar con su esposo)
6. Quiero asistir a una boda. (mandar un regalo ; arreglarse bien ; conocer a los novios ; comprar un vestido nuevo)

Ejercicio 4.   *El futuro*
Complete las siguientes frases con sus ideas personales.

> **Modelo:**   Si quiero tener muchos amigos, es importante que _____ .
> **Si quiero tener muchos amigos, es importante que tenga paciencia.**

1. Si quiero sacar buenas notas, es importante que _____ .
2. Si quiero graduarme, es necesario que _____ .
3. Si quiero pasar vacaciones interesantes, es esencial que _____ .
4. Si quiero tener trabajo interesante, es necesario que _____ .
5. Si quiero ser famoso/a, es indispensable que _____ .
6. Si quiero ser feliz, es mejor que _____ .
7. Si quiero casarme, es probable que _____ .
8. Si quiero pasar mi luna de miel en Acapulco, es importante que _____ .

B. Verbos irregulares en el presente del subjuntivo

The following verbs have **irregular subjunctive stems** but use **regular endings:**

(ir)	**vay-**	Sugiero que **vayas** a la boda.
(saber)	**sep-**	Los padres quieren que su hija **sepa** la verdad.
(ser)	**se-**	Espero que los novios **sean** felices.

The following verbs have **regular subjunctive stems** but use some **irregular endings:**

(dar)	d-	**dé**	des	**dé**	demos	deis	den
(estar)	est-	**esté**	**estés**	**esté**	estemos	estéis	**estén**

NOTAS GRAMATICALES

1. Verbs with irregular **Ud.** command forms have similar irregularities in the subjunctive.

    ¡Salga en seguida!   Sugiero que Ud. **salga** en seguida.

2. The subjunctive form of **hay** is **haya.**

    Ojalá que **haya** mucha gente en la fiesta.

Ejercicio 5.   *Un año en el extranjero (abroad)*
Las siguientes personas quieren pasar un año en el extranjero. Sugiera Ud. adónde deben ir, según sus intereses: España, México, el Perú, la Argentina.

Modelo: Roberto quiere aprender el español.
           Le sugiero a Roberto que vaya a España (México...).

1. Carmen quiere aprender a bailar el flamenco.
2. Mis amigos quieren estudiar la historia de los Incas.
3. Nosotros queremos esquiar en julio.
4. A Alejandro le interesa la civilización maya.
5. A mí me fascina el arte de Goya.
6. Rosa quiere escribir un libro sobre *(about)* los murales de Diego Rivera.

Esquí en San Martín de los Andes

C. El presente del subjuntivo de verbos con cambios radicales que terminan en -ar y -er

Note the present subjunctive forms of the stem-changing verbs **jugar, pensar,** and **poder.** Pay special attention to the stem vowels in boldface.

	sports JUGAR (U → UE)	*think* PENSAR (E → IE)	*be able* PODER (O → UE)
(yo)	j**ue**gue	p**ie**nse	p**ue**da
(tú)	j**ue**gues	p**ie**nses	p**ue**das
(él, ella, Ud.)	j**ue**gue	p**ie**nse	p**ue**da
(nosotros)	juguemos	pensemos	podamos
(vosotros)	juguéis	penséis	podáis
(ellos, ellas, Uds.)	j**ue**guen	p**ie**nsen	p**ue**dan

NOTAS GRAMATICALES

1. The subjunctive forms of stem-changing **-ar** and **-er** verbs have the regular present subjunctive endings.

2. The stem changes in the present subjunctive of these verbs are the same as those of the present indicative: they occur only in the **yo, tú, él,** and **ellos** forms of the verb.

Ejercicio 6.   *¿ Qué piensa Ud. ?*
Exprese sus opiniones con expresiones impersonales, según el modelo.

> Modelo: Pierdes el tiempo. (es una lástima)
> **Es una lástima que pierdas el tiempo.**

1. Nos acordamos de nuestra boda. (es normal)
2. Me acuerdo de mi primer *(first)* amor. (es probable)
3. Los niños juegan al vólibol. (es probable)
4. No podemos visitar México. (es una lástima)
5. Quieres casarte. (es bueno)
6. Queremos divorciarnos. (es imposible)
7. Los recién casados piensan comprar una casa. (es posible)
8. No pueden llevarse bien. (es una lástima)

D. El presente del subjuntivo de verbos con cambios radicales que terminan en *-ir*

Note the present subjunctive forms of the stem-changing verbs **sentir, repetir,** and **dormir.** Pay special attention to the stem vowels in boldface.

ful   *repeat*   *sleep*

	SENTIR (E → IE, I)	REPETIR (E → I, I)	DORMIR (O → UE, U)
(yo)	sienta	repita	duerma
(tú)	sientas	repitas	duermas
(él, ella, Ud.)	sienta	repita	duerma
(nosotros)	sintamos	repitamos	durmamos
(vosotros)	sintáis	repitáis	durmáis
(ellos, ellas, Uds.)	sientan	repitan	duerman

NOTAS GRAMATICALES

1. The subjunctive forms of stem-changing **-ir** verbs have the regular present subjunctive endings.

2. The stem changes of the present indicative that are found in the **yo, tú, él,** and **ellos** forms of the verb also occur in the present subjunctive. The stem change in the **nosotros** and **vosotros** forms is the same as the stem change in the **él** and **ellos** forms of the preterite.

Ejercicio 7.   *Deseos y opiniones*

Reemplace las palabras en cursiva (italics) *con las palabras entre paréntesis y haga todos los cambios necesarios.*

> Modelo: Espero que Susana se sienta mejor. (tú)
> **Espero que te sientas mejor.**

1. María espera que *Ricardo* se sienta alegre. (yo ; tú ; nosotros ; Uds. ; Ud.)
2. Le sugiero a *Ud.* que repita la pregunta. (Uds. ; Ana ; tú ; los estudiantes)
3. El médico insiste en que *los niños* duerman más. (yo ; nosotros ; tú ; Ud. ; Uds.)
4. Prefieren que *Ud.* sirva champán en la boda. (mis padres ; yo ; nosotros ; Uds.)
5. Es normal que *los recién casados* les pidan dinero a sus familias. (el novio ; yo ; nosotros ; la novia ; tú ; Uds.)

6. No es sorprendente que *tú* prefieras una boda íntima. (sus padres; tú y yo; mi familia; Uds.)
7. Es importante que *la novia* se vista con elegancia. (sus padres; yo; nosotros; los invitados; tú; Uds.)
8. Es bueno que *Tomás* se divierta tanto. (Ud.; tú; mis primos; mis tíos; nosotros)

Ejercicio 8.   *¿ Qué piensa Ud. ?*
Exprese sus opiniones, según el modelo.

> Modelo: ¿ Es bueno? (los jóvenes / ser idealistas)
> **Es bueno que los jóvenes sean idealistas.**
> o   **No es bueno que los jóvenes sean idealistas.**

1. ¿ Es sorprendente? (hay muchos divorcios)
2. ¿ Es necesario? (los novios / siempre estar de acuerdo)
3. ¿ Es malo? (un esposo / saber lo que piensa su esposa)
4. ¿ Es importante? (los padres / ir a las bodas de sus hijos)
5. ¿ Es indispensable? (los recién casados / tener dinero suficiente para vivir)
6. ¿ Es probable? (sus padres / darle dinero para su boda)
7. ¿ Es mejor? (el padre de la novia / ser rico)
8. ¿ Es normal? (los novios / estar nerviosos)

E. Lo que

Note the use of **lo que** in the sentences below.

¿ Sabe Ud. **lo que** hicieron?	*Do you know **what** they did?*
Creo **lo que** ella me dice.	*I believe **what** she tells me.*
Eso es **lo que** les hemos regalado.	*This is **what** we have given them.*

Lo que is the equivalent of the English *what* in the sense of *that which.*

Ejercicio 9.   *¿ Por qué son novios ?*
¿ Cómo se escoge a un/a novio/a ?

> Modelo: a él / decir   **A él le gusta lo que ella dice.**

1. a ella / decir
2. a él / hacer
3. a ella / hacer
4. a él / llevar
5. a ella / llevar
6. a ella / pensar

Ejercicio 10.   *Antonio y Juana van a casarse.*
¿ Qué les van a regalar las siguientes personas ? Responda según el modelo.

   Modelo: Uds. / no saber todavía
             Uds. no saben todavía lo que les van a regalar.

1. nosotros / no poder decir
2. tú / mostrarme
3. los tíos / no pensar en
4. yo / acabar de comprar

5. Alberto / no querer decir
6. María y Ernesto / no querer mostrarnos

Ejercicio 11.   *En español*
María Elena está conversando con sus padres.

MARÍA ELENA   Mom and Dad, I want to tell you something very important. Armando wants me to marry him!

MAMÁ   And do you want to marry him?

MARÍA ELENA   Yes, of course. I love him, and he loves me!

PAPÁ   Well, I think Armando is a very nice young man, but there are several things that you must consider **(considerar)** before making this important decision.

MAMÁ   Yes, it is necessary for you to consider many things because you and Armando are still very young. Why don't you wait another year?

MARÍA ELENA   But we get along very well, and we are in love!

PAPÁ   Yes, it is important to get along well, but it is also important that you can both **(ambos)** work. I know that Armando will graduate soon, but you still have one more year at the university.

MAMÁ   Papá is right. What will you live on?

MARÍA ELENA   Love!

MAMÁ   You are still very young. I suggest that you wait at least **(al menos)** one more year.

≋Ahora le toca a Ud.   *Cualidades importantes*

¿Qué cualidades le gustaría que sus hijos tengan? Escriba un párrafo corto usando expresiones como **es importante que, es esencial que,** etc. Use la lectura *Esposos ideales* como modelo.

EN RESUMEN

A. Sustituya las palabras o expresiones entre paréntesis por las palabras en cursiva. Haga todos los cambios necesarios.

1. *Tome dos aspirinas,* Sra. Palmas. (beber muchos líquidos; acostarse inmediatamente; no salir de casa hoy; llamarme mañana)
2. ¡Juan y María! ¡No *griten,* por favor! (levantarse tarde; jugar al básquetbol en la casa; molestarme; tocar sus discos ahora; conducir rápidamente)
3. ¡Catalina! *¡Sal inmediatamente!* (hacer la tarea; decirme la verdad; tener paciencia; venir aquí; ir[se] en seguida)
4. ¡Carlos! ¡No *compres ese anillo!* (llegar tarde a la boda; ser tonto; quitarse los zapatos en la boda; equivocarse; tener miedo de casarse)

B. Combine los siguientes elementos para formar frases completas. Use la forma apropiada: el subjuntivo, el indicativo o el infinitivo.

1. María / querer / casarse con Pedro
2. sus padres / no querer / María / casarse con Pedro
3. yo espero / Uds. / tener buena suerte
4. el profesor / recomendar / nosotros / estudiar más
5. mis padres / sugerir / yo / buscar trabajo
6. ¿poder / Ud. / recomendarme / una buena película?
7. mi consejero / decir / ser necesario / yo / tomar una decisión
8. ojalá / todo / terminar bien
9. ser posible / el presidente / venir a nuestra universidad
10. se dice / tal vez / Matilde y Héctor / divorciarse

Otras perspectivas VII

Comiendo un asado, ensalada y papas fritas en un restaurante al aire libre en Buenos Aires, Argentina.

Lectura cultural ¿Tiene Ud. hambre?

Si Ud. entra en un restaurante en España o en algunos países latinoamericanos y pide una tortilla, **el camarero** le trae un **plato hecho** de huevos, papas y un poco de cebolla. Los españoles sirven la tortilla como una **tapa,** algo para **picar mientras** se toma vino o **jerez.** Para muchos latinoamericanos la tortilla en esta forma es una **comida ligera.** Pero si Ud. pide una tortilla en México, el camarero le trae un pan **plano** y **redondo** hecho de **harina de maíz.** Esta tortilla, que es la **comida** básica de los mexicanos, se usa para preparar tacos, enchiladas, quesadillas, tostadas y otros platos mexicanos.

> waiter / dish made
> snack
> to nibble / while / sherry
> light meal
> flat / round / corn meal
> food

Como se ve, es imposible hablar de la cocina hispana en términos generales. La comida de cada país hispano es diferente, y **aun** los nombres de los **alimentos,** especialmente de las frutas y verduras, varían de país a país. La comida depende en gran parte de los productos de la región. Se come mucho arroz en España, Puerto Rico y Cuba. En México y en los países centroamericanos, el maíz es la comida básica. **Por otro lado,** en la Argentina, el Uruguay y Chile, se come mucha carne. Y, por supuesto, en todas partes se toma café.

> even
> foods
> On the other hand

Sin embargo, hay productos que usamos en los Estados Unidos y Europa que son **los mismos** porque se originaron en Latinoamérica y fueron llevados a Europa por los conquistadores españoles. Algunos de ellos son el **cacao,** la vainilla, la banana, el pavo, el tomate, el **chicle,** el tabaco, la papa* y la **calabaza.** Hoy en día, con los medios rápidos de transporte, se encuentran otros productos latinoamericanos en los supermercados europeos y norteamericanos: la papaya, el mango, el **palmito** y otras frutas y verduras y también... ¡chiles!

> However
> the same
> chocolate
> chewing gum
> pumpkin, squash
> heart of palm

---

*Most Latin American countries use the word **papa** to refer to the potato. In Spain, however, it is called **la patata.**

Aunque mucha gente cree que la comida hispana es **picante,** no es una característica de la comida hispana en general. En México, donde se usan mucho los chiles, la comida sí es picante. Sin embargo, hay quienes **juran** que la comida peruana es todavía más picante que la mexicana.

¡ **Pruebe** un plato hispano ! ¡ Es **riquísimo** ! ¡ **Buen provecho** !

spicy

swear

Try / delicious / I wish you a hearty appetite!

Nota cultural

En muchos países hispánicos el **horario** de comer es bastante diferente del horario de los Estados Unidos. La gente está acostumbrada a tomar un desayuno ligero como fruta, café con leche y pan con mantequilla y mermelada. Toda la familia se reúne en casa después de las dos de la tarde para la **comida fuerte:** los chicos vuelven de la escuela y los padres regresan de su trabajo. Después, si el tiempo **alcanza,** algunos duermen la siesta, especialmente en los países tropicales, donde hace mucho calor por la tarde. Después de las cuatro o cinco de la tarde, todos vuelven al trabajo o a las otras actividades diarias. Se come la cena después de las ocho de la noche. Generalmente los restaurantes no **se abren hasta** esa hora, algo que les molesta a veces a los turistas norteamericanos, que están acostumbrados a cenar más temprano. Pero hoy en día el horario de trabajo **está cambiando** y, con él, el horario de comer también. Ahora mucha gente almuerza cerca de su trabajo y la familia se reúne solamente para cenar.

schedule

main meal

allows

open
until

is changing

Actividad A. *Comprensión de lectura: generalizaciones falsas*
Las generalizaciones frecuentemente son incorrectas o engañosas (misleading). *Aquí hay algunas que se escuchan en muchas partes. Refiérase a la información en la* **Lectura cultural** *y corríjalas.*

1. Solamente los mexicanos comen tortillas.
2. Todos los hispanos comen tacos y enchiladas.
3. Los argentinos, los españoles y los cubanos comen la misma comida.
4. Los indios norteamericanos presentaron el pavo a los peregrinos *(Pilgrims)*.
5. Toda la comida hispana es picante.
6. No hay diferencias regionales en los nombres de los alimentos.
7. Los hispanos duermen la siesta porque son perezosos.
8. La papa se originó en Irlanda.

El sabor natural del Agua pura
...en cualquier parte!

Actividad B.   *Diferencias culturales*

1. ¿En qué consiste su desayuno? ¿su almuerzo? ¿su cena?
2. ¿Cuál es su comida fuerte, el almuerzo o la cena?
3. ¿A qué hora almuerza su familia los días de semana? ¿los fines de semana? ¿A qué hora cena generalmente?
4. ¿Se reúne toda su familia para almorzar? ¿para cenar? ¿O come cada persona cuando llega a casa?
5. ¿Cuáles son algunos alimentos típicos de la región donde Ud. vive?
6. ¿Cuál es el grano que se come más en los Estados Unidos, ¿el arroz, el maíz o el trigo *(wheat)*?
7. ¿Le gusta la comida picante? ¿La come en casa o en un restaurante?
8. ¿Le gusta probar *(to try)* platos diferentes o prefiere comer alimentos conocidos *(familiar)*?

Día por día En el restaurante

CAMARERO	¿Qué desean Uds.?	
	¿Quieren pedir ya?	
	¿Qué les gustaría comer?	
	¿Qué les puedo servir?	
ARTURO	¿Qué nos recomienda esta noche?	
	¿Cuál es la especialidad de la casa?	
CAMARERO	Hoy tenemos un **plato** exquisito, la especialidad de la casa.	dish
	Nuestra especialidad es la paella.	
ARTURO	¿Cómo es la paella?	
	¿Cómo se prepara la paella?	
CAMARERO	La paella consiste en arroz con pollo, **mariscos, chorizo** y verduras.	shellfish / sausage
ARTURO	**Parece muy rica.** Nos puede traer la paella.	It sounds delicious.
	Vamos a **probar** la paella.	to try
CAMARERO	¿Y qué van a comer de **primer plato**? ¿una sopa? ¿melón con jamón?	appetizer
ARTURO	Para la señorita la ensalada verde, y para mí la ensalada mixta. Pero sin cebolla, por favor.	
CAMARERO	Cómo no, señor. ¿Y qué van a tomar?	
ARTURO	El vino de la casa. Y tráiganos una **botella** de agua mineral también.	bottle

¿ Van a tomar el vino de la casa ?

CAMARERO	Muy bien, señor. En seguida se la traigo.
	(Después de la comida)
CAMARERO	¿Estaba todo bien ?
	¿Les gustó la paella ?
ARTURO	La comida estaba excelente.
	La paella estaba **riquísima.**
CAMARERO	¿Desean algo más ?
	¿Algo de postre ?
ARTURO	Nada más, gracias. La **cuenta,** por favor.

delicious

bill, check

Actividad C.   *En el Café Tacuba*

El Café Tacuba en la capital de México es un restaurante famoso cerca del Museo de Bellas Artes (Fine Arts) *Las paredes* (walls) *de este restaurante están cubiertas* (covered) *de hermosos* (beautiful) *azulejos* (tiles), *y la cocina tiene fama* (is famous) *por sus platos tradicionales. Imagínese que Ud. está en el Café Tacuba con un/a amigo/a.*

CAMARERO   Buenas tardes, señores. ¿ _____ ?

UD.   ¿ _____ ?

CAMARERO   Hoy la especialidad del día es _____ .

UD.   ¿ _____ el mole poblano ?

CAMARERO   Es pavo con una salsa de muchos ingredientes, entre ellos el chocolate.

UD.   Mmm. Parece interesante. _____ .

CAMARERO   Muy bien. ¿ Y qué van a comer _____ ?

UD.   Para mí, nada. Pero para mi amigo/a le puede traer _____ .

CAMARERO   ¿ Y qué desean tomar ?

UD.   _____ , por favor.

Actividad D.   *Para terminar la comida*

El mole poblano estaba delicioso. Ahora termine su visita al Café Tacuba.

CAMARERO   ¿ Qué tal el mole poblano ? ¿ _____ ?

UD.   Sí, _____ .

CAMARERO   ¿ Les puedo traer _____ ?

UD.   Sí, para mí un flan y para mi amigo/a la fruta.

CAMARERO   En seguida _____ .

UD.   Y tráiganos _____ , por favor. Tenemos prisa porque tenemos entradas para el Ballet Folklórico.

UNIDAD VIII

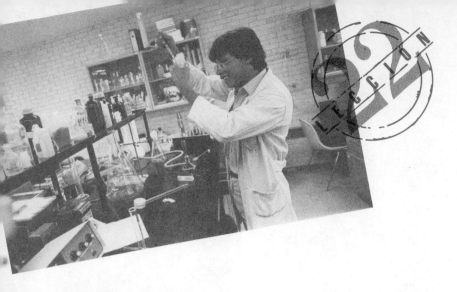

El futuro personal

¿*Cuántos años tiene Ud.*? ¿*18*? ¿*19*? ¿*un poco más*? ¿**Ha pensado** *en cómo* **será dentro de** *veinte años*? *Les hicimos esta pregunta a seis jóvenes latino-americanos y españoles y nos contestaron así.*

Have you thought / what you will be like within

Ángel (estudiante, 19 años)

Como soy muy trabajador, creo que **tendré** mucho **éxito** en mi carrera de **abogado. Me gustaría** ganar mucho dinero y ser famoso.

I will have / success
lawyer / I would like

Teresa (maestra, 21 años)

Si no sé lo que me **pasará** mañana, ¿cómo voy a saber cómo **seré** dentro de veinte años? Ud. sabe que **el hombre propone, pero Dios dispone...**

will happen / I will be
man proposes, but God disposes

Ricardo (estudiante, 20 años)

Ahora soy **izquierdista.** Entonces, dentro de veinte años o **estaré** en la **cárcel** por ser revolucionario o seré un **comerciante burgués** como mi papá. ¿Quién sabe?

leftist / I will be / jail
businessman / bourgeois

Guillermo (*empleado* de banco, 22 años)

employee

Supongo que seré menos idealista y más cínico. Y **sin duda** seré más gordo y tendré menos pelo... Pero, por el momento, **preferiría** no pensar en esas cosas.

I suppose / undoubtedly
I would prefer

Margarita (secretaria, 18 años)

¿Cómo seré? Si mis **deseos se cumplen,** estaré casada con un buen hombre, tendré tres o cuatro hijos, **viviré** en una **casita** linda... **si Dios quiere.** Pero de una cosa estoy **segura...** ¡no estaré en esta oficina!

wishes are fulfilled
I will live / little house / if God wills
sure

Jorge (*plomero,* 21 años)

plumber

¡Seré millonario! Tendré **un yate, pasaré** los días divirtiéndome y ¡nunca **trabajaré** más! ¿Cómo **lo haré?** ¡Me sacaré el gordo!

yacht / I'll spend
I'll work / will I do it / I'll win first prize in the lottery!

Comprensión

1. ¿Quién es Ángel? ¿Para qué profesión estudia? ¿Qué le gustaría tener en el futuro?
2. ¿Quién es Teresa? ¿Tiene algún plan especial para el futuro?
3. ¿Quién es Ricardo? ¿Tiene opiniones conservadoras o radicales ahora?
4. ¿Quién es Guillermo? ¿Qué piensa de su futuro?
5. ¿Quién es Margarita? ¿Está casada ahora? ¿Le gusta mucho su trabajo? ¿Qué espera Margarita del futuro?
6. ¿Quién es Jorge? ¿Tiene mucho dinero ahora? ¿Cómo espera ser millonario?

Lengua española

Vocabulario   El futuro (future)

SUSTANTIVOS

los demás	*others; the rest*	la culpa	*guilt, blame*
el empleo	*job*	la enfermedad	*illness*
el éxito	*success*	la salud	*health, welfare*
el gobierno	*government*	la suerte	*luck*
todo el mundo	*everyone, everybody*		

VERBOS

curar	*to cure, heal*	La penicilina **cura** algunas enfermedades.
dirigir	*to direct*	El director **dirige** la orquesta.
ganarse la vida	*to earn a living*	Es difícil **ganarse** bien **la vida**.
suponer	*to suppose*	**Supongo** que sabes manejar.
tener la culpa (de)	*to be to blame; to be guilty of*	¿Quién **tiene la culpa**?
tener éxito	*to be successful*	Su hermano **tiene** mucho **éxito**.
tratar (de)	*to try (to)*	**Tratamos de** estudiar.

EXPRESIONES

el año próximo	*next year*	Espero graduarme **el año próximo**.
el año que viene	*next year*	¿Y qué harás **el año que viene**?
pasado mañana	*the day after tomorrow*	**Pasado mañana** tenemos una cita.

OBSERVACIONES

1. The verb **dirigir** is conjugated like **exigir.**
2. The verb **suponer** is conjugated like **poner.**

Ejercicio 1.   ¿ Está de acuerdo o no ?
¿ Está Ud. de acuerdo o no está de acuerdo con las siguientes declaraciones ?

1. Tener buena salud es más importante que tener una carrera brillante.
2. Para prepararse para el futuro, es esencial conocer el pasado.
3. Los que no conocen la historia están condenados a repetir los errores del pasado.
4. En una carrera profesional, la suerte es tan importante como el talento.
5. Tener éxito en nuestras relaciones con los demás es más importante que tener éxito en nuestra carrera.
6. En la vida, lo esencial no es tener éxito sino *(but)* tratar de tenerlo.
7. Todos tenemos la culpa de las injusticias de la sociedad.
8. Siempre tenemos la culpa de nuestros errores.

¡Grandes oportunidades en las páginas de Clasificados!

A. El futuro: formas regulares

The following questions and answers concern future events. The verbs in boldface are in the future tense.

—¿ **Trabajarás** durante el verano ?	*Will you work during the summer?*
—Sí, **trabajaré** en un hospital.	*Yes, I will work in a hospital.*
—¿ Adónde **irán** Uds. el año próximo ?	*Where will you go next year?*
—**Iremos** a Francia.	*We will go to France.*

Note the forms of the future tense in the chart below, paying special attention to the endings.

	TRABAJAR	COMER	ESCRIBIR	FUTURE ENDINGS
(yo)	trabajaré	comeré	escribiré	-é
(tú)	trabajarás	comerás	escribirás	-ás
(él, ella, Ud.)	trabajará	comerá	escribirá	-á
(nosotros)	trabaja**remos**	comer**emos**	escribir**emos**	-emos
(vosotros)	trabajar**éis**	comer**éis**	escribir**éis**	-éis
(ellos, ellas, Uds.)	trabajar**án**	comer**án**	escribir**án**	-án

NOTAS GRAMATICALES

1. In Spanish, the future is a simple tense, consisting of one word. It is formed as follows:

> future stem + future endings

2. For all regular verbs and many irregular verbs, the future stem is the infinitive.

(ser)	Mi hermano **será** profesor.	*My brother **will be** a professor.*
(estar)	**Estaré** aquí mañana.	*I **will be** here tomorrow.*
(jugar)	**Jugarán** al fútbol el domingo.	*They **will play** soccer on Sunday.*

3. The future endings are the same for all verbs. With the exception of the **nosotros** form, the future endings have accent marks.

Ejercicio 2.   *El futuro*
Algunos estudiantes hablan de sus planes para el año que viene.

> Modelo: Enrique / ir a España / hablar español
> **Enrique irá a España. Hablará español.**

1. yo / ser estudiante / estudiar psicología
2. nosotros / trabajar mucho / ganarse bien la vida
3. Elena / viajar a Europa / pasar un año allá
4. Roberto y Paco / ser músicos / tocar sus guitarras
5. tú / estar en México / divertirse mucho
6. Felipe y Marisa / casarse / vivir en Los Ángeles

Ejercicio 3.   *Diálogo: ¿ Cuáles son tus planes ?*
Pregúntele a un/a compañero/a de clase sobre (about) *sus planes para mañana, según el modelo.*

> Modelo: despertarse (¿ a qué hora ?)
> **—¿ A qué hora te despertarás mañana ?**
> **—Me despertaré a las diez.**

1. levantarse (¿ a qué hora ?)
2. ir (¿ adónde ?)
3. llevar (¿ qué ropa ?)
4. estudiar (¿ qué ?)
5. llamar (¿ a quién ?)
6. almorzar (¿ dónde ? ¿ con quién ?)
7. comprar (¿ qué ?)
8. encontrarse (¿ con quién ? ¿ dónde ?)
9. divertirse (¿ cómo ? ¿ con quién ?)
10. pedir (¿ qué ? ¿ a quién ?)

Vocabulario *Algunas carreras*

LAS PERSONAS Y SUS ACTIVIDADES

EL MÉDICO (LA MÉDICA)
CURAR A LOS ENFERMOS
(*SICK PEOPLE*)
EN EL CONSULTORIO

LA CIRUJANA
(EL CIRUJANO)
HACER OPERACIONES
EN EL HOSPITAL

LA FARMACÉUTICA
(EL FARMACÉUTICO)
PREPARAR MEDICINAS
EN LA FARMACIA

EL ABOGADO (LA ABOGADA)
DEFENDER (E→IE)
A LOS CLIENTES
EN LOS TRIBUNALES (*COURTS*)

LA VETERINARIA
(EL VETERINARIO)
CURAR ANIMALES
EN LA CLÍNICA

LA PROGRAMADORA
(EL PROGRAMADOR)
PROGRAMAR
COMPUTADORAS

LOS NEGOCIOS (BUSINESS): LA OFICINA

el/la agente de viajes	*travel agent*	**arreglar viajes y vender pasajes** (*tickets*)
el/la comerciante	*businessman/woman*	**hacer negocios**
el/la contador/a	*accountant*	**llevar las cuentas** (*to keep accounts*)
el/la ejecutivo/a	*executive*	**dirigir la compañía**
el/la jefe/a	*boss*	**escoger a los empleados**
el/la secretario/a	*secretary*	**escribir cartas a máquina**

LOS OFICIOS (TRADES): EL TALLER (WORKSHOP)

el carpintero	*carpenter*	**construir casas y muebles** (*furniture*)
el electricista	*electrician*	**hacer instalaciones eléctricas**
el plomero	*plumber*	**hacer instalaciones de plomería**
el mecánico	*mechanic*	**arreglar máquinas** (*machines*)

B. El futuro: formas irregulares

Some verbs have irregular future stems. Note these stems in the following chart.

decir	**dir-**	No **diré** nada.
hacer	**har-**	¿ Qué **harás** mañana ?
hay	**habrá**	**Habrá** mucha gente en la oficina.
poder	**podr-**	No **podré** vender estos productos.
querer	**querr-**	¿ **Querrá** él ver esa película ?
saber	**sabr-**	¿ **Sabrán** programar las computadoras ?
poner	**pondr-**	¿ **Pondrás** la máquina de escribir en tu oficina ?
tener	**tendr-**	Pedro no **tendrá** la culpa.
venir	**vendr-**	Los dependientes **vendrán** a las ocho.
salir	**saldr-**	¿ Con quién **saldrá** el jefe ?

NOTAS GRAMATICALES

1. All verbs, regular and irregular, have the same future endings.

2. All future stems, regular and irregular, end in **r.**

Ejercicio 4. *Pasado mañana*
Algunas personas saldrán pasado mañana y otras no saldrán. Explique por qué saldrán o no saldrán, según el modelo.

> **Modelo:** Roberto / sí / no tener mucho trabajo
> **Roberto saldrá porque no tendrá mucho trabajo.**

1. Juana / no / no poder salir
2. Ramón y Francisca / sí / venir a mi fiesta
3. tú / sí / no tener que trabajar
4. yo / no / hay una fiesta en mi casa
5. nosotros / sí / querer ir al cine
6. José y Luisa / no / no tener dinero

Ejercicio 5. *Diálogo: El próximo fin de semana*
Pregúntele a un/a compañero/a de clase qué hará el próximo fin de semana.

> **Modelo:** tener que estudiar
> —¿ **Tendrás** que estudiar ?
> —**Sí, tendré** que estudiar. o —**No, no tendré** que estudiar.

1. tener tiempo para salir
2. querer ver a sus amigos
3. hacer la tarea
4. hacer algo interesante
5. poder asistir a un concierto
6. saber dónde hay una fiesta
7. salir el sábado por la noche
8. querer estudiar

*Una policía dirige
el tránsito en Panamá.*

Ejercicio 6.   *Proyectos profesionales*

*Los siguientes estudiantes escogieron ciertas carreras. Explique lo que harán
en su trabajo y lo que no harán.*

> ˙Modelo: Diego / carpintero (trabajar en un taller ; viajar mucho)
> **Diego será carpintero. Trabajará en un taller. No viajará mucho.**

1. Felipe / farmacéutico (vender medicinas ; trabajar en una farmacia ; ganarse bien la vida ; hacer operaciones)
2. nosotros / veterinarios (estar mucho tiempo en el consultorio; hablar con
   los pacientes; ver muchos animales)
3. Marisa y Estela / dentistas (cuidar los dientes ; trabajar en consultorios ;
   dirigir a muchos empleados ; cepillarse los dientes)
4. yo / plomero (hacer instalaciones de agua ; hacer instalaciones eléctricas ;
   instalar saunas ; arreglar lavaplatos)
5. mi prima / ejecutiva (escribir cartas ; dirigir a muchos empleados ; viajar
   de vez en cuando ; ganarse bien la vida)
6. Ud. / cirujano (trabajar en un hospital ; curar a los enfermos ; ser fa-
   moso/a ; lavarse las manos frecuentemente)
7. tú / abogado (estudiar mucho ; defender a tus clientes ; hablar en
   público ; irse a Washington)
8. Uds. / comerciantes (viajar mucho ; llamar a sus clientes por teléfono ;
   divertirse mucho ; hacer negocios)
9. Ana María / contadora (necesitar una calculadora ; trabajar en una
   oficina ; comprender computadoras ; llevar las cuentas ; saber programar)
10. nosotros / policías (dirigir el tráfico ; ayudar a la gente ; ser amables ;
    viajar en motocicleta ; poner multas)

Entrénese para ser

• AGENTE DE VIAJES
• RECEPCIONISTA
• CAJERA DE BANCO

C. El condicional

The conditional is used to express what *would* happen. In the sentences below, the verbs in boldface are in the conditional.

Me gustaría tener éxito en mi carrera.	*I would like to be successful in my career.*
Compraría una casa.	*I would buy a house.*
Viajaría mucho.	*I would travel a lot.*

FORMAS

Note the forms of the conditional in the chart below.

	TRABAJAR	COMER	VIVIR	SALIR	CONDITIONAL ENDINGS
(yo)	trabajar**ía**	comer**ía**	vivir**ía**	saldr**ía**	**-ía**
(tú)	trabajar**ías**	comer**ías**	vivir**ías**	saldr**ías**	**-ías**
(él, ella, Ud.)	trabajar**ía**	comer**ía**	vivir**ía**	saldr**ía**	**-ía**
(nosotros)	trabajar**íamos**	comer**íamos**	vivir**íamos**	saldr**íamos**	**-íamos**
(vosotros)	trabajar**íais**	comer**íais**	vivir**íais**	saldr**íais**	**-íais**
(ellos, ellas, Uds.)	trabajar**ían**	comer**ían**	vivir**ían**	saldr**ían**	**-ían**

(handwritten note: I would do that)

NOTAS GRAMATICALES

1. In Spanish, the conditional is a simple tense, consisting of one word. It is formed as follows:

   > future stem + conditional endings

2. The conditional endings are the same as the imperfect endings for **-er** and **-ir** verbs, but they are added to the infinitive.

USOS

The conditional in Spanish has several uses:

1. To express what would occur under certain conditions.

> Con más dinero, **compraríamos**   *With more money, we*
>   una casa.   *would buy a house.*

2. To express requests and wishes more politely.

> ¿ **Podría Ud.** darme dos pesos ?   *Could you give me two pesos?*

3. To express a future idea or event in relation to the past.

> Sabía que Ana **estaría** allí.   *I knew (that) Ana would be there.*

NOTA GRAMATICAL

Whereas in English one uses *would* to refer to repeated past events, in Spanish one uses the *imperfect.*

> **Hacían un viaje** todos los años.   *They would take a trip every year.*

Ejercicio 7.   *El incendio*

Todo el mundo reacciona de manera diferente cuando ve un desastre. ¿ Cómo reaccionarían las siguientes personas al ver un incendio ?

> Modelo: Teresa (llamar a la policía)   **Teresa llamaría a la policía.**

1. Héctor (llamar a los bomberos)
2. Esteban (gritar) *gritaría*
3. tú (llorar) *llorarías*
4. Felipe y yo (estar asustado) *estaríamos*
5. Diego y Ana (querer ayudar) *querrían*
6. yo (ayudar a los bomberos) *ayudaría*
7. Uds. (buscar un médico) *buscarían*
8. el Sr. Vega (tener miedo) *tendría*
315

Ejercicio 8.   *Diálogo: ¿ Qué harías ?*

Vamos a suponer que Uds. no tienen que asistir a clases por un año. Pregúntele a un/a compañero/a de clase qué haría.

> Modelo: trabajar
> —¿ **Trabajarías** ?
> —**Sí, trabajaría.**   o   —**No, no trabajaría.**

harías

1. hacer un viaje
2. hacer algo interesante
3. divertirse
4. vivir en otro país
5. estar contento/a
6. tener que ganarse la vida *Tendría a*
7. poder ganarse la vida *ganarme*
8. levantarse tarde todos los días

Ejercicio 9.   *Pedidos (Requests)*

Exprese los siguientes pedidos y declaraciones de una manera más cortés con el tiempo condicional.

> Modelo: ¿ Puede Ud. repetir la pregunta ?
> **¿ Podría Ud. repetir la pregunta ?**

1. Me gusta ver el menú.
2. ¿ Me permite sentarme aquí ?
3. ¿ Pueden Uds. darme la dirección de un buen electricista ?

4. Nos gusta hablar con el jefe.
5. ¿ Tiene Ud. el periódico de hoy ?
6. ¿ Puede Ud. venir a mi taller ?

D. Probabilidad: el pasado y el futuro

In the exchanges below, Carlos wonders aloud about certain things, and Antonia suggests some possible answers. Note the tenses of the verbs in boldface.

Carlos:	¿ Dónde **estará** tu hermana ?	*Where **can** your sister **be**?*
Antonia:	**Estará** en el taller.	*She is probably at the shop.*
Carlos:	¿ Dónde **estaba** Emilio ?	*Where was Emilio?*
Antonia:	**Estaría** en casa.	*He was probably at home.*

> In Spanish, the *future* may be used instead of the present to indicate uncertainty or to express probability in the present.
>
> The *conditional* may be used to indicate uncertainty or to express probability in the past.

¿ Qué tiempo hace ? **Hará** sol.	*How's the weather? **It's probably** sunny.*
¿ Qué tiempo hacía ? **Haría** sol.	*How was the weather? **It was probably** sunny.*

Ejercicio 10.   *Probablemente*

Hay muchos problemas en la compañía hoy, y el jefe quiere saber qué pasa y qué pasó. Conteste sus preguntas, según los modelos.

> Modelos: ¿ Dónde está Carlos ahora ? (en la oficina)
> **Estará en la oficina.**
>
> ¿ Dónde estuvo al mediodía ? (en la cafetería)
> **Estaría en la cafetería.**

1. ¿ A qué hora va a llamar el cliente ? (a las dos)
   ¿ A qué hora llamó antes ? (a las diez)
2. ¿ Con quién habla la recepcionista ? (con el contador)
   ¿ Con quién habló al mediodía ? (con su novio)

3. ¿Qué dice el abogado? (que no viene hoy)
   ¿Qué dijo cuando llamó? (que viene mañana)
4. ¿Qué hace la secretaria? (escribir cartas a máquina)
   ¿Qué hacía? (hablar por teléfono)
5. ¿Quién contesta el teléfono ahora? (la telefonista)
   ¿Quién contestó el teléfono al mediodía? (Ángela)

Ejercicio 11.   *En español*
Adela llama al consultorio de la doctora Pérez y habla con la secretaria.
Dé su conversación en español.

SECRETARIA	Good morning. Dr. Pérez' office.
ADELA	Good morning. I would like to make an appointment with Dr. Pérez.
SECRETARIA	Very well. At what time would you prefer to come to the office?
ADELA	Is it possible to see her tomorrow at ten o'clock?
SECRETARIA	Let's see **(A ver)**. I have to look at my book. No, she will be busy at ten. Would you be able to come at eleven o'clock?
ADELA	Yes, that's fine. I'll be there at eleven o'clock tomorrow.
SECRETARIA	Could you give me your name and your telephone number at the office?
ADELA	Of course. Adela Gutiérrez, 82-27-93.
SECRETARIA	Very good. We'll see you tomorrow at eleven. Good-bye.

≋Ahora le toca a Ud.   *Mi futuro*

*¿Cómo será su vida en el futuro? Escriba dos frases para indicar lo que Ud.
cree que hará o lo que le gustaría hacer.*

En cinco años...	Me gustaría...
En diez años...	Me gustaría...
En veinte años...	Me gustaría...
En cincuenta años...	Me gustaría...

El Zócalo es la plaza principal de la Ciudad de México que está construida sobre la antigua capital azteca. En el Zócalo se encuentran la Catedral, el Palacio Nacional y otros edificios del gobierno. ¿Qué lugar en los EEUU se puede comparar con el Zócalo?

Se sabe mucho de la gran civilización incaica gracias a las ruinas de Machu Picchu. «La ciudad perdida de los incas» está en los Andes cerca del Cuzco. ¿Dónde hay ciudades indias en los EEUU?

El producto más importante de Venezuela es el petróleo. Caracas, su capital, es un buen ejemplo de una ciudad en crecimiento *(growing)*. ¿Cómo se compara con otros lugares en Sudamérica?

Muchos mexicanos y turistas pasan los domingos en los jardines flotantes de Xochimilco en las afueras de la capital. Se divierten escuchando música de los mariachis, mirando las flores y charlando con los amigos. En su opinión, ¿por qué es tan popular Xochimilco?

Chichén Itzá, una antigua ciudad maya en Yucatán, es famosa por su gran pirámide El Castillo y otras ruinas. También hay una estatua de Chac Mool, el dios de la lluvia. ¿Por qué cree Ud. que los mayas construyeron ésta y otras pirámides?

Cada año miles y miles de personas vienen a esta basílica para dar gracias y mirar la famosa imagen de la Santa Patrona de México—la Virgen de Guadalupe. ¿Cómo es la basílica?

Se puede pasar unas vacaciones magníficas en las islas del Caribe. Allá se practican todos los deportes acuáticos. También se puede visitar monumentos como El Morro de San Juan. Esta fortaleza fue construida para defender a Puerto Rico de los piratas ingleses en el siglo XVI. ¿Qué le gustaría a Ud. visitar?

Taxco es un buen ejemplo de la época colonial mexicana. En los siglos XVII y XVIII era un pueblo muy rico a causa de sus minas de plata. ¿A qué se refiere la época colonial en México? ¿Y en los EEUU?

A Buenos Aires se le conoce como «el París de Sudamérica».
Aquí se ve el famoso obelisco en la Avenida 9 de Julio, la calle
más ancha del mundo. ¿Por qué se le llama a Buenos Aires
«el París de Sudamérica»?

Las Cataratas del Iguazú son cuatro veces más anchas que las Cataratas del
Niágara. Se encuentran en la frontera *(border)* entre la Argentina y el Brasil.
¿Ha visitado Ud. unas cataratas? ¿Cuáles?

La economía de Panamá depende de su canal que se inauguró en 1914. Unos
catorce mil barcos pasan por el canal de un océano al otro. ¿Por qué construyeron el canal en Centroamérica?

¿Hay algo que le moleste hoy?

Hace cinco meses que Alfredo Costa trabaja en una estación de televisión en Santiago de Chile. Ahora va a inaugurar un nuevo programa: cinco minutos de **entrevistas** espontáneas. Alfredo **baja** a la calle con su micrófono y un **camarógrafo. Se acerca** a la gente que camina **por** la Avenida Providencia y hace la siguiente pregunta a varias personas: «¿Hay algo que le molesta hoy?»

> Alfredo Costa has been working for five months
> interviews / goes down
> cameraman / He approaches / along

Una señorita

¡Sí! Hace media hora que **estoy esperando** a mi novio. Tenemos que llegar a una **reunión para** las 7:00, y... ¡Ah, aquí está!

> I am waiting
> get-together / by

Una vieja

La gente decente ya no puede **andar** por la calle. **Hace poco, estaba caminando por** la plaza y un joven me robó el **bolso.** El bolso no tenía gran **valor,** pero llevaba fotos de mis **nietos.**

> walk / A while ago / I was walking through
> handbag / value
> grandchildren

Una señora

A mí no me molesta nada. Hoy mi esposo y yo **estamos celebrando** nuestro aniversario. ¡Hace 25 años que nos casamos!

> are celebrating

Un señor

La inflación me molesta mucho. Ahora **estamos pagando** 300 pesos **por** un kilo de carne. En noviembre costaba 200 pesos. No sé cómo vamos a vivir... No puedo **ahorrar** nada, porque todo **aumenta** cada día.

> we are paying / for
> save / goes up

Un joven

Hoy no me molesta nada porque ¡mañana salgo **para** Portillo a esquiar! Y cuando **estoy bajando** la **montaña...**

> for
> I am coming down / mountain

Comprensión

Escoja las respuestas correctas.

1. Alfredo Costa...
   a) tiene un programa en la televisión.
   b) hace entrevistas espontáneas en su programa.
   c) hace las entrevistas en el estudio de la estación de televisión.
   d) le pregunta a la gente qué le molesta hoy.

2. El novio de la señorita...
   a) llega tarde para su cita.   b) va con ella a una fiesta.
   c) tiene una novia con paciencia. d) no tiene reloj.

3. La vieja...
   a) no anda más por la calle.
   b) tuvo una mala experiencia en la plaza.
   c) perdió un bolso de gran valor.
   d) tiene miedo.

4. La señora...
   a) está alegre.   b) está celebrando 25 años de matrimonio.
   c) está cansada.   d) espera a su esposo.

5. Al señor le molesta...
   a) Alfredo Costa.   b) la inflación.
   c) los precios.   d) comer carne.

6. Al joven...
   a) le gusta esquiar.   b) le molesta esquiar.
   c) le molesta la pregunta. d) le gusta ir a Portillo.

Lengua española

Vocabulario *El dinero*

SUSTANTIVOS

el banco	*bank*	**una cuenta**	(bank) *account; bill* (payable)
un cheque	*check*	**una cuenta corriente**	*checking account*
el interés	*interest*	**una cuenta de**	*savings account*
el nivel	*level*	**ahorros**	
el nivel de vida	*standard of living*	**la inflación**	*inflation*
un precio	*price*	**la moneda**	*coin; change*
un préstamo	*loan*	**una tarjeta de crédito**	*credit card*
el sueldo	*salary*		

VERBOS

abrir	to open	Voy a **abrir** una cuenta de ahorros.
ahorrar	to save	¡Es difícil **ahorrar** dinero!
bajar	to go down	El nivel de vida **baja.**
cerrar (e → ie)	to close, shut	Debes **cerrar** esa cuenta.
cobrar (un cheque)	to cash (a check)	¿Me puede **cobrar** este cheque?
faltar	to be lacking	Siempre me **falta** dinero.
firmar	to sign	Es necesario **firmar** el cheque.
gastar	to spend	¿**Gasta** mucho dinero en ese almacén?
pagar	to pay	¿Cuánto **pagó** Ud. por su computadora?
retirar	to withdraw	Voy al banco para **retirar** dinero.
subir	to raise, go up	Hay inflación cuando los precios **suben.**

EXPRESIONES

ahora mismo	right now	Tengo que hacerlo **ahora mismo.**
hace poco	a while ago	La vi **hace poco.**

OBSERVACIONES

1. The verb **faltar** is used in constructions similar to the **me gusta(n)** construction.

   Te falta experiencia.   *You lack experience.*

2. In Spanish, nouns are sometimes derived from verbs. Once you know the verbs, the nouns are usually easy to recognize and understand.

(ahorrar)	un **ahorro**	*a saving(s)*
(bajar)	una **baja**	*a fall, decline*
(firmar)	una **firma**	*a signature*
(gastar)	un **gasto**	*an expense*
(pagar)	un **pago**	*a payment*

Ejercicio 1.   *Ud. y las finanzas*

1. ¿Tiene Ud. una cuenta corriente? ¿En qué banco? Y, ¿tiene una cuenta de ahorros?
2. ¿Tiene Ud. empleo? ¿Gana un buen sueldo? ¿Le gustaría ganar más?
3. Cuando Ud. compra ropa, ¿cómo paga? ¿Con dinero, con un cheque o con una tarjeta de crédito?
4. ¿Gasta Ud. mucho dinero en libros? ¿en ropa? ¿en transporte?
5. ¿Sabe Ud. ahorrar dinero o lo gasta todo?
6. En su opinión, ¿es la inflación el problema principal en los Estados Unidos?
7. ¿Cuáles son los efectos de la inflación?

Ejercicio 2. *Problemas económicos*

*Responda con **verdad** o **no es verdad** a las siguientes declaraciones.*

1. Hay inflación cuando los precios suben.
2. La inflación es significativa cuando los precios suben más de 10 por ciento al año.
3. Cuando hay inflación, es difícil ahorrar dinero.
4. Cuando la inflación es muy significativa, el nivel de vida baja.
5. Ahora los bancos pagan un interés de 12 por ciento.
6. Un cheque que no tiene firma no es válido.
7. Para abrir una cuenta en un banco, es necesario tener más de 21 años.
8. No se puede cobrar un cheque sin firmarlo.
9. Es posible obtener un préstamo para asistir a la universidad.

A. El progresivo: en el presente

The verbs in the questions and answers below are in the present progressive tense.

—¿ Qué **están buscando** Luis y Tomás ?   *What **are** Luis and Tomás **looking for**?*

—**Están buscando** monedas.   *They **are looking for** coins.*

—¿ **Está nevando** ?   *Is it snowing?*

—No, **está lloviendo**.   *No, it's raining.*

FORMAS

The present progressive tense is formed as follows:

> present tense of **estar** + present participle

The formation of the present participle follows the pattern:

infinitive stem +	-ando	cantar → cant**ando**
	-iendo	beber → beb**iendo**
	-iendo	vivir → viv**iendo**

NOTAS GRAMATICALES

1. Verbs ending in **-eer** and **-aer** form the present participle with **-yendo.**

   leer → le**yendo**   traer → tra**yendo**

2. Verbs with a stem change in the third-person of the preterite retain that same change in the present participle.

(e → i)	decir → d**i**ciendo	pedir → p**i**diendo
	servir → s**i**rviendo	divertir → div**i**rtiendo
(o → u)	dormir → d**u**rmiendo	morir → m**u**riendo

3. Note the following irregular present participle: **ir → yendo.**

4. In the progressive construction, the ending of the present participle does *not* change to agree with the subject.

   Los precios están sub**iendo.**   *Prices are going up.*
   El nivel de vida está baj**ando.**   *The standard of living is going down.*

USOS

The present progressive is used less frequently in Spanish than in English. In Spanish, the present progressive is used *only* to describe actions currently taking place.

   Clara **está esperando** a su novio.   *Clara is waiting for her boyfriend.*

1. The simple *present* is used to describe general conditions or situations. Compare:

   Mi hija siempre **ahorra** dinero.   *My daughter is always saving money.* (She saves as a matter of course.)

   Ahora **está ahorrando** dinero para comprar un coche.   *Now she is saving money* (is in the process of saving) *in order to buy a car.*

2. The simple *present* (or *future*) is used to describe forthcoming events.

   Cierro esa cuenta mañana.   *I am closing that account tomorrow.*

Ejercicio 3. *¿ Qué están haciendo ?*

Las siguientes personas están haciendo algo en el banco ahora.

Modelo: José (firmar un cheque)   **José está firmando un cheque.**

1. el comerciante (cobrar un cheque)
2. yo (abrir una cuenta de ahorros)
3. la Sra. Pardo (cerrar su cuenta)
4. tú (pedir un préstamo)
5. María (retirar 500 pesos de su cuenta)
6. Uds. (pedir una tarjeta de crédito)
7. nosotros (depositar dinero)
8. yo (cambiar dólares por pesos)

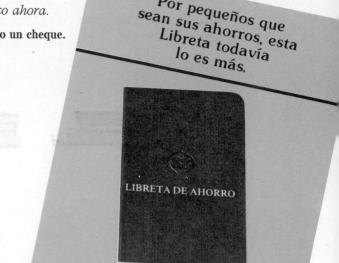

Por pequeños que sean sus ahorros, esta Libreta todavía lo es más.

LIBRETA DE AHORRO

BB
BANCO DE BILBAO

Ejercicio 4. *Ahora*

¿ Qué están haciendo las siguientes personas ahora ? Use su imaginación para contestar.

1. Madonna
2. la princesa Diana
3. Bruce Springsteen
4. Julio Iglesias
5. Julia Child
6. Garfield
7. su profesor/a de español
8. el presidente de los Estados Unidos
9. los otros estudiantes de la clase
10. Carlitos Brown, Lucy y Linus

Ejercicio 5. *Ahora mismo*

El Sr. Maldonado es un jefe difícil e impaciente. Conteste sus preguntas, según el modelo.

Modelo: ¿ Cuándo llegarán ? (los empleados)
   Los empleados están llegando ahora mismo.

1. ¿ Cuándo llegará ? (el abogado)
2. ¿ Cuándo leerá las instrucciones ? (yo)
3. ¿ Cuándo traerá los cheques ? (el contador)
4. ¿ Cuándo comprarán una computadora ? (los ejecutivos)
5. ¿ Cuándo abrirán la cafetería ? (nosotros)
6. ¿ Cuándo pagará las cuentas ? (yo)

B. El imperfecto del progresivo

The imperfect progressive tense is used, instead of the imperfect, to emphasize the ongoing nature of an action in the past.

Cuando fui al banco, **estaba lloviendo.**   *When I went to the bank, **it was raining.***

The imperfect progressive is formed as follows:

> imperfect of **estar** + present participle

NOTAS GRAMATICALES

1. The imperfect progressive is *not* used to describe habitual or repeated past actions. Instead, the imperfect is required.

   Me **llamaba** todos los días.   *He **was calling** me every day.*

2. The imperfect progressive is *not* used to provide background description. Again, the imperfect is used.

   Llevaba un suéter azul.   *She **was wearing** a blue sweater.*

Ejercicio 6.   *Hace poco*
Cuente lo que las siguientes personas hacían o lo que pasaba hace poco, utilizando las expresiones entre paréntesis.

   Modelo: Estaba lloviendo hace poco. (nevar)   **Estaba nevando hace poco.**

1. Ramiro estaba firmando su cheque hace poco. (cerrar su cuenta corriente ; leer las noticias ; buscar su tarjeta de crédito)
2. Tú estabas buscando un empleo hace poco. (traer café ; pelear con tu hermano ; dormir)
3. Los comerciantes estaban subiendo los precios hace poco. (bajar los precios ; aceptar tarjetas de crédito ; cerrar sus negocios)
4. Yo estaba retirando todo mi dinero del banco hace poco. (pedir un préstamo ; cobrar un cheque ; llorar)
5. Nosotros estábamos estudiando hace poco. (sacar libros de la biblioteca ; tratar de escuchar las cintas ; charlar)

C. Los complementos con los tiempos progresivos

Note the position of the object pronouns in boldface in the sentences below.

¿ Estás leyendo el artículo ?   { Sí, estoy leyéndo**lo**.
                                         { Sí, **lo** estoy leyendo.

¿ Estás diciéndome la verdad ?   { Sí, estoy diciéndo**tela**.
¿ Me estás diciendo la verdad ?   { Sí, **te la** estoy diciendo.

¿ Estás poniéndote un suéter ?   { Sí, estoy poniéndo**melo**.
¿ Te estás poniendo un suéter ?   { Sí, **me lo** estoy poniendo.

When object pronouns are used with a progressive tense, one of the following patterns is used:

---

object pronoun(s) + **estar** + present participle

estar + present participle + object pronoun(s) attached

NOTAS GRAMATICALES

1. Note that when the object pronouns are attached to the present participle, an accent mark is placed on the stressed vowel of the present participle.

2. When two pronouns are used in a progressive tense, the sequence is always indirect object before direct object.

—¿ Estás poniéndote las botas ?   —Sí, estoy poniéndo**melas**.
—¿ Te estás poniendo las botas ?   —Sí, **me las** estoy poniendo.

Ejercicio 7.   *¿ Qué estás haciendo ahora ?*
Pregúntele a un/a compañero/a de clase si está haciendo las siguientes cosas ahora. Sustituya los complementos directos o indirectos por los sustantivos.

Modelo: escribir la tarea
          —¿ Estás escribiéndola ahora ? (—¿ La estás escribiendo ahora ?)
          —Sí, estoy escribiéndola ahora. (—Sí, la estoy escribiendo ahora.)
      o   **—No, no la estoy escribiendo ahora (—No, no estoy escribiéndola ahora.)**

1. escucharme
2. leer el libro
3. estudiar la lección
4. tomar apuntes

5. hacerme preguntas
6. acordarse del vocabulario
7. decirme las respuestas
8. darme información

D. *Hace... que* + el tiempo presente

In the examples below, the first sentence of each pair describes the present situation. The second sentence describes a situation that has been going on for a specified period of time. Contrast the verb tenses used in Spanish and in English.

Ahorran dinero.	*They are saving money.*
Hace tres años **que ahorran** dinero.	*They have been saving money for three years.*
Margarita **maneja.**	*Margarita drives.*
Hace seis meses **que ella maneja.**	*She has been driving for six months.*

To describe a condition or action that began in the past and that is still in progress, Spanish-speakers use the following construction:

> **hace** + time + **que** + present tense

EXPLICACIÓN GRAMATICAL

To ask how long something has been going on, Spanish-speakers say:

¿Cuánto tiempo hace que... ?   *(For) how long . . . ?*

Ejercicio 8.   *Diálogo: ¿ Cuánto tiempo hace ?*
Pregúntele a otra persona cuánto tiempo hace que hace las siguientes cosas.

Modelo: estudiar
—¿ **Cuánto tiempo hace que estudias español ?**
—**Hace seis meses que estudio español.**

1. asistir a la universidad
2. vivir en esta ciudad
3. conocer a su compañero de cuarto
4. estar en esta clase
5. saber manejar
6. ser estudiante

Ejercicio 9.   *¿ Cuánto tiempo ?*
¿ Cuánto tiempo hace que las siguientes personas hacen sus actividades ?

Modelo: Mis amigos construyen una casa. (cinco meses)
Hace cinco meses que mis amigos construyen una casa.

1. Jane Fonda hace ejercicio. (cinco años)
2. Julia Child cocina. (veinte años)

3. Nosotros tenemos tarjetas de crédito. (seis meses)
4. Los niños duermen. (dos horas)
5. Tú hablas por teléfono. (veinte minutos)
6. El profesor habla. (cincuenta minutos)
7. Yo espero a mi novio/a. (quince minutos)
8. Ellos ahorran dinero. (un año)

E. Los usos de *para*

Note the uses and meanings of **para** in the sentences below.

Trabajamos **para** ganarnos la vida.	*We work **(in order) to** earn a living.*
Salió **para** el banco.	*He left **for** the bank.*
¿ Tiene Ud. un cheque **para** mí ?	*Do you have a check **for** me?*
Voy a hacerlo **para** mañana.	*I am going to do it **by** tomorrow.*

The preposition **para** is used to indicate:

purpose	*in order to*	**para** ganar dinero
general destination in space	*to, toward, for*	un autobús **para** Madrid
the recipient	*for*	un regalo **para** Ud.
		Trabajo **para** Pemex.
general destination in time, deadline	*by, for*	un trabajo **para** hoy
contrast	*for*	**Para** un norteamericano, hablas español muy bien.

CUALQUIER ESTACION ES BUENA PARA VIAJAR EN TREN.

Ejercicio 10.   *¿ Adónde ? ¿ Para qué ?*
¿ Adónde fueron las siguientes personas ? Dé sus destinaciones y sus motivos para salir.

> **Modelo:**   Luis (el banco / depositar su dinero)
> **Luis salió para el banco. Fue para depositar su dinero.**

1. Elena (el café / divertirse con sus amigos)
2. yo (la biblioteca / estudiar)
3. nosotros (la agencia de empleos / buscar trabajo)
4. tú (el centro / comprar ropa)
5. mis amigos (España / aprender español)
6. Teresa y Lucía (el cine / ver una película)

Ejercicio 11. *En la tintorería (dry cleaner's shop)*
El Sr. Peralta está dando instrucciones a su empleado.

> **Modelo:** la blusa / la doctora Cuevas / las seis de la tarde
> **La blusa es para la doctora Cuevas.**
> **La necesita para las seis de la tarde.**

1. los pantalones / el Sr. Martínez / mañana
2. el traje / Carlos Espinosa / las cinco
3. los suéteres / mi hija / esta tarde
4. el impermeable / mi vecina / la próxima semana
5. el uniforme / el cartero / las doce
6. los vestidos / la Srta. Castro / las tres

F. Los usos de *por*

Note the uses and meanings of **por** in the sentences below.

Llamamos a Juan **por** teléfono.	*We are calling Juan **on** the phone.*
Los chicos corren **por** el parque, **por** las calles...	*The boys run **through** the park, **along** the streets . . .*
Vengo **por** mi cheque.	*I am coming **for** (in search of) my check.*
Hago el trabajo **por** mi padre.	*I am doing the work **for** (on behalf of) my father.*
Te esperé **por** dos horas.	*I waited for you **for** two hours.*
Te doy $100 **por** tu bicicleta.	*I am giving you $100 **for** your bicycle.*
Van al banco tres veces **por** mes.	*They go to the bank three times **a** (per) month.*

The preposition **por** is used to indicate:

mode, means	*by*	**por** avión, **por** teléfono
motion at a location	*through, along*	**por** la calle
motive, cause, duty	*for (the sake of)*	**por** la igualdad, **por** mis padres
elapsed time	*for*	**por** tres horas, **por** dos semanas
exchange	*(in exchange) for*	diez dólares **por** una silla
units of measure	*per; a / an*	veinte kilómetros **por** hora
multiplication	*times, by*	dos **por** dos son cuatro

Vocabulario *Expresiones con* por

por casualidad	*accidentally*	**por lo común**	*commonly*
por ciento	*percent*	**por lo general**	*generally*
por cierto	*certainly*	**por lo menos**	*at least*
por ejemplo	*for example*	**¿por qué?**	*why?*
por eso	*therefore, so*	**por suerte**	*fortunately*
por favor	*please*	**por supuesto**	*of course*
por fin	*finally, at last*	**por todas partes**	*everywhere*

Ejercicio 12.   *Inquisitivo*

Pregúntele a otra persona cuánto pagó por las siguientes cosas.

> Modelo: el libro de español
> —¿ **Cuánto pagaste por el libro de español ?**
> —**Pagué veinte dólares por el libro de español.**

1. tu bicicleta
2. tus zapatos de tenis
3. tus jeans

4. la última cinta que compraste
5. todos tus libros este semestre
6. tu raqueta de tenis

Ejercicio 13.   *Y Ud., ¿ qué dice ?*

1. ¿ Llama Ud. a sus amigos por teléfono ? ¿ Cuándo ?
2. ¿ Le gusta dar paseos por la ciudad ? ¿ por la calle ? ¿ por la playa ?
3. Cuando Ud. maneja, ¿ respeta el límite de velocidad *(speed limit)* ?
   ¿ A cuántas millas por hora maneja Ud. generalmente ?
4. ¿ Cuántas veces por mes va Ud. al cine ? ¿ al teatro ?
5. ¿ Cuántas veces por semana va Ud. a la clase de español ?
6. ¿ Manda Ud. muchas cartas por avión ? ¿ Adónde ? ¿ A quiénes ?
7. ¿ Hace Ud. ejercicio por lo menos una vez por día ? ¿ Cuántas veces ?

Ejercicio 14.   *Ayer*

*Describa lo que las siguientes personas hicieron ayer. Use **por** o **para**, según sea apropiado* (as appropriate).

1. Silvia tomó el avión *para* Nueva York. Fue allá *por* asistir a una conferencia.
2. Felipe llamó a su novia *para* teléfono. Hablaron *por* dos horas. *Por* un estudiante pobre, él gasta mucho en llamarla *por* larga distancia. Él la llama *por* lo menos dos veces *por* semana.
3. Enrique e Isabel dieron un paseo *por* el centro. *Por* eso, volvieron tarde.
4. Carmen compró un vestido nuevo *para* la fiesta. Pagó cien pesos *por* el vestido.
5. Ana compró un regalo *para* su mamá *por* su cumpleaños.
6. Inés salió *para* México *para* visitar a su novio. Él trabaja *para* una compañía mexicana. *in order to*
7. *Por* supuesto, las estudiantes se preparan *por* el examen.
8. Hoy en día hay computadoras *por* todas partes. Cuestan *por* lo menos cien dólares. Mucha gente las usa *para* su trabajo. *Por* suerte tenemos dos en nuestra oficina.

Ejercicio 15. *En español*

Ramón Ortega y su amigo Jorge Goya están hablando. Dé su conversación en español.

RAMÓN   Good heavens! How much did you pay for that car?

JORGE   Not much. I bought it for two hundred dollars.

RAMÓN   Where did you find it?

JORGE   Well, I know you are not going to believe it, but I was walking along San Martín Avenue, and suddenly I saw it in a parking lot. And a man was saying to me . . .

RAMÓN   Psst. Would you like to buy a good car? Cheap?

JORGE   You're right! And I bought it and fixed it a bit, and now I use it for my work.

RAMÓN   How long have you had it?

JORGE   I've had it for six months. And with a car, I am earning more money and saving more.

RAMÓN   What are you saving your money for?

JORGE   To buy another car.

RAMÓN   Fortunately!

≈Ahora le toca a Ud.   *Ganar y gastar*

Describa en un párrafo breve cómo Ud. gana dinero y cómo lo gasta. ¿Cuáles son sus gastos principales?

chaquetas • pantalones • camisas

Tel: 261 12 02 Bogotá

El intruso

intruder

*La casa está tranquila y ninguna **luz está encendida**.*

light / is on

SRA. RUIZ	Pssst, Domingo. Despiértate. ¿Oyes un ruido?	
SR. RUIZ	¿Eh, eh? ¿Qué pasa? **Estaba dormido. No he oído nada.**	I was asleep. I haven't heard anything.
SRA. RUIZ	Escucha bien. *(Ellos **se quedan** muy quietos y escuchan atentamente.)* ¿Ahora me vas a decir que **no has oído** nada?	stay / you haven't heard
SR. RUIZ	Sí, hay un ruido. **Parece** que alguien está tratando de entrar en la casa.	It seems
SRA. RUIZ	¿Dejaste la **ventana abierta** en la cocina?	window / open
SR. RUIZ	Sí, **la había abierto** cuando cenamos y **me olvidé** de cerrarla antes de acostarme.	I had opened it / I forgot
SRA. RUIZ	¡Ay, Dios mío! ¿Qué hacemos ahora?	
SR. RUIZ	Llamamos a la policía en seguida.	
SRA. RUIZ	Shhhh. Oigo **pasos.**	footsteps
SR. RUIZ	¡Caramba! El ladrón ya **ha entrado** en la casa. **Ha encendido** una luz. ¿Dónde está mi **bata**? Voy a ver qué pasa.	has entered / He has turned on / robe
SRA. RUIZ	**¡Ten cuidado!**	Be careful!
CARLOS	¡Papá! ¿Todavía estás **despierto?**	awake
SR. RUIZ	¡Hijo! ¿Qué es esto? ¿Por qué **has entrado** por la ventana?	have you entered
CARLOS	**Me había olvidado** de llevar la **llave,** y cuando vi la ventana abierta, decidí no molestarlos. Pensaba que tú y Mamá ya estaban dormidos.	I had forgotten / key

Comprensión

Complete las frases para recontar la historia.

1. Cuando comienza la historia, los señores Ruiz están...
2. La señora Ruiz oye...
3. Pero el señor Ruiz no...
4. Ellos creen que...
5. Creen que el intruso ha entrado por...
6. El señor Ruiz sugiere que...
7. El intruso...
8. El señor Ruiz quiere ponerse la bata y...
9. La señora Ruiz le aconseja que...
10. El intruso es...
11. Entró por la ventana porque...

Lengua española

Vocabulario *En el hogar (home)*

EL CUADRO · LA VENTANA · LA PARED · LAS CORTINAS · LA ALMOHADA · LA LÁMPARA · EL CARTEL · EL AIRE ACONDICIONADO · LA PUERTA · EL RADIO · EL SOFÁ · LA CAMA · LA ALFOMBRA · EL SILLÓN · EL TELEVISOR

SUSTANTIVOS

el dueño	*owner; landlord*	la calefacción	*heating*
los electrodomésticos	*electrical appliances*	la escalera	*staircase*
los muebles	*furniture*	la luz	*light*
el piso	*floor*	la llave	*key*

ADJETIVOS

cómodo ≠ incómodo	*comfortable ≠ uncomfortable*
moderno ≠ antiguo	*modern ≠ old, antique*

VERBOS

alquilar	*to rent*	**Alquilaron** el apartamento hace un año.
apagar	*to turn off*	¿**Apagaste** la luz antes de salir?
compartir	*to share*	Los hermanos **comparten** el cuarto.
encender (e → ie)	*to turn on*	No **enciendo** las luces durante el día.
olvidarse (de)	*to forget*	**Se olvidó de** apagar el televisor.
poner	*to set, place*	Tienes que **poner** la mesa ahora.
parecer	*to seem*	Esta casa **parece** muy cómoda.
quedarse	*to stay, remain*	Quiero **quedarme** en casa hoy.
reparar	*to fix, repair*	El carpintero **reparó** la escalera.
romper	*to break, tear*	¿Quién **rompió** la ventana?

OBSERVACIÓN

Note the difference between **el radio** *(the radio set)* and **la radio** *(radio broadcast).*

Carlos enciende **el radio.**   Le gusta escuchar **la radio.**

Ejercicio 1. *Su casa*

Para describir su casa o apartamento, conteste las siguientes preguntas.

1. ¿Vive Ud. en una casa o en un apartamento? En su opinión, ¿cuál es preferible?
2. ¿Tiene Ud. su propio cuarto o tiene que compartirlo?
3. ¿Cómo es su casa o apartamento? ¿Es grande? ¿cómodo/a? ¿moderno/a?
4. ¿Tiene Ud. aire acondicionado en su casa o apartamento? ¿Tiene buena calefacción? ¿Tiene energía solar?
5. ¿Tiene Ud. carteles en su cuarto? ¿De quiénes son?
6. ¿Cuál es el mueble preferido en su cuarto?

Ejercicio 2. *Para conservar energía*

Como parte de una campaña (campaign) *para conservar energía, Ud. está haciendo carteles que sugieren cómo hacerlo. Dé sus sugerencias en forma de mandatos.*

> Modelo: comprar alfombras y cortinas
> **Compre Ud. alfombras y cortinas.**

1. dejar las ventanas abiertas en el invierno
2. encender la luz durante el día
3. encender el televisor sin mirarlo
4. cerrar la puerta después de entrar
5. bajar la calefacción por la noche
6. olvidarse de apagar el aire acondicionado
7. apagar el radio al salir de casa
8. quedarse en cama

A. El participio pasado

In the sentences below, the words in boldface are the past participles of the verbs in parentheses. Compare the past participle endings with the infinitive endings.

(alquilar)	El apartamento está **alquilado.**	*The apartment is **rented.***
(reparar)	El televisor está **reparado.**	*The television set is **fixed.***
(encender)	El radio está **encendido.**	*The radio is **turned on.***
(perder)	El niño está **perdido.**	*The child is **lost.***
(servir)	El desayuno está **servido.**	*Breakfast is **served.***
(construir)	El garaje está bien **construido.**	*The garage is well **built.***

For most verbs, the past participle is formed as follows:

infinitive stem + $\begin{cases} \text{\textbf{-ado}} & \text{(for \textbf{-ar} verbs)} \\ \text{\textbf{-ido}} & \text{(for \textbf{-er} and \textbf{-ir} verbs)} \end{cases}$

NOTAS GRAMATICALES

1. The construction **estar** + past participle is used to describe a condition resulting from a given action. In such a construction, the past participle functions as an adjective. It must agree in gender and number with the noun or pronoun it modifies.

> **La lámpara** está **encendida.**
> **Las luces** no están **encendidas.**
> **El radio** y **el tocadiscos** están **apagados.**

2. In both Spanish and English, the past participle may function as an adjective. Sometimes, however, Spanish uses a past participle where English uses another expression.

> Mi hermana está **dormida.**   *My sister is **asleep**.*
> Los chicos están **sentados.**   *The boys are **sitting (seated)**.*

Ejercicio 3.   *¡ Qué desorden ! (What a mess!)*
Miguel salió con mucha prisa (in a hurry) *esta mañana. Describa el estado de su apartamento con frases negativas o afirmativas.*

> Modelo: las luces (encender)   **Las luces están encendidas.**

1. el televisor (encender)
2. el radio (apagar)
3. el tocadiscos (encender)
4. las ventanas (cerrar)
5. la puerta (cerrar)
6. la cocina (arreglar)
7. su alcoba (arreglar)
8. los platos (lavar)

Ejercicio 4.   *Diálogo: ¿ Cómo estás ?*
*Pregúntele a otra persona en la clase cómo está hoy. Use **estar** y el participio pasado, como en el modelo.*

> Modelo: preocupar
> —¿ **Estás preocupado/a ?**
> —**Sí, estoy preocupado/a.**   o   —**No, no estoy preocupado/a.**

1. preparar para el examen
2. bien vestir
3. ocupar hoy
4. sentar cómodamente
5. descansar
6. dormir
7. agitar
8. cansar

B. Participios pasados irregulares

A few verbs in Spanish have irregular past participles.

escribir	**escrito** *(written)*	La carta está **escrita**.
romper	**roto** *(broken)*	Las gafas están **rotas**.
hacer	**hecho** *(done; made)*	La cama está **hecha**.
morir	**muerto** *(dead)*	Su abuelo está **muerto**.
poner	**puesto** *(put; set)*	La mesa está **puesta**.
abrir	**abierto** *(open, opened)*	La ventana está **abierta**.

Ejercicio 5.   *¿ Cómo están las cosas ?*
Ana María regresa de sus vacaciones y su compañera de cuarto le cuenta cómo están las cosas. Haga el papel de la compañera.

Modelo: una ventana / romper   **Una ventana está rota.**

1. los cheques / escribir
2. el garaje / alquilar
3. las camas / hacer
4. el canario / morir
5. la mesa / poner
6. la lámpara de cristal / romper
7. las plantas / morir
8. la pared / reparar
9. las ventanas / lavar
10. las almohadas / poner en el sofá

Ejercicio 6.   *Frustraciones*
*Las siguientes personas no hicieron ciertas cosas. Dé ocho frases afirmativas o negativas con los elementos de las Columnas A, B, C, y D y los verbos **poder** y **estar**.*

Modelo: **Elena no pudo llamar a Paco porque el teléfono no estaba arreglado.**

A	B	C	D
yo	ir al centro	el teléfono	arreglar
Elena	cambiar un cheque	el televisor	romper
mis amigos	acostarse	la mesa	abrir
Raúl y yo	ir de compras	el coche	cerrar
Ud.	comer	la cama	reparar
	ver aquel programa	las tiendas	poner
	llamar a Paco	el banco	hacer
	comprar aspirinas	la farmacia	
	preparar la comida	el mercado	
	sentarse	el refrigerador	
	dormir	la silla	

C. El presente perfecto

The present perfect is a past tense. As in English, it is used to describe what has or has not happened. In the sentences below, the verbs in boldface are in the present perfect.

¿ **Has leído** tu horóscopo hoy ?   *Have you read your horoscope today?*
No, **no he leído** el periódico.   *No, I haven't read the paper.*

¿ **Han llamado** Uds. a Tomás ?   *Have you called Tomás?*
No, y no **hemos llamado** a Ana   *No, and we haven't called Ana either.*
   tampoco.

Study the forms of the present perfect of **ir** in the chart below.

(yo)	**He** ido a México.	(nosotros)	**Hemos** ido al Uruguay.
(tú)	**Has** ido al Perú.	(vosotros)	**Habéis** ido al Paraguay.
(él, ella, Ud.)	**Ha** ido a Chile.	(ellos, ellas, Uds.)	**Han** ido a España.

NOTAS GRAMATICALES

1. The present perfect is a compound tense that consists of two words.

   present of **haber** + past participle

2. When the past participle is used in a perfect tense, its form does not change with the subject. It always ends in **-o.**

   Paco y Roberto ⎫
   Elena y María ⎬ han **aprendido** mucho.

3. The construction **haber** + past participle forms a block that cannot be broken by a pronoun or a negative word.

   ¿ **Ha llamado** Ud. a Elena ?   *Have you called Elena?*
   No, no la **he llamado.**   *No, I have not called her.*

   ¿ Te **has olvidado** de algo ?   *Have you forgotten something?*
   No me **he olvidado** de nada.   *I haven't forgotten anything.*

4. Here are several more verbs with irregular past participles.

decir	**dicho** *(said, told)*	¿ Qué ha **dicho** el profesor ?
descubrir	**descubierto** *(discovered)*	El científico ha **descubierto** un virus nuevo.
ver	**visto** *(seen)*	¿ Has **visto** mi nuevo sillón ?
volver	**vuelto** *(returned)*	Pedro no ha **vuelto** a casa.

5. Verbs with infinitives ending in **-eer** have an accent mark on the past participle ending.

leer **leído**   creer **creído**

Ejercicio 7.   *Diálogo: ¿ Qué has hecho recientemente ?*
Pregúntele a otra persona si ha hecho una de las siguientes cosas recientemente.

Modelo: comprar alguna revista
—¿ **Has comprado alguna revista recientemente ?**
—**Sí, he comprado una revista.**
o   —**No, no he comprado ninguna revista.**

1. arreglar su cuarto
2. reparar algo
3. perder sus llaves
4. esquiar
5. aprender algo nuevo
6. viajar en avión

7. ir a un partido de fútbol
8. compartir sus cosas
9. romper algo
10. escribir una carta
11. abrir una cuenta en el banco
12. poner algo nuevo en su cuarto

Ejercicio 8.   *¿ Cómo han pasado el mes ?*
Algunos estudiantes hispanos han pasado un mes en los Estados Unidos. Cuente lo que han hecho, según el modelo.

Modelo: Esteban / adaptarse bien   **Esteban se ha adaptado bien.**

1. Enrique / divertirse mucho
2. yo / quedarse en Miami por un mes
3. María / olvidarse de su novio
4. Felipe / encontrarse con mucha gente
5. tú / expresarse bien en inglés

6. yo / hacer muchas cosas
7. nosotros / pelearse
8. Uds. / ver Nueva York
9. tú / ir a San Francisco
10. Inés y Ana / descubrir muchas galerías de arte

Ejercicio 9.   *Dicho y hecho*
Los señores Romero han dicho al dueño de su casa que él debe hacer ciertas cosas mientras ellos están de vacaciones. Cuando regresan, le preguntan si ha hecho estas cosas. Haga el papel de los señores Romero y del dueño, según el modelo.

Modelo: reparar la escalera
Los señores Romero: **¿ Ha reparado la escalera ?**
El dueño: **La he reparado.**

1. apagar el aire acondicionado
2. lavar las ventanas
3. hacer más llaves
4. pintar los pisos

5. comprar otro refrigerador
6. reparar el lavaplatos
7. cambiar la puerta
8. llamar al plomero

Vocabulario *Para poner la mesa*

el cuchillo	*knife*	**la copa**	*wine glass*
el mantel	*tablecloth*	**la cuchara**	*spoon*
el platillo	*saucer*	**la cucharita**	*teaspoon*
el plato	*plate*	**la servilleta**	*napkin*
el tenedor	*fork*	**la taza**	*cup*
el vaso	*glass*		

Ejercicio 10.   *La cena*

¿ Tiene Ud. invitados (guests) *para cenar esta noche? ¿ Qué ha puesto en la mesa?*

1. Para decorar la mesa he puesto _____ y _____ .
2. Para tomar el vino he puesto _____ .
3. Para comer la carne he puesto _____ y _____ .
4. Para el café he puesto _____ y _____ .
5. Para tomar agua he puesto _____ .
6. Para limpiar la boca y las manos he puesto _____ .
7. Para tomar la sopa he puesto _____ .
8. Para comer el flan he puesto _____ .

D. El pluscuamperfecto

The pluperfect tense is used to express what had happened prior to another past event. In the sentences below, the verbs in boldface are in the pluperfect.

Cuando llegué, mis amigos ya **habían salido.**	*When I arrived, my friends **had** already **left**.*
El verano pasado fui a Puerto Rico.	*Last summer, I went to Puerto Rico.*
El verano anterior **había ido** a México.	*The summer before, **I had gone** to Mexico.*

Study the forms of the pluperfect of **leer** in the chart below.

(yo)	**Había leído** el periódico.	(nosotros)	**Habíamos leído** las noticias.
(tú)	**Habías leído** la revista.	(vosotros)	**Habíais leído** el artículo.
(él, ella, Ud.)	**Había leído** el horóscopo.	(ellos, ellas, Uds.)	**Habían leído** el poema.

NOTAS GRAMATICALES

1. The pluperfect, like the present perfect, is a compound tense. It is formed according to the following pattern:

> imperfect of **haber** + past participle

2. As with the present perfect, adverbs and negative expressions never come between the auxiliary verb **haber** and the past participle.

Ya **había comprado** la alfombra.	*I had already bought the rug.*
No **habían visto** las almohadas.	*They had not seen the pillows.*

3. Object pronouns always come *before* the verb **haber.** Contrast:

Nos habían despertado temprano.	*They had woken us up early.*
Me lo habías dicho ayer.	*You had told me that yesterday.*

Ejercicio 11.   *Todo cambia*
Explique lo que pasó el verano pasado, y después explique lo que había pasado el verano anterior.

> Modelo: Pedro (visitar a sus primas / a sus abuelos)
> **El verano pasado Pedro visitó a sus primas.**
> **El verano anterior había visitado a sus abuelos.**

1. Rafael (trabajar en un banco / en una tienda)
2. Elena y Silvia (compartir un apartamento / un cuarto)
3. Uds. (quedarse en casa / en la universidad)
4. tú (pasar las vacaciones en el Perú / en España)
5. mi familia y yo (ir a la playa / ir a Las Vegas)
6. yo (ahorrar mucho dinero / poco dinero)
7. Federico (hacer un viaje al Canadá / a Europa)
8. María (salir con Miguel / con Alberto)

Ejercicio 12.   *La primera vez (The first time)*
Imagínese que Ud. acaba de pasar el verano en España, donde hizo muchas cosas diferentes. Cuando un/a compañero/a le pregunta si había hecho estas cosas antes, dígale que sí o que no, según el modelo.

> Modelo: Hablaste español.
> **—¿ Habías hablado español antes ?**
> **—Sí, había hablado español antes.**
> o   **—No, no había hablado español antes.**

1. Viviste en un país hispano.
2. Comiste calamares *(squid).*
3. Bebiste vino español.
4. Escuchaste música flamenca.
5. Visitaste el Prado.
6. Fuiste a Sevilla y Granada.
7. Viste una corrida *(bullfight).*
8. Leíste *Cambio 16.*

Ejercicio 13.   *En español*

El « Plaza Hotel » ha puesto el siguiente letrero (sign) *en las puertas de todas
las habitaciones. Tradúzcalo para los huéspedes* (guests) *que hablan español.*

Have you turned off the air-conditioning before leaving your room?
Have you turned off all the lights that you are not using?
Have you closed the windows before turning on the air-conditioning?
Have you looked under **(debajo de)** the beds to be sure **(asegurarse)** that you
    haven't left something there?
Have you forgotten anything?

≋Ahora le toca a Ud.   *Para conservar energía*

Diga las cosas que Ud. ha hecho este mes para ayudar a conservar energía.

EN RESUMEN

A. *Sustituya las palabras o expresiones entre paréntesis por las palabras en cursiva. Haga todos los cambios necesarios.*

1. *Yo* estoy pagando las cuentas ahora. (los comerciantes; tú; el contador; tú y yo)
2. Nosotros *estamos pagando con una tarjeta de crédito.* (firmar los cheques; abrir una cuenta corriente; ahorrar nuestros sueldos; leer la cuenta)
3. ¿Están arreglando *la sala?* Sí, estamos arreglándola. (las flores; los documentos; el garaje)
4. ¿Estás poniéndote *el suéter?* No, no estoy poniéndomelo. (las botas; la corbata; el sombrero)
5. ¿*Gastará sus ahorros* Jaime? (tener éxito; hacer un viaje; venir a la oficina; salir para España; poner su dinero en el banco)
6. *La enfermera* lo cuidará. (los empleados; el Sr. Suárez y yo; tú; su amiga; yo)
7. *Yo* no haría eso. (tú; el carpintero; los mecánicos; mi jefe y yo)
8. En mi lugar, ¿qué *harías?* (decir; querer; poner en la sala; escoger)
9. Sí, Mamá. Todo está *preparado.* (hacer; arreglar; romper; poner en la mesa)
10. No *he hecho* nada. (decir; perder; romper; comprar; ver; leer)
11. Antes de ir a México, *ellos* nunca habían viajado. (yo; mi familia; mi familia y yo; tú)
12. Cuando *yo* estuve en España, vi algo que no había visto antes. (Camila; Carlos e Inés; mi esposo y yo; tú)

B. *Complete las frases con* **por** *o* **para.**

¡Las vacaciones _____ fin! Mañana saldré _____ Puerto Rico y voy a estar allá _____ dos semanas. Tengo que volver a casa _____ el 23 de enero porque tengo que hacer un trabajo _____ un cliente el 25 de enero. Claro, voy _____ avión porque hoy en día no es caro. Pagué solamente ciento cincuenta dólares _____ el boleto. ¡No voy a preocuparme _____ nada! Cuando estoy en Puerto Rico quiero dar un paseo _____ el viejo San Juan _____ mirar la arquitectura colonial y las calles interesantes. También quiero pasar _____ lo menos dos horas _____ día en la playa. ¡_____ mí, no hay vacaciones mejores!

Otras perspectivas VIII

*Estudiando en la biblioteca
de la Universidad
de Panamá.*

Lectura cultural   *La enseñanza*

education

El sistema **educativo** al nivel secundario y universitario en los países hispanos
es bastante diferente del sistema educativo de los Estados Unidos. En la **mayoría** de estos países, los estudiantes **ingresan** a la escuela secundaria a los
trece o catorce años. Pero los colegios son especializados. Los estudiantes que
quieren prepararse para la universidad tratan de ingresar a un colegio que
enseñe las humanidades. Los que quieren ser maestros asisten a una escuela
normal. También hay escuelas militares y escuelas vocacionales, que preparan
a los estudiantes para carreras específicas. Así que a los trece o catorce años
los jóvenes ya tienen que tomar las decisiones que **influirán** enormemente su
futuro.

educational
majority
enter

teacher-training

will affect

Ésta es una de las diferencias notables entre el sistema educativo de los
Estados Unidos y **el de** los países hispanos. Otra diferencia es que en los colegios de estos países la mayoría de las asignaturas son obligatorias. El sistema no permite que los estudiantes escojan lo que quieren estudiar o, si se
les permite escoger, es **dentro de** una selección muy limitada.

that of

within

Al terminar sus estudios secundarios, los estudiantes reciben el bachillerato. Éste no es el equivalente del título universitario de los Estados Unidos.
El bachillerato indica solamente que los estudiantes se han graduado de la
escuela secundaria.

Las universidades de los países hispanos se componen de diferentes facultades: **Ingeniería,** Filosofía y Letras, Medicina, Ciencias Naturales, Ciencias Sociales, Derecho, **Pedagogía,** Farmacología, Administración de Negocios, **Odontología,** Veterinaria, Trabajo Social, **Agronomía** y Economía. Después de tomar un examen de ingreso, los estudiantes que han sido aceptados se matriculan directamente en la facultad que han seleccionado y allá pasan de tres a siete años, según el curso que siguen. Es una educación dirigida casi exclusivamente a la preparación profesional.

Engineering
Education
Dentistry / Agriculture

Las universidades públicas son muy grandes y casi siempre están en las grandes ciudades. La Universidad Nacional Autónoma de México, por ejemplo, tiene más de 250.000 estudiantes y se llama Ciudad Universitaria. La matrícula en las universidades públicas es muy baja, pero el número de estudiantes que quiere ingresar es muy grande, y no hay suficientes **plazas** para todos. También hay universidades **particulares,** pero su matrícula es bastante cara.

places
private

La vida estudiantil también es diferente. Pocas universidades tienen residencias de estudiantes, y las que tienen residencias no tienen suficientes cuartos. Entonces, los estudiantes de la misma ciudad generalmente viven con su familia. **Los que** son de **otra parte** tienen que vivir con parientes, alquilar un cuarto en una casa o **compartir** un apartamento con otros estudiantes. Por eso, la vida social de los estudiantes no se concentra tanto en la universidad como en los Estados Unidos, y no hay tanto interés en los deportes universitarios. **Sin embargo,** los estudiantes frecuentemente se reúnen en grupos para estudiar juntos. Tradicionalmente, el estudiante hispano ha dirigido su energía y entusiasmo a **cuestiones** políticas. Entonces, **no es nada** sorprendente que muchos de los líderes políticos de los países latinoamericanos hayan comenzado sus actividades políticas mientras eran estudiantes.

Those who / elsewhere
to share

However

issues / it's not at all

Actividad A.   *Comprensión de lectura*

1. En los países hispanos los estudiantes ingresan al colegio cuando tienen
   _____ .
2. Las escuelas secundarias son _____ .
3. En los colegios hispanos la mayoría de las asignaturas son _____ .
4. Se recibe el bachillerato al terminar los estudios _____ .
5. Para ingresar a la universidad, hay que tomar _____ .
6. La universidad se compone de _____ .
7. Un curso de estudios puede seguir por _____ .
8. La preparación universitaria está dirigida a la _____ .
9. En las universidades públicas la matrícula es _____ , pero el número de estudiantes que quiere ingresar es _____ .
10. La mayoría de los estudiantes no viven _____ .

Actividad B.   *Diferencias culturales*

1. ¿A qué edad ingresó Ud. al colegio?
2. ¿Asistió Ud. a un colegio especializado? ¿Cuál era la especialización?
3. ¿Ya ha tomado Ud. decisiones sobre su futuro? ¿A qué edad las tomó?
4. ¿Qué asignaturas eran obligatorias en su colegio? ¿Cuáles son obligatorias en su universidad?
5. ¿Tiene su universidad facultades? ¿Cuáles son?
6. ¿Tomó Ud. un examen de ingreso para ingresar a la universidad? ¿Era fácil o difícil?
7. ¿Cuántos años piensa Ud. pasar en la universidad?
8. ¿Cree Ud. que su preparación está dirigida a una carrera profesional?
9. ¿Es la matrícula en su universidad alta, baja o regular?
10. ¿Cuántos estudiantes se matriculan en su universidad?
11. ¿Dónde vive Ud. mientras estudia?
12. ¿Participa Ud. en la vida social de la universidad? ¿Tiene Ud. interés en los deportes universitarios como participante o espectador/a?
13. ¿Hay mucha actividad política en su universidad? ¿Cuáles son las cuestiones políticas que les interesan a los estudiantes? ¿Cómo demuestran su interés?

Día por día   *Un año en el extranjero*   abroad

Frank Griffin es un estudiante norteamericano que va a pasar un año en el extranjero para perfeccionar su español. Hoy es su primer día en la Universidad Nacional Autónoma de México (UNAM).

FRANK	Perdón, señorita. ¿Me podría decir dónde queda la **librería**?	bookstore
	Buenos días, señorita. ¿Dónde está la librería, por favor? ¿Me puede indicar la librería?	
SEÑORITA	Sí. Está en ese **edificio** grande.	building
	Cómo no. Queda en ese edificio grande. No estoy segura, pero creo que está en ese edificio grande.	
FRANK	Gracias. ¿Sabe Ud. a qué hora se abre?	
SEÑORITA	Ay, lo siento mucho, pero no sé.	
	Creo que abre a las 9:00.	
	¿Es Ud. norteamericano?	
FRANK	Sí. Me llamo Frank Griffin y voy a pasar un año aquí en la UNAM.	

SEÑORITA   ¡Qué bien! Me llamo Sandra Quiñones y soy estudiante aquí.
            ¿Qué va a estudiar?

                ¿Qué piensa estudiar?
                ¿Qué clases va a tomar?

FRANK   Quiero estudiar literatura mexicana. ¿Conoce Ud. a algunos de
            los profesores que enseñan esta materia?

SANDRA   Sí, cómo no. Yo también estudio literatura mexicana.
            ¿Qué le gustaría saber?

                ¿Qué quiere saber?
                ¿Qué desea saber?
                ¿Qué preguntas tiene?

FRANK   **A ver...** ¿No podemos tomar un café **mientras** hablamos?   **Let's see / while**

                ¿Le gustaría tomar un café conmigo...
                ¿La puedo invitar a tomar un café...

SANDRA   ¡Cómo no! Y, ¿por qué no nos **tuteamos**?   **address each other as tú**

*La biblioteca de la
Universidad Nacional
Autónoma de México es
también una obra de arte del
pintor Juan O'Gorman.*

Nota cultural   En otras palabras...

A veces hay diferencias regionales en la lengua española. Una palabra casi universal es **autobús.** Pero en México se usa la palabra **camión** en vez de **autobús,** en algunos países del Caribe se dice **la guagua,** en la Argentina y el Uruguay los autobuses pequeños se llaman **colectivos** y también se escuchan las palabras **ómnibus** o **micro** en *algunas partes.*   some places

Actividad C. *En el centro*

Frank le pregunta a un joven en la esquina dónde para el autobús que va al Museo de Bellas Artes.

FRANK   Perdón, señor. ¿ _____ dónde para el camión que pasa por el Museo de Bellas Artes ?

JOVEN   Aquí en esta esquina. Yo también estoy esperándolo.

FRANK   Gracias. ¿ _____ si los camiones pasan frecuentemente ?

JOVEN   Sí. _____ pasan cada quince minutos.

FRANK   Cada quince minutos. ¿ _____ si pasó uno hace poco ?

JOVEN   _____ . Yo también acabo de llegar a la esquina.

Actividad D. *En el museo*

Frank entra al museo y habla con la señorita que vende boletos de entrada.

FRANK   ¿ _____ es la entrada ?

SEÑORITA   Diez pesos, señor. Cinco pesos con tarjeta de estudiante.

FRANK   Aquí tiene mi tarjeta. ¿ _____ se cierra el museo ?

SEÑORITA   A las cinco de la tarde.

FRANK   ¿ _____ se venden boletos para el Ballet Folklórico ?

SEÑORITA   En la boletería que está a la vuelta *(around the corner)*.

FRANK   ¿ _____ si hay una función esta noche ?

SEÑORITA   _____ . Se puede preguntar en la boletería.

BALLET FOLKLORICO DE MEXICO

PALACIO DE BELLAS ARTES MEXICO

Los turistas

Guillermo y Roberto, dos jóvenes de Barcelona, están de vacaciones en Nueva York. Hoy es el **primer** día de su visita.

first

GUILLERMO	*(Leyendo **en voz alta** de la **guía turística**)* « La **Sede** de las Naciones Unidas está situada entre la Primera Avenida y el East River, **desde** la calle 42 **hasta** la calle 48. Las **esculturas** y **obras** de arte en sus **edificios fueron donadas** por las naciones **miembros...** »
ROBERTO	Claro que tenemos que verla. Pero escucha esto: « La **Estatua** de la Libertad, el **mundialmente** famoso símbolo de libertad, fue donada por Francia a los Estados Unidos en conmemoración de la **alianza** entre ambos países durante la Guerra de Independencia... »
GUILLERMO	¿No podemos ver los dos lugares en un día?
ROBERTO	**A ver** el mapa. ¡Hombre! ¡Es imposible ir a los dos lugares en un día! ¿Por qué no vamos a ver la Estatua de la Libertad mañana? **Total**, éste es nuestro primer día en Nueva York y no se puede ver todo en un día.
GUILLERMO	¡Pero mira lo que hay para ver el **segundo** día, el **tercer** día y...
ROBERTO	¡Y si **seguimos** leyendo las guías turísticas **en vez de** salir, no vamos a ver nada hoy!

aloud / guidebook / Headquarters

from / to / sculptures
works / buildings / were donated
members
Statue

world

alliance

Let's see

After all

second / third

we keep on / instead of

Comprensión

1. ¿De qué país son Guillermo y Roberto? ¿Dónde están ahora?
2. ¿Cuánto tiempo hace que están en los Estados Unidos?
3. ¿Qué están leyendo?
4. ¿Adónde quiere ir Guillermo?
5. ¿Adónde quiere ir Roberto?
6. ¿Dónde está situada la Sede de las Naciones Unidas?
7. ¿Qué país donó la Estatua de la Libertad a los Estados Unidos?
8. ¿Por qué es difícil ver los dos lugares en un día?

vocabulário
1.)

Lengua española

Vocabulario   *En la ciudad (city) y el campo (country)*

SUSTANTIVOS

el árbol	*tree*	**la autopista**	*toll road, highway*
el camino	*road*	**la cuadra**	*block*
el edificio	*building*	**la fuente**	*fountain*
el lago	*lake*	**la granja**	*farm*
el mapa	*map*	**la montaña**	*mountain*
el pueblo	*town*	**la parada de autobús**	*bus stop*
el río	*river*		

VERBOS

bajar (de)	*to get off*	**Bajamos del** autobús aquí.
doblar (a la derecha, a la izquierda)	*to turn (right, left)*	¿Tengo que **doblar a la derecha** en la esquina?
seguir (e → i)	*to continue; to follow*	Yo siempre **sigo** las instrucciones.
seguir derecho	*to go straight ahead*	Y ahora **seguimos derecho.**
subir (a)	*to get on*	María **sube al** autobús en la esquina.

OBSERVACIÓN

Note the difference between **campo** and **país.**

El campo is the country, as opposed to the city.   *Me gusta visitar **el campo.***
Un país is a country, in the sense of a nation.   *México es **un país.***

Ejercicio 1.   *Su ambiente (surroundings)*

1. ¿Dónde vive Ud., en una ciudad, en un pueblo, en un suburbio o en el campo? ¿Le gusta vivir allí? ¿Por qué?
2. ¿Preferiría vivir en otro lugar? ¿Por qué?
3. ¿Nació en el mismo lugar donde vive ahora? ¿Vivía en otro lugar antes? ¿Dónde vivía?
4. En su opinión, ¿cuál es la ciudad más linda y agradable que Ud. conoce? ¿Cuáles son las características de esta ciudad?
5. ¿En qué ciudad no le gustaría vivir? ¿Por qué?
6. ¿Prefiere Ud. vivir en el campo o solamente visitarlo?

Ejercicio 2.   ¿ *Cómo se va... ?*
Ud. es un/a huésped/a (guest) *en el Hotel Jerez en Jerez de la Frontera, España, y tiene un coche alquilado. Pero, como Ud. no conoce bien la ciudad, tiene que pedir indicaciones* (directions). *Mire el mapa y haga y conteste las preguntas con un/a compañero/a de clase.*

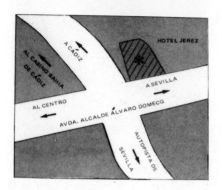

1. —Perdóneme, señor. ¿ Cómo se va al centro ?
   —Al salir del hotel, tiene que _____ .
2. —Discúlpeme, señorita. ¿ Me podría decir cómo se llega a la autopista de Sevilla ?
   —¡ Cómo no ! Cuando Ud. sale del hotel, hay que _____ .
3. —Buenos días, señora. ¿ Dónde se encuentra la carretera para Cádiz ?
   —Cuando Ud. sale del hotel, tiene que _____ .
4. —Buenas tardes, señor. ¿ Me puede indicar el camino para Sevilla ?
   —Sí, cómo no. Es muy fácil. Al salir del hotel, _____ .

A. La voz pasiva

When the subject of a sentence receives the action of the verb instead of performing it, the verb is said to be in the passive voice. Contrast the verb forms used in each pair of sentences. In the first sentence, the subject does the action: the construction is in the active voice. In the second sentence, the subject is the recipient of the action: the construction is in the passive voice.

(active)	Nuestros amigos siempre **nos invitan** a Nueva York.	*Our friends always **invite us** to New York.*
(passive)	Siempre **somos invitados** a Nueva York **por** nuestros amigos.	***We are** always **invited** to New York **by** our friends.*
(active)	Mi tío **compró** este mapa.	*My uncle **bought** this map.*
(passive)	Este mapa **fue comprado por** mi tío.	*This map **was bought by** my uncle.*

In Spanish, the passive construction is formed as follows:

> **ser** + past participle + **por** + agent (if expressed)

NOTAS GRAMATICALES

1. In passive constructions, the past participle agrees with the subject in gender and number.

   Graciela es **invitada.**   **Nosotros** somos **invitados.**

2. The verb **ser** in the passive construction may occur in any tense: present, preterite, future, etc.

   María e Inés no **fueron** invitadas.   Mis hermanos **serán** invitados.

Ejercicio 3.   *La fiesta del club de español*
El club de español da una fiesta de Navidad. Diga quiénes prepararán la comida, según el modelo.

   Modelo: el flan / Alicia   **El flan será preparado por Alicia.**

1. la ensalada / Manuel
2. los sándwiches / Consuelo
3. las tortas / Tina y María
4. el arroz / Cecilia
5. las bebidas / Guillermo y Tomás
6. los tacos / los estudiantes mexicanos

Ejercicio 4.   *Mucha ayuda*
Isabel y Ricardo se casaron en junio, y como no tenían mucho dinero para arreglar su apartamento, sus parientes y amigos los ayudaron. Diga qué cosas fueron hechas por las siguientes personas.

   Modelo: el apartamento / pintar / el hermano de Isabel
   El apartamento fue pintado por el hermano de Isabel.

1. las cortinas / hacer / la tía Clara
2. el sofá / comprar / el tío Bernardo
3. las paredes de la cocina / pintar / su amigo Paco
4. los platos / prestar / la mamá de Ricardo
5. los electrodomésticos / regalar / sus primos
6. el trabajo / compartir / sus parientes y amigos
7. la mesa del comedor / construir / el papá de Isabel
8. el apartamento / arreglar / sus parientes y amigos

Ejercicio 5.   *El terremoto (earthquake) del '85*
*En 1985 hubo un terremoto muy fuerte en la capital de México. Cuente lo
que pasó, usando la voz pasiva.*

> Modelo: Los mexicanos recuerdan el terremoto.
> **El terremoto es recordado por los mexicanos.**

1. El terremoto destruyó muchos edificios.
2. La gente buscó a las víctimas en las ruinas de los edificios.
3. La policía usó perros para encontrar a las víctimas.
4. Los perros encontraron a algunas personas.
5. El gobierno mexicano construirá casas nuevas.
6. El terremoto causó mucho sufrimiento *(suffering)*.
7. Los seismólogos estudian los terremotos.

B. La voz pasiva y el *se* passivo

The passive voice is used when the agent responsible for the action is known.

> *Don Quijote* **fue escrito** por   Don Quixote *was written* by
> Cervantes.   Cervantes.

When the agent is unknown or not clearly defined, the following construction
is preferred:

> **se** + verb + subject

> No **se escribieron** muchas novelas   *Not many novels* **were written** *at that time.*
> en esa época.

Note that in such a construction, the verb agrees with the subject.

> **Se vende** pan en la panadería.   *Bread* **is sold** *at the bakery.*
> **Se venden** pasteles en la pastelería.   *Cakes* **are sold** *at the pastry shop.*

Ejercicio 6.   *Cambios*

Ernesto acaba de regresar a México después de una ausencia de unos cinco años. Le pregunta a su primo Alberto cuándo se hicieron ciertas cosas. Con otro/a estudiante, haga los papeles de Ernesto y Alberto.

> Modelo: ¿ construir este museo ? / 2 años
> > Ernesto: **¿ Cuándo se construyó este museo ?**
> > Alberto: **Se construyó hace 2 años.**

1. ¿ plantar esos árboles ? / 4 años
2. ¿ alquilar este apartamento ? / 6 meses
3. ¿ terminar este puente *(bridge)* ? / 2 meses
4. ¿ pintar esa pintura mural ? / 3 años
5. ¿ vender esas casas ? / 4 meses
6. ¿ construir aquellos edificios ? / 3 años

Vocabulario   *Productos y servicios*

LOS LUGARES, LOS PRODUCTOS Y LOS SERVICIOS

En la **carnicería**	se vende carne.	En la **panadería**	se venden pan y pasteles.
En la **heladería**	se vende helado.	En la **papelería**	se venden papel, cuadernos, lápices y bolígrafos.
En la **lavandería**	se lava la ropa.		
En la **lechería**	se venden leche, queso y huevos.	En los **quioscos**	se venden periódicos y revistas.
		En la **tintorería**	se limpia la ropa.
En la **librería**	se venden libros.	En la **verdulería**	se venden fruta y verduras.
		En la **zapatería**	se venden zapatos.

OBSERVACIÓN

The word **tienda** is used with the name of a product to designate many other types of shops.

una tienda de discos	*a record shop*
una tienda de ropa	*a clothing store*

Ejercicio 7.   *En España*

Bob Morgan es un estudiante norteamericano que está pasando un año en España. Le pregunta a la dueña de su apartamento dónde se pueden comprar ciertos productos u obtener ciertos servicios. Con otro/a estudiante, hagan los papeles de Bob y la dueña.

Modelo: comprar zapatos
    Bob: **¿ Dónde se compran zapatos ?**
    La dueña: **Se compran zapatos en la zapatería.**

1. comprar pan
2. vender revistas
3. vender carne
4. lavar camisas

5. comprar huevos
6. vender libros
7. limpiar la ropa

8. comprar helado
9. vender verduras
10. comprar bananas

Vocabulario   *Frases prepositivas de lugar*

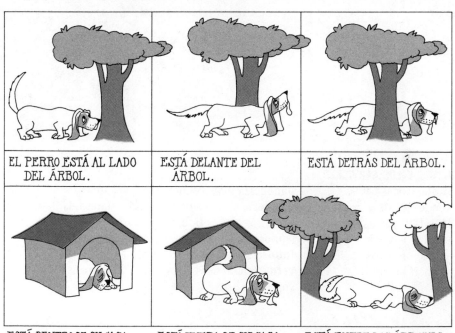

EL PERRO ESTÁ AL LADO DEL ÁRBOL.

ESTÁ DELANTE DEL ÁRBOL.

ESTÁ DETRÁS DEL ÁRBOL.

ESTÁ DENTRO DE SU CASA.

ESTÁ FUERA DE SU CASA.

ESTÁ ENTRE DOS ÁRBOLES.

Ejercicio 8.   *En esta cuadra*

*Ud. está en el centro de una ciudad hispana al lado del semáforo de la es-
quina, esperando a un amigo. Mientras espera, varias personas le piden indicaciones. Contésteles, dando las indicaciones completas, según la ilustración.*

1. Discúlpeme, señor (señorita, señora). ¿Me podría decir si hay un banco
   cerca de aquí?
       Sí, el banco está _____ .
   ¿Está al lado del almacén?
       No, está _____ .
2. Discúlpeme, señor. ¿Sabe Ud. si se venden periódicos en esta cuadra?
       Sí, se venden periódicos en _____ .
   ¿Está el quiosco fuera del almacén?
       Sí, está _____ .
3. Discúlpeme, señor. Estoy buscando una zapatería. ¿Hay una en esta
   calle?
       No, pero se venden zapatos en _____ .
   Ah, ya lo veo. Hay un quiosco delante del almacén.
       Sí, el almacén está _____ .
4. Discúlpeme, señor. ¿Me puede decir dónde se encuentra una librería cerca
   de aquí?
       Sí, hay una librería _____ .
   ¿Está entre el cine y el banco?
       No, está _____ .
5. Discúlpeme, señor. ¿Hay una panadería por aquí?
       No, no hay una panadería, pero se vende pan en _____ .
   ¿Está lejos de aquí el supermercado?
       No, Ud. está _____ .

—¿Cuál es el mejor momento del día para ti? ¿El desayuno detrás del periódico o la cena delante de la tele?

C. *Pero* vs. *sino*

Pero and **sino** both correspond to *but* in English. However, they each have distinct uses. Note these uses in the following sentences.

No se venden revistas en la librería **sino** en el quiosco.	*They don't sell magazines in the bookstore **but** in the kiosk.*
No se baja en esta esquina **sino** en la otra.	*You don't get off at this corner **but** at the other.*
No hay una zapatería cerca de aquí, **pero** se venden zapatos en el almacén.	*There isn't a shoe store near here, **but** shoes are sold in the department store.*

Sino means *but* in the sense of *on the contrary*. It always follows a negative expression.

Ejercicio 9. *Para ir al Museo Antropológico*
Ud. es un/a turista en la capital de México y quiere visitar el Museo Antropológico. Con otra persona de la clase, hagan los papeles del / de la turista y el/la amigo/a mexicano/a que le da indicaciones.

Modelo: ir en metro / autobús
El/la turista: **Se va en metro?**
El/la amigo/a: **No, no se va en metro sino en autobús.**

1. tomar el autobús en esta esquina / en la próxima esquina
2. bajar cuando el autobús llega a la Zona Rosa / al Museo Antropológico
3. doblar a la izquierda al bajar del autobús / a la derecha
4. abrir el museo a las once / a las diez
5. ver cuadros modernos / artefactos de las culturas maya y azteca

D. Los números ordinales

Ordinal numbers are used to indicate numerical sequence. In Spanish, they have the following forms:

1	**primero (primer)**	*first*	5	**quinto**	*fifth*	8 **octavo** *eighth*
2	**segundo**	*second*	6	**sexto**	*sixth*	9 **noveno** *ninth*
3	**tercero (tercer)**	*third*	7	**séptimo**	*seventh*	10 **décimo** *tenth*
4	**cuarto**	*fourth*				

(handwritten annotation: before a noun)

NOTAS GRAMATICALES

1. Ordinal numbers are adjectives and agree in gender and number with the nouns they modify.

   Es mi **segunda** clase y mi **segundo**   *This is my **second** class and my **second**
   examen.   *exam.*

2. Ordinal numbers are usually placed before the nouns they modify. **Primero** and **tercero** become **primer** and **tercer** before masculine singular nouns.

   Enero es el **primer** mes del año. Marzo es el **tercer** mes.

3. When used with the names of royalty and popes, the ordinal number follows the individual's name. (The definite article is not used.)

   ¿Qué sabe Ud. de **Carlos V (Quinto)** y **Felipe II (Segundo)?**

4. Ordinal numbers are rarely used in Spanish beyond **décimo** *(tenth)*. Beyond *ten,* cardinal numbers are used and are placed after the noun.

   ¿Cuáles son los derechos de la mujer en **el siglo** *(century)* **XX (veinte)?**

Las 10 ciudades más grandes del mundo
1960-2000 (Cifras en millones)

1960	1980	2000
1. Nueva York 15,4	Nueva York 20,4	Mexico City 31,0
2. Londres 10,7	Tokio 20,0	Tokio 24,2
3. Tokio 10,7	Mexico City 15,0	Nueva York 22,8
4. Ruhr 8,7	Sao Paulo 13,5	Shanghai 22,7
5. Shanghai 7,4	Shanghai 13,4	Sao Paulo 21,8
6. París 7,2	Los Angeles 11,7	Peking 19,9
7. Los Angeles 7,1	Peking 10,7	Rio de Janeiro 19
8. Buenos Aires 6,9	Rio de Janeiro 10,7	Bombay 17,1
9. Chicago 6,5	Londres 10,2	Calcuta 16,7
10. Moscú 6,3	Buenos Aires 10,1	Djakarta 16,6

Fuente: ONU 1979.   Incluidos suburbios.

Ejercicio 10.   *Las diez ciudades más grandes del mundo*
Aquí tenemos las estadísticas de las Naciones Unidas para las ciudades más grandes del mundo en 1960, 1980 y el año 2000. Indique su orden, según el modelo.

Modelo: Buenos Aires / 1960
En 1960 Buenos Aires era la octava ciudad más grande del mundo.

1. Buenos Aires / 1980
2. México, D.F. / 1980
3. Nueva York / 1960
4. Los Ángeles / 1960
5. Londres / 1980
6. Tokio / 2000

7. Rio de Janeiro / 1980
8. São Paulo / 1980
9. París / 1960
10. São Paulo / 2000
11. Nueva York / 1980
12. México, D.F. / 2000

Internacionales

Ejercicio 11.   *En español*

Ud. está en la capital de México y quiere ir al Parque Chapultepec. Pídale indicaciones a la mujer que está en la esquina.

UD. Excuse me. Could you please tell me how to get to Chapultepec Park?

MUJER Of course. Do you want to walk or take a bus?

UD. Well, is it far from here?

MUJER Ten blocks, more or less.

UD. Then I would prefer to walk. One sees more of the city that way **(de esa manera).**

MUJER Very well. You go straight ahead until you come to a traffic light in front of a very tall building. You turn right at that corner.

UD. Turn right at the first traffic light.

MUJER Yes. Then you continue on that street until you come to a big avenue. Turn left at the fountain that is in front of you and walk two more blocks. Then you will see the park.

UD. Thank you very much.

MUJER Is this the first time you are in Mexico?

UD. No, this is my second trip to Mexico, but I forgot my map in the hotel room. Thank you very much. You are very kind.

≋Ahora le toca a Ud.   *Donde yo vivo...*

Escriba un párrafo sobre su propia ciudad o pueblo: ¿qué sorpresas agradables hay allí para el turista extranjero?

Una carta del viajero

traveler

Jorge Castro y su primo Ernesto son de Caracas, Venezuela, y ahora están de viaje en los Estados Unidos.

Queridos Mamá y Papá,

¡**Saludos** de los Estados Unidos! Hoy es nuestro tercer día aquí, y todo está muy bien. El **vuelo** fue excelente, la comida del avión fue bastante buena, y pasamos por la **aduana** sin tener ningún problema. (No **tenemos pinta** de **contrabandistas.**) Encontramos el **albergue juvenil** fácilmente, y allá nos encontramos con dos jóvenes españoles que también están haciendo un viaje por los Estados Unidos. Son **tipos** muy simpáticos y hoy fuimos juntos a ver algunos de los lugares famosos de «la manzana grande». Vamos a quedarnos aquí en Nueva York por una semana más, y después pensamos ir en autobús a Washington, D.C.

Sí, Papá, trato de practicar el inglés **lo más** posible. Pero tú sabes que hablar es una cosa, y comprender es otra. Sí, Mamá, soy muy **cuidadoso,** no hago nada **peligroso** ni tonto. No, no me olvidaré de escribirles dos veces por semana.

Tengo que terminar esta carta ahora porque los muchachos me esperan para comer. Han descubierto un restaurante chino que es bueno y barato. Un abrazo para todos.

Cariños,

Jorge

Regards
flight
customs / look like
smugglers / youth hostel

guys

as much as
careful
dangerous

Affectionately

Comprensión

1. ¿De dónde son Jorge Castro y su primo? ¿Dónde están?
2. ¿Cuántos días han estado en los Estados Unidos?
3. ¿Cómo fue su vuelo a los Estados Unidos?
4. ¿Dónde conocieron a los dos jóvenes españoles?
5. ¿Adónde van después de ver Nueva York? ¿Cómo viajarán?
6. ¿Tiene Jorge dificultad en hablar inglés? ¿en comprenderlo?
7. ¿Adónde van a comer los jóvenes? ¿Por qué van allí?

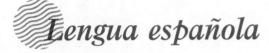

Lengua española

Vocabulario *De viaje*

SUSTANTIVOS

el albergue juvenil	*youth hostel*	la aduana	*customs*
el clima	*climate*	la camioneta	*camper, van*
el cheque de viajero	*traveler's check*	la mochila	*backpack*
el paisaje	*scenery; landscape*	la tienda de campaña	*tent*
el pasaporte	*passport*		
el saco de dormir	*sleeping bag*		
el/la turista	*tourist*		
el/la viajero/a	*traveler*		

VERBOS

acampar	*to camp, go camping*	Siempre **acampamos** en los parques nacionales.
pararse	*to stop*	¿**Se para** el autobús aquí?
pasarlo bien	*to have a good time*	¿**Lo pasaste bien?**
viajar a dedo	*to hitchhike*	Se prohibe **viajar a dedo** en la autopista.

ADJETIVOS

agradable ≠ desagradable	*pleasant ≠ unpleasant*
cuidadoso	*careful*
peligroso	*dangerous*

Ejercicio 1. *Las vacaciones*

1. ¿Le gusta acampar? ¿Con quién acampa Ud.? ¿Dónde? ¿Cuándo?
   ¿Lo pasa bien?
2. ¿Piensa acampar Ud. durante las vacaciones de verano? ¿Dónde?
3. ¿Es cómodo dormir en un saco de dormir? ¿Prefiere Ud. viajar con
   mochila? ¿Duerme Ud. en una camioneta o en una tienda de campaña?

4. ¿Ha viajado Ud. alguna vez a otro país? ¿Dónde ha viajado? ¿Lo pasó bien?
5. ¿Cómo prefiere Ud. viajar? ¿en avión? ¿en barco? ¿en coche? ¿en autobús? ¿en camioneta? ¿a dedo?
6. ¿Hay muchos turistas en la región donde vive Ud.? ¿Por qué van allí?
7. ¿Tiene Ud. pasaporte? ¿Le gusta su foto en el pasaporte?

A. La construcción del verbo + el infinitivo

In the sentences below, note the infinitives after certain verbs.

Espero hacer un viaje.	*I hope to take a trip.*
¿Quiere Ud. viajar conmigo?	*Do you want to travel with me?*
Aprendo a manejar un coche.	*I am learning to drive a car.*
Tratamos de ser cuidadosos.	*We are trying to be careful.*
Insisten en acampar aquí.	*They insist on camping here.*

When one verb immediately follows another in Spanish, the second verb is almost always an infinitive. The resulting constructions are:

verb + infinitive
verb + preposition **(a, de, en)** + infinitive

NOTA GRAMATICAL

The first verb determines the type of construction. When a verb is followed by a preposition, it is useful to learn this preposition together with the verb: **aprender a, insistir en.**

Vocabulario   *Verbos seguidos por infinitivos*

VERBO (+ INFINITIVO)

permitir	*to permit, allow*	¿Me **permite sentarme** aquí?
prohibir	*to prohibit, forbid*	Se **prohibe estacionarse** en esta calle.

(Note: Other verbs with this construction are **gustar, necesitar, poder, preferir, querer, saber.**)

VERBO + *A* (+ INFINITIVO)

comenzar a   *to begin to*   ¿Cuándo **comenzaste a estudiar** español?

acostumbrarse a   *to get used to*   **Se acostumbró a compartir** el cuarto.

(Note: Other verbs with this construction are **aprender a, ayudar a, empezar a, enseñar a, ir a.**)

VERBO + *DE* (+ INFINITIVO)

alegrarse de   *to be glad to (about)*   **Me alegro de ayudarla.**
cansarse de   *to get tired of*   **¿Te cansas de estudiar?**

(Note: Other verbs with this construction are **acabar de, olvidarse de, tratar de, terminar de.**)

VERBO + *EN* (+ INFINITIVO)

insistir en   *to insist on*   **Insisto en ver** su pasaporte.
tardar en   *to take a long time*   **Tardan** mucho **en llegar.**

Ejercicio 2.   *Su vida actual*

¿Hace Ud. las siguientes cosas? Complete las siguientes frases afirmativa o negativamente con las expresiones entre paréntesis.

    Modelo: Aprendo a _____ . (hablar francés)
                 Aprendo a hablar francés.   o   **No aprendo a hablar francés.**

1. Aprendo a _____ . (hablar en público; programar computadoras; respetar las opiniones de otra gente)
2. Necesito _____ . (estudiar; dormir mucho; ganar dinero)
3. Me alegro de _____ . (asistir a esta universidad; vivir en esta ciudad; sacar una « A »)
4. Me canso de siempre _____ . (ir a las mismas clases; estudiar español; ver a las mismas personas)
5. A veces me olvido de _____ . (hacer la tarea; prepararme para los exámenes; llamar a mis amigos; escribirles a mis padres)
6. Trato de _____ . (sacar buenas notas; divertirme; pasarlo bien; limpiar mi cuarto; ser cuidadoso)
7. Ayudo a _____ . (publicar el periódico estudiantil; servir la comida en la cafetería; limpiar la casa)
8. Tardo en _____ . (tomar decisiones; terminar mi trabajo; comprar mis libros)

Ejercicio 3.   *Permisos y prohibiciones*
¿ Se permite o se prohibe hacer las siguientes cosas en su universidad ?

> Modelo: comer en las clases
> **Se permite comer en las clases.**
> o   **Se prohibe comer en las clases.**

1. hablar con un amigo durante un examen
2. traer un animal a las clases
3. tomar bebidas alcohólicas en las fiestas
4. fumar *(to smoke)* en las clases
5. estacionar el coche en todas partes de la universidad
6. llevar una grabadora a las clases
7. llevar los apuntes a un examen
8. cocinar en los cuartos
9. hablar inglés en las clases de español
10. traer los palos *(clubs)* de golf a las clases

Ejercicio 4.   *Otras posibilidades*
Sustituya los verbos entre paréntesis por el verbo **querer.** *No se olvide de usar
la preposición apropiada si es necesaria.*

> Modelo: No quiero hablar italiano. (aprender)
> **No aprendo a hablar italiano.**

1. Carmen *quiere* viajar. (terminar)
2. Raúl no *quiere* acampar. (acostumbrarse)
3. Silvia *quiere* comprar una mochila. (necesitar)
4. *Queremos* viajar a dedo. (ir)
5. Rafael *quiere* quedarse aquí. (preferir)
6. No *quiero* salir contigo. (gustar)
7. *Quieres* bailar. (cansarse)
8. Ellos *quieren* ver el paisaje. (tratar)
9. Los turistas *quieren* pararse en el museo. (insistir)
10. *Queremos* pagar la cuenta. (olvidarse)

B. El infinitivo con expresiones de obligación

Note the use of infinitives after the verbs and expressions of obligation in boldface.

Ud. **debe** llevar cheques de viajero.	*You **should (ought to)** take traveler's checks.*
Tenemos que pasar por la aduana.	*We **have to** pass through customs.*
Hay que pedir un pasaporte.	*One **has to (One must)** request a passport.*

The infinitive is used after verbs or expressions of obligation such as:

deber   **tener que**   **hay que**

NOTAS GRAMATICALES

1. **Hay que** expresses an impersonal obligation. It has several English equivalents.

Hay que hacerlo.
$\begin{cases} \textit{One has to do it.} \\ \textit{We must do it.} \\ \textit{They have to do it.} \\ \textit{It has to be done.} \end{cases}$

2. These expressions of obligation may be conjugated in all tenses.

Debíamos estudiar el problema.	*We **had to** study the problem.*
Tuve que decir la verdad.	*I **had to** tell the truth.*
Habrá que tener paciencia.	*We **will have to** be patient.*

Ejercicio 5. *Antes del viaje*

Ud. y un/a amigo/a se preparan para un viaje a España. ¿Qué tienen que hacer, qué deben hacer o qué hay que hacer? ¿Y qué no tienen que hacer, no deben hacer o no hay que hacer?

Modelo: aprender el francés
No tenemos que aprender el francés.

1. aprender el español
2. obtener pasaportes
3. leer libros sobre España
4. comprar mapas
5. llevar mucho dinero
6. hablar con amigos que han estado en España
7. comprar cheques de viajero
8. llamar al agente de viajes
9. preparar sándwiches
10. comprar un Eurailpass

C. Otras construcciones con el infinitivo

Note the use of the infinitive in the constructions in boldface.

Estoy **cansado de estudiar.**	*I am **tired of studying.***
Es **la hora de salir.**	*It is **time to leave.***
Leo el horóscopo **para saber** el futuro.	*I read the horoscope **in order to know** the future.*

Infinitives are often used in the following constructions:

> adjective + **de** + infinitive
> noun + **de** + infinitive
> preposition + infinitive

Ejercicio 6.   *¿ Te gusta ?*

Pregúntele a otra persona de la clase si le gusta la idea de hacer las siguientes cosas.

Modelo: tener exámenes frecuentemente
—¿ **Te gusta la idea de tener exámenes frecuentemente ?**
—**Sí, me gusta la idea de tener exámenes frecuentemente.**
o   —**No, no me gusta la idea de tener exámenes frecuentemente.**

1. hacer un viaje
2. acampar en el invierno
3. viajar a dedo
4. pagar con tarjeta de crédito
5. estar en situaciones peligrosas
6. conservar energía
7. trabajar durante las vacaciones
8. ir a México conmigo

Ejercicio 7.   *Si Ud. me pregunta...*

Complete las siguientes frases con un infinitivo para expresar sus preferencias u opiniones. Se pueden agregar (add) *más palabras.*

1. Al _____ , me gusta _____ .
2. Antes de _____ , trato de _____ .
3. Prefiero _____ con gente agradable en vez de _____ con gente desagradable.
4. Trabajo para _____ dinero para _____ .
5. No me gusta salir de casa sin _____ .
6. Me alegro de _____ en vez de _____ .
7. Termino de _____ antes de _____ .
8. Siempre me olvido de _____ después de _____ .

Vocabulario *¡Feliz viaje!*

EL AEROMOZO

EL PASAJERO
LA BOLSA
EL ASIENTO

LA AEROMOZA
LA PASAJERA

EL CINTURÓN
DE SEGURIDAD

EL EQUIPAJE

LA MALETA

SUSTANTIVOS

el aeropuerto	*airport*	**la aerolínea**	*airline*
el billete / boleto	*ticket*	**la estación**	*station*
de ida	*one-way*		
de ida y vuelta	*round-trip*		
el vuelo	*flight*		

VERBOS

fumar	*to smoke*	Se prohibe **fumar** en esta sección.
pesar	*to weigh*	El empleado **pesa** el equipaje.
quejarse (de)	*to complain (about)*	Los pasajeros **se quejan del** servicio.
volar (o → ue)	*to fly*	¿Te gusta **volar** en avión?

MIEMBRO DE LA ASOCIACION INTERNACIONAL DE TRANSPORTE AEREO

132:2300:805:647

2 VUELOS

mexicana

Expedido por Cía. Mexicana de Aviación, S.A. Balderas 36 - México.

boleto de pasajero y cupon de equipaje

Ejercicio 8.   *Ud. y los viajes*

1. ¿Le gustaría ser aeromozo/a? ¿Por qué? ¿Por qué no?
2. ¿Cómo se llama el aeropuerto más cerca de donde Ud. vive? ¿Hay una aduana allí?
3. ¿Cuáles son las ventajas *(advantages)* de viajar en avión? ¿en tren? ¿en autobús? ¿en coche?
4. ¿Prefiere Ud. sentarse en la sección donde se permite fumar o en la sección donde se prohibe fumar?
5. ¿Tiene Ud. miedo de viajar en avión? ¿Ha viajado Ud. alguna vez en helicóptero?
6. Cuando Ud. viaja, ¿generalmente lleva mucho equipaje o poco equipaje? ¿Por qué?
7. ¿Le gusta sentarse al lado de la ventana cuando viaja? ¿Por qué?
8. ¿Se queja Ud. cuando viaja? ¿De qué?
9. ¿Se pone Ud. el cinturón de seguridad cuando viaja en coche? ¿cuando viaja en avión?
10. Cuando Ud. hace un viaje, ¿pesa Ud. su equipaje antes de salir de casa? ¿Qué hace Ud. si pesa demasiado?

El avión ha llegado a Santiago.

D. Los pronombres y adjetivos posesivos acentuados

To emphasize possession or relationship, Spanish-speakers use the stressed forms of the possessive adjective. Note the position of these stressed adjectives in the sentences below.

¿ Quién es Sergio ?	*Who is Sergio?*
Es **un amigo mío.**	*He is **a friend of mine.***
¿ Con quiénes viaja Ramón ?	*With whom does Ramón travel?*
Viaja con **unos amigos suyos.**	*He travels with **(some) friends of his.***

The forms of the stressed possessive adjectives are as follows:

	SINGULAR		PLURAL		
	Masc.	**Fem.**	**Masc.**	**Fem.**	
(yo)	**mío**	**mía**	**míos**	**mías**	*(of mine)*
(tú)	**tuyo**	**tuya**	**tuyos**	**tuyas**	*(of yours)*
(él, ella, Ud.)	**suyo**	**suya**	**suyos**	**suyas**	*(of his, hers, yours)*
(nosotros)	**nuestro**	**nuestra**	**nuestros**	**nuestras**	*(of ours)*
(vosotros)	**vuestro**	**vuestra**	**vuestros**	**vuestras**	*(of yours)*
(ellos, ellas, Uds.)	**suyo**	**suya**	**suyos**	**suyas**	*(of theirs, yours)*

NOTAS GRAMATICALES

1. Stressed possessive adjectives come *after* the nouns they modify. They agree with the nouns in gender and number.

2. Stressed possessive pronouns are formed as follows:

> definite article + stressed possessive adjective

Ésa no es mi bolsa.	*That's not my bag.*
La mía es negra.	***Mine** is black.*
Y, ¿ **la tuya ?** ¿ De qué color es ?	*And **yours?** What color is it?*

Note that stressed pronouns must be of the same number and gender as the nouns they refer to.

mi maleta → **la mía**   tus maletas → **las tuyas**

3. When stressed possessive pronouns are used after **ser,** the definite article is not used.

Estos boletos son **míos.**　　*These tickets are **mine.***
No son **tuyos.**　　　　　　*They are not **yours.***

Ejercicio 9.　　*¡ Adiós !*
Las siguientes personas salen de viaje con ciertos parientes y amigos. ¿ Con quiénes van ?

Modelo:　Raquel (una amiga)　**Raquel viaja con una amiga suya.**

1. Paco (unos amigos)
2. Estela (una prima)
3. Marisol y Carmen (unas amigas)
4. nosotros (una prima)

5. Ud. (unos amigos)
6. tú (unos parientes)
7. yo (una vecina)
8. Uds. (un pariente)

Ejercicio 10.　　*Las cosas perdidas*
El Sr. Castro trabaja en la oficina del aeropuerto donde se depositan las cosas perdidas. Cuando una persona viene a buscar un artículo, él le muestra varias cosas. Con otra persona, hagan los papeles del Sr. Castro y las personas que han perdido algo.

Modelo:　He perdido mi maleta. (sí)
　　　　　Sr. Castro:　**Aquí tengo una maleta. ¿ Es suya ?**
　　　　　La persona: **Sí, es mía.** o　**No, no es mía.**

1. He perdido mi cámara. (sí)
2. Busco mis llaves. (no)
3. He perdido mis gafas. (no)
4. Busco mi pasaporte. (sí)

5. Hemos perdido una maleta roja. (sí)
6. Buscamos nuestros boletos. (no)
7. Hemos perdido una bolsa azul. (sí)
8. Buscamos nuestros esquís. (sí)

Ejercicio 11.　　*Un intercambio (exchange) de información*
Intercambie información con otra persona de la clase, según el modelo.

Modelo:　Mi cuarto es grande.
　　　　　—Mi cuarto es (no es) grande. ¿ Y el tuyo ?
　　　　　—El mío es grande también. (El mío no es grande tampoco.)

1. Mi compañero/a de cuarto es agradable.
2. Mis amigos son divertidos.
3. Mis clases son interesantes.
4. Mi familia vive cerca de aquí.
5. Mi cuarto es cómodo.
6. Mis vacaciones fueron fabulosas.
7. Mi último examen fue muy difícil.
8. El semestre pasado mis notas fueron bastante buenas.

Ejercicio 12.   *En español*

Enrique y Tina se encuentran en la universidad en septiembre. Dé su conversación en español.

ENRIQUE   Hello, Tina! I'm glad to see you again. How was your vacation?

TINA   Mine was wonderful **(maravilloso).** And how was yours?

ENRIQUE   Great **(Estupendo)!** What did you do?

TINA   I took a trip to Europe with some of my friends.

ENRIQUE   So did I! Where did you go?

TINA   We went to Spain, France, and Italy.

ENRIQUE   We did also! Were you camping?

TINA   No, we stayed in youth hostels, and we met other students there from many countries.

ENRIQUE   How did you travel in Europe?

TINA   We went from New York to Madrid by plane, and then we traveled by train. And how did you travel?

ENRIQUE   Sometimes we got on a train, but sometimes we hitchhiked.

TINA   Did you ever get tired of traveling?

ENRIQUE   Never! It will be difficult to get used to staying in one place and studying again.

TINA   Don't complain. One cannot be a tourist forever **(para siempre).**

≋Ahora le toca a Ud.   *Consejos para viajeros*

Dé consejos de viaje a cada una de las siguientes personas que piensan visitar los Estados Unidos. Escriba un párrafo corto de tres o cuatro frases para cada uno de ellos.

1. María y Luisa quieren pasar el verano en los Estados Unidos. Están interesadas en la naturaleza y tienen un presupuesto *(budget)* limitado.

2. Felipe y Carlos quieren estudiar en los Estados Unidos por un año. Estudian economía. También les gustan los deportes.

3. El Sr. Montero es el presidente de una compañía pequeña que fabrica *(manufactures)* productos electrónicos. Él quiere conocer a gente en la industria norteamericana y también mantenerse al tanto *(up-to-date)* de los nuevos desarrollos *(developments)* tecnológicos.

4. La Sra. Ayala es una escritora independiente *(free-lance)*. También es experta en fotografía. A ella le gustaría escribir un artículo sobre algunos aspectos singulares del estilo de vida en los Estados Unidos.

La política

¿ Tiene Ud. interés en la **política** *? O, ¿ es indiferente ? Cuando hicimos esta*   politics
pregunta a varios hispanos, nos contestaron así:

Francisco Arias (21 años, de Venezuela)

Claro que me interesa la política. Y me molesta mucho que no todos los **ciu-**   citizens
dadanos de este país tengan el mismo interés. Realmente me **asombra** que   it amazes
muchas personas no estén más **conscientes** de la gran responsabilidad que   aware
implica una democracia.   entails

Teresa Muñoz (18 años, del Paraguay)

¿Yo? ¿Interesarme en la política? ¿Para qué? **Dudo** que el **gobierno** es-   I doubt / government
cuche la **voz** del **pueblo.**   voice / people

Ricardo López (20 años, de México)

No es verdad que los estudiantes sean **apáticos.** Pero **temo** que sean cínicos   apathetic / I fear
con respecto a la política.

Mónica Osorio (19 años, de Cuba)

A mi modo de pensar, hay **sólo** una solución para los países del Tercer   only
Mundo: ¡el marxismo! No creo que ningún otro tipo de gobierno pueda resolver nuestros problemas.

Enrique Rivera (20 años, de la Argentina)

¿La política? **No me importa un pepino.** Compro el periódico para leer la   I couldn't care less.
página **deportiva,** nada más. Estoy bien **afligido** porque es **dudoso** que mi   sports / distressed /
equipo gane el **campeonato** este año.   doubtful
     championship

María Rubio (18 años, del Perú)

Es sorprendente que haya algún estudiante que no se interese en la política.
Pero temo que los estudiantes radicales sean más **ruidosos** que los demás y   noisy
que la gente piense que ellos representan a todos.

Juan Castro (20 años, del Ecuador)

Tengo interés en la política y me gustaría **desempeñar un papel** más activo.   to play a role
Pero espero obtener empleo en el gobierno después de recibir mi título, y
tengo miedo de que la actividad **política perjudique** mi carrera.   political / may harm

Comprensión   *¿ Cierto o falso ?*
Si el comentario es falso, corríjalo.

1. Le molesta a Francisco que otras personas no tengan tanto interés en la
   política.
2. Según Francisco, la democracia implica una gran responsabilidad.
3. Con respecto a la política, Teresa Muñoz es cínica.
4. Teresa tiene mucho interés en la política.
5. Ricardo López cree que los estudiantes son apáticos.
6. Mónica Osorio cree que el marxismo ofrece soluciones a los problemas del
   Tercer Mundo.
7. Enrique Rivera lee mucho sobre la política.
8. Juan Castro quiere tener más actividades políticas.
9. Según Juan, es posible que haya un conflicto entre la actividad política y
   empleo en el gobierno.

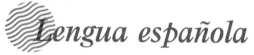

Lengua española

Vocabulario   *El mundo político*

SUSTANTIVOS

un/a ciudadano/a	*citizen*	la democracia	*democracy*
el gobierno	*government*	las elecciones	*election*
un político	*politician*	una ley	*law*
el pueblo	*people*	la libertad	*liberty*
un voto	*vote*	la lucha	*fight; struggle*
		la mayoría	*majority*
		la minoría	*minority*
		la política	*politics; policy*
		una voz (voces)	*voice (voices)*

ADJETIVOS

apático	*apathetic*	¿Son **apáticos** los jóvenes?
consciente	*conscious, aware*	No son **conscientes** de sus derechos.
justo	*fair, just*	Esta ley no es **justa.**
político	*political*	No tengo interés en los problemas **políticos.**

VERBOS

darse cuenta de	*to realize*	No **me di cuenta de** lo que pasaba.
elegir (e → i)	*to elect; to choose*	¿A qué candidato **elegirán**?
luchar	*to struggle; to fight*	**Luchamos** para obtener la libertad.
resolver (o → ue)	*to solve, resolve*	El gobierno no puede **resolver** esos problemas.
tener interés en	*to be interested in*	¿**Tiene** Ud. **interés en** la política?
votar (por)	*to vote (for)*	¿**Por** qué candidato **votaste**?

EXPRESIONES

en contra de	*against*	El pueblo lucha **en contra de** la guerra.
en pro de	*for*	Y lucha **en pro de** la paz.

Ejercicio 1.   *¿Está Ud. de acuerdo o no?*
Explique por qué Ud. está de acuerdo o no está de acuerdo con las siguientes declaraciones.

1. La democracia es el mejor sistema político.
2. No existe democracia sin libertad de expresión.
3. No importa qué candidatos elijamos; todos van a hacer lo mismo.
4. La paz es más importante que la libertad.
5. El gobierno de los Estados Unidos no es perfecto, pero es el mejor gobierno del mundo.
6. Actualmente la mayoría de los estudiantes son apáticos.
7. La libertad y la justicia son cosas muy relativas.
8. No hay verdadera *(real, true)* democracia en los Estados Unidos porque solamente una minoría de los ciudadanos votan en las elecciones.

A. El subjuntivo después de verbos de emoción

In Spanish, when the subject expresses his or her feelings about an event or situation, the second verb in the sentence is in the subjunctive mood. Note the two verbs in boldface in the following sentences.

Me alegro de que Ud. **vaya** a votar.	*I am happy that you are going to vote.*
Raúl **siente** que Ana **no pueda** votar.	*Raúl is sorry that Ana cannot vote.*

In Spanish, emotions and feelings are often expressed using the following construction:

> verb or expression of emotion + **que** + subjunctive clause

NOTAS GRAMATICALES

1. When the emotion concerns the subject's own actions or condition, the infinitive is used instead of a subjunctive clause. Contrast:

Me alegro de **que Ud. pueda votar.**	*I am happy (that) you are able to vote.*
Me alegro de **poder votar.**	*I am happy (that) I am able to vote.*

2. Many expressions that follow the **me gusta** pattern to describe feelings and attitudes may be followed by the subjunctive.

me gusta	*I like*	**Me gusta** que Uds. **sigan** mis consejos.
no me gusta	*I don't like; it displeases me*	**No me gusta** que Ud. **vote** por el otro candidato.
me molesta	*it bothers me*	¿ **Le molesta** que yo **abra** la ventana ?
me sorprende	*it surprises me*	**Me sorprende** que Ud. no **se dé cuenta de** lo que pasa.

Vocabulario *Sentimientos y emociones*

LA FELICIDAD
alegrarse de   *to be happy, glad*   **Me alegro de** que Ud. tenga éxito en su carrera.

LA TRISTEZA (SADNESS)
sentir (e → ie)   *to be sorry, regret*   **Sentimos** que Ud. no pueda acompañarnos.

EL ASOMBRO (AMAZEMENT)
asombrarse de   *to be astonished, amazed*   **¿Te asombras de** que ellos no voten?

EL MIEDO (FEAR)
temer   *to fear, dread*   **Temo** que mi candidato pierda la elección.
tener miedo de   *to be afraid*   **¿Tienes miedo de** que la lucha sea difícil?

Ejercicio 2.   *Las elecciones*
*El candidato se alegra de que algunas personas voten por él y siente que otras
no voten por él. Exprese sus sentimientos, según el modelo.*

> Modelo: José (no)   **El candidato siente que José no vote por él.**

1. yo (sí)   3. Uds. (no)   5. sus padres (no)   7. Clara y Elena (sí)
2. Federico (no)   4. nosotros (sí)   6. tú (sí)   8. Ud. (no)

Ejercicio 3.   *La respuesta apropiada*
*Haga las siguientes declaraciones a otra persona de la clase, que va a res-
ponder con **Me alegro de que...** o **Siento que...***

> Modelo: estar bien hoy
>   **—Estoy bien hoy.**
>   **—Me alegro de que estés bien hoy.**

1. no estar bien   4. tener buenas noticias
2. acabar de salir bien en un examen   5. estar de vacaciones mañana
3. no sentirse bien hoy   6. tener un problema serio

Ejercicio 4.   *La cortesía*
*Pregúntele a su profesor/a si le molesta que Ud. haga ciertas cosas en la clase.
El/La profesor/a le contestará.*

> Modelo: fumar   **¿Le molesta que fume?**

1. comer   5. prepararse para otra clase
2. quitarse los zapatos   6. cantar en español
3. contar chistes en español   7. leer el periódico cuando Ud. habla
4. no venir el día del examen   8. hacer preguntas

Ejercicio 5. *Para expresar sus sentimientos*
*Combine una expresión de la Columna **A** con una expresión de la Columna **B***
para expresar sus sentimientos. El segundo verbo será en el subjuntivo.

Modelo: **Temo que el nivel de vida baje.**

A	**B**
Me gusta que...	mis profesores dan exámenes los viernes.
No me gusta que...	mis amigos no tienen interés en la política.
Me sorprende que...	mis padres no se dan cuenta de que la vida
No me sorprende que...	estudiantil es difícil.
Temo que...	la administración de la universidad no me
No temo que...	pide consejos.
	algunos estudiantes son apáticos.
	no hay más candidatos.
	algunos jóvenes fuman.
	el pueblo elige ciertos candidatos.
	el problema de la violencia aumenta.
	el nivel de vida baja.
	la inflación es grave.
	los conflictos internacionales no se resuelven.

 EL PUEBLO OPINA

B. El subjuntivo después de expresiones de duda

In each of the following pairs of sentences, speaker A considers some things
as certain and uses the indicative. Speaker B considers them doubtful and
uses the subjunctive. Contrast the verbs used in each set of sentences.

A *(certainty):* **Creo que es** posible reformar el gobierno.
B *(doubt):* **Dudo** *(I doubt)* **que sea** posible reformar el gobierno.

A *(certainty):* **Es cierto que** muchas personas **tienen** interés en la política.
B *(doubt):* **No creo que** muchas personas **tengan** interés en la política.

A *(certainty):* **Es verdad que** muchos norteamericanos **votan** en las elecciones.
B *(doubt):* **No es verdad que** muchos norteamericanos **voten** en las elecciones.

In Spanish, expressions of *doubt* and *uncertainty* are followed by the *subjunctive*.

NOTAS GRAMATICALES

1. When an expression of certainty is used in the negative, it may become an expression of doubt.

> **Creo** que las leyes **son** justas.   *(certainty)*
> **No creo** que las leyes **sean** justas.   *(no certainty = doubt)*

Similarly, when an expression of doubt is used in the negative, it may become an expression of certainty.

> **Dudo** que Ud. **sepa** los resultados de   *(doubt)*
> las elecciones.
> **No dudo** que Ud. **sabe** los resultados   *(no doubt = certainty)*
> de las elecciones.

2. In interrogative sentences, expressions of certainty are followed by the indicative if the speaker is merely asking for information. But if the speaker is expressing a doubt, however minimal, the subjunctive is used. Contrast the following sentences.

> ¿ **Cree Ud. que** Pedro **es** orgulloso ?   *Do you think (that) Pedro is proud?* (I am asking you because I would like to have your opinion.)
>
> ¿ **Cree Ud. que** Pedro **sea** tímido ?   *Do you really think (that) Pedro is timid?* (I am asking you because I personally doubt it.)

Vocabulario   *Verbos y expresiones de certeza y de duda*

LA CERTEZA (CERTAINTY)

creer	*to believe, think*
estar seguro de	*to be sure of*
es cierto / seguro	*it is certain*
es verdad	*it is true*
no dudar	*not to doubt*
no negar (e → ie)	*not to deny*

LA DUDA (DOUBT)

no creer	*not to believe*
no estar seguro de	*to be unsure of*
no es cierto / seguro	*it is not certain*
no es verdad	*it is not true*
dudar	*to doubt*
negar (e → ie)	*to deny*

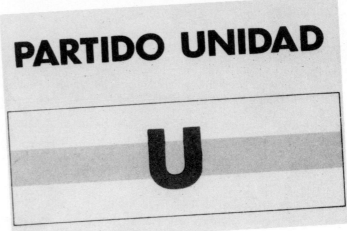

Ejercicio 6.   *¿Sí o no?*

*¿Cree Ud. que las siguientes declaraciones son válidas? Exprese su opinión
con* **Creo que...** *o* **No creo que...** *El segundo verbo será en el indicativo o el
subjuntivo, según sus ideas.*

> Modelo: Es peligroso fumar.
> **Creo que es peligroso fumar.**
> o   **No creo que sea peligroso fumar.**

1. El pueblo siempre vota por el mejor candidato.
2. El próximo presidente de los Estados Unidos va a ser una mujer.
3. Las minorías deben tener más poder político.
4. Vale la pena votar.
5. Las leyes son iguales para los ricos y los pobres.
6. Los candidatos gastan demasiado dinero en sus campañas *(campaigns)*.
7. La paz es un sueño *(dream)* imposible.
8. Los políticos se dan cuenta de los problemas del pueblo.

Ejercicio 7.   *¿Existe el progreso?*

*Compare el mundo de hoy con el mundo de hace diez años, comenzando sus
frases con una de las expresiones del* Vocabulario.

> Modelo: el mundo (¿más racional?)
> **Creo (Es verdad, Es cierto...) que el mundo de hoy es más
> racional que antes.**
> o   **No creo (No estoy seguro de, Dudo...) que el mundo de hoy
> sea más racional que antes.**

1. los jóvenes (¿más responsables?)
2. los políticos (¿más conservadores?)
3. la sociedad (¿más justa?)
4. las mujeres (¿más independientes?)
5. las oportunidades (¿más abundantes?)
6. la gente (¿más feliz?)
7. las familias (¿más unidas?)
8. la vida (¿más interesante?)

Ejercicio 8. *Sentimientos personales*

Dé dos frases para expresar sus sentimientos sobre las siguientes personas o ideas. Se puede expresar seguridad o duda.

> **Modelo:** los políticos (tener buenas intenciones / siempre decir la verdad)
> **Creo que los políticos tienen buenas intenciones. Pero dudo que siempre digan la verdad.**

1. el pueblo (votar inteligentemente / elegir el mejor candidato)
2. los políticos (tener buenas intenciones / darse cuenta de los problemas)
3. los hombres (escuchar a las mujeres / comprenderlas)
4. los candidatos (hablar mucho / hacer mucho)
5. los jóvenes (ser apáticos / votar)
6. la libertad (ser un concepto / ser la realidad)
7. el presidente (ser un hombre justo / estar consciente de los problemas del país)
8. mis amigos y yo (tener interés en la política / poder solucionar todos los problemas)
9. las minorías (tener derechos iguales / tener oportunidades iguales)

Ejercicio 9. *El candidato habla*

Complete las siguientes frases con el indicativo, el infinitivo o el subjuntivo del verbo entre paréntesis.

1. Me alegro de (estar) _____ aquí y me alegro de que Uds. también (estar) _____ aquí.
2. Quiero que Uds. (saber) _____ que yo (ser) _____ consciente de los problemas.
3. Siento no (poder) _____ resolver estas dificultades inmediatamente.
4. Dudo que el otro candidato (darse) _____ cuenta de que (haber) _____ problemas.
5. Me gusta que muchos jóvenes me (escuchar) _____ . Espero que ellos (estar) _____ de acuerdo con lo que yo digo.
6. Los ciudadanos de este país temen que el gobierno (aumentar) _____ los impuestos (*taxes*). Pero pueden estar seguros de que yo no (pensar) _____ hacerlo si Uds. me eligen.
7. Yo no niego que la situación económica (ser) _____ grave y me sorprende que el otro candidato nunca la (mencionar) _____ .
8. Pero dudo que (ser) _____ necesario tomar medidas (*measures*) drásticas para resolver los problemas actuales.
9. Es necesario que todos (luchar) _____ juntos para mantener la paz.
10. Acuérdense Uds. en el día de las elecciones que (ser) _____ importante que todos los ciudadanos (votar) _____ .

C. El pronombre neutro *lo*

In the questions below, the direct objects are not nouns but clauses. Note the corresponding object pronouns used in the answers.

—¿ Sabe Ud. que Madrid es la capital de España ?
—Sí, **lo** sé. *(Yes, I know. / I know it. / I know that.)*

—Creo que nuestro equipo va a ganar mañana. ¿ Y tú ?
—Yo, no. No **lo** creo. *(I don't think so.)*

> The neuter pronoun **lo** can replace a clause or a whole sentence.

NOTAS GRAMATICALES

1. When the neuter pronoun **lo** refers to something previously expressed, it corresponds to the English words *it, that,* or *so.*

Votaré mañana.	*I will vote tomorrow.*
Se **lo** prometo.	*I promise you **(that).***

The pronoun **lo** is frequently used in the following expressions.

Lo sé.	*I know (that).*
Ya lo creo.	*I think so.*
Lo dudo.	*I doubt it.*
Lo siento mucho.	*I'm very sorry about that. (I really regret it.)*

2. When used with verbs like **ser** and **estar, lo** replaces the predicate noun or adjective. It may not be omitted.

—¿ Es Ud. **candidato ?**	—Sí, **lo** soy.	*Yes, I am.*
—¿ Está **nervioso** antes de las elecciones ?	—No, no **lo** estoy.	*No, I'm not.*

Ejercicio 10.   *Ud. y el mundo actual*
Dé una reacción afirmativa o negativa a los comentarios con una de las siguientes expresiones: **lo creo, lo sé, lo dudo, lo siento mucho.**

1. La mayoría de los norteamericanos están en contra de la energía nuclear.
2. Es posible eliminar el terrorismo.
3. Para el año 2000 habrá un tercer partido *(party)* político en los Estados Unidos.
4. Ronald Reagan fue un presidente conservador.
5. Hay que ser ciudadano para votar en los Estados Unidos.
6. El gobierno piensa aumentar el programa espacial *(space).*
7. Para el año 2000 el presidente de los Estados Unidos será de un grupo minoritario.
8. El Congreso votará a favor de reducir los impuestos *(taxes).*

Ejercicio 11.   *En español*
El candidato Ignacio Sandoval da un discurso (speech) *a un grupo de ciudadanos. Délo en español.*

My friends—and I believe that you are all friends of mine—I am here today
to ask you to vote for me. I am interested in being your representative **(representante)** because I want to fight for the rights of the people of this province
(provincia). It is important that we have a strong voice in the government of
this country. And I want you **(Uds.)** to know that I am the best candidate. I
am afraid that the other candidate says I am not an honest man. But that
little problem about **(sobre)** my business and government contracts **(contratos)**
was resolved. The other candidate is a thief, not I! Do you realize that he has
not paid his taxes **(impuestos)** for five years? I am aware of your problems,
but I doubt that the other candidate knows what is going on. I need every
man and woman to contribute to my campaign **(campaña)**. You complain
that you do not have a good representative. Vote for me, and you will have
one! And remember—it is important for all citizens to vote!

≈Ahora le toca a Ud.   *La política*

¿Cómo contestaría Ud. la pregunta del entrevistador en *La política*? ¿Tiene Ud.
interés en la política? O, ¿es Ud. indiferente? Explique su respuesta.

EN RESUMEN

A. Sustituya las palabras entre paréntesis por las palabras en cursiva. Haga los otros cambios necesarios.

1. Mis amigos y yo *queremos* acampar. (preferir; ir a; cansarse de; insistir en; acostumbrarse a)
2. Nuestros padres nos permiten *manejar el coche.* (viajar a dedo; alquilar un apartamento; compartir los gastos; pagar la cuenta)
3. Ud. *debe* ponerse el cinturón de seguridad. (tener que; olvidarse de; necesitar; acabar de; insistir en; quejarse de)
4. ¿Vas a mirar la televisión *sin* hacer tu tarea? (antes de; en vez de; después de)
5. Esta *mochila* es mía. (pasaporte; maletas; boletos)
6. *Esteban* va al aeropuerto para esperar a unos amigos suyos. (Elena; nosotros; tú; Elena y Esteban; yo)

B. Complete las frases con la preposición apropiada.

1. Me alegro _____ conocerla.
2. ¿Tienes suficiente dinero _____ comprar el boleto?
3. El pasajero insiste _____ sentarse al lado de la ventana.
4. Hay que acostumbrarse _____ volar.
5. Después _____ estacionar el coche, hay que apagar el motor.
6. Como tardaron _____ llegar, estaban muy cansados y se acostaron _____ cenar.

C. Complete las frases con la forma apropiada de las expresiones entre paréntesis.

1. Mis padres quieren que yo...
   (pagar la matrícula; sacar buenas notas; llamar a casa; no equivocarse; estudiar derecho)
2. El consejero sugiere que Ricardo...
   (venir a su oficina; no faltar a las clases; explicarle el problema; hacer su trabajo; ser más trabajador; escoger una especialidad)
3. Es importante que nosotros...
   (llevarse bien; ser cuidadosos; solucionar el problema; graduarse; tocar la música; votar)
4. No es posible que Josefina y Javier...
   (almorzar juntos; divorciarse; darse cuenta de las consecuencias; tener interés en acampar; casarse)
5. Dudo que nuestro equipo...
   (jugar bien; ser campeones; perder todos los partidos; ir a Miami; tener éxito; ganar el partido)

6. Daniel está seguro de que el avión...
   (llegar a tiempo ; pararse en Bogotá ; no costar mucho ; ir directamente a Quito ; salir a las 9:00)
7. El profesor nos prohibe...
   (hablar inglés ; gritar ; quejarse ; tomar un examen dos veces ; fumar en la clase)
8. Los políticos temen que el pueblo...
   (estar en contra de ellos ; ser apático ; decidir no votar por ellos ; apagar el televisor cuando ellos hablan)
9. No creo que tú...
   (amarme ; equivocarse ; conducir bien ; seguir derecho aquí ; decir la verdad ; tener razón)
10. Margarita siente no...
    (poder asistir a la fiesta ; llegar temprano)
11. Margarita siente que Ricardo no...
    (poder asistir a su fiesta ; estar bien ; contestar el teléfono ; salir bien en sus exámenes)
12. Nos alegramos de...
    (hacer un viaje ; poder votar ; verte ; resolver el problema ; ayudarlos)
13. A los estudiantes les gusta que sus profesores...
    (ser conscientes de sus problemas ; darse cuenta de que trabajan día y noche ; siempre estar en su oficina ; no tardar en darles sus notas)
14. Al candidato le sorprende que el pueblo...
    (no votar por él ; no tener interés en lo que dice ; preferir el otro candidato ; elegirlo)

Otras perspectivas IX

Se puede esquiar en junio, julio y agosto en Portillo, Chile.

Lectura cultural   El hombre y la naturaleza

« ¡ Los devoró la **selva** ! » es la última línea de la novela *La Vorágine,* escrita por el colombiano José Eustasio Rivera en 1924. Esta frase no es ninguna exageración novelística. Los conquistadores españoles descubrieron que la naturaleza de las Américas era muy diferente de la que se conocía en Europa. Los que han seguido a los conquistadores también han descubierto la **belleza** y la crueldad de la selva, la inmensidad solitaria de la **pampa** y los peligros que les esperan en las altas montañas.

No sólo la **tierra** es el enemigo del hombre, sino también el clima y las catástrofes naturales. En Chile, el Perú, el Ecuador y Guatemala los **terremotos** ocurren con frecuencia. En algunas regiones la **temporada de las lluvias** produce **inundaciones** que devastan la tierra, mientras que en otras partes la **falta** de lluvia produce **sequías** y hambre. En los Andes hay frío **cortante** ; en la selva amazónica el calor es **insoportable.** Como no es posible dominar el **ambiente,** el latinoamericano ha tenido que adaptarse al **poder** y al peligro de la naturaleza y **superarlos.**

jungle / maelstrom

beauty
plains

land
earthquakes
rainy season
floods
lack / droughts / bitter
unbearable
environment / power
overcome them

Sin embargo, esta misma naturaleza **abarca** sitios de increíble belleza natural y lugares que revelan o todavía guardan los secretos de las civilizaciones del pasado. Las costas de los océanos Atlántico y Pacífico y del mar Caribe tienen kilómetro **tras** kilómetro de magníficas playas; los Andes ofrecen un **desafío** a los **alpinistas** y los esquiadores; y para los que les fascina la historia, hay ciudades coloniales conservadas como eran en los siglos XVI y XVII. Para dar una idea de lo que le espera al visitante, aquí hay una **breve** descripción de solamente nueve de las muchas maravillas de Latinoamérica.

encompasses

after
challenge / mountain climbers
brief

El monte Aconcagua: Situada en la provincia argentina de Mendoza, esta montaña **andina** es la **cima** más alta de nuestro hemisferio. Llega a una **altura** de 6.595 metros (22.834 pies).

Andean / peak / height

El río Amazonas: El segundo río más grande del mundo nace en los Andes del Perú y **desemboca en** el Mar Atlántico.

empties into

El Salto Ángel: Estas **cataratas** situadas en Venezuela son las más altas del mundo, con una **caída** de 979 metros (3.212 pies).

falls
fall, drop

La región de los lagos: En el sur de Chile y de la Argentina se encuentra esta región de lagos, montañas, cataratas y glaciares.

Las Islas Galápagos: A aproximadamente 600 millas de la costa continental del Ecuador están las Islas Galápagos, que se han llamado «el laboratorio **vivo** de la evolución». Aquí Carlos Darwin vio en 1835 especies de flora y fauna que no existen en ninguna otra parte del mundo.

living

Una vista panorámica de Machu Picchu, la ciudad perdida de los Incas.

Copán: Esta ciudad abandonada en Honduras ya existía hace 1.500 años y **alcanzó su apogeo** en el siglo VIII d. de J.C. (después de Jesu Cristo). Allá se ven magníficos ejemplos del arte, la arquitectura y las **artesanías** de la civilización maya.

> reached its peak
> crafts

La Isla de *Pascua:* En el océano Pacífico, a muchos kilómetros de la costa de Chile, **se halla** la Isla de Pascua. Es una isla desierta ; casi ningún habitante vive allí. Pero está poblada por 350 gigantescas estatuas de **piedra,** monolitos enormes **tallados** por **artesanos** de una civilización desconocida.

> Easter
> is found
> stone
> carved / craftsmen

Machu Picchu: A 80 kilómetros de Cuzco, Perú, está Machu Picchu, « la ciudad perdida » de los Incas. Por su **ubicación** en las montañas, los conquistadores españoles nunca la encontraron, aunque sabían de su existencia y la buscaban. Se **quedó escondida** hasta 1911, cuando fue descubierta por Hiram Bingham, un arqueólogo norteamericano.

> location
> remained / hidden

Teotihuacán: Alrededor del año 500 d. de J.C., Teotihuacán era una ciudad de aproximadamente 125.000 habitantes. Todavía se pueden ver las enormes pirámides aztecas que **quedan** a poca distancia de la capital de México.

> Around
> are

Jóvenes mexicanos admiran las pirámides de Teotihuacán.

Actividad A.   *Comprensión de lectura: ¿ Cierto o falso ?*
Corrija Ud. los comentarios falsos.

1. Hay más extremos de naturaleza en Latinoamérica que en Europa.
2. En algunas partes de Latinoamérica la vida del campo es muy difícil.
3. El hombre ha dominado la naturaleza en Latinoamérica.
4. La Catarata del Niágara es más alta que el Salto Ángel.
5. El Amazonas es el río más grande del mundo.
6. El monte Aconcagua es la montaña más alta del mundo.
7. Machu Picchu fue construída por los Incas.
8. Teotihuacán y Copán fueron construidas por los Mayas.

Actividad B.   *Un poco de la historia y geografía de Latinoamérica*
Empareje (Match) *los lugares de la Columna A con los países de la*
Columna B.

A	B
1. La región de los lagos	Ecuador
2. El monte Aconcagua	México
3. El río Amazonas	Honduras
4. El Salto Ángel	Chile
5. Las Islas Galápagos	Venezuela
6. Copán	Perú
7. La Isla de Pascua	Argentina
8. Machu Picchu	
9. Teotihuacán	

Actividad C.   *Diferencias culturales*

1. Describa el clima y la geografía de las siguientes regiones de los Estados
   Unidos: el noreste, el sureste, los estados centrales, el suroeste, el noroeste.
2. ¿Tenemos inundaciones en los Estados Unidos? ¿Dónde? ¿Cuándo?
   ¿Hay terremotos? ¿En qué parte? ¿Hay sequías? ¿Dónde? ¿Cómo nos
   afectan? ¿Hay huracanes? ¿Cuándo ocurren generalmente?
3. ¿Dónde vive la mayor parte de la población de los Estados Unidos, en el
   campo o en los centros urbanos?
4. Cuando Ud. tiene visitantes de otro país, ¿qué maravillas de la naturaleza
   recomienda que vean en los Estados Unidos? ¿Qué más recomienda Ud.
   que vean?
5. Si Ud. pudiera *(could)* hacer un viaje a algunos de los sitios mencionados
   en la **Lectura cultural,** ¿adónde iría? ¿Por qué?

Día por día   *¡Feliz viaje!*

I. EN EL AEROPUERTO

AGENTE   Su boleto y su pasaporte, por favor.

PASAJERA   Acá los tiene.

Un momento, por favor. Tengo que buscarlos.

AGENTE   **A ver.** Clase turista, el vuelo 711 para Bogotá.   **Let's see.**

Primera clase,...

¿Cuántas maletas tiene?

¿Cuánto equipaje tiene Ud.?
¿Tiene equipaje?

PASAJERA	Tengo una maleta y una bolsa. ¿Puedo llevar la bolsa en el avión?
AGENTE	Sí, señorita. Va debajo del asiento.

Solamente si **cabe** debajo del asiento.   it fits
No. Es muy grande y no cabe debajo del asiento.

	¿Fumar o no fumar?
PASAJERA	No fumar.
AGENTE	¿Ventanilla o **pasillo**? aisle
PASAJERA	El pasillo, por favor.
AGENTE	Muy bien. Todo está en orden. Tiene el asiento 24B. Puede abordar el avión por la **puerta** 16 y hay que estar allí media gate hora antes.
PASAJERA	¿Sale el avión a tiempo?

¿A qué hora sale el avión?
¿A qué hora **se aborda** el avión?   is boarding

AGENTE	Sí, el avión sale a las 7:45.

Lo siento, señorita, pero hay una **demora** de media hora.   delay
Todavía no se sabe. Hay dificultades mecánicas.
Les avisaremos a los pasajeros **tan pronto como** sepamos algo   as soon as
más.

Actividad D.   *Un viaje de negocios (business)*

El Sr. Torres va a Santiago, Chile, en un viaje de negocios. Al llegar al aeropuerto, descubre que su vuelo tiene una demora de una hora. Hagan Uds. los papeles del Sr. Torres y el agente.

AGENTE	Su boleto y su pasaporte, por favor.
SR. TORRES	_____ .
AGENTE	¿Cuánto equipaje tiene?
SR. TORRES	_____ .
AGENTE	La bolsa se puede llevar como equipaje de mano. ¿Fumar o no fumar?
SR. TORRES	_____ .
AGENTE	¿Ventanilla o pasillo?
SR. TORRES	_____ .
AGENTE	Tengo que avisarle que _____ .
SR. TORRES	¿A qué hora cree Ud. que va a salir?
AGENTE	Todavía no se sabe, señor, pero _____ .

II. EN LA ADUANA

Hay que hacer cola para pasar por la aduana.

INSPECTOR   Su pasaporte, por favor.

¿ Me permite ver su pasaporte, por favor ?

VÍCTOR   Aquí lo tiene.
INSPECTOR   Nacionalidad argentina, ¿ eh ?
VÍCTOR   Sí, señor.
INSPECTOR   ¿ Cuánto tiempo piensa pasar en España ?
VÍCTOR   Tengo un visado estudiantil. Voy a pasar un año en la Universidad de Salamanca.
INSPECTOR   ¿ Cuántas maletas tiene ?

¿ Cuáles maletas son suyas ?

VÍCTOR   Éstas dos.
INSPECTOR   ¿ Tiene algo que declarar ? ¿ Tabaco ? ¿ Bebidas alcohólicas ?
VÍCTOR   No, señor. Solamente objetos de uso personal.
INSPECTOR   Bueno, puede pasar. ¡ Que disfrute de su visita a España !

... , puede salir. ¡ Que lo pase bien aquí !

Actividad E.   *Ahora Ud. es el/la turista*

Imagínese que Ud. tiene que pasar por la aduana al llegar a España. Un/a compañero/a puede hacer el papel del inspector.

INSPECTOR   ¿ Su nacionalidad ?
UD.   _____ .
INSPECTOR   ¿ Cuánto tiempo piensa pasar en España ?
UD.   _____ .
INSPECTOR   ¿ Cuánto equipaje tiene ?
UD.   _____ .
INSPECTOR   Abra Ud. su mochila, por favor. ¿ Lleva Ud. _____ ?
UD.   No, señor. Tengo solamente _____ .
INSPECTOR   Muy bien. _____ . ¡ _____ !

UNIDAD

X

La entrevista

interview

La compañía CHIC, **fabricante** de productos de **belleza,** puso un **aviso** en el periódico para un/a director/a de relaciones públicas. Era exactamente el tipo de empleo que buscaba Marta, así que ella les mandó su **currículum** y cartas de referencia. Ahora Marta tiene una entrevista con el señor Torres, jefe de personal de la compañía. Vamos a ver lo que cada uno está pensando en este momento:

manufacturer / beauty / want ad

résumé

Marta

Quiero un empleo que...
    sea interesante.
    me ofrezca oportunidades para progresar.
    me pague bien.
    esté cerca de casa.
    ofrezca buenos **beneficios.**
    esté en un **ambiente** agradable.
    me dé muchas responsabilidades.
    utilice mi talento.

benefits
environment

uses

El señor Torres

Bucamos una persona que...
    sepa inglés.
    aprenda rápidamente.
    trabaje bien con **los demás.**
    sepa escribir a máquina.
    sea agradable.
    tolere tensión de vez en cuando.
    quiera aceptar mucha responsabilidad.
    se adapte fácilmente a nuevas situaciones.

others

Comprensión

¿ Qué aspectos del empleo son importantes para Marta ? (Explique cómo Ud. ha llegado a estas conclusiones.)

1. ¿ el sueldo ?
2. ¿ las posibilidades de viajar ?
3. ¿ las posibilidades de progresar ?

4. ¿ las responsabilidades ?
5. ¿ el prestigio ?

¿ Qué cualidades son importantes para el Sr. Torres ? (Explique cómo Ud. ha llegado a estas conclusiones.)

6. ¿ la inteligencia ?
7. ¿ la personalidad ?
8. ¿ la apariencia física ?

9. ¿ las referencias ?
10. ¿ la ambición ?

Lengua española

Vocabulario   *El trabajo*

SUSTANTIVOS

el ambiente	*atmosphere; environment*	**la capacidad**	*ability*
el aviso	*classified advertisement*	**una cita**	*appointment, date*
el beneficio	*benefit*	**una entrevista**	*interview*
el conocimiento	*knowledge*	**la experiencia**	*experience*
el currículum	*résumé*	**la ocupación**	*occupation*
el desempleo	*unemployment*	**la posibilidad**	*possibility*
el entrenamiento	*training*	**la profesión**	*profession*
el entusiasmo	*enthusiasm*	**la responsabilidad**	*responsibility*
el miembro	*member*	**la satisfacción**	*satisfaction*
el sindicato	*union*	**la solicitud**	*application form*

VERBOS

conseguir (e → i)	*to get, obtain*	¿ **Consiguió** Ud. el empleo ?
jubilarse	*to retire*	El Sr. Rivas **se jubila** el año próximo.

ADJETIVOS

entusiasmado ≠ **deprimido**	*enthusiastic* ≠ *depressed*	Cuando mi trabajo va bien estoy **entusiasmada,** pero cuando va mal estoy **deprimida.**
satisfecho ≠ **insatisfecho**	*satisfied* ≠ *dissatisfied*	¿ Estás **satisfecho** con tu empleo o estás **insatisfecho** ?

OBSERVACIÓN

Conseguir is conjugated like **seguir.**

> Espero que Ud. **consiga** el empleo que quiere.

Ejercicio 1. *Y Ud., ¿ qué dice ?*

1. ¿ Cree Ud. que el desempleo es un problema grave en los Estados Unidos actualmente ? ¿ Por qué ?
2. En su opinión, ¿ qué se necesita para tener éxito en una carrera ?
3. ¿ Ha tenido Ud. una entrevista de empleo alguna vez ? ¿ Qué ocurrió durante la entrevista ? ¿ Consiguió Ud. el empleo ?
4. ¿ Cómo se viste Ud. para una entrevista de empleo ?
5. ¿ Cuál es la mejor manera *(way)* de conseguir un empleo ? ¿ por un aviso en el periódico ? ¿ por contactos familiares ? ¿ por amigos ? ¿ por la universidad ?
6. ¿ Quiere Ud. un empleo que le ofrezca un programa de entrenamiento ? ¿ Por qué ?
7. ¿ Le gustaría ser miembro de un sindicato ? ¿ Cuáles son los beneficios ?
8. En su opinión, ¿ qué edad debe ser mandatoria para jubilarse ?
9. ¿ Tiene Ud. un currículum ? ¿ Qué información generalmente se incluye en un currículum ?

A. El subjuntivo vs. el indicativo después de pronombres relativos

Read the following pairs of sentences carefully. In the first sentence of each pair, the subjects refer to real, specific persons or things. In the second sentence, the subjects refer to hypothetical or as yet unidentified persons or things. Note the forms of the verbs in each set of sentences.

Conozco a una persona que **habla** francés.	*I **know** a person who **speaks** French.* (The speaker knows this person exists.)
Busco una persona que **hable** español.	*I **am looking for** a person who **speaks** Spanish.* (As far as the speaker is concerned, this person may or may not be found.)
Vivo en un apartamento que **está** lejos de la universidad.	*I **live** in an apartment that **is** far from the university.* (This is a fact.)
Necesito un apartamento que **esté** más cerca.	*I **need** an apartment that **is** closer.* (This apartment may or may not be found.)

Carlos **quiere** bailar con la chica que **baila** bien.	*Carlos **wants** to dance with the girl who **dances well**. (He knows who she is.)*
Carlos **quiere** bailar con una chica que **baile** bien.	*Carlos **wants** to dance with a girl who **dances well**. (He is not sure who that girl is.)*

In Spanish, both the indicative and the subjunctive moods may be used after *relative pronouns*. The choice of mood depends on what the subject is describing.

The *indicative* is used to describe specific persons or things. It is the mood of *what is, was,* or *will be.*

The *subjunctive* is used to describe nonspecific persons or things. It is the mood of *what may be* or *might have been.*

NOTA GRAMATICAL

The personal **a** is used to introduce direct objects that refer to specific persons. When the direct object is a hypothetical or unidentified person, the **a** is usually omitted. Contrast:

El jefe busca **a la empleada** que **habla** ruso.	*The boss is looking for **the employee** who **speaks** Russian. (A specific person.)*
El jefe busca **una empleada** que **hable** chino.	*The boss is looking for **an employee** who **is able to speak** Chinese. (A person as yet unidentified.)*

Ejercicio 2.   *Se necesita una secretaria*
El jefe de personal de una compañía busca una secretaria que tenga ciertas capacidades. ¿ Cuáles son ?

Modelo: saber hablar español y francés
Buscamos una secretaria que sepa hablar español y francés.

1. saber escribir a máquina
2. saber escribir cartas en inglés
3. tener mucha paciencia
4. ser seria
5. estar siempre de acuerdo con su jefe
6. estar entusiasmada
7. tener un buen sentido de humor
8. ser ambiciosa

Ejercicio 3.   *¿ Están satisfechos ? ¡ No !*
Las siguientes personas no están satisfechas con sus amigos y les gustaría co-
nocer a otros.

> **Modelo:**   Silvia tiene un novio que es muy inteligente. (muy romántico)
> **Silvia quiere tener un novio que sea muy romántico.**

1. Ana sale con un chico que tiene moto. (coche)
2. Felipe tiene una amiga que es seria. (divertida)
3. Carmen tiene un novio que trabaja en un café. (en un banco)
4. Tomás conoce a una chica que tiene mucho dinero. (un buen sentido de humor)
5. Gabriela tiene un novio que habla con ella de deportes. (de música clásica)
6. Isabel conoce a un chico que la invita al teatro. (a bailes)

Ejercicio 4.   *Lo más importante*
En su opinión, ¿ cuál es el aspecto más importante de cada grupo ? Comience
*sus frases con **Prefiero.***

> **Modelo:**   vivir en una casa (tener garaje ; estar situada en el centro ;
>   ser barata)
>   **Prefiero vivir en una casa que esté situada en el centro.**
>   o   **Prefiero vivir en una casa que tenga garaje.**
>   o   **Prefiero vivir en una casa que sea barata.**

1. manejar un coche (ser rápido ; consumir poca gasolina ; ser cómodo)
2. tener profesores (dar buenas notas ; enseñar bien ; exigir mucho de mí)
3. tener amigos (ser generosos ; decir siempre la verdad ; comprenderme)
4. tener un trabajo (ser interesante ; pagar bien ; ofrecer posibilidades de progresar)
5. tener un/a novio/a (ser inteligente ; tener dinero ; ser atractivo/a)
6. trabajar con personas (ser amables ; tener un buen sentido de humor ; respetarme)
7. salir con personas (ser divertidas ; tener ideas diferentes ; saber bailar bien)

Ejercicio 5.   *Expresión personal*
Complete las siguientes frases con sus ideas personales.

1. Busco un trabajo que _____ .
2. Deseo vivir en un apartamento que _____ .
3. Quiero casarme con una persona que _____ .
4. Es interesante conocer a gente que _____ .
5. No me gustaría trabajar con alguien que _____ .
6. No conozco a nadie que _____ .

B. El uso del subjuntivo después de conjunciones

In each of the sentences below, the speaker mentions a condition that has not
yet been met. Note the conjunctions in boldface and the forms of the verbs
that follow these conjunctions.

Te presto el periódico **para que**
leas los avisos.

Tenemos que buscar otra secretaria **antes de que** la Srta.
Ruiz se **jubile.**

No puedo hacer este trabajo **sin**
que me **ayudes.**

Iré al trabajo **a menos que esté**
enfermo.

Vamos a darle el empleo **con tal**
que consigamos el contrato.

*I am lending you the newspaper **so that**
you may read the want ads.*

*We have to look for another secretary **be-**
fore Miss Ruiz **retires.***

*I cannot do this work **without your help-**
ing me.*

*I will go to work **unless I am** sick.*

*We are going to give you the job **provided**
that we obtain the contract.*

The subjunctive is used after the following conjunctions:

a condición de que	*on condition (that)*
a menos que	*unless*
antes de que	*before*
con tal que	*provided (that), providing (that)*
en caso de que	*in case*
para que	*so (that)*
sin que	*without*

NOTAS GRAMATICALES

1. The subjunctive is used after conjunctions indicating conditions that are uncertain or have not yet been met. The indicative is used after conjunctions implying that the conditions are known or certain. Contrast:

La invito **porque conoce** a mis padres.   *I am inviting her **because she knows** my parents.*
La invito **para que conozca** a mis padres.   *I am inviting her **so that she will get to know** my parents.*

2. An infinitive construction is usually used after the prepositions **antes de, para,** or **sin** when there is no change in subject in the two clauses. Contrast:

Voy a llamarte **antes de salir.**   *I am going to call you **before I leave** (before leaving).*

Voy a llamarte **antes de que salgas.**   *I am going to call you **before you leave.***

But:

Iré al cine **con tal que tenga** cinco dólares.   *I will go to the movies **provided that I have** five dollars.*

Ejercicio 6.   *El candidato de todo el mundo*
¿Por qué votan las siguientes personas por cierto candidato presidencial? Dé sus razones, según el modelo.

Modelo: Carlos (transformar la sociedad)
Carlos vota por él para que transforme la sociedad.

1. mi papá (dar más beneficios a los jubilados)
2. yo (cambiar el sistema judicial)
3. tú (eliminar el crimen)
4. Uds. (reducir el costo de la vida)
5. Ud. (luchar en contra de la contaminación)
6. los miembros del sindicato (resolver el problema del desempleo)

Ejercicio 7.   *Llamadas urgentes*
El jefe de personal tiene que hablar con las siguientes personas antes de que sea demasiado tarde.

Modelo: Su secretaria sale de vacaciones.
Él tiene que hablar con su secretaria antes de que salga de vacaciones.

1. Su secretaria almuerza.
2. El presidente de la compañía aumenta los sueldos.
3. Los miembros del sindicato comienzan la huelga.
4. Ramón Pereda asiste a un programa de entrenamiento.
5. La Srta. Campos pone un aviso en el periódico.
6. El nuevo empleado completa la solicitud.

Ejercicio 8.   *Planes para el fin de semana*
*Las siguientes personas irán a alguna parte este fin de semana a menos que
ocurra algo.*

> Modelo: yo (a la playa / llover)
> **Iré a la playa a menos que llueva.**

1. tú (al campo / hacer frío)
2. Carmen (al cine / haber alguna reunión política)
3. Federico (a la fiesta / tener trabajo)
4. los estudiantes (al café / el profesor dar un examen)
5. mis amigos (al partido de fútbol / tener que estudiar)
6. yo (al campo / tener que escribir mi currículum otra vez)

Ejercicio 9.   *La entrevista*
*El jefe de personal le dice a Marta que le dará el empleo con tal que ella
haga las siguientes cosas.*

> Modelo: Ud. trabaja los sábados.
> **Le daremos el empleo con tal que Ud. trabaje los sábados.**

1. No tenemos otro candidato con más experiencia.
2. Ud. aprende a programar la computadora.
3. Ud. trabaja con entusiasmo.
4. Ud. no pide un aumento de sueldo durante el primer año.
5. Ud. consigue cartas de referencia.
6. Ud. completa la solicitud.

C. Los mandatos indirectos

Indirect commands are used to make requests concerning a third party.
Compare the following pairs of sentences.

> Quiero que María abra la puerta.
> **Que abra** la puerta.   *Have **her** open the door.*

> Quiero que los jóvenes completen la solicitud.
> **Que completen** la solicitud.   *Have **them fill out** the application.*

In Spanish, indirect commands are formed as follows:

que + subjunctive clause (third person)

NOTAS GRAMATICALES

1. If the subject is expressed, it usually follows the verb.

Que lo haga **José.**   *Have/Let **José** do it.*
Que le escriba **ella.**   *Have **her** write him.*

2. A similar construction is used in the **tú/Ud./Uds.** forms to express wishes.

¡ Que te diviertas mucho !   *Have a good time!*
¡ Que tenga suerte !   *Good luck! (May you have good luck!)*

Ejercicio 10.   *¡ Que lo hagan !*
Diga si quiere que las siguientes personas hagan o no hagan ciertas cosas, según el modelo.

    Modelo: Los chicos no quieren quedarse aquí.
                 ¡ Que no se queden aquí !

1. El candidato quiere hablar.
2. La secretaria quiere trabajar unas horas extras.
3. Los peatones quieren cruzar la calle ahora.
4. Los niños quieren comer el postre antes de la comida.
5. El policía quiere ver su licencia de conductor.
6. Tomás no quiere limpiar su cuarto.
7. Papá no quiere afeitarse hoy.

que tengas un hermoso
VIAJE

    Ejercicio 11.   *Nuestros mejores deseos (wishes)*
¿ Qué les diría Ud. a estas personas en las siguientes situaciones ?

    Modelo: a un amigo que está en el hospital / salir pronto
                 ¡ Que salgas pronto del hospital !

1. a unos amigos que salen de viaje / tener feliz viaje
2. a un pariente que cumple *(turns)* cincuenta años / disfrutar de cincuenta años más
3. a unos amigos que van a una fiesta / pasarlo bien
4. a unos amigos que se casan / ser felices
5. a una amiga que tiene un empleo nuevo / tener éxito
6. a un atleta que va a jugar en un campeonato / tener suerte
7. a sus abuelos cuando se jubilan / divertirse mucho

Ejercicio 12.   *En español*
Marta tiene una entrevista con el jefe de personal. Dé su conversación en español.

EL JEFE   Good morning, Miss Rivas. Sit down, please. I see on your résumé that you have had some very interesting experience.

MARTA   Yes, sir. In my last job, I had a lot of responsibility, and I learned a lot.

EL JEFE   Then why did you leave that job?

MARTA   I was dissatisfied with my salary, and I want to work in an environment that is friendlier.

EL JEFE   Yes, it is very important that people derive (**tener**) satisfaction from a job. We are looking for a person who has the ability to learn quickly.

MARTA   I think I learn quickly and adapt well.

EL JEFE   Would you be able to attend our training program before you begin the job?

MARTA   Yes, provided that the company pays my salary while (**mientras**) I am learning.

EL JEFE   Of course we would pay you. I will speak to the president of the company about you, unless he is on vacation.

MARTA   Do you want me to call you next week?

EL JEFE   No, no. Don't call us. We'll call you.

≋Ahora le toca a Ud.   *El trabajo ideal*

¿ Qué tipo de trabajo busca Ud. ? Complete las siguientes frases para describirlo.

Busco un empleo que...
Quiero trabajar para un jefe que...
Me gustaría trabajar en (una oficina, un hospital, etc.) que...
Prefiero trabajar con personas que...
No aceptaré un empleo aburrido a menos que...
Aceptaré un sueldo bajo a condición de que...

Cartas de los lectores

En todos los periódicos y revistas de los países de **habla española** hay una columna dedicada a las cartas de los **lectores**. *Recientemente una revista publicó una **serie** de artículos que **trataba de** los problemas de la capital de ese país. Aquí tenemos algunas de las cartas de los lectores que responden a los artículos.*

> **Spanish-speaking**
> **readers**
> **series / dealt with**

Nuestra capital es una de las ciudades más sucias del mundo. Eso lo van a saber los autores de los artículos cuando viajen al **exterior.**

> **abroad**

Josefina Paniagua

He pedido que me instalen un teléfono, y me dice la compañía de teléfonos que lo van a instalar **tan pronto como** puedan. Pero hace ocho años ya que lo estoy esperando.

> **as soon as**

Emilio Tovar

Es lástima que cada vez haya más tráfico y más contaminación. Las autoridades deben prohibir que la gente venga al centro con coches.

Octavio Miranda

Me parece mejor que las autoridades gasten más dinero para **embellecer** esta histórica capital. Es importante que la gente tenga tranquilidad y **belleza.** No vale la pena preocuparnos por problemas que no tengan soluciones.

> **to beautify**
> **beauty**

Victoria Medina

Hasta que haya leyes para que la industria vaya al campo, tendremos los problemas de la contaminación, del transporte y un exceso de **basura.**

> **Until**
> **garbage**

Teresa Aragón

Comprensión

1. ¿Cree Josefina Paniagua que su ciudad sea una de las más sucias del mundo? ¿Qué sugiere que hagan los autores de los artículos?
2. ¿Qué necesita Emilio Tovar? ¿Qué le dice la compañía de teléfonos? ¿Hace cuánto tiempo que está esperando un teléfono?
3. ¿Qué sugiere Octavio Miranda para solucionar los problemas del tráfico y de la contaminación?
4. ¿Se preocupa Victoria Medina por los problemas urbanos? ¿Qué sugiere ella que hagan las autoridades?
5. Según Teresa Aragón, ¿cuáles son los problemas urbanos creados por la industria? ¿Cuál es la solución que ofrece?

 *Lengua española*

Vocabulario *La vida urbana*

LAS VENTAJAS (ADVANTAGES)

el rascacielos	*skyscraper*	**la belleza**	*beauty*
los servicios	*services*	**la calidad de la vida**	*quality of life*
el transporte	*transportation*	**la industria**	*industry*
		la población	*population*

LAS DESVENTAJAS (DISADVANTAGES)

el alquiler	*rent*	**la aglomeración de gente**	*crowds*
el barrio pobre	*slum*	**la aglomeración de tráfico**	*traffic congestion*
el costo de la vida	*cost of living*	**la basura**	*garbage*
el crimen	*crime*	**la contaminación del aire**	*air pollution*
los impuestos	*taxes*	**la corrupción**	*corruption*
		la falta de espacio libre	*lack of open space*
		la vivienda	*housing*

ADJETIVOS

alto ≠ bajo	*high ≠ low*	Mi sueldo es **bajo,** pero el costo de la vida es **alto.**
escaso	*scarce*	En esta ciudad el espacio libre es **escaso.**
grave	*serious*	¿Cuál es el problema más **grave** de la vida urbana?
hermoso	*beautiful*	Madrid es una ciudad **hermosa.**

VERBOS

contaminar	*to pollute*	Las industrias **contaminan** el ambiente.
controlar	*to control*	¿ Es posible **controlar** la contaminación ?
crear	*to create*	Tenemos que **crear** nuevos sistemas.
crecer (-zco)	*to grow*	La población de la ciudad está **creciendo.**
escaparse	*to escape*	La gente **se escapa** al campo los fines de semana.
mejorar	*to improve*	¿ **Ha mejorado** la calidad de la vida aquí ?
reducir (-zco)	*to reduce*	Los políticos siempre prometen **reducir** los impuestos.

OBSERVACIÓN

The verb **reducir,** like other **-cir** verbs, has an irregular preterite stem ending in **j:**

> El año pasado los políticos **redujeron** los impuestos.

Ejercicio 1. *Y Ud., ¿ qué dice ?*
Dé su opinión sobre las siguientes declaraciones con las expresiones Creo que...
o *No creo que... Apoye* (Support) *sus opiniones con ejemplos.*

1. El ambiente influye en el comportamiento *(behavior)* de la gente.
2. Los rascacielos contribuyen a la belleza de una ciudad.
3. Los servicios públicos de mi ciudad (o pueblo) son buenos.
4. La industria debe controlar la contaminación.
5. La vida urbana tiene más ventajas que desventajas.
6. La vida del campo o de un pueblo tiene más ventajas que la vida urbana.
7. Hay que reemplazar *(replace)* los barrios pobres de mi ciudad con buenas viviendas.
8. La falta de espacio libre es un problema muy grave en mi ciudad.
9. La población de mi ciudad está creciendo.
10. Hay una escasez *(scarcity)* de viviendas en mi ciudad y los alquileres son altos.

Ejercicio 2. *Así es la vida*
Ciertas personas no están contentas con la ciudad grande en que viven. Cuente
(Tell) *lo que les molesta, según el modelo.*

> Modelo: Carmen (La gente siempre está de mal humor.)
> **A Carmen le molesta que la gente siempre esté de mal humor.**

1. su papá (Hay mucha algomeración de tráfico.)
2. su mamá (El costo de la vida es muy alto.)
3. Enrique (El transporte no es cómodo.)
4. nosotros (Los coches contaminan el aire.)
5. tú (Hay una falta de espacio libre.)
6. Jaime (Los apartamentos baratos son escasos.)
7. Uds. (Los impuestos son muy altos.)
8. Ud. (Los barrios pobres no tienen suficientes servicios municipales.)

A. El indicativo vs. el subjuntivo después de *cuando*

Read the following sets of sentences carefully. The first sentence in each set concerns activities that took place in the past. The second sentence is about activities that are currently taking place. The third sentence concerns actions that have not yet taken place. Note the forms of the verbs in boldface.

Cuando **tenía** dinero, **iba** a conciertos.	*When (Whenever) **I had** money, **I would go** to concerts.*
Cuando **tengo** dinero, **voy** al cine.	*When (Whenever) **I have** money, **I go** to the movies.*
Cuando **tenga** mucho dinero, **iré** a España.	*When **I have** a lot of money, **I will go** to Spain.*
Cuando **estuvimos** en París, **hablamos** francés.	*When **we were** in Paris, **we spoke** French.*
Cuando **estamos** en clase, **hablamos** español.	*When (Whenever) **we are** in class, **we speak** Spanish.*
Cuando **estemos** en México, **hablaremos** español.	*When **we are** in Mexico, **we will speak** Spanish.*

After **cuando,**

1. the *indicative* is used to refer to habitual actions or actions that have already taken place.
2. the *subjunctive* is used to refer to future actions, as yet uncompleted.

CUANDO CLAUSE	MAIN CLAUSE
Indicative: preterite ⎫ imperfect ⎬	past tense
present	present tense
Subjunctive: present	future tense

NOTA GRAMATICAL

Similarly, the preceding patterns determine the use of the indicative or subjunctive after the following conjunctions of time:

hasta que	*until*	No podía ir **hasta que** terminó el trabajo.
tan pronto como ⎫ **así que** ⎬ **en cuanto** ⎭	*as soon as*	**Tan pronto como** salieron, empezó a llover. **Así que** Uds. estén listos, vamos a salir. **En cuanto** deje de llover, saldrán.

Ejercicio 3.   *Cuando tengan las vacaciones...*
¿ Qué harán las siguientes personas cuando tengan sus vacaciones ?

> **Modelo:** el Sr. Ramos / hacer un viaje
> **Cuando tenga las vacaciones, el Sr. Ramos hará un viaje.**

1. Elena / escaparse de la ciudad
2. yo / ir al campo
3. Roberto y Susana / visitar otro país

4. tú / arreglar tu casa
5. nosotros / descansar
6. Felipe / esquiar

Ejercicio 4.   *Otro modo de vivir*
Las siguientes personas viven en el campo o en un pueblo. ¿ Cómo reaccionarán cuando visiten la capital ?

> **Modelo:** Carlos / estar alegre
> **Carlos estará alegre cuando visite la capital.**

1. Isabel / estar deprimida
2. yo / tener miedo
3. mis tías / querer ver todo

4. tú / tener interés en todo
5. nosotros / acostumbrarse a la actividad
6. Mateo / estar entusiasmado

Cuando tenga que viajar: Piense en el tren.

Ejercicio 5.   *El pueblo protesta*
Un grupo de ciudadanos está protestando los altos impuestos y la falta de servicios. ¿ Qué dicen ?

> **Modelo:** el gobierno aumenta los servicios
> **No pagaremos los impuestos hasta que el gobierno aumente los servicios.**

1. el costo de la vida baja
2. la industria controla la contaminación
3. nuestro ambiente mejora
4. la policía reduce el crimen
5. los alquileres son más bajos
6. la basura no se acumula más en las calles
7. la municipalidad prohibe la construcción de más rascacielos
8. la calidad de la vida en los barrios pobres es mejor

¿Quieres Un Buen

Trabajo

Cuando Salgas

De La Escuela?

CONFIA EN NOSOTROS

HHS

Administración

Del Seguro Social

Ejercicio 6. *Planes personales*
Complete las siguientes frases con sus propias ideas.

1. No buscaré un trabajo interesante hasta que _____ .
2. Tendré que ganarme la vida tan pronto como _____ .
3. La calidad de mi vida mejorará en cuanto _____ .
4. No voy a casarme hasta que _____ .
5. Estaré perfectamente contento/a así que _____ .
6. Pagaré mis impuestos en cuanto _____ .

B. El presente perfecto del subjuntivo

Read each set of sentences below. In the first sentence of each pair, the speaker expresses feelings or doubts about a present event and uses the *present subjunctive*. In the second sentence, the speaker expresses feelings or doubts about a past event and uses the *present perfect subjunctive*. Contrast the verbs in boldface.

Siento que **no estés bien.**	*I'm sorry (that) **you are not well.***
Siento que **no hayas estado bien.**	*I'm sorry (that) **you haven't been well.***
Dudo que Carlos **llame.**	*I doubt that Carlos **is calling.***
Dudo que Luis **haya llamado.**	*I doubt that Luis **has called.***
Es bueno que **vayamos** a la ciudad.	*It's good (that) **we are going** to the city.*
Es bueno que **hayamos ido** a la ciudad.	*It's good (that) **we went** to the city.*

The subjunctive mood, like the indicative mood, has several tenses. Note the forms of the present perfect subjunctive of **hablar** in the following chart.

Es posible que...

(yo)	**haya hablado**	(nosotros)	**hayamos hablado**
(tú)	**hayas hablado**	(vosotros)	**hayáis hablado**
(él, ella, Ud.)	**haya hablado**	(ellos, ellas, Uds.)	**hayan hablado**

NOTAS GRAMATICALES

1. The present perfect subjunctive is a compound tense. It is formed as follows:

> present subjunctive of **haber** + past participle

2. Remember, the past participles of most verbs are formed by adding **-ado / -ido** to the infinitive stems:

> habl- → habl**ado**
> com- → com**ido**
> viv- → viv**ido**

3. Review the following irregular past participles.

escribir → escrito	poner → puesto	romper → roto	ver → visto
volver → vuelto	decir → dicho	hacer → hecho	

Ejercicio 7. *La buena anfitriona (hostess)*

Carmen es de Andalucía, pero ahora vive en Madrid. Por supuesto, cuando sus amigos y parientes vinieron a Madrid, Carmen los llevó a ver los lugares interesantes de la ciudad y los invitó a cenar en su apartamento. Haga el papel de Carmen, la buena anfitriona.

Modelo: Rafael
> **Me alegro de que Rafael haya venido. Espero que se haya divertido aquí.**

1. Teresa   3. mis tíos   5. Ud.
2. tú   4. Uds.   6. mis amigos

Ejercicio 8. *¿ Dónde está Carlos ?*

Carlos tenía una cita con sus amigos en el Café Pamplona, pero todavía no ha llegado. Mientras lo esperan, sus amigos sugieren que Carlos no haya llegado por las siguientes razones.

Modelo: tener un accidente
> **Es posible que haya tenido un accidente.**

1. ir a una entrevista
2. perder sus llaves
3. salir con su novia
4. tener que arreglar su coche
5. encontrarse con una chica simpática
6. olvidarse de la hora de la reunión
7. sentirse mal
8. dormirse

Ejercicio 9.   *El pueblo natal (hometown)*
Después de trabajar por muchos años en Buenos Aires, el Sr. Dávila se ha jubilado y ha vuelto a vivir en su pueblo natal. ¡ Pero el pueblo ha cambiado mucho ! Haga el papel del Sr. Dávila y comente sobre los cambios.

> Modelo: es malo / el ambiente ha cambiado
> **Es malo que el ambiente haya cambiado.**

1. es bueno / la población ha crecido
2. es una lástima / el costo de la vida ha subido
3. es sorprendente / la belleza del ambiente ha cambiado poco
4. es posible / muchos jóvenes han ido a trabajar en la ciudad
5. es increíble / el transporte público ha mejorado
6. es probable / mis amigos también se han jubilado
7. es imposible / el crimen ha aumentado aquí
8. es malo / mi café preferido ha cerrado

C. El subjuntivo: un resumen

The subjunctive is used:

1. after an impersonal expression of opinion or wish.

    Es útil que **estudiemos** el español.

2. after an expression of desire or an indirect command.

    El profesor **quiere** que **hablemos** español.

3. after an expression of doubt or disbelief.

    No **creo** que el español **sea** tan difícil de aprender.

4. after an expression of emotion.

    Me alegro de que **vayas** a México.

5. after a relative pronoun (to express a possibility).

    Quiero conocer una chica **que sea** de México.

6. after a conjunction that implies a condition as yet unfulfilled.

    Iré a México **con tal que tenga** bastante dinero.

7. after a conjunction that refers to an uncompleted action or future activities.

    Hablaré español **cuando esté** en España.

Ejercicio 10. *El mundo del futuro*

Complete las siguientes frases para expresar sus ideas sobre el mundo del futuro.

1. Espero que mis amigos _____ .
2. Deseo que mi familia _____ .
3. Prefiero que todo el mundo _____ .
4. Es posible que _____ .
5. Dudo que _____ .
6. Quiero vivir en un mundo que _____ .
7. El mundo será más estable cuando _____ .
8. El futuro será más seguro cuando _____ .

Ejercicio 11. *En español*

Paco Rivera ha ido a la capital para visitar a sus tíos que viven allí. Dé su conversación en español.

TÍA FLORA   Paco, we are very glad that you have come to visit us.

TÍO RAMÓN   Yes, we hope you will stay here at least one week so that we can visit all the interesting and beautiful places in this city. What would you like to see first?

PACO   Everything! The skyscrapers, the museums, the parks, the department stores, the cafés . . .

TÍO RAMÓN   I'm glad you are enthusiastic. So am I! And I hope you've brought comfortable shoes. Let's go!

Una semana después, Paco está haciendo su maleta para regresar a su pueblo en la provincia.

TÍA FLORA   We're sorry that you have to leave so soon. I hope you've enjoyed your visit here.

PACO   I've enjoyed my visit very much, but I have to go home because my classes begin next week.

TÍO RAMÓN   When you come here again, we will be able to see the new aquarium (**aquario**).

TÍA FLORA   Do you think you would like to live in the city?

PACO   Well, urban life has many advantages and opportunities, but I also see many unpleasant things.

TÍA FLORA   What?

PACO   The crowds, the traffic congestion, the pollution, the lack of open space, the high cost of living, the crime. . . . The city is a nice place to visit, but I wouldn't like to live here.

TÍO RAMÓN   Paco, you are right. As soon as we have our vacation, we'll come to visit you.

≈Ahora le toca a Ud. *Mi ciudad / mi pueblo*

Describa la ciudad o pueblo donde Ud. vive. Diga lo que le gusta y lo que no le gusta sobre su ciudad o pueblo. Mencione algunas ventajas y desventajas del tipo de vida que Ud. conoce mejor: la vida urbana, la rural o la vida en un pueblo pequeño.

Hacia un mundo mejor

Toward

Sabemos que el mundo de hoy tiene sus defectos y sus problemas. En su opinión, ¿cómo se podría mejorar? Cuando les hicimos esta pregunta a varias personas, nos contestaron así:

Rafael Fernández (de la Argentina)

Era malo que **tuviéramos** una **dictadura** militar. Ahora que tenemos un gobierno democrático otra vez, todos debemos luchar para mantener la **estabilidad** económica y política.

we had / dictatorship
stability

Pedro Redondo (de Costa Rica)

No se puede transformar la sociedad sin transformar primero al individuo. Si la gente **fuera** más abierta, más honrada y **más bondadosa,** el mundo sería mejor.

were / kinder

Ramona Arroyo (de Cuba)

¡Hasta que todos los pueblos entiendan la necesidad de luchar juntos en contra del imperialismo, no habrá soluciones para los problemas del mundo!

Francisco Durán (de México)

Esos políticos viejos solamente piensan en **retener** el poder y **enriquecerse.** ¡Si nosotros, los jóvenes, tuviéramos el poder, **el asunto** sería diferente!

retaining / getting rich
the matter

Lola Galindo (del Perú)

Si **pudieran** encontrar más **petróleo** en este país, por lo menos se solucionarían nuestros problemas económicos.

they could / oil

Fernando Herrero (de Bolivia)

No habría tanta **pobreza** y desempleo si **se repartiera** la tierra de una manera más justa.

poverty / were
distributed

Comprensión

1. Según Rafael Fernández, ¿qué tienen que hacer los ciudadanos de su país?
2. En la opinión de Pedro Redondo, ¿qué es necesario para que el mundo sea mejor?
3. Según Ramona Arroyo, ¿cuándo habrá soluciones a los problemas del mundo?
4. ¿Tiene Francisco Durán mucha confianza en los políticos? ¿Qué piensa de ellos?
5. Según Lola Galindo, ¿cuál es una de las maneras de solucionar los problemas económicos de un país?
6. ¿Qué solución a los problemas de la pobreza y el desempleo nos ofrece Fernando Herrero?

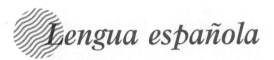

Lengua española

Vocabulario *El estado del mundo*

SUSTANTIVOS

el asunto	*matter*	**la confianza**	*confidence, trust*
el estado	*state*	**la crisis**	*crisis*
el individuo	*individual*	**la cuestión**	*issue, matter*
el petróleo	*oil, petroleum*	**la dictadura**	*dictatorship*
el poder	*power*	**la esperanza**	*hope*
el sistema	*system*	**la pobreza**	*poverty*
los valores	*values*	**la revolución**	*revolution*
		la riqueza	*riches*
		la sociedad	*society*
		la tierra	*land*

VERBOS

discutir	*to discuss; to argue*	Mis amigos y yo **discutimos** la política.
establecer (-zco)	*to establish*	El gobierno **estableció** un nuevo sistema.
rechazar	*to reject*	A veces los jóvenes **rechazan** los valores de sus padres.
reformar	*to reform*	Los revolucionarios hablan de **reformar** la sociedad.
transformar	*to transform*	¿Cómo se puede **transformar** la sociedad?

Ejercicio 1.   *Preguntas*

1. ¿Cuáles son las cuestiones actuales que Ud. discute con sus padres?
   ¿Cuáles discute con sus amigos?
2. ¿Tiene Ud. los mismos valores que tienen sus padres? ¿O rechaza Ud. los
   valores de ellos? ¿Cuáles acepta Ud. y cuáles rechaza?
3. ¿Está Ud. contento/a con el sistema de gobierno de su país? ¿O le gustaría transformarlo?
4. En su opinión, ¿cuál es la mejor manera de reformar o de transformar un
   sistema de gobierno?
5. En su opinión, ¿hay alguna relación entre el poder y la corrupción?

A. El imperfecto del subjuntivo: las formas regulares

Contrast the verbs in each of the following sets of sentences. In the first sentence of each pair, the subject is communicating wishes, doubts, or emotions
that are currently being experienced. The verb that follows **que** is in the *present subjunctive*. In the second sentence, the subject is communicating wishes,
doubts, or emotions that were experienced in the past. The verb that follows
que is in the *imperfect subjunctive*.

(present)	¿**Es** importante que **respetemos** las tradiciones ahora?	*Is it important now that **we respect** traditions?*
(past)	**Era** importante que **respetáramos** las tradiciones antes.	*In the past, **it was** important that **we respect** traditions.*
(present)	**Espero** que mis padres me **comprendan.**	*I hope that my parents **understand** me.*
(past)	**Esperaban** que sus padres los **comprendieran.**	*They **hoped** that their parents **understood** them.*
(present)	**No quiero** que **discutamos** la política.	*I **don't want** us to discuss politics.*
(past)	Mis padres **no querían** que **discutiéramos** la política en casa.	*My parents **didn't want** us to discuss politics at home.*

**todos tenemos
derecho al voto...**
SUFRAGIO UNIVERSAL

Note the forms of the imperfect subjunctive in the chart below.

	HABLAR	COMER	VIVIR
Ellos Form of the Preterite	**Hablaron**	**Comieron**	**Vivieron**
(yo)	hablar**a**	comier**a**	vivier**a**
(tú)	hablar**as**	comier**as**	vivier**as**
(él, ella, Ud.)	hablar**a**	comier**a**	vivier**a**
(nosotros)	habl**á**ramos	comi**é**ramos	vivi**é**ramos
(vosotros)	hablar**ais**	comier**ais**	vivier**ais**
(ellos, ellas, Uds.)	hablar**an**	comier**an**	vivier**an**

NOTAS GRAMATICALES

1. The imperfect subjunctive is formed as follows:

> **ellos** form of the preterite minus **-ron** + imperfect subjunctive endings

2. The imperfect subjunctive endings* are:

> **-ra**   **-ras**   **-ra**   **-ramos**   **-rais**   **-ran**

Note that in the **nosotros** form of the imperfect subjunctive, an accent mark is placed over the final vowel of the stem.

Ejercicio 2.   *Una falta de confianza*
Héctor Rabioso fue candidato en las últimas elecciones, pero perdió porque no recibió los votos que esperaba.

Modelo: los estudiantes
Esperaba que los estudiantes votaran por él.

1. tú
2. todo el pueblo
3. nosotros

4. los miembros de los sindicatos
5. su familia
6. su mamá

---

*In Spanish, there is a second form of the imperfect subjunctive, which is used less commonly. Instead of the **-ra** endings, it uses **-se, -ses, -se, -semos, -seis,** and **-sen.**

Ejercicio 3.   *El final de la dictadura*
Los ciudadanos de un país democrático, que antes era una dictadura, hablan de cómo eran las cosas en la época del dictador.

> Modelo: Los obreros forman un sindicato.
>   **El dictador no permitía que los obreros formaran un sindicato.**

1. La gente discute la política.
2. El pueblo comparte las riquezas del país.
3. Los ciudadanos participan en el gobierno.
4. Los jóvenes hablan de una revolución.
5. Los militares establecen otro sistema.
6. Los ciudadanos lo rechazan.
7. Sus consejeros mencionan la crisis.
8. Los periódicos escriben de la cuestión del petróleo.

B. Los usos del imperfecto del subjuntivo

The imperfect subjunctive is generally used after the same verbs and expressions as the present subjunctive, when these expressions are in a *past tense*. Note the cases and examples below.

The imperfect subjunctive is used:

1. after an impersonal expression of opinion or wish.

   Era importante que los niños **escucharan** a sus padres.

2. after an expression of indirect command or desire.

   Mis padres **querían** que yo **estudiara** más.

3. after an expression of doubt or disbelief.

   No creían que **volviera** tarde.

4. after an expression of emotion.

   Se asombraban de que me **casara** con Miguel.

5. after a relative pronoun (to express a possibility).

   Quería salir con chicos **que hablaran** español.

6. after a conjunction that implies a condition as yet unfulfilled.

   Mis padres me **mandaron** a México **para que aprendiera** español.

Ejercicio 4.   *Sentimientos y opiniones*
Reemplace las palabras en cursiva con las palabras entre paréntesis. Haga todos los cambios necesarios.

> **Modelo:**   Era sorprendente que *los políticos* no discutieran la crisis.
> (nosotros)
> **Era sorprendente que nosotros no discutiéramos la crisis.**

1. Era importante que *nosotros* discutiéramos el asunto. (yo; los militares; tú; el presidente)
2. El candidato quería que *el pueblo* lo escuchara. (tú; los ciudadanos; su familia; yo; nosotros)
3. A los padres no les gustaba que *su hijo* rechazara sus valores. (yo; sus hijos; tú y yo; tú; la sociedad)
4. Mi abuelo insistía en que *yo* votara. (mi papá; mis hermanos y yo; mis primas)
5. Yo dudaba que *ese candidato* ganara las elecciones. (tú; los socialistas; nosotros; el candidato liberal)
6. Voté por *ti* para que transformaras el sistema. (los candidatos conservadores; Uds.; el presidente; Ud.)
7. La compañía buscaba *un empleado* que hablara español. (dos técnicos; una secretaria; un ejecutivo; una abogada)

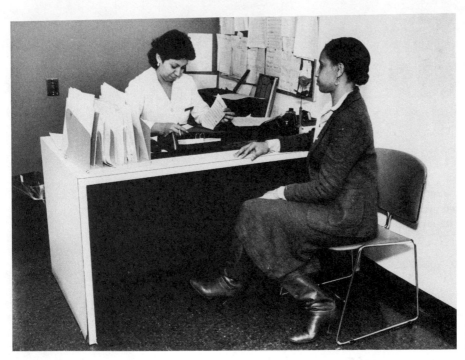

Esta persona buscaba un empleo que fuera dentro de un hospital.

C. El imperfecto del subjuntivo: las formas irregulares

Since the stem of the imperfect subjunctive is always derived from the **ellos** form of the preterite, the verbs that have irregular preterite stems also have irregular stems in the imperfect subjunctive. Here are a few examples. Note that the endings are regular.

INFINITIVE	*ELLOS* FORM OF PRETERITE	*YO* FORM OF IMPERFECT SUBJUNCTIVE
ir	fueron	**fuera**
ser	fueron	**fuera**
hacer	hicieron	**hiciera**
querer	quisieron	**quisiera**
venir	vinieron	**viniera**
estar	estuvieron	**estuviera**
haber	hubieron	**hubiera**
poder	pudieron	**pudiera**
poner	pusieron	**pusiera**
saber	supieron	**supiera**
tener	tuvieron	**tuviera**
conducir	condujeron	**condujera**
decir	dijeron	**dijera**
dormir	durmieron	**durmiera**
servir	sirvieron	**sirviera**

Ejercicio 5.   *Ayer y hoy*

*Compare las actitudes de hoy y ayer con las expresiones **(No) Es importante...** y **(No) Era importante**.*

Modelo: No hay discriminación.
(No) Es importante que no haya discriminación.
(No) Era importante que no hubiera discriminación.

1. No hay guerra.
2. Los políticos dicen la verdad.
3. El presidente sabe la verdad.
4. Los padres tienen paciencia con sus hijos.
5. Las familias tienen muchos niños.
6. Los hijos mantienen los valores de la familia.
7. Las mujeres pueden votar.
8. El pueblo tiene confianza en su gobierno.

Ejercicio 6.   *Esperanzas*

La gente esperaba que las siguientes cosas pasaran. Combine las dos frases, como en el modelo.

> **Modelo:**   La gente esperaba. Los médicos curaron el cáncer.
> **La gente esperaba que los médicos curaran el cáncer.**

1. Era necesario. No hubo más conflictos en el mundo.
2. Era importante. Los hombres y las mujeres eran iguales.
3. El presidente recomendó. La pobreza se eliminó.
4. Era bueno. El gobierno hizo algo para solucionar la crisis de energía.
5. Nosotros queríamos. Los científicos explicaron todo.
6. Ellos sugirieron. Nosotros transformamos la sociedad.
7. Me alegraba. El nuevo gobierno eliminó la injusticia.
8. Dudábamos. Los hombres eran irracionales.

D. El uso del subjuntivo después de *si*

Compare the forms of the verbs in the following pairs of sentences.

> Si **tengo** dinero este verano, **iré** a España.
> Si **tuviera** dinero, **iría** a Mallorca.

> *If **I have** money this summer, **I will go** to Spain.*
> *If **I had** money, **I would go** to Majorca.*

> Si **estamos** en España algún día, **visitaremos** Barcelona.
> Si **estuviéramos** en España, **hablaríamos** español.

> *If **we are** in Spain some day, **we will visit** Barcelona.*
> *If **we were** in Spain, **we would speak** Spanish.*

Note the verb sequences that are used in sentences with **si** *(if)* clauses.

	SUBORDINATE CLAUSE *(SI)*	MAIN CLAUSE
The Condition Expresses Something Possible	present indicative	future
The Condition Expresses Something Considered Contrary to Fact	imperfect subjunctive	conditional

NOTA GRAMATICAL

The expression **como si** *(as if, as though)* is always followed by the ***imperfect subjunctive.***

> Habla **como si fuera** un candidato.
> Hablaba **como si fuera** un candidato.

Ejercicio 7.   *Si yo tuviera mucho dinero...*
Si las siguientes personas tuvieran mucho dinero, harían las siguientes cosas.

> **Modelo:**   Elena / comprar un coche caro
> **Si tuviera mucho dinero, Elena compraría un coche caro.**

1. nosotros / viajar por el mundo
2. mis padres / comprar una casa grande
3. yo / no trabajar más
4. tú / pagar los estudios de tus hermanos menores
5. Javier / dedicarse a la política
6. Marta y Alicia / pasar el invierno en Acapulco

Ejercicio 8.   *Sueños (Dreams)*
Pregúntele a otra persona de la clase qué haría en las siguientes circunstancias.

> **Modelo:**   ser presidente
> **—Si fueras presidente, ¿ qué harías ?**
> **—Si yo fuera presidente, reformaría el gobierno (reduciría los impuestos...).**

1. no ser estudiante
2. tener un millón de dólares
3. ser rector de la universidad
4. ser secretario general de las Naciones Unidas
5. no tener que trabajar
6. ser astronauta
7. poder vivir en otra época

Ejercicio 9.   *Ilusiones*
Todas las siguientes personas tienen sus ilusiones. ¿ Cómo las expresan ?

> **Modelo:**   el candidato habla / ser liberal
> **El candidato habla como si fuera liberal.**

1. Álvaro gasta dinero / ser millonario
2. nosotros trabajamos / tener mucho tiempo
3. Marta y Lidia hablan / ser actrices
4. tú caminas / dolerle la pierna
5. yo corro / tener mucha prisa
6. Estela llora / hay una tragedia

Ejercicio 10. *Antes de las elecciones*
Complete las siguientes frases para dar sus ideas y opiniones sobre los sucesos antes de las últimas elecciones. Use el indicativo, el subjuntivo o el infinitivo.

1. Era necesario _____ .
2. El presidente quería _____ .
3. Los candidatos hablaban como si _____ .
4. Yo dudaba _____ .
5. A mis amigos y yo nos alegrábamos _____ .
6. Mis padres me aconsejaban _____ .
7. Si yo _____ .
8. Era una lástima _____ .
9. La gente votaba por él para que _____ .
10. ¡Ojalá _____ !

Ejercicio 11. *En español*
Un grupo de estudiantes de la universidad está charlando en un café. Dé su conversación en español.

RICARDO	Have you (**Uds.**) read the big news?
PILAR	Are you talking about the oil that was found (**encontrar**) in the province of Santa Fe?
JOSÉ	I hope you are telling the truth.
RICARDO	Of course I am telling the truth! Listen to the radio.
ESTRELLA	I am happy that they finally found oil. It could solve many of our problems.
RICARDO	That's true. It is important that this country do something in order to create more jobs and to solve the problem of poverty.
PILAR	I don't believe that oil will solve all our problems.
JOSÉ	No, I am not sure that oil will solve those problems either, but it will help to reduce them.
ESTRELLA	What do you think the government will do with the money from the oil?
RICARDO	I always hoped that something good would happen here, and now it has happened.
PILAR	We have to wait and see what the government will do when we sell the oil.
JOSÉ	If the oil weren't found, there would be a crisis in this country very soon.
ESTRELLA	You're right. Now if I were in the government . . .
JOSÉ	What would you do?
ESTRELLA	Well . . . this is an important matter. I have to think about it.

≋Ahora le toca a Ud.   *El mundo del futuro*

Lea otra vez las opiniones de las personas que aparecen al comienzo de la lección. Luego, escriba un párrafo corto explicando cómo el mundo podría ser mejor.

VOTO POR LA VIDA
Y LA PAZ
EN EL MUNDO
Vale: el primer día de paz

Año Internacional de la Paz

Movimiento universal por la paz del mundo

EN RESUMEN

A. Reemplace las palabras en cursiva con la forma apropiada de las expresiones entre paréntesis.

1. Busco un apartamento que *sea cómodo.* (estar cerca del centro ; tener cinco cuartos ; ser barato ; no costar demasiado)
2. Sus padres le dan dinero a Jaime para que *compre un coche.* (pagar la matrícula ; hacer un viaje ; arreglar su coche)
3. Marta no irá a la fiesta a menos que Tomás *la invite.* (ir con ella ; llamarla ; llevarla en su coche ; bailar con ella)
4. Ellos quieren irse antes de que *sea muy tarde.* (llover ; llegar la policía ; ocurrir algo ; haber problemas)
5. No vamos a comer hasta que *la comida esté lista.* (llegar papá ; los niños lavarse las manos ; yo poner la mesa ; todos sentarse)
6. Te diré las noticias tan pronto como las *oiga.* (saber ; recibir ; leer ; tener)
7. Es probable que los chicos *hayan dormido tarde.* (haber ido a la escuela ; haber dicho una mentira ; haber jugado con sus amigos ; no haber hecho la tarea)
8. El consejero le dijo que era importante que *hablara con el profesor.* (venir a su oficina ; escucharlo ; escoger cursos interesantes ; dedicarse a su trabajo)
9. La dictadura no permitía que el pueblo *votara.* (reclamar sus derechos ; reunirse en público ; decir algo en contra del gobierno ; protestar)
10. El ladrón robó el dinero antes de que *la policía pudiera llegar.* (el banco abrirse ; los empleados verlo ; alguien darse cuenta ; yo entrar al banco)
11. Si yo estuviera en esa situación, *haría algo inmediatamente.* (tener más paciencia ; pedir más dinero ; tratar de salir ; decir algo)
12. Si yo *fuera rico,* viajaría por todo el mundo. (estar bien ; poder hacerlo ; no tener miedo ; hablar otras lenguas)

B. Dé la forma correcta (el indicativo, el subjuntivo o el infinitivo) del verbo entre paréntesis.

1. Si yo (poder) _____ vivir en el campo, (estar) _____ muy contento.
2. Pero, aunque (vivir) _____ en la ciudad, mi casa está muy cerca de un parque ; entonces a veces me siento como si (vivir) _____ en el campo.
3. Pienso comprar una casa en el campo después de (jubilarse) _____ .
4. Claro, no puedo pensar en estas cosas hasta que (tener) _____ los 65 años.
5. El gobierno ha cambiado la ley recientemente, y ahora algunas personas pueden jubilarse antes de que (tener) _____ los 65 años.
6. Era necesario que el gobierno (cambiar) _____ la ley.
7. Mucha gente dudaba que (ser) _____ necesario cambiarla.

8. Pero las personas que no quieren (jubilarse) _____ no tienen que (hacerlo) _____ .

9. En caso de que Ud. no (haber) _____ leído eso en el periódico, yo buscaré el artículo para que Ud. lo (leer) _____ .

10. Sería bueno que Ud. lo (mostrar) _____ a su padre porque estoy seguro de que él (tener) _____ interés en leerlo.

11. Me había dicho que no creía que el gobierno lo (hacer) _____ .

12. Algunas personas buscan un empleo que les (ofrecer) _____ muchos beneficios, pero a otras personas no les (importar) _____ .

Appendices
and
Vocabularies

Appendix A Regular Verbs

Infinitive	hablar *to speak*	aprender *to learn*	vivir *to live*
Present participle	hablando *speaking*	aprendiendo *learning*	viviendo *living*
Past participle	hablado *spoken*	aprendido *learned*	vivido *lived*

SIMPLE TENSES

Present indicative *I speak, am speaking,* *do speak*	hablo hablas habla hablamos habláis hablan	aprendo aprendes aprende aprendemos aprendéis aprenden	vivo vives vive vivimos vivís viven
Imperfect indicative *I was speaking, used* *to speak, spoke*	hablaba hablabas hablaba hablábamos hablabais hablaban	aprendía aprendías aprendía aprendíamos aprendíais aprendían	vivía vivías vivía vivíamos vivíais vivían
Preterite *I spoke, did speak*	hablé hablaste habló hablamos hablasteis hablaron	aprendí aprendiste aprendió aprendimos aprendisteis aprendieron	viví viviste vivió vivimos vivisteis vivieron
Future *I will speak, shall* *speak*	hablaré hablarás hablará hablaremos hablaréis hablarán	aprenderé aprenderás aprenderá aprenderemos aprenderéis aprenderán	viviré vivirás vivirá viviremos viviréis vivirán

Conditional *I would speak*	hablaría hablarías hablaría	aprendería aprenderías aprendería	viviría vivirías viviría
	hablaríamos hablaríais hablarían	aprenderíamos aprenderíais aprenderían	viviríamos viviríais vivirían
Present subjunctive *(that) I speak*	hable hables hable	aprenda aprendas aprenda	viva vivas viva
	hablemos habléis hablen	aprendamos aprendáis aprendan	vivamos viváis vivan

Imperfect subjunctive
   (-ra)*
(that) I speak, might
   speak
	hablara
	hablaras
	hablara
		aprendiera
		aprendieras
		aprendiera
			viviera
			vivieras
			viviera

	habláramos hablarais hablaran	aprendiéramos aprendierais aprendieran	viviéramos vivierais vivieran

Commands
speak
(don't speak)
	—
	habla
	   (no hables)
	hable
		—
		aprende
		   (no aprendas)
		aprenda
			—
			vive
			   (no vivas)
			viva

(let's speak)	hablemos
	hablad
	   (no
	   habléis)
	hablen
		aprendamos
		aprended
		   (no
		   aprendáis)
		aprendan
			vivamos
			vivid
			   (no viváis)
			
			vivan

*Alternate endings: -se, -ses, -se, -́semos, -seis, -sen.

COMPOUND TENSES

Present perfect indicative *I have spoken*	he has ha	hemos habéis han	}	hablado	aprendido	vivido
Pluperfect indicative *I had spoken*	había habías había	habíamos habíais habían	}	hablado	aprendido	vivido
Future perfect indicative *I will have spoken*	habré habrás habrá	habremos habréis habrán	}	hablado	aprendido	vivido
Conditional perfect *I would have spoken*	habría habrías habría	habríamos habríais habrían	}	hablado	aprendido	vivido
Present perfect subjunctive *(that) I have spoken*	haya hayas haya	hayamos hayáis hayan	}	hablado	aprendido	vivido
Past perfect subjunctive *(that) I had spoken*	hubiera hubieras hubiera	hubiéramos hubierais hubieran	}	hablado	aprendido	vivido
Present progressive *I am speaking*	estoy estás está	estamos estáis están	}	hablando	aprendiendo	viviendo
Past progressive *I was speaking*	estaba estabas estaba	estábamos estabais estaban	}	hablando	aprendiendo	viviendo

Appendix B Stem-changing Verbs

	1. e → ie		2. o → ue	
	pensar	perder	contar	volver
Present indicative	**pienso**	**pierdo**	**cuento**	**vuelvo**
	piensas	**pierdes**	**cuentas**	**vuelves**
	piensa	**pierde**	**cuenta**	**vuelve**
	pensamos	perdemos	contamos	volvemos
	pensáis	perdéis	contáis	volvéis
	piensan	**pierden**	**cuentan**	**vuelven**
Present subjunctive	**piense**	**pierda**	**cuente**	**vuelva**
	pienses	**pierdas**	**cuentes**	**vuelvas**
	piense	**pierda**	**cuente**	**vuelva**
	pensemos	perdamos	contemos	volvamos
	penséis	perdáis	contéis	volváis
	piensen	**pierdan**	**cuenten**	**vuelvan**

	3. e → ie, i	4. e → i, i	5. o → ue, u
	sentir	pedir	dormir
Present indicative	**siento**	**pido**	**duermo**
	sientes	**pides**	**duermes**
	siente	**pide**	**duerme**
	sentimos	pedimos	dormimos
	sentís	pedís	dormís
	sienten	**piden**	**duermen**
Present subjunctive	**sienta**	**pida**	**duerma**
	sientas	**pidas**	**duermas**
	sienta	**pida**	**duerma**
	sintamos	**pidamos**	**durmamos**
	sintáis	**pidáis**	**durmáis**
	sientan	**pidan**	**duerman**

(Note: The verb **jugar** changes **u → ue.**)

Preterite	sentí	pedí	dormí
	sentiste	pediste	dormiste
	sintió	**pidió**	**durmió**
	sentimos	pedimos	dormimos
	sentisteis	pedisteis	dormisteis
	sintieron	**pidieron**	**durmieron**
Past subjunctive	**sintiera**	**pidiera**	**durmiera**
	sintieras	**pidieras**	**durmieras**
	sintiera	**pidiera**	**durmiera**
	sintiéramos	**pidiéramos**	**durmiéramos**
	sintierais	**pidierais**	**durmierais**
	sintieran	**pidieran**	**durmieran**
Present participle	**sintiendo**	**pidiendo**	**durmiendo**

Appendix C Verb Charts

Infinitive	Participles	Present indicative	Imperfect	Preterite
1. abrir *to open*	abriendo **abierto**	abro abres abre	abría abrías abría	abrí abriste abrió
		abrimos abrís abren	abríamos abríais abrían	abrimos abristeis abrieron
2. andar *to walk*	andando andado	ando andas anda	andaba andabas andaba	**anduve** **anduviste** **anduvo**
		andamos andáis andan	andábamos andabais andaban	**anduvimos** **anduvisteis** **anduvieron**
3. caer *to fall*	**cayendo** **caído**	**caigo** caes cae	caía caías caía	caí **caíste** **cayó**
		caemos caéis caen	caíamos caíais caían	**caímos** **caísteis** **cayeron**
4. conocer *to know* **c → zc** before **a, o**	conociendo conocido	**conozco** conoces conoce	conocía conocías conocía	conocí conociste conoció
		conocemos conocéis conocen	conocíamos conocíais conocían	conocimos conocisteis conocieron
5. construir *to build* **i → y,** **y** inserted before **a, e, o**	**construyendo** construido	**construyo** **construyes** **construye**	construía construías construía	construí construiste **construyó**
		construimos construís **construyen**	construíamos construíais construían	construimos construisteis **construyeron**

Future	Conditional	Present subjunctive	Imperfect subjunctive	Commands
abriré	abriría	abra	abriera	—
abrirás	abrirías	abras	abrieras	abre (no abras)
abrirá	abriría	abra	abriera	abra
abriremos	abriríamos	abramos	abriéramos	abramos
abriréis	abriríais	abráis	abrierais	abrid (no abráis)
abrirán	abrirían	abran	abrieran	abran
andaré	andaría	ande	**anduviera**	—
andarás	andarías	andes	**anduvieras**	anda (no andes)
andará	andaría	ande	**anduviera**	ande
andaremos	andaríamos	andemos	**anduviéramos**	andemos
andaréis	andaríais	andéis	**anduvierais**	andad (no andéis)
andarán	andarían	anden	**anduvieran**	anden
caeré	caería	**caiga**	**cayera**	—
caerás	caerías	**caigas**	**cayeras**	cae (no **caigas**)
caerá	caería	**caiga**	**cayera**	**caiga**
caeremos	caeríamos	**caigamos**	**cayéramos**	**caigamos**
caeréis	caeríais	**caigais**	**cayerais**	caed (no **caigáis**)
caerán	caerían	**caigan**	**cayeran**	**caigan**
conoceré	conocería	**conozca**	conociera	—
conocerás	conocerías	**conozcas**	conocieras	conoce (no **conozcas**)
conocerá	conocería	**conozca**	conociera	**conozca**
conoceremos	conoceríamos	**conozcamos**	conociéramos	**conozcamos**
conoceréis	conoceríais	**conozcáis**	conocierais	conoced (no **conozcáis**)
conocerán	conocerían	**conozcan**	conocieran	**conozcan**
construiré	construiría	**construya**	**construyera**	—
construirás	construirías	**construyas**	**construyeras**	**construye** (no **construyas**)
construirá	construiría	**construya**	**construyera**	**construya**
construiremos	construiríamos	**construyamos**	**construyéramos**	**construyamos**
construiréis	construiríais	**construyáis**	**construyerais**	construid (no **construyáis**)
construirán	construirían	**construyan**	**construyeran**	**construyan**

Infinitive	Participles	Present indicative	Imperfect	Preterite
6. continuar *to continue*	continuando continuado	**continúo** **continúas** **continúa**	continuaba continuabas continuaba	continué continuaste continuó
		continuamos continuáis **continúan**	continuábamos continuabais continuaban	continuamos continuasteis continuaron
7. dar *to give*	dando dado	**doy** das da	daba dabas daba	**di** **diste** **dio**
		damos **dais** dan	dábamos dabais daban	**dimos** **disteis** **dieron**
8. decir *to say, tell*	**diciendo** **dicho**	**digo** **dices** **dice**	decía decías decía	**dije** **dijiste** **dijo**
		decimos decís **dicen**	decíamos decíais decían	**dijimos** **dijisteis** **dijeron**
9. empezar (e → ie) *to begin*	empezando empezado	**empiezo** **empiezas** **empieza**	empezaba empezabas empezaba	**empecé** empezaste empezó
z → c before **e**		empezamos empezáis **empiezan**	empezábamos empezabais empezaban	empezamos empezasteis empezaron
10. escoger *to choose*	escogiendo escogido	**escojo** escoges escoge	escogía escogías escogía	escogí escogiste escogió
g → j before **a, o**		escogemos escogéis escogen	escogíamos escogíais escogían	escogimos escogisteis escogieron

Future	Conditional	Present subjunctive	Imperfect subjunctive	Commands
continuaré	continuaría	**continúe**	continuara	—
continuarás	continuarías	**continúes**	continuaras	**continúa** (no **continúes**)
continuará	continuaría	**continúe**	continuara	**continúe**
continuaremos	continuaríamos	continuemos	continuáramos	continuemos
continuaréis	continuaríais	continuéis	continuarais	continuad (no continuéis)
continuarán	continuarían	**continúen**	continuaran	**continúen**
daré	daría	**dé**	**diera**	—
darás	darías	des	**dieras**	da (no des)
dará	daría	**dé**	**diera**	**dé**
daremos	daríamos	demos	**diéramos**	demos
daréis	daríais	**deis**	**dierais**	dad (no **deis**)
darán	darían	den	**dieran**	den
diré	**diría**	diga	dijera	—
dirás	**dirías**	digas	dijeras	**di** (no **digas**)
dirá	**diría**	diga	dijera	diga
diremos	**diríamos**	digamos	dijéramos	digamos
diréis	**diríais**	digáis	dijerais	decid (no **digáis**)
dirán	**dirían**	digan	dijeran	digan
empezaré	empezaría	**empiece**	empezara	—
empezarás	empezarías	**empieces**	empezaras	**empieza** (no **empieces**)
empezará	empezaría	**empiece**	empezara	**empiece**
empezaremos	empezaríamos	**empecemos**	empezáramos	**empecemos**
empezaréis	empezaríais	**empecéis**	empezarais	empezad (no **empecéis**)
empezarán	empezarían	**empiecen**	empezaran	**empiecen**
escogeré	escogería	**escoja**	escogiera	—
escogerás	escogerías	**escojas**	escogieras	escoge (no **escojas**)
escogerá	escogería	**escoja**	escogiera	**escoja**
escogeremos	escogeríamos	**escojamos**	escogiéramos	**escojamos**
escogeréis	escogeríais	**escojáis**	escogierais	escoged (no **escojáis**)
escogerán	escogerían	**escojan**	escogieran	**escojan**

Infinitive	Participles	Present indicative	Imperfect	Preterite
11. esquiar *to ski*	esquiando esquiado	**esquío** **esquías** **esquía**	esquiaba esquiabas esquiaba	esquié esquiaste esquió
		esquiamos esquiáis **esquían**	esquiábamos esquiabais esquiaban	esquiamos esquiasteis esquiaron
12. estar *to be*	estando estado	**estoy** **estás** **está**	estaba estabas estaba	**estuve** **estuviste** **estuvo**
		estamos estáis **están**	estábamos estabais estaban	**estuvimos** **estuvisteis** **estuvieron**
13. haber *to have* (*auxiliary*)	habiendo habido	**he** **has** **ha [hay]**	había habías había	**hube** **hubiste** **hubo**
		hemos habéis **han**	habíamos habíais habían	**hubimos** **hubisteis** **hubieron**
14. hacer *to make; to do*	haciendo **hecho**	**hago** haces hace	hacía hacías hacía	**hice** **hiciste** **hizo**
		hacemos hacéis hacen	hacíamos hacíais hacían	**hicimos** **hicisteis** **hicieron**
15. ir *to go*	**yendo** ido	**voy** **vas** **va**	**iba** **ibas** **iba**	**fui** **fuiste** **fue**
		vamos **vais** **van**	**íbamos** **ibais** **iban**	**fuimos** **fuisteis** **fueron**

Future	Conditional	Present subjunctive	Imperfect subjunctive	Commands
esquiaré	esquiaría	**esquíe**	esquiara	—
esquiarás	esquiarías	**esquíes**	esquiaras	**esquía** (no **esquíes**)
esquiará	esquiaría	**esquíe**	esquiara	**esquíe**
esquiaremos	esquiaríamos	esquiemos	esquiáramos	esquiemos
esquiaréis	esquiaríais	esquiéis	esquiarais	esquiad (no esquiéis)
esquiarán	esquiarían	**esquíen**	esquiaran	**esquíen**
estaré	estaría	**esté**	**estuviera**	—
estarás	estarías	**estés**	**estuvieras**	**está** (no **estés**)
estará	estaría	**esté**	**estuviera**	**esté**
estaremos	estaríamos	estemos	**estuviéramos**	estemos
estaréis	estaríais	estéis	**estuvierais**	estad (no estéis)
estarán	estarían	**estén**	**estuvieran**	**estén**
habré	**habría**	haya	hubiera	—
habrás	**habrías**	hayas	hubieras	—
habrá	**habría**	haya	hubiera	—
habremos	**habríamos**	hayamos	hubiéramos	—
habréis	**habríais**	hayáis	hubierais	—
habrán	**habrían**	hayan	hubieran	—
haré	**haría**	haga	hiciera	—
harás	**harías**	hagas	hicieras	**haz** (no **hagas**)
hará	**haría**	haga	hiciera	**haga**
haremos	**haríamos**	hagamos	hiciéramos	**hagamos**
haréis	**haríais**	hagáis	hicierais	haced (no **hagáis**)
harán	**harían**	hagan	hicieran	**hagan**
iré	iría	**vaya**	fuera	—
irás	irías	**vayas**	fueras	**ve** (no **vayas**)
irá	iría	**vaya**	fuera	**vaya**
iremos	iríamos	**vayamos**	**fuéramos**	**vayamos; vamos**
iréis	iríais	**vayáis**	fuerais	id (no **vayáis**)
irán	irían	**vayan**	fueran	**vayan**

Infinitive	Participles	Present indicative	Imperfect	Preterite
16. leer *to read*	**leyendo** **leído**	leo lees lee	leía leías leía	leí **leíste** **leyó**
i → y; stressed **i → í**		leemos leéis leen	leíamos leíais leían	**leímos** **leísteis** **leyeron**
17. oír *to hear*	**oyendo** **oído**	**oigo** **oyes** **oye**	oía oías oía	oí **oíste** **oyó**
		oímos oís **oyen**	oíamos oíais oían	**oímos** **oísteis** **oyeron**
18. pagar *to pay*	pagando pagado	pago pagas paga	pagaba pagabas pagaba	**pagué** pagaste pagó
g → gu before **e**		pagamos pagáis pagan	pagábamos pagabais pagaban	pagamos pagasteis pagaron
19. poder (o → ue) *can; to be able*	**pudiendo** podido	**puedo** **puedes** **puede**	podía podías podía	**pude** **pudiste** **pudo**
		podemos podéis **pueden**	podíamos podíais podían	**pudimos** **pudisteis** **pudieron**
20. poner *to place,* *put*	poniendo **puesto**	**pongo** pones pone	ponía ponías ponía	**puse** **pusiste** **puso**
		ponemos ponéis ponen	poníamos poníais ponían	**pusimos** **pusisteis** **pusieron**

Future	*Conditional*	*Present subjunctive*	*Imperfect subjunctive*	*Commands*
leeré	leería	lea	**leyera**	—
leerás	leerías	leas	**leyeras**	lee (no leas)
leerá	leería	lea	**leyera**	lea
leeremos	leeríamos	leamos	**leyéramos**	leamos
leeréis	leeríais	leáis	**leyerais**	leed (no leáis)
leerán	leerían	lean	**leyeran**	lean
oiré	oiría	**oiga**	oyera	—
oirás	oirías	**oigas**	oyeras	**oye** (no **oigas**)
oirá	oiría	**oiga**	oyera	**oiga**
oiremos	oiríamos	**oigamos**	oyéramos	**oigamos**
oiréis	oiríais	**oigáis**	oyerais	**oíd** (no **oigáis**)
oirán	oirían	**oigan**	oyeran	**oigan**
pagaré	pagaría	**pague**	pagara	—
pagarás	pagarías	**pagues**	pagaras	paga (no **pagues**)
pagará	pagaría	**pague**	pagara	**pague**
pagaremos	pagaríamos	**paguemos**	pagáramos	**paguemos**
pagaréis	pagaríais	**paguéis**	pagarais	pagad (no **paguéis**)
pagarán	pagarían	**paguen**	pagaran	**paguen**
podré	**podría**	pueda	pudiera	—
podrás	**podrías**	puedas	pudieras	—
podrá	**podría**	pueda	pudiera	—
podremos	**podríamos**	podamos	**pudiéramos**	—
podréis	**podríais**	podáis	pudierais	—
podrán	**podrían**	puedan	pudieran	—
pondré	**pondría**	ponga	pusiera	—
pondrás	**pondrías**	pongas	pusieras	**pon** (no **pongas**)
pondrá	**pondría**	ponga	pusiera	**ponga**
pondremos	**pondríamos**	pongamos	pusiéramos	**pongamos**
pondréis	**pondríais**	pongáis	pusierais	poned (no **pongáis**)
pondrán	**pondrían**	pongan	pusieran	**pongan**

Infinitive	Participles	Present indicative	Imperfect	Preterite
21. producir *to produce*	produciendo producido	**produzco** produces produce	producía producías producía	**produje** **produjiste** **produjo**
		producimos producís producen	producíamos producíais producían	**produjimos** **produjisteis** **produjeron**
22. querer (e → ie) *to like*	queriendo querido	**quiero** **quieres** **quiere**	quería querías quería	**quise** **quisiste** **quiso**
		queremos queréis **quieren**	queríamos queríais querían	**quisimos** **quisisteis** **quisieron**
23. reír *to laugh*	**riendo** **reído**	**río** **ríes** **ríe**	reía reías reía	reí **reíste** **rió**
		reímos reís **ríen**	reíamos reíais reían	**reímos** **reísteis** **rieron**
24. romper *to break*	rompiendo **roto**	rompo rompes rompe	rompía rompías rompía	rompí rompiste rompió
		rompemos rompéis rompen	rompíamos rompíais rompían	rompimos rompisteis rompieron
25. saber *to know*	sabiendo sabido	**sé** sabes sabe	sabía sabías sabía	**supe** **supiste** **supo**
		sabemos sabéis saben	sabíamos sabíais sabían	**supimos** **supisteis** **supieron**

Future	Conditional	*Present subjunctive*	*Imperfect subjunctive*	Commands
produciré	produciría	**produzca**	**produjera**	—
producirás	producirías	**produzcas**	**produjeras**	produce (no **produzcas**)
producirá	produciría	**produzca**	**produjera**	**produzca**
produciremos	produciríamos	**produzcamos**	**produjéramos**	**produzcamos**
produciréis	produciríais	**produzcáis**	**produjerais**	producid (no **produzcáis**)
producirán	producirían	**produzcan**	**produjeran**	**produzcan**
querré	**querría**	quiera	quisiera	—
querrás	**querrías**	quieras	quisieras	**quiere** (no **quieras**)
querrá	**querría**	quiera	quisiera	**quiera**
querremos	**querríamos**	queramos	**quisiéramos**	queramos
querréis	**querríais**	queráis	quisierais	quered (no queráis)
querrán	**querrían**	quieran	quisieran	**quieran**
reiré	reiría	**ría**	**riera**	—
reirás	reirías	**rías**	**rieras**	**ríe** (no **rías**)
reirá	reiría	**ría**	**riera**	**ría**
reiremos	reiríamos	**riamos**	**riéramos**	**riamos**
reiréis	reiríais	**riáis**	**rierais**	**reíd** (no **riáis**)
reirán	reirían	**rían**	**rieran**	rían
romperé	rompería	rompa	rompiera	—
romperás	romperías	rompas	rompieras	rompe (no rompas)
romperá	rompería	rompa	rompiera	rompa
romperemos	romperíamos	rompamos	rompiéramos	rompamos
romperéis	romperíais	rompáis	rompierais	romped (no rompáis)
romperán	romperían	rompan	rompieran	rompan
sabré	**sabría**	sepa	supiera	—
sabrás	**sabrías**	sepas	supieras	sabe (no **sepas**)
sabrá	**sabría**	sepa	supiera	sepa
sabremos	**sabríamos**	sepamos	supiéramos	sepamos
sabréis	**sabríais**	sepáis	supierais	sabed (no **sepáis**)
sabrán	**sabrían**	sepan	supieran	sepan

Infinitive	Participles	Present indicative	Imperfect	Preterite
26. salir *to go out*	saliendo salido	**salgo** sales sale	salía salías salía	salí saliste salió
		salimos salís salen	salíamos salíais salían	salimos salisteis salieron
27. seguir (e → i, i) *to follow* **gu → g** before **a, o**	**siguiendo** seguido	**sigo** **sigues** **sigue** seguimos seguís **siguen**	seguía seguías seguía seguíamos seguíais seguían	seguí seguiste **siguió** seguimos seguisteis **siguieron**
28. ser *to be*	siendo sido	**soy** **eres** **es** **somos** **sois** **son**	**era** **eras** **era** **éramos** **erais** **eran**	**fui** **fuiste** **fue** **fuimos** **fuisteis** **fueron**
29. tener *to have*	teniendo tenido	**tengo** **tienes** **tiene** tenemos tenéis **tienen**	tenía tenías tenía teníamos teníais tenían	**tuve** **tuviste** **tuvo** **tuvimos** **tuvisteis** **tuvieron**
30. tocar *to play* **c → qu** before **e**	tocando tocado	toco tocas toca tocamos tocáis tocan	tocaba tocabas tocaba tocábamos tocabais tocaban	**toqué** tocaste tocó tocamos tocasteis tocaron

Future	Conditional	Present subjunctive	Imperfect subjunctive	Commands
saldré	**saldría**	**salga**	saliera	—
saldrás	**saldrías**	**salgas**	salieras	**sal** (no **salgas**)
saldrá	**saldría**	**salga**	saliera	**salga**
saldremos	**saldríamos**	**salgamos**	saliéramos	**salgamos**
saldréis	**saldríais**	**salgáis**	salierais	salid (no **salgáis**)
saldrán	**saldrían**	**salgan**	salieran	**salgan**
seguiré	seguiría	**siga**	**siguiera**	—
seguirás	seguirías	**sigas**	**siguieras**	**sigue** (no **sigas**)
seguirá	seguiría	**siga**	**siguiera**	**siga**
seguiremos	seguiríamos	**sigamos**	**siguiéramos**	**sigamos**
seguiréis	seguiríais	**sigáis**	**siguierais**	seguid (no **sigáis**)
seguirán	seguirían	**sigan**	**siguieran**	**sigan**
seré	sería	**sea**	**fuera**	—
serás	serías	**seas**	**fueras**	**sé** (no **seas**)
será	sería	**sea**	**fuera**	**sea**
seremos	seríamos	**seamos**	**fuéramos**	**seamos**
seréis	seríais	**seáis**	**fuerais**	sed (no **seáis**)
serán	serían	**sean**	**fueran**	**sean**
tendré	**tendría**	**tenga**	tuviera	—
tendrás	**tendrías**	**tengas**	tuvieras	**ten** (no **tengas**)
tendrá	**tendría**	**tenga**	tuviera	**tenga**
tendremos	**tendríamos**	**tengamos**	tuviéramos	**tengamos**
tendréis	**tendríais**	**tengáis**	tuvierais	tened (no **tengáis**)
tendrán	**tendrían**	**tengan**	tuvieran	**tengan**
tocaré	tocaría	**toque**	tocara	—
tocarás	tocarías	**toques**	tocaras	toca (no **toques**)
tocará	tocaría	**toque**	tocara	**toque**
tocaremos	tocaríamos	**toquemos**	tocáramos	**toquemos**
tocaréis	tocaríais	**toquéis**	tocarais	tocad (no **toquéis**)
tocarán	tocarían	**toquen**	tocaran	**toquen**

Infinitive	Participles	Present indicative	Imperfect	Preterite
31. traer *to bring*	**trayendo** **traído**	**traigo** traes trae	traía traías traía	**traje** **trajiste** **trajo**
		traemos traéis traen	traíamos traíais traían	**trajimos** **trajisteis** **trajeron**
32. valer *to be worth*	valiendo valido	**valgo** vales vale	valía valías valía	valí valiste valió
		valemos valéis valen	valíamos valíais valían	valimos valisteis valieron
33. venir *to come*	**viniendo** venido	**vengo** **vienes** **viene**	venía venías venía	**vine** **viniste** **vino**
		venimos venís **vienen**	veníamos veníais venían	**vinimos** **vinisteis** **vinieron**
34. ver *to see*	viendo **visto**	**veo** ves ve	**veía** **veías** **veía**	**vi** viste **vio**
		vemos **veis** ven	**veíamos** **veíais** **veían**	vimos visteis vieron
35. volver (o → ue) *to return*	volviendo **vuelto**	**vuelvo** **vuelves** **vuelve**	volvía volvías volvía	volví volviste volvió
		volvemos volvéis **vuelven**	volvíamos volvíais volvían	volvimos volvisteis volvieron

Future	Conditional	Present subjunctive	Imperfect subjunctive	Commands
traeré	traería	**traiga**	**trajera**	—
traerás	traerías	**traigas**	**trajeras**	trae (no **traigas**)
traerá	traería	**traiga**	**trajera**	**traiga**
traeremos	traeríamos	**traigamos**	**trajéramos**	**traigamos**
traeréis	traeríais	**traigáis**	**trajerais**	traed (no **traigáis**)
traerán	traerían	**traigan**	**trajeran**	**traigan**
valdré	**valdría**	**valga**	valiera	—
valdrás	**valdrías**	**valgas**	valieras	**val** (no **valgas**)
valdrá	**valdría**	**valga**	valiera	**valga**
valdremos	**valdríamos**	**valgamos**	valiéramos	**valgamos**
valdréis	**valdríais**	**valgáis**	valierais	valed (no **valgáis**)
valdrán	**valdrían**	**valgan**	valieran	**valgan**
vendré	**vendría**	**venga**	**viniera**	—
vendrás	**vendrías**	**vengas**	**vinieras**	**ven** (no **vengas**)
vendrá	**vendría**	**venga**	**viniera**	**venga**
vendremos	**vendríamos**	**vengamos**	**viniéramos**	**vengamos**
vendréis	**vendríais**	**vengáis**	**vinierais**	venid (no **vengáis**)
vendrán	**vendrían**	**vengan**	**vinieran**	**vengan**
veré	vería	**vea**	viera	—
verás	verías	**veas**	vieras	ve (no **veas**)
verá	vería	**vea**	viera	**vea**
veremos	veríamos	**veamos**	viéramos	**veamos**
veréis	veríais	**veáis**	vierais	ved (no **veáis**)
verán	verían	**vean**	vieran	**vean**
volveré	volvería	**vuelva**	volviera	—
volverás	volverías	**vuelvas**	volvieras	**vuelve** (no **vuelvas**)
volverá	volvería	**vuelva**	volviera	**vuelva**
volveremos	volveríamos	volvamos	volviéramos	volvamos
volveréis	volveríais	volváis	volvierais	volved (no volváis)
volverán	volverían	**vuelvan**	volvieran	**vuelvan**

Vocabularies

These vocabularies include contextual meanings of all words and idiomatic expressions used in the book except most proper nouns, adjectives that are exact cognates, most conjugated verb forms, and words that are glossed or cognates in the *Otras perspectivas* sections. The Spanish style of alphabetization is followed in the Spanish-English Vocabulary, with **ch** occurring after **c,** **ll** after **l,** and **ñ** after **n.** Stem-changing verbs are indicated by **(ie), (ue),** or **(i)** following the infinitive.

The number or letter in parentheses refers to the lesson in which the word appears as an *active* vocabulary word.

The following abbreviations are used:

adj.	adjective	*inf.*	infinitive	*poss.*	possessive
adv.	adverb	*interj.*	interjection	*prep.*	preposition
conj.	conjunction	*interr.*	interrogative	*pres. part.*	present
dem.	demonstrative	*invar.*	invariable		participle
dim.	diminutive	*irr.*	irregular	*pret.*	preterite
dir.	direct	*m.*	masculine	*pron.*	pronoun
excl.	exclamation	*n.*	noun	*reflex.*	reflexive
f.	feminine	*obj.*	object	*subj.*	subject
fam.	familiar	*past part.*	past	*v.*	verb
imp.	imperative		participle		
indir.	indirect	*pl.*	plural		

Spanish–English Vocabulary

A

a to, at, in, by (1); — **base de** by; — **casa** (to) home; — **continuación** *(adj.)* following; — **eso de** about; — **fin de** in order to; — **pesar de** in spite of, despite; — **tiempo** on time (20); — **través de** through
abandonar to abandon
abiertamente openly

abierto,-a open (22)
el/la **abogado/a** lawyer (22)
el **abrazo** hug, embrace (11)
el **abrigo** coat, overcoat (10)
abril April (3)
abrir to open (23)
absoluto,-a absolute
abstracto,-a abstract
absurdo,-a absurd
la **abuela** grandmother (6)
el **abuelo,** grandfather (6); los **abuelos**

grandparents (6)
la **abundancia** abundance, plenty
aburrido,-a bored, boring (3)
acabar con to finish (up, off); **acabar de** to have just (7)
acabarse to end
acampar to camp (26)
el **accidente** accident (18)
el **aceite** oil (19)
aceptable *(adj.)* acceptable

aceptar to accept (17)

acerca de about

acercarse (a + *obj.*) to approach

aconsejar to advise; to warn (20)

acordarse (ue) (de + *obj.*) to remember, recall (18)

acostar (ue) to put to bed (16)

acostarse (ue) to go to bed (16)

acostumbrarse a to get used to (24)

la **actitud** attitude (17)

la **actividad** activity (5)

activo,-a active

el **actor** actor

la **actriz** actress

actual *(adj.)* present, present-day (17); **—mente** at present

actuar to act

adaptar(se) to adapt (16)

además *(adv.)* besides, furthermore

adentro *(adv.)* inside

adiós good-bye (A)

el **adjetivo** adjective (3)

la **administración** administration

el/la **administrador/a** administrator

admirar to admire (10)

admitir to admit

el/la **adolescente** adolescent

¿adónde? where? *(with verbs of motion)* (5)

la **aduana** customs (26)

el/la **adulto/a** adult

el **adverbio** adverb (3)

la **aerolínea** airline (26)

el/la **aeromozo/a** steward, stewardess (26)

el **aeropuerto** airport (26)

afeitarse to shave (16)

el/la **aficionado/a** fan (12)

afortunadamente fortunately

afuera *(adv.)* outside

la **agencia** agency

el **agente (de viajes)** agent (travel) (22)

la **algomeración de gente** crowds (29); la **— de tráfico** traffic congestion (29)

agosto August (3)

agradable *(adj.)* pleasant, agreeable (26)

agradecer to thank

el **agua** *(f.)* water (4)

ahí there *(near the person addressed)* (6); **— mismo** right there

el/la **ahijado/a** godchild

ahora now (3); **de — en adelante** from now on; **— mismo** right now (23)

ahorrar to save *(money)* (23)

el **aire** air; el **— acondicionado** air-conditioning (24)

¡aja! *(excl.)* aha!

el **ajo** garlic (19)

al = a + el to the (5); **— +** *inf.* on

(upon) + *pres. part.* (15); **— fin** at last; **— lado de** next to (25)

el **albergue juvenil** youth hostel (24)

la **alcoba** bedroom (13)

el **alcohol** alcohol

alegrarse (de + *inf.*) to be glad (to), happy (to) (24)

alegre *(adj.)* cheerful, joyful, lively (7)

la **alegría** joy

alejado,-a far from

alejarse to move away

el **alemán** German *(language)*

la **alergia** allergy

el **alfabeto** alphabet

la **alfombra** rug, carpet (24)

algo *(pron.)* something, anything (8); *(adv.)* somewhat, rather

alguien someone, somebody, anybody, anyone (8)

alguno, algún, alguna *(adj., pron.)* some, any, someone (8); *(pl.)* some, a few (8)

alimentar to feed, nourish

el **alimento** food

el **alma** *(f.)* soul, spirit

el **almacén** department store (5)

la **almohada** pillow, cushion (24)

almorzar (ue) to have (eat) lunch (13)

el **almuerzo** lunch (13)

alquilar to rent (24)
el **alquiler** rent (29)
alrededor round, around
la **alternativa** alternative
alto,-a tall, high, upper (3)
la **altura** height
el/la **alumno/a** student
allá over there, there (6)
allí there (6)
amable (adj.) kind (17)
el **ama de casa** (f.) housewife, housekeeper (17)
amar to love (21)
amarillo,-a yellow (10)
la **ambición** ambition
ambicioso,-a ambitious
el **ambiente** environment, atmosphere; surrounding (28)
la **ambulancia** ambulance (18)
el/la **amigo/a** friend (2)
la **amistad** friendship (11); las —**es** friends
el **amor** love (21)
amoroso,-a loving
amplio,-a wide, extensive, roomy
analizar to analyze
ancho,-a wide, broad
andar to walk; to run (a car)
el **ángel** angel
angosto,-a narrow
el **anillo** ring (21)
animado,-a lively
el **aniversario** anniversary
anoche last night (13)

anotar to write down
ante (prep.) before, in the presence of
anteayer day before yesterday (13)
el **antepasado** ancestor
anterior (adj.) previous
antes (adv.) before, formerly; — **de** (prep.) before (time) (5); — **de que** (conj.) before
antiguo,-a ancient, old
antipático,-a unpleasant, disagreeable (3)
anunciar to announce
el **anuncio** announcement; los **anuncios** advertisements
añadir to add
el **año** year (3); el **Año Nuevo** New Year; el — **próximo** next year (22)
apagar to turn off (22)
el **aparato** appliance
aparecer to appear
la **apariencia** appearance
el **apartamento** apartment (4)
aparte (adv.) aside, apart
apático,-a apathetic (27)
el **apellido** surname
el **apetito** appetite
aplaudir to applaud
apreciar to appreciate
el **aprecio** appreciation
aprender (a + inf.) to learn (to) (4)

apropiado,-a appropriate
aprovechar to take advantage of
aproximadamente approximately
el **apunte** note (6)
aquel, aquella (-los, -las) (adj.) that, those (distant) (10)
aquél, aquélla (-los, -las) (pron.) that (one), those (10)
aquí here (6)
el **árbol** tree (25)
el/la **arquitecto/a** architect
la **arquitectura** architecture
arreglar to arrange, fix (13)
arreglarse to get ready; to fix oneself up (16)
arrestar to arrest
arriba up
el **arroz** rice (19)
el **arte** (m. or f.) art
el **artículo** article (4)
el/la **artista** artist
la **ascendencia** ancestry
asegurar to assure
así so, thus; — **que** as soon as
el/la **asiático/a** Asian
asiático,-a Asian
el **asiento** seat (26)
la **asignatura** course, subject (20)
asistir a to attend (4)
asociado,-a associated
asombrarse to be surprised (27); to be astonished
el **asombro** amazement (27)

el **aspecto** aspect (3)

la **aspirina** aspirin

el/la **astronauta** astronaut

el **asunto** issue, matter (30)

asustado,-a frightened (18)

el **atasco** traffic jam (15)

la **atención** attention

atender to attend to; to serve

atento,-a attentive (17); **atentamente** attentively

el/la **atleta** athlete (12)

atlético,-a athletic

atractivo,-a attractive

el **atún** tuna fish (19)

aumentar to raise, increase

el **aumento** increase, raise

aun (adv.) even; **— cuando** even if

aún (adv.) still, yet

aunque (conj.) although, even though

el **autobús** bus (8)

el **automóvil** automobile

la **autopista** toll road, highway (25)

el **autor,** la **autora** author

la **autoridad** authority

autónomo,-a autonomous

avanzado,-a advanced

la **avenida** avenue (15)

la **aventura** adventure

el **avión** airplane (8)

el **aviso** advertisement, classified ad (28)

¡Ay! Ouch!, Oh!, Oh dear!

ayer yesterday (13)

ayudar (a + inf.) to help (to) (10)

el **azúcar** sugar (19)

azul (adj.) blue (10); **— marino** navy blue

B

el **bachillerato** high school diploma

bailar to dance (1)

el **baile** dance

bajar to go down, lower (23); **— a** to go downstairs

bajo,-a low, short (3)

el **balcón** balcony (13)

el **baloncesto** basketball (12)

la **banana** banana

el **banco** bank (20)

bañarse to take a bath (16)

el **baño** bath, bathroom

barato,-a cheap, inexpensive (9)

el **barco** boat (8)

el **barquito** little boat

el **barrio pobre** slum (29)

base: a — de by

básico,-a basic

el **básquetbol** basketball (12)

bastante (adj. and pron.) enough, sufficient (3); **— (adv.)** quite, rather (3)

la **basura** garbage (29)

la **bata** robe

el **bebé** baby

beber to drink (4)

la **bebida** drink, beverage

la **beca** scholarship (6)

el **béisbol** baseball (12)

la **belleza** beauty (29)

el **beneficio** benefit (28)

besar to kiss

el **beso** kiss

la **biblioteca** library (5)

la **bicicleta** bicycle (8)

bien well; **¡Qué —!** How nice!

el **biftec** steak (19)

bilingüe (adj.) bilingual

el **billete** bill (currency), ticket (24); el **— de ida** one-way ticket (26); el **— de ida y vuelta** round-trip ticket (26)

la **biología** biology

el **bistec** steak

blanco,-a white (10)

la **blusa** blouse (9)

la **boca** mouth (12)

la **boda** wedding (21)

cl **boleto** ticket (26)

el **bolígrafo** ball-point pen (4)

la **bolsa** bag (26)

el **bolso** handbag

el **bombero** fireman (14)

bondadoso,-a kind

bonito,-a pretty, beautiful (3)

las **botas** boots (10)

la **botella** bottle

el **brazo** arm (12)

breve (adj.) brief, short

brillante (adj.) brilliant, bright, shining

el **brillante** diamond

bruscamente brusquely

bueno, buen, buena good (3); **bueno**

(adv.) well, all right;
es bueno que it's
good that (26)
burgués, burguesa
bourgeois, middle-
class
buscar to look for (6)

el **caballero** gentleman;
knight
el **caballo** horse
la **cabeza** head (12)
el **cacao** cocoa, cacao
plant
cada each, every (13)
caer to fall
el **café** café (5); coffee
(4); el — **al aire libre**
open-air café
la **cafetería** cafeteria (5)
la **caja de ahorros**
savings bank
la **calabaza** pumpkin
los **calcetines** socks (10)
la **calculadora**
calculator (6)
el **cálculo** calculus
la **calefacción** heat (24)
el **calendario** calendar
calentar (ie) to heat
la **calidad** quality (29)
el **calor** heat, warmth
(8); **hacer** — to be
warm or hot
(weather) (8); **tener**
— to be (feel) warm
(people) (4)
la **caloría** calorie
la **calle** street (15)
la **cama** bed (24)
la **cámara** camera (9)
el **camarógrafo**
cameraman

cambiar to change
(17)
el **cambio** change (9);
en — on the other
hand
caminar to walk; to
go (8)
el **camino** road (25)
la **camioneta** van, station
wagon (26)
la **camisa** shirt (9)
la **camiseta** T-shirt,
undershirt (10)
el **campamento** camping
la **campaña** campaign; la
tienda de —
camping tent
el **campeón,** la
campeona
champion (12)
el **campeonato**
championship
el/la **campesino/a** country-
dweller, small farmer,
peasant
el **campo** country *(rural
area);* field (23)
el **canal** *(television)*
channel
el **canario** canary
la **canción** song
la **cancha de tenis** tennis
court
el/la **candidato/a** candidate
cansado/a tired (7)
cansar(se) to tire (24)
cantar to sing (1)
el/la **cantante** singer
el **canto** song
la **capacidad** capacity
(28)
capaz *(adj.)* capable
la **capital** capital
el **capitalismo** capitalism
el **capítulo** chapter

la **cara** face (12)
el **carácter** character (3)
la **característica**
characteristic
¡Caramba! *(interj.)*
Good heavens!, My
goodness!
el **cariño** affection;
cariñoso,-a
affectionate (17)
la **carne** meat (4)
la **carnicería** butcher
shop (25)
caro,-a expensive (9)
el **carpintero** carpenter
(22)
la **carrera** career (17);
race
la **carretera** highway
el **carro** car
la **carta** letter (4)
el **cartel** sign, poster
(24)
la **cartera** wallet, billfold
el **cartero** mail carrier
(14)
la **casa** house (4); **a** —
(after verb of motion)
home (4); **en** — at
home (4)
el **casamiento** wedding,
marriage (21)
casado,-a married (7)
casarse to get married,
marry (17)
casi almost (17);
— **siempre** almost
always (18)
el **caso** case; **en** — **de
que** in case; **en todo**
— in any case
la **catarata** falls
la **catástrofe**
catastrophe (18)
la **catedral** cathedral

el/la **catedrático/a** professor
el **catolicismo** Catholicism
católico,-a Catholic
catorce fourteen (B)
la **causa** cause
causar to cause
la **cebolla** onion
celebrar to celebrate
la **cena** supper (13)
cenar to eat supper
(13)
el **centavo** cent
el **centímetro** centimeter
el **centro** center,
downtown (5); el
— **comercial**
shopping center (14)
cepillar(se) to brush
(*teeth, hair*) (16)
el **cepillo** brush; el — **de**
dientes toothbrush
cerca (*adv.*) near,
close, nearby (6); —
de (*prep.*) near (6)
el **cerdo** pork (19)
el **cereal** cereal (19)
la **ceremonia** ceremony
cero zero (B)
cerrado,-a closed
cerrar (ie) to close
la **cerveza** beer (4)
cien *see* **ciento**
la **ciencia** science (B); la
— **ficción** science
fiction
científico,-a scientific
el/la **científico/a** scientist
ciento (cien) hundred,
one hundred; **cien por**
ciento 100 percent;
— **uno** one hundred
and one (11)
cierto,-a certain, true
(12)
el **cigarillo** cigarette

cinco five (B)
cincuenta fifty
el **cine** movie, movie
theater (5)
cinematográfico,-a
(*adj.*) film
cínico,-a cynical
la **cinta** tape, ribbon (6)
el **cinturón de seguridad**
safety belt (26)
el **círculo** circle
la **circunstancia**
circumstance
el/la **cirujano/a** surgeon
(22)
la **cita** date,
appointment (10)
la **ciudad** city (14); la —
universitaria campus
el/la **ciudadano/a** citizen
(27)
cívico,-a civic
civil (*adj.*) civil
la **civilización** civilization
claramente clearly
claro,-a clear, light
(10)
¡Claro! Of course!,
Certainly!; **¡— que sí!**
Of course (it is)!; **¡—**
que no! Of course not!
la **clase** class,
classroom (6); kind
clásico,-a classical
clasificar to classify
el **cliente,** la **clienta**
customer, client (14)
el **clima** climate (26)
la **clínica** clinic (22)
cobrar to cash (*a*
check) (23)
la **cocina** kitchen (13);
cooking; stove (13)
cocinar to cook (13)
el **coche** car (1)

la **coincidencia**
coincidence
coincidir to coincide
el **colegio** high school; el
— **mayor** dorm
(*Spanish university*)
combinar to combine
la **comedia** comedy
el **comedor** dining
room (13)
el/la **comentarista**
commentator
comenzar (ie) (a +
inf.) to begin (to)
(24)
comer to eat (4)
comercial (*adj.*)
commercial
el/la **comerciante** merchant,
shopkeeper (22)
el **comercio** commerce,
business; shop
cómico,-a comical,
funny
el/la **cómico/a** comedian
la **comida** meal (13);
food (13)
comience (Ud.) (*imp. of*
comenzar) begin
comienzo: al — at the
beginning
la **comisaría** police
station (18)
la **comisión** commission
como as, like, since;
tanto — just as;
tanto... — both . . .
and; **tan +** *adj.* or
adv. + — as . . .
as; — **si** as if
¿cómo? how? (2);
¿— se llama (Ud.)?
What is your name?
(B); **¡— no!** Of
course!; Certainly!;

¿ — está (Ud.)? How are you?; **¿ — se dice?** How do you say? (B)

la **cómoda** bureau, chest of drawers

la **comodidad** comfort

cómodo,-a comfortable (24)

el/la **compañero/a** companion (6); **— de cuarto** roommate

la **compañía** company (19)

comparar to compare

compartir to share (24)

compasivo,-a compassionate, understanding

competir to compete

complejo,-a complex

el **complemento** (*dir.* and *indir.*) object pronoun

completamente completely

completo,-a complete

la **composición** composition

la **compra** purchase; **hacer las —s** to do the shopping (8); **ir de —s** to go shopping

comprar to buy, purchase (5)

comprender to understand, comprehend (4)

comprensivo,-a understanding

comprometerse to get engaged

comprometido,-a committed

la **computación** computer science (1)

la **computadora** computer (4)

común (*adj.*) common, usual, ordinary; **por lo —** commonly, generally (18)

comunicar(se) to communicate

la **comunidad** community

con with, to (1); **— tal que** so long as, provided that

la **concentración** concentration

concentrarse to concentrate

el **concepto** concept

el **concierto** concert

la **condición** condition; **a — de que** on condition (that)

el **condimento** condiments, seasonings (19)

conducir to drive (15)

el/la **conductor/a** conductor; driver (15)

la **conferencia** conference; lecture (20)

confesar to confess

la **confianza** confidence, trust (30)

el **conflicto** conflict

confortable (*adj.*) comfortable

confrontar to confront

confundir to confuse; to mistake; **—se** to mingle

confuso,-a confused, mixed-up

el **congelador** freezer

el **congreso** Congress

el **conjunto** whole, group

conmigo with me (2)

conocer to know; to be acquainted with; to meet (8)

el **conocimiento** knowledge (28)

conozca (Ud.) (*imp.* of **conocer**) know

la **conquista** conquest

el/la **conquistador/a** conqueror

consciente (*adj.*) conscious, aware (27)

la **consecuencia** consequence

conseguir (i) to get, obtain; to attain; to succeed in (17)

el/la **consejero/a** adviser (20)

el **consejo** advice (11)

conservador, conservadora conservative (3)

conservar to keep, preserve, retain, conserve

considerable (*adj.*) considerable

considerar to consider

consigo with him, with her

consistir (en) to consist (of)

constante (*adj.*) constant

constantemente constantly

la **construcción** construction

constructivo,-a constructive

construir to build, construct (15); **construido,-a** built

consultar to consult

el **consultorio** medical office (14)

consumir to consume

el **consumo** consumption

el/la **contador/a** accountant (19)

contagioso,-a contagious

la **contaminación** contamination, pollution; la — **del aire** air pollution (29)

contaminar to contaminate, pollute (29)

contar (ue) to count (17); to tell, relate (17)

contemplar to contemplate

contemporáneo,-a contemporary

contener (ie) to contain

el **contenido** contents

contento,-a happy, pleased, glad (7)

contestar to answer, reply (6)

contigo with you *(fam.)* (2)

la **continuación** continuation; **a —** following

continuar to continue

contra against (12)

contradictorio,-a contradictory

contrario: al — on the contrary

el **contraste** contrast

el **contrato** contract

la **contribución** contribution

contribuir to contribute (15)

controlar to control (29)

la **conversación** conversation

conversar to converse, talk

convertir (ie) to convert

convivir to live together

la **cooperación** cooperation

la **copa** wine glass (24)

el **corazón** heart

la **corbata** tie (9)

correcto,-a correct, polite, courteous

el **correo** mail; **oficina de —s** post office (14)

correr to run (4)

corresponder to be suitable; ought to

corriente *(adj.)* current

la **corrupción** corruption (29)

cortar(se) to cut (oneself)

cortés *(adj.)* courteous

la **cortesía** courtesy

la **cortina** curtain (24)

corto,-a short (10)

la **cosa** thing (8)

la **costa** coast

costar (ue) to cost (13)

el **costo** cost; el — **de vida** cost of living (29)

la **costumbre** custom

la **creación** creation

crear to create (29)

crecer to grow, increase (29)

creciente *(adj.)* growing

el **crecimiento** growth

la **creencia** belief

creer to believe, think (10); **¡ya lo creo!** of course!, certainly!

criar to raise *(children)*

la **criatura** creature; infant

el **crimen** crime (29)

cristiano,-a Christian **Cristo** Christ

la **crítica** criticism

el **crítico** critic

criticar to criticize

la **crueldad** cruelty

cruzar to cross (15)

el **cuaderno** notebook, workbook (6)

la **cuadra** city block (25)

el **cuadro** picture, painting (24)

cual: el —, la —, lo — that, which, who, whom

¿cuál? which?, what?

la **cualidad** quality

cualquier, cualquiera anybody, anyone

cuando when (2); **de vez en —** now and then, once in a while (8)

¿cuándo? when? (2)

cuanto: en — as soon as; **en — a** with regard to

cuánto,-a (-os,-as) how much, how many (B)

cuarenta forty
cuarto,-a fourth (23)
el **cuarto** quarter *(time)* (6); quart
el **cuarto** room (4); el **— de baño** bathroom (13); el **— de estar** family room (13)
cuatro four (B)
cuatrocientos,-as four hundred (11)
cubierto,-a covered
cubrir to cover; *(past part.* **cubierto)**
la **cuchara** spoon (24)
la **cucharita,** la **cucharadita** teaspoon (24)
el **cuchillo** knife (24)
la **cuenta** bill, account (23); la **— corriente** checking account (23); la **— de ahorros** savings account (23)
cuente (Ud.) *(imp.* of **contar)** tell
el **cuerpo** body (12); corps
la **cuestión** issue, matter (30)
el **cuidado** care; **con —** carefully; **¡ — !** watch out!; **— personal** personal care (16)
cuidadoso,-a careful (26)
cuidar to take care of, care for (10)
la **culpa** blame, guilt (22); **tener la —** to be to blame, guilty (22)

cultivar to cultivate
la **cultura** culture
cultural *(adj.)* cultural
culturalmente culturally
el **cumpleaños** birthday (3)
cumplir to fulfill, carry out; **—... años** to become . . . years old
la **cuota** fee
el **cura** priest
la **cura** cure
curar to cure (22)
la **curiosidad** curiosity
curioso,-a curious; strange (8)
el **currículum** résumé (28)
la **cursiva** italics
el **curso** course

CH

el **champán** (el **champaña)** champagne
la **chaqueta** jacket (10)
charlar to chat (5)
el **cheque** check (23); los **—s de viajero** traveler's checks (26)
el/la **chicano/a** Mexican-American
el **chicle** chewing gum
el/la **chico/a** boy, girl (2)
el **chile** hot pepper, chili pepper
el **chino** Chinese *(language)*
el **chiste** joke
chocar to crash, collide
el **chocolate** chocolate, hot chocolate

el **choque** impact, collision

D

dar to give (11); **— un paseo** to take a walk, a ride (11)
darse cuenta de to notice; to realize (27)
dar(se) la mano to shake hands (11)
el **dato** fact
de of, from, about, by, to, with, as; in *(after superlative)* (A); than *(before numerals);* **— nada** you're welcome (B)
dé (Ud.) *(imp.* of **dar)** give
debajo de below, under, underneath; **por —** underneath
deber to owe (11); must, should, ought to (10)
el **deber** duty, obligation; task
débil *(adj.)* weak (17)
decente *(adj.)* decent
decidir to decide (20)
décimo,-a tenth (25)
decir (i) to say, tell (11); **— que sí/no** to say yes/no (11)
la **decisión** decision
el **decorado** decoration
decorar to decorate (22); **decorado,-a** decorated
dedicar to dedicate; **—se a** to dedicate

(devote) oneself to; to
be devoted to   (16)

el **dedo**   finger, toe   (12)

el **defecto**   defect

defender (ie)   to
defend   (22)

definido,-a   defined

definir   to define

definitivamente   finally,
once and for all

dejar   to leave
(behind)   (10); to let,
allow, permit

del = de + el   of the
(5)

delante de   in front of,
ahead of, before
(25)

delgado,-a   slender,
slim   (3)

delicado,-a   delicate

delicioso,-a   delicious
(13)

demás *(adj.* and *pron.)*
(the) rest, other(s)
(22); enough

demasiado,-a *(adj.* and
pron.)   too much
(many)

demasiado *(adv.)*   too
much   (3)

la **democracia**
democracy   (27)

democrático,-a
democratic

demográfico,-a
demographic

demostrar (ue)   to
demonstrate, show

el/la **dentista**   dentist   (14)

dentro de   within   (25)

el **departamento**
department

depender de   to depend
on

el **dependiente,**   la
dependienta
salesman,
saleswoman   (14)

el **deporte**   sport   (12)

deportivo,-a   sports
(5); la **página
deportiva**   sports
page

depositar   to deposit

deprimido,-a
depressed   (28)

el **derecho**   law   (20);
right   (17)

derecho,-a   right   (16);
a la derecha   to (on,
at) the right   (23)

desagradable *(adj.)*
unpleasant

desaparecer   to
disappear

desarrollar   to develop

el **desarrollo**   development

el **desastre**   disaster

el **desayuno**   breakfast
(13); **tomar el —**   to
eat breakfast   (13)

descansar   to rest   (8);
descansado,-a
rested   (7)

descender (ie)   to
descend

el **descendiente**
descendant

desconcertado,-a
perplexed, annoyed

desconocido,-a
unknown   (17)

describir   to describe

la **descripción**
description   (3)

descubierto,-a *(past
part.* of **descubrir**)
discovered   (22)

descubrir   to discover

el **descubrimiento**
discovery

desde   from, since; for
(time)

desear   to wish, desire,
want   (2)

el **desempleo**
unemployment   (28)

el **deseo**   desire, wish

el **desfile de modelos**
fashion show

la **desigualdad**
inequality   (17)

el **desorden**   mess,
disorder

despertar (ie)   to
awaken, wake up
(16); **—se**   to wake
(oneself) up   (16)

después *(adv.)*
afterward, later; **— de**
(prep.)   after   (5)

el **destino**   destiny, fate

destruir   to destroy
(15)

la **desventaja**
disadvantage   (29)

el **detalle**   detail

detener (ie)   to stop,
detain

determinante *(adj.)*
determining

determinar   to
determine

detrás *(adv.)*   behind;
— de *(prep.)*
behind   (25)

devolver (ue)   to return;
to give back

el **día**   day   (3); **buenos
—s**   good morning
(A);   **de — en —**
from day to day; **hoy
en —**   nowadays;
algún —   someday

el **diálogo** dialogue

diario,-a daily

el **diario** newspaper

dibujar to draw

el **diccionario** dictionary

diciembre December (3)

el **dictador** dictator

la **dictadura** dictatorship (30)

dicho,-a *(past part.* of **decir)** said, told (22)

diecinueve nineteen (B)

dieciocho eighteen (B)

dieciséis sixteen (B)

diecisiete seventeen (B)

el **diente** tooth (16)

la **dieta: estar a —** to be on a diet

diez ten (B)

la **diferencia** difference

diferente *(adj.)* different

difícil *(adj.)* difficult, hard (2)

difícilmente with difficulty

la **dificultad** difficulty

diga (Ud.) *(imp.* of **decir)** tell

diligente *(adj.)* diligent

dinámico,-a dynamic

el **dinero** money (1)

Dios God; ¡**— mío !** Good heavens!

diplomático,-a diplomatic

el/la **diplomático/a** diplomat

la **dirección** address; direction (11)

directamente directly

el **director,** la **directora** director

dirigir to direct (22)

el **disco** record (5)

la **discoteca** discotheque

la **discriminación** discrimination

disculpar to excuse; **discúlpeme** excuse me

el **discurso** speech

discutir to discuss; to argue (30)

el **disfraz** costume

disfrutar de to enjoy (8)

distinto,-a distinct, different

distribuir to distribute

la **diversión** entertainment, amusement

divertido,-a amusing, entertaining, funny (3)

divertir (ie) to amuse (16)

divertirse (ie) to have fun, have a good time (16)

dividido,-a divided

divorciar(se) to get divorced; to divorce (21)

el **divorcio** divorce (21)

doblar to turn (25); to fold; **— a la derecha / izquierda** to turn right / left (25)

doce twelve (B)

la **docena** dozen

el/la **doctor/a** doctor (14)

documental *(adj.)* documentary

el **documento** document

el **dólar** dollar (B)

doler (ue) to ache, pain (12)

doloroso,-a painful

doméstico,-a domestic

dominar to dominate, control

el **domingo** Sunday (5)

donde where, in which (2)

¿ **dónde ?** where? (2)

dormir (ue) to sleep (9); **—se (ue)** to fall alseep, sleep (16)

el **dormitorio** bedroom (13)

dos two (B); **doscientos,-as** two hundred

el **drama** drama, play

dramático,-a dramatic

la **duda** doubt (27); **sin —** doubtless, without a doubt (17)

dudar to doubt (27)

dudoso,-a doubtful

el/la **dueño/a** owner, landlord/lady (24)

el **dulce** candy (4)

durante during (5)

durar to last (21)

duro,-a stale

E

e and (used for **y** before **i-, hi-,** but not **hie-**) (1)

la **ecología** ecology

la **economía** economy, study of economics

económico,-a economic

la **edad** age (17)

el **edificio** building (25)

educar(se) to educate, bring up

la **educación** education, upbringing

educativo,-a educational

el **efecto** effect

eficiente *(adj.)* efficient

egoísta *(adj.)* selfish (3)

el/la **ejecutivo/a** executive (22)

ejemplar *(adj.)* exemplary

el **ejemplo** example

el **ejercicio** exercise (6)

el *(pl.* **los**) the *(m.)* (B); **el (los) que** that, who, which, he (those) who (whom), the one(s) who (that, which)

él he, him (after *prep.*) (1)

la **elección** election (27)

la **electricidad** electricity

eléctrico,-a electrical (19)

el **electricista** electrician (22)

el **electrodoméstico** electrical appliance (24)

la **electrónica** electronics

la **elegancia** elegance

elegante *(adj.)* elegant

elegir (i) to choose, select, elect (27)

elevado,-a high

eliminar to eliminate

ella she, her (after

prep.) (1); **ellos, ellas** they, them (after *prep.*) (1)

la **embajada** embassy; ambassadorship

el/la **embajador/a** ambassador

embargo: sin — nevertheless, however

embellecer to beautify

emigrar to emigrate

la **emoción** emotion (27)

empezar (ie) (a + *inf.*) to begin (to) (9)

emplear to employ

el/la **empleado/a** employee (14)

el **empleo** job (22)

en in, on, at, into, of (1); **— casa** at home; **— contra de** against (27); **— seguida** right away (26)

enamorado,-a in love (7)

encender to turn on; to light (24)

encendido,-a turned on, lit

encima above, on top, overhead

encontrar (ue) to meet, encounter (9); **—se (ue)** to find oneself, be found; **—se con** to meet, run across (18)

el **encuentro** encounter

la **encuesta** survey

el/la **enemigo/a** enemy

la **energía** energy

enero January (3)

el **énfasis** emphasis

la **enfermedad** illness (19)

el/la **enfermero/a** nurse (14)

enfermo,-a sick (7)

el/la **enfermo/a** sick person (22)

enfrente de in front of

enojado,-a angry (7)

enojarse to get angry, be angry

enorme *(adj.)* enormous, massive, huge

enormemente extremely

la **ensalada** salad (4); la **— mixta** mixed salad (19)

la **enseñanza** teaching, education

enseñar to teach (6)

entender (ie) to understand

entero,-a whole, entire

entonces then, at that time (8)

la **entrada** ticket (15); gateway; entrance

entrar (en) to enter (10)

entre among, between (25)

el **entrenamiento** training (28)

la **entrevista** interview (28)

el/la **entrevistador/a** interviewer

entusiasmado,-a enthusiastic (28)

el **entusiasmo** enthusiasm (28)

la **época** epoch, age, era, time

el **equipaje** baggage (26)

el **equipo** team (12)

equivalente *(adj.)* equivalent, same

equivocarse to be wrong (20)

la **escalera** stair, staircase (24)

escaparse to escape, get out, run away (29)

escaso,-a scarce (29)

la **escena** scene

escoger to choose, pick, select (20)

escoja (Ud.) *(imp.* of **escoger)** choose

escribir to write (4)

escrito,-a written (22)

el/la **escritor/a** writer

el **escritorio** desk (6)

escuchar to listen (1)

la **escuela** school; la **— primaria** elementary school (14); la **— secundaria** high school (14)

la **escultura** sculpture

ese, esa (esos, esas) *(adj.)* that, those *(nearby)* (10); **eso** *(neuter pron.)* that (10); **por eso** because of that, therefore

ése, ésa (ésos, ésas) *(pron.)* that (one), those (10)

esencial *(adj.)* essential (2)

el **esfuerzo** effort

el **espacio** space

espacioso,-a spacious

la **espalda** back (12)

especial *(adj.)* special

especializado,-a specialized

especialmente especially

la **especialidad** major (20)

el/la **especialista** specialist

específico,-a specific

el/la **espectador/a** spectator

el **espejo** mirror

la **esperanza** hope, prospect (30)

esperar to wait (8); to hope, expect (2)

el/la **espía** spy

el **espíritu** spirit

espléndido,-a splendid, great

espontáneo,-a spontaneous

el/la **esposo/a** husband, wife, spouse (6)

el **esquema** chart

el **esquí** ski

esquiar to ski (12)

la **esquina** street corner (15)

estable *(adj.)* stable

establecer to establish (30)

la **estación** station (8); season *(weather)* (8); la **— de servicio** service station

el **estacionamiento** parking lot (15)

estacionar to park (15)

el **estadio** stadium

el **estadista** statesman

la **estadística** statistic

el **estado** state (30)

el **estante** bookcase, bookshelf

estar to be (6); **— de vacaciones** to be on vacation (6); **— de viaje** to be on a trip; **— de moda** to be in style, fashion; **— de acuerdo** to be in agreement; to agree (6); **— en huelga** to be on strike; **— seguro,-a de** to be sure (27)

la **estatua** statue

el **este** east

este, esta (estos, estas) *(adj.)* this, these (10)

éste, ésta (éstos, éstas) *(pron.)* this (one), these (10)

el **estéreo** stereo set (9)

el **estereotipo** stereotype

el **estilo** style

esto *(neuter pron.)* this

el **estómago** stomach (12)

estrecho,-a narrow

la **estrella** star

estricto,-a strict

la **estructura** structure (17)

estructurar to structure

el/la **estudiante** student (2)

estudiantil *(adj.)* student

estudiar to study (1)

el **estudio** study (6)

estudioso,-a studious

estupendo,-a stupendous

estúpido,-a stupid
eterno,-a eternal (21)
evaluar to evaluate
evidente (adj.) evident
evitar to avoid
exactamente exactly
la exageración
exaggeration
el examen examination,
exam (6); — de
ingreso entrance
exam (25)
excelente (adj.)
excellent
exclusivamente
exclusively, only
la excursión excursion,
trip
excusar(se) to excuse
oneself, apologize
la exhibición exhibit,
exhibition
exigir to demand (20)
el/la exiliado/a exile
la existencia existence
existir to exist
el éxito success (22);
tener — to be
successful (22)
exótico,-a exotic
la expansión expansion
la experiencia
experience (28)
el experimento
experiment
el experto expert
la explicación
explanation
explicar to explain
(20)
explique (Ud.) (imp. of
explicar) explain
expresarse to express
oneself (16)

la expresión expression
expresivo,-a expressive
extendido,-a extended
extenso,-a extensive
exterior (adj.) exterior,
outside; al — abroad
el/la extranjero/a foreigner,
stranger (8)
el extranjero abroad,
foreign country
extraño,-a strange
extraordinario,-a
extraordinary

F

la fábrica factory
fabricar to
manufacture
fabuloso,-a fabulous
fácil (adj.) easy (2)
fácilmente easily
facilitar to facilitate
la facultad school (of a
university) (20)
la falda skirt (10)
falso,-a false
la falta lack; la — de
espacio libre lack of
open space (29);
a — de for lack of
faltar to lack, need
(23); — a clase to
cut a class (20)
la fama fame
la familia family (6)
familiar (adj.) of the
family (21)
el/la familiar (n.) family
member
famoso,-a famous
(17)
la fantasía fantasy
fantástico,-a fantastic

el/la farmacéutico/a
pharmacist (22)
la farmacia pharmacy,
drugstore (14)
la farmacología
pharmacology
el favor favor; hacerme el
— de + inf. please
+ v.; por — please
favorito,-a favorite
febrero February (3)
la fecha date (calendar)
(3)
la felicidad happiness
(21)
¡Felicitaciones!
Congratulations! (11)
feliz (adj.) happy (17)
femenino,-a feminine
el/la feminista feminist
feo,-a ugly, homely
(3)
la ficción fiction; la
ciencia — science
fiction
la fidelidad fidelity (21)
la fiesta party,
celebration (5)
la fila line
la filosofía philosophy;
filosófico,-a
philosophical
el fin end; el — de
semana weekend
(3); por — finally, at
last; al — at last
final (adj.) final
el final end
finalmente finally
la firma signature; firm
firmar to sign
la física physics
físico,-a physical
el flan custard (19)

la **flor** flower (9)

la **florería** flower shop (23)

folklórico,-a folk, folkloric

la **fonética** phonetics

la **forma** form; **de esta —** in this way

la **formación** formation; education

formar to form

la **fortuna** fortune

la **foto (fotografía)** photo (5)

la **fotografía** photography

el/la **fotógrafo/a** photographer

fracasar to fail

el **fracaso** failure

el **francés** French (*language*)

la **frase** sentence, phrase

la **frecuencia** frequency; **con —** frequently

frecuentemente frequently

la **frente** forehead; **— a** (*prep.*) in front of; **en — de** in front of

la **fresa** strawberry (19)

fresco,-a cool, fresh; **hacer fresco** to be cool (*weather*)

frío,-a cold (8); **hacer frío** to be cold (*weather*); **tener frío** to be (feel) cold (*people*) (4)

frito,-a fried

la **frontera** border

la **frustración** frustration

frustrado,-a frustrated

la **fruta** fruit (4)

la **fuente** fountain (25)

fuera de (*prep.*) outside (of) (25)

fuerte (*adj.*) strong (17)

la **fuerza** strength, force

fumar to smoke (26)

funcionar to function

fundar to found

furioso,-a furious, angry (7)

el **fútbol** soccer (5)

el **futuro** future (19)

futuro,-a future

G

las **gafas** eyeglasses (10); **las — de sol** sunglasses (10)

la **gana** desire, wish; **tener —s de** to want to; to feel like (8)

ganar to earn; to win (1); **—se la vida** to earn a living (22)

el **garaje** garage (13)

garantizar to guarantee

garbanzo: el **— negro** black sheep of the family

la **gasolina** gasoline

gastar to spend (28); to waste, use up

el **gato** cat (6)

la **generación** generation

general: por lo — in general, generally (18); **—mente** generally (18)

la **generosidad** generosity

generoso,-a generous (3)

el **genio** genius

la **gente** people (2)

la **geografía** geography

geográfico,-a geographic

la **geometría** geometry

gobernar to govern

el **gobierno** government (22)

gordo,-a fat (3)

la **grabadora** tape recorder (9)

gracias thanks, thank you (B)

el **grado** degree, grade

graduarse to graduate (20)

gramatical (*adj.*) grammatical

el **gramo** gram

grande, gran (*adj.*) large, big, great (4)

la **granja** farm (25)

grave (*adj.*) grave, serious (29)

la **gravedad** gravity; seriousness

el **gris** gray (10)

gritar to shout (18); el **grito** scream, cry

el **grupo** group

el **guante** glove (10)

guapo,-a handsome, good-looking (3)

la **guerra** war (18)

el/la **guía** guide

la **guitarra** guitar (1)

gustar to be pleasing (to), like (2)

el **gusto** pleasure, taste; **con mucho —** gladly, with great pleasure; **a —** comfortable; **cada uno a su —** each to his

own taste; **tanto —**
it's a pleasure

H

haber to have
(auxiliary) (22), be
(impersonal); **había**
there was (were);
habrá there will be;
habría there would
be; **hay** there is
(are) (B)
la **habilidad** skill
la **habitación** room,
bedroom (13)
el **habitante** inhabitant
habla: de — española
Spanish-speaking
hablar to talk, speak (1)
hace poco a while
ago (23)
hacer to make, do
(8); **— daño a** to do
harm to, hurt; **— la**
pregunta to ask a
question (11); **— un**
viaje to take a trip
(8); **— la maleta** to
pack the suitcase;
¿ qué tiempo hace ?
what kind of weather
is it? (8); **hace buen**
tiempo it's good
weather (8); **hace**
mal tiempo it's bad
weather (8); **hace**
+ (time) **+ que**
ago (15); **¿ hace**
cuánto tiempo que... ?
(for) how long . . . ?
(15)
hacia toward; about
(time)

haga (Ud.) *(imp.* of
hacer) do
el **hambre** *(f.)* hunger;
tener — to be
hungry
la **hamburguesa**
hamburger (4)
la **harmonía** harmony
hasta *(prep.)* until, to,
up to, as far as;
— luego until later,
see you later (A);
— que until;
— mañana until
tomorrow, so long
(A); **— la vista** until
we meet again (A);
— *(adv.)* even
hay there is (are) *(see*
haber) (B); **— que**
one must (24)
el **hecho** fact; event (18)
hecho,-a *(past part.* of
hacer) made, done
(22)
la **heladería** ice cream
parlor (25)
el **helado** ice cream (4)
el **helero** glacier
la **herencia** inheritance,
legacy, heritage
herido,-a wounded
(18)
el/la **herido/a** wounded
person
la **hermana** sister (2)
el **hermano** brother (2)
hermoso,-a beautiful,
pretty (29)
heróico,-a heroic
la **hija** daughter (6)
el **hijo** son (6)
hispánico,-a Hispanic
hispano,-a Hispanic

el/la **hispanohablante**
Spanish-speaking
person
la **historia** history (B)
histórico,-a historic
la **historieta** comic strip
el **hockey** hockey
el **hogar** home (22)
¡ hola ! hello!, hi! (A)
el **hombre** man (2)
honrado,-a honest
(17)
la **hora** hour, time *(of*
day) (6); **¿ a qué**
— ? at what time?
(6); **¿ qué — es ?**
what time is it? (6)
el **horario** schedule
el **horno** oven
el **horóscopo** horoscope
el **horror** horror, dread,
terror
hoy today (B); **—**
(en) día nowadays
(13)
la **huelga** strike (18)
el/la **huésped** guest
el **huevo** egg (19)
la **humanidad** humanity
humano,-a human
el **humor** mood, humor;
de buen (mal) — in
a good (bad) mood
(7); **sentido de —**
sense of humor

I

ida y vuelta round-trip
la **idea** idea
el/la **idealista** idealist
identificar to identify
el **idioma** language
la **iglesia** church (5)

ignorar to ignore
igual *(adj.)* equal, the same (17); **— que** just as
la **igualdad** equality (17)
igualmente equally, likewise, just as
ilícito,-a illicit, illegal
ilógico,-a illogical
la **ilusión** illusion
la **imagen** image
la **imaginación** imagination
imaginarse to imagine
impaciente *(adj.)* impatient
imparcial *(adj.)* impartial
imperfecto,-a imperfect
el **imperio** empire
el **impermeable** raincoat (10)
impetuoso,-a impetuous
imponer to impose
imponerse to impose one's authority
la **importancia** importance
importante *(adj.)* important (2)
importar to be important; to import (12)
imposible *(adj.)* impossible (21)
impresionante *(adj.)* impressive
improbable *(adj.)* improbable (21)
el **impuesto** tax (29)
inaugurar to inaugurate

el **incendio** fire, blaze (18)
incluir to include
incómodo,-a uncomfortable (22)
incompleto,-a incomplete
incorrecto,-a incorrect
increíble *(adj.)* incredible
la **independencia** independence
independiente *(adj.)* independent (17); free-lance
la **indicación** indication
indicar to indicate
indiferente *(adj.)* indifferent
el/la **indígena** native
el/la **indio/a** Indian
indique (Ud.) *(imp.* of **indicar)** indicate
indispensable *(adj.)* indispensable (21)
el/la **individuo/a** individual (30)
la **industria** industry (29)
el **industrial(ista)** industrialist
la **industrialización** industrialization
inesperado,-a unexpected
la **infelicidad** unhappiness (21)
el **infinitivo** infinitive (2)
la **inflación** inflation (23)
inflacionario,-a inflationary
la **influencia** influence

influir to influence; to affect; to bear upon
la **información** information; **— de fondo** background information (18)
informarse to be informed
la **infracción** violation (15)
el **infractor** violator
la **ingeniería** engineering
el/la **ingeniero/a** engineer
el **inglés** English *(language)* (B)
ingresar to register, enroll; to enter
el **ingreso** income; entrance
inicial *(adj.)* initial
la **injusticia** injustice
injusto,-a unjust, unfair
inmediatamente immediately (21)
inmediato,-a immediate
inmenso,-a immense, huge
el/la **inmigrante** immigrant
inmoral *(adj.)* immoral
inmóvil *(adj.)* unmovable
inquisitivo,-a inquisitive
insatisfecho,-a dissatisfied (28)
inscribirse to enroll, register
la **inseguridad** insecurity
insistir to insist (24)
la **instalación** installation, facility (19)
instalar to install
el **instante** instant

la **institución** institution
el **instituto** institute
la **instrucción** direction
el **instrumento** instrument
el **insulto** insult
el/la **intelectual** intellectual
la **inteligencia** intelligence
 inteligente *(adj.)*
  intelligent (3)
 inteligentemente
  intelligently
la **intención** intention
el **intento** intent,
  intentions
el **intercambio** exchange
el **interés** interest (23);
 tener — to be
  interested (27)
 interesante *(adj.)*
  interesting (3)
 interesar to be
  interested; to
  interest (12)
 internacional *(adj.)*
  international
 interno,-a internal
la **interpretación**
  interpretation
el/la **intérprete** interpreter
 íntimo,-a intimate,
  close
 introducir to introduce
  (a subject or object)
 inútil *(adj.)* useless
  (2)
 inventar to invent
 invertir to invest
la **investigación**
  investigation; research
el **invierno** winter (8)
la **invitación** invitation
el/la **invitado/a** guest
 invitar to invite (5)
 ir *(a + inf.) (irr.)* to go

(to) (5); **—se** to go
away, leave (18);
 vamos a *(+ inf.)*
let's *(+ v.)* (5); **—**
 de paseo to travel
around
 irónicamente ironically
la **isla** island
la **izquierda** left (16)
el/la **izquierdista** leftist
 izquierdo,-a left (16)

J

el **jabón** soap
 jamás ever, never
el **jamón** ham (19)
el **jardín** garden (13)
el/la **jefe/a** boss, manager,
  chief (22)
 joven *(adj.)* young
el/la **joven** young person
  (2)
 jubilado,-a retired
 jubilarse to retire
  (28)
el **juego** game, match
  (12)
el **jueves** Thursday (3)
el/la **jugador/a** player (12)
 jugar (ue) (a + *obj.*) to
  play *(game or sport)*
  (12); **—** **un papel** to
  play a role
el **jugo** juice (19); el
 — **de fruta** fruit
  juice (19)
 julio July (3)
 junio June (3)
 junto,-a together,
  joined, united (7)
la **justicia** justice; **justo,-a**
  just, fair (27)
la **juventud** youth

K

el **kilo(gramo)** kilo(gram)
el **kilómetro** kilometer

L

 la *(pl.* **las***)* the *(f.);* **la**
  (obj. pron.) her, it
  (f.), you *(formal f.)*
  (10)
el **laboratorio**
  laboratory (6)
el **lado** side; **al — de**
  beside, at the side of,
  along with (23)
el **ladrón** robber, thief
  (18)
el **lago** lake (25)
la **lámpara** lamp (24)
el **lápiz** pencil (4)
 largo,-a long (10);
 larga distancia long-
  distance
la **lástima** pity,
  compassion; **¡Qué—!**
  What a pity!;
 es una — que it's
  too bad (that) (26)
la **lavadora** washing
  machine (13)
la **lavandería** laundry
  (25)
el **lavaplatos**
  dishwasher (13)
 lavar to wash (13);
 —se to wash
  oneself (16)
 le *(obj. pron.)* him, you
  (formal m.) (11); to
  him, her, it, you
  (formal) (11)
la **lección** lesson (B)
el/la **lector/a** reader

la **lectura** reading
la **leche** milk (4)
la **lechería** dairy *(store)* (25)
la **lechuga** lettuce (19)
leer to read (4)
la **legislatura** legislature
la **legumbre** vegetable, legume
lejano,-a far off
lejos *(adv.)* far, distant (6); **— de** *(prep.)* far from (6)
la **lengua** language, tongue (6)
lento,-a slow (17)
el **letrero** sign
levantar to raise, lift (16); **—se** to get up, rise (16)
la **ley** law (27)
la **libertad** liberty (27)
la **libra** pound
libre *(adj.)* free, open (17)
la **librería** bookstore (25)
el **libro** book (B)
la **licencia** license; la **— de conducir** driver's license (15)
el **líder** leader
el **liderazgo** leadership
ligero,-a light
limitado,-a limited
la **limonada** lemonade
limpiar to clean (13)
la **limpieza** cleanliness; cleansing
limpio,-a clean (13)
lindo,-a pretty, lovely, nice (3)
la **línea** line
lingüístico,-a linguistic

listo,-a ready; quick, clever (7)
literario,-a literary
la **literatura** literature
lo *(neuter article)* the; that, what is (12); **— bueno** what is good, the good part; **— que** what, that which (16); **—** *(obj. pron.)* him, it *(m. and neuter),* you *(formal m.);* **— es** he, it is (12); **— más** as much as
el/la **locutor/a** announcer, commentator
lógico,-a logical
lograr to attain, succeed in, manage
los the *(m.);* **—** *(obj. pron.)* them, you *(formal)* (10)
la **lotería** lottery
la **lucha** struggle, fight (27)
luchar to struggle; to fight (27)
luego later, then, next; **hasta —** until later; see you later
el **lugar** place (5)
la **luna** moon; la **— de miel** honeymoon (21)
el **lunes** Monday (3)
la **luz** light (24); traffic light (23)

LL

la **llama** flame
llamar to call; to knock (5); **— por**

teléfono to telephone, call by telephone (5); **—se** to be called, be named, call oneself; **¿cómo se llama (Ud.)?** what is (your) name? (A); **me llamo María** my name is *(or* I am called) María (A)
la **llave** key (24)
la **llegada** arrival
llegar (a) to arrive (at), reach (10)
llenar to fill
lleno,-a full
llevar to take, carry (5); to wear (10); **—se bien (con)** to get along well (with) (21); **— a cabo** to carry out; **— la cuenta** to keep accounts (22)
llorar to cry, weep (18)
llover (ue) to rain (8)
la **lluvia** rain

M

la **madera** wood
la **madre** mother (6)
la **madrina** godmother
maduro,-a mature, ripe (17)
el/la **maestro/a** teacher *(elementary school)* (14)
magnífico,-a magnificent
el **maíz** corn
la **maleta** suitcase (8)

malo, mal, mala bad, ill (3); **mal** *(adv.)* badly

la **mamá** mama, mom, mother (6)

el **mandamiento** commandment

mandar to send, order (11)

el **mandato** command

manejar to drive (1)

la **manera** manner, way; **de otra —** another way; **de esa —** that way

la **manifestación** demonstration (18)

la **mano** *(f.)* hand (12)

el **mantel** tablecloth (24)

mantener (ie) to maintain, support; **—(se) al tanto** to keep abreast

la **mantequilla** butter (19)

la **manzana** apple (19)

la **mañana** morning; **por la —** in the morning;— *(adv.)* tomorrow (3); **hasta —** until tomorrow, so long (A); **de la —** in the morning (6)

el **mapa** map (25)

la **máquina** machine (19); la **— de escribir** typewriter (4)

la **maquinaria** machinery

el **mar** sea

el **maratón** marathon

la **maravilla** wonder

maravilloso,-a marvelous

la **marca** brand

el **marido** husband

el **marisco** shellfish

marrón *(adj.)* brown (10)

el **martes** Tuesday (3)

marzo March (3)

más more, most, longer *(time)* (1); **— tarde** later; **— o menos** more or less; **— (grande) que** (bigger) than (17); **— de** + number more than + number (17); el **— inteligente de...** the most intelligent of the . . . (17); **— bien** rather

masculino,-a masculine

matar to kill (18)

las **matemáticas** mathematics (B)

el/la **matemático/a** mathematician

la **materia** subject; la **— prima** raw materials

materno,-a maternal

la **matrícula** tuition fee (20)

matricularse to enroll, register, matriculate (20)

el **matrimonio** marriage (21)

máximo,-a maximum

mayo May (3)

la **mayonesa** mayonnaise (19)

mayor *(adj.)* greater, greatest; older,

oldest (6); major; la **— parte de** most of

la **mayoría** majority (27); la **— de las veces** most of the time (18)

me *(obj. pron.)* me, to me, (to) myself (10)

el **mecánico** mechanic (22)

la **media** stocking (10)

media: Son las dos y — half past: It is half past two (2:30) (6)

la **medianoche** midnight (6)

la **medicina** medicine (19)

el/la **médico/a** doctor (19)

la **medida** measure, step

medio,-a half, a half; middle (17); average

el **mediodía** noon, noontime (6)

mejor *(adj.)* better, best (12); **es — que** it's better than (26)

mejorar to improve (29)

los/las **mellizos/as** twins

la **memoria** memory

mencionar to mention

menor *(adj.)* smaller, younger, lesser (6); smallest, youngest, least (6)

menos less, least, fewer (17); **a — que** *(conj.)* unless; **por lo —, al —** at least (20)

el **mensaje** message

mensual *(adj.)* monthly

la **mente** mind
mentir to lie, tell a
lie (15)
la **mentira** lie (11)
menudo: a — often,
frequently (1)
el **mercado** market (14)
la **mermelada**
marmalade, jam
el **mes** month (3); el **—
pasado** last month
la **mesa** table (13);
poner la — to set
the table (22)
el/la **mesero/a** waiter,
waitress
meteorológico,-a
meteorological
el **método** method
el **metro** subway (15)
mi *(adj.)* my (6)
mí me, myself (after
prep.) (2)
el **micrófono** microphone
la **microonda** microwave
el **miedo** fear (27); **tener
—** (**de** + *obj.*) to be
afraid (of) (4)
el **miembro** member
(28)
mientras (que) *(conj.)*
while, as long as
(18)
el **miércoles**
Wednesday (3)
mil a (one) thousand
(11)
militar *(adj.)* military
los **militares** military
personnel (30);
soldiers (30)
la **milla** mile
millón million (11)

mínimo,-a small,
minimum
la **minoría** minority (27)
el **minuto** minute
mío,-a my, (of) mine
(24); (el) **mío,** (la)
mía, (los) **míos,** (las)
mías *(pron.)* mine
(24)
la **mirada** look
mirar to look at (1);
mirarse to look at
oneself (16)
mismo,-a same, very
(12)
el **misterio** mystery
misterioso,-a
mysterious
la **mitad** half; **a — de**
halfway down
la **mitología** mythology
mixto,-a mixed
la **mochila** backpack
(26)
la **moda** style, fashion
(10); **estar de —** to
be stylish; el **último
grito de la —** the
latest word in fashion
el **modelo** model
la **moderación**
moderation
moderno,-a modern
(24)
modesto,-a modest
modificar to modify
el **modo** manner, means,
way (17); **de — que**
(conj.) so, so that; **de
todos —s** anyhow
mojado,-a wet
molestar to bother; to
molest (12)

el **momento** moment; **en
este —** at this
moment; **por el —**
for the moment
la **moneda** money, coin,
currency (23)
la **montaña** mountain
(23)
montar to mount; to
stage
el **monumento** monument
la **moralidad** morality
moreno,-a brown,
dark, brunette (3)
morir (ue) to die (15)
el **mosaico** mosaic
la **mostaza** mustard
(19)
mostrar (ue) to show
(11)
la **moto(cicleta)**
motorcycle (8)
el **movimiento**
movement (17)
la **muchacha** girl (2)
el **muchacho** boy (2)
mucho,-a much, many,
very (3); **mucho**
(adv.) much, hard, a
great deal (1);
mucho gusto pleased
to meet you (A)
los **muebles** furniture
(24)
la **muerte** death (18)
muerto,-a dead (18)
la **mujer** woman (2)
la **multa** fine (15)
multado,-a fined
mundial *(adj.)* world,
global
el **mundo** world (27);
todo el — everybody

la **municipalidad**
municipality
el **museo** museum (5)
la **música** music
el/la **músico/a** musician
muy very (1)

N

nacer to be born (14)
el **nacimiento** birth
la **nación** nation, country
nacional *(adj.)* national
la **nacionalidad**
nationality (3)
nada nothing, (not)
anything (8);
de — you're
welcome, don't
mention it; **— más**
nothing, anything else
nadar to swim (1)
nadie no one, nobody,
(not) anyone (8)
la **naranja** orange
(19)
la **nariz** nose (12)
la **naturaleza** nature
la **Navidad** Christmas
necesario,-a
necessary (2)
la **necesidad** need,
necessity
necesitar to need (2)
negar (ie) to deny
(27)
el **negocio** business (19)
negro,-a black (10)
nervioso,-a nervous
(7)
nevar (ie) to snow (8)
ni neither, nor (8);
ni... ni neither . . .

nor, (not) either . . .
or (8)
la **nieta** granddaughter
el **nieto** grandson
la **nieve** snow
ninguno, ningún,
ninguna no, none,
(not) any (8)
la **niñez** childhood
el/la **niño/a** child (6)
el **nivel** level (20);
el **— de vida**
standard of living
(20)
no not, no
la **noción** notion
nocturno,-a nocturnal
la **noche** night, evening;
buenas —s good
evening, good night
(A); **de la —** in the
evening, at night,
P.M. (6); **por la —**
at night (6)
no más only, just
nombrar to name
el **nombre** name (6)
normal *(adj.)* normal,
usual (21)
normalmente usually
el **norte** north;
Norteamérica North
America
nos *(obj. pron.)* us, to
us, (to) ourselves
(10)
nosotros we, us *(after*
prep.) (1)
la **nota** note; grade (6)
notar to notice; to note
la **noticia** news (4)
novecientos,-as nine
hundred (11)

la **novela** novel
el/la **novelista** novelist
noveno,-a ninth (25)
noventa ninety (B)
la **novia** financée,
sweetheart,
girlfriend (21)
noviembre
November (3)
el **novio** fiancé,
sweetheart,
boyfriend (2)
nuestro,-a our, (of)
ours (6); (el) **nuestro,**
(la) **nuestra,** (los)
nuestros, (las)
nuestras *(pron.)*
ours (24)
nueve nine (B)
nuevo,-a new (8)
el **número** number (B);
el **— equivocado**
wrong number
numeroso,-a numerous
nunca never, (not) ever

O

o or (1); **o... o** either
. . . or (8)
la **obligación** obligation
obligatorio,-a
obligatory,
compulsory
la **observación**
observation
observar to observe
obtener (ie) to obtain,
get (10)
la **ocasión** occasion
el **océano** ocean
octavo,-a eighth (25)
octubre October (3)

la **ocupación**
   occupation (28)
ocupado,-a busy,
   occupied (7)
ocupar to occupy; to
   hold; **—se de** to look
   after, deal with
la **ocurrencia** happening
ocurrir to occur,
   happen (14)
ochenta eighty
ocho eight (B)
ochocientos,-as eight
   hundred (11)
la **odontología** dentistry
el **oeste** west; el
   lejano — far west
ofender to offend
la **oficina** office (19)
el **oficio** trade (22)
ofrecer to offer (11)
oír to hear, listen (8)
¡ ojalá (que...) !
   (interj.) would (that
   . . .), I wish (that
   . . .) (20)
el **ojo** eye (12)
olvidarse (de + *obj.*)
   to forget (24)
once eleven (B)
la **ópera** opera
la **operación** operation
   (19)
la **opinión** opinion
la **oportunidad**
   opportunity (17)
el/la **optimista** optimist
la **orden** order, command
la **oreja** ear (12)
el **organismo** organism
la **organización**
   organization
organizar to organize
el **origen** origin

originarse to originate
oscuro,-a dark (10)
el **otoño** fall, autumn
   (8)
otro,-a other,
   another (3)
¡ oye ! hey, listen

P

la **paciencia** patience
el/la **paciente** patient
pacífico,-a calm,
   peaceful
el **padre** father (6); los
   —s parents (6)
el **padrino** godfather
pagar to pay (20)
la **página** page (6)
el **país** country, nation
   (8)
el **paisaje** scenery,
   landscape (26)
la **palabra** word (1)
el **palacio** palace
la **pampa** plains,
   grasslands
el **pan** bread (4); el **—
   tostado** toast (19)
la **panadería** bakery
   (25)
el **panorama** panorama,
   scene, view
los **pantalones** pants (10)
el **pañuelo** handkerchief,
   scarf, kerchief
el **papá** papa, dad, pop,
   father (6)
la **papa** potato (19); las
   —s fritas french
   fried potatoes (19)
el **papel** paper (4);
   role (17)

la **papelería** stationery
   store (25)
para *(prep.)* for, in
   order to, to, by (2);
   — que *(conj.)* so
   that, in order to; **¿ —
   qué ?** why? (what
   for?)
la **parada** *(bus)* stop (25)
parado,-a standing;
   stopped
parar to stop (26)
parcialmente partially
parecer to appear,
   seem; to resemble
   (24)
parecido,-a similar
la **pared** wall (22)
la **pareja** pair, couple
el **paréntesis** parenthesis
el **pariente** relative
el **parque** park (23)
el **parquímetro** parking
   meter (15)
la **parte** part; la **mayor
   — de** most of, the
   greater part of; **alguna
   —** somewhere; **por
   otra —** on the other
   hand; **por todas —s**
   everywhere
la **participación**
   participation
el/la **participante** participant
participar to
   participate
el **partido** match, game
   (5)
pasado,-a past, last
   (5); **pasado mañana**
   day after tomorrow
   (22)
el/la **pasajero/a** passenger
   (24)

el **pasaporte** passport (24)

pasar to pass (by) (5); to happen; to spend *(time)* (5); **—lo bien** to have a good time (26)

el **pasatiempo** pastime, hobby, amusement

el **paseo** walk, stroll, ride; boulevard; **dar un —** to take a walk (ride) (25)

pasivo,-a passive

el **paso** step

el **pastel** pie, pastry (4)

paterno,-a paternal

el **patio** patio, courtyard

el **pavo** turkey (19)

la **paz** peace (18)

el/la **peatón** pedestrian (15)

la **pedagogía** pedagogy

el **pedido** request

pedir (i) to ask; to ask for, request

peinarse to comb *(one's hair)* (16)

la **pelea** fight (18)

pelear(se) to fight (18)

la **película** movie, film (5)

el **peligro** danger

peligroso,-a dangerous (26)

el **pelo** hair (12)

la **pelota** ball (12)

el **pensamiento** thought, thinking

pensar (ie) to think (9); to intend (+ *inf.*) (9); **— en** (+ *obj.*) to think about

(+ *obj.*) (9); **— de** to think of (9)

peor *(adj.)* worse, worst (17)

el **pepino** cucumber, pickle (19)

pequeño,-a small, little (4)

la **pera** pear (19)

la **percepción** perception

perder (ie) to lose, miss (9); **— tiempo** to waste time

perdido,-a lost, missed

el **perdón** pardon (B)

perdonar to pardon

el/la **peregrino/a** pilgrim

perezoso,-a lazy (3)

perfectamente perfectly

perfecto,-a perfect

el **periódico** newspaper, periodical (4)

el/la **periodista** reporter, journalist

el **período** period

permiso: con su — excuse me (B)

permitir to permit, allow (24)

pero but (1)

el **perro** dog (6); el **— caliente** hot dog (19)

persistir to persist

la **persona** person (2)

el **personal** personnel; el **jefe de —** head of personnel

la **personalidad** personality

la **perspectiva** perspective

pesar to weigh (26); **a — de** in spite of, despite

el **pescado** fish (19)

la **peseta** monetary unit of Spain

el/la **pesimista** pessimist

el **peso** monetary unit of several Latin American countries; weight

el **petróleo** petroleum, oil (30)

el/la **pianista** pianist

el **pie** foot (12)

la **pierna** leg (12)

pilotar to pilot

la **pimienta** pepper (19)

pintar to paint (13)

el/la **pintor/a** painter

la **piña** pineapple (19)

la **piscina** swimming pool

el **piso** floor, apartment (22)

la **pizza** pizza

el **plan** plan

planear to plan

el **planeta** planet

planificar to plan

la **planta** plant (9)

el **plato** plate, dish (24); el **platillo** saucer (24)

la **playa** beach (5)

la **plaza** plaza, square (5); opening; la **— de toros** bullfight ring

el **plazo** term, time period; **comprar a —s** to buy on credit *(installment plan)*

la **plomería** plumbing (22)

el **plomero** plumber (22)

la **población** population (29)

poblar to colonize, settle

pobre *(adj.)* poor (17); humble, modest (17)

la **pobreza** poverty (30)

poco,-a little *(quantity);* few; **poco** *(adv.)* little (1); — **a** — little by little; **un** — a little (1)

poder (ue) to be able, can (9)

el **poder** power (30)

el **poema** poem

el **poeta,** la **poetisa** poet

la **policía** police force

el **policía** policeman (15)

la **política** politics (27)

el **político** politician (27)

político,-a political (27)

el **pollo** chicken (19)

poner to put, place (8), set (24); —**se** to put (on oneself) (16); —**se de acuerdo** to agree

ponga (Ud.) *(imp.* of **poner)** put

poquito,-a *(dim.* of **poco)** very little

por for, during, in, through, along, by, around, on behalf of, for the sake of, on account of, about, because of, per, in exchange for (23);

— **casualidad** accidentally (23);

— **ciento** percent (23); — **cierto** certainly (23); — **lo común** usually, generally (23);

— **ejemplo** for example (23);

— **eso** therefore, because of that (23);

— **favor** please (B);

— **fin** at last (23);

— **lo común** commonly (23); — **lo general** in general, as a rule (23); — **lo menos** at least (23); ¿ — **qué ?** why?, for what reason? (2); — **suerte** luckily, fortunately (23);

— **supuesto** of course (1); — **todas partes** everywhere (23)

el **porcentaje** percentage

porque because (2)

el **portafolio** briefcase

portátil *(adj.)* portable

poseer to possess

la **posibilidad** possibility (28)

posible *(adj.)* possible (21)

posiblemente possibly

la **posición** position

positivo,-a positive

el **postre** dessert (21)

el **potencial** potential

potencial *(adj.)* potential

la **práctica** practice

practicar to practice

el **precio** price (20)

precolombino,-a pre-Columbian

la **preferencia** preference

preferible *(adj.)* preferable

preferido,-a preferred, favorite (12)

preferir (ie) to prefer (10)

la **pregunta** question (6); **hacer la** — to ask a question (11)

el **prejuicio** prejudice

el **premio** prize

la **prensa** press

la **preocupación** preoccupation, worry

preocupado,-a worried (7)

preocuparse to worry (16)

la **preparación** preparation

preparar to prepare (13)

prepararse to prepare oneself

la **preposición** preposition

la **presencia** presence

la **presentación** presentation

presentar to present, introduce (11)

el **presente** present *(time)*

el/la **presidente/a** president

la **presión** pressure

el **préstamo** loan (23)

prestar to lend (11)

el **prestigio** prestige

prestigioso,-a prestigious

el **pretérito** preterite (13)

prevenir (ie) to prevent
primario,-a primary
la **primavera** spring (8)
**primero, primer,
  primera** first (25)
el/la **primo/a** cousin (6)
principalmente
  principally, mainly
el **principio** beginning;
  principle; **al —** at
  the beginning
la **prisa** haste, hurry;
  tener — to be in a
  hurry (4)
la **prisión** prison
el/la **prisionero/a** prisoner
privado,-a private
pro: en — de in favor
  of, for (27)
la **probabilidad**
  probability
probable probable
  (21)
probablemente
  probably
probar to try; to prove;
  to test
el **problema** problem
  (17)
la **producción** production
producir to produce
el **producto** product
  (23); el **— agrícola**
  agricultural product;
  el **— fabricado**
  manufactured product
la **profesión** profession
  (28)
profesional *(adj.)*
  professional
el/la **profesor/a** professor
  (2)
profundo,-a deep,
  profound

el **programa** program
la **programación**
  programming
el/la **programador/a de
  computadoras**
  computer
  programmer (22)
programar to
  program (19)
progresar to progress
el **progreso** progress
prohibir to prohibit,
  forbid (24)
prometer to promise
  (11)
pronto soon, quickly,
  suddenly (20);
  de — all at once,
  suddenly;
  tan — como as soon
  as
la **propiedad** property;
  ownership
propio,-a (one's) own
  (12); **ser — de** to
  belong to
proteger to protect
protestar to protest
la **provincia** province
próximo,-a next,
  coming (12)
el **proyecto** project, plan
prudentemente
  prudently, carefully
la **psicología** psychology
el/la **psiquiatra** psychiatrist
publicar to publish
público,-a public
el **público** public; people;
  en — in public
el **pueblo** town, village
  (25); people, nation
  (27); el **— natal**
  hometown

el **puente** bridge
la **puerta** door (24)
pues well, well then,
  then
el **puesto** post, position
puesto,-a (*past part.*
  of **poner**) set (22)
la **pulsera** bracelet (9)
el **punto** point, dot (12);
  el **— de vista** point
  of view
puro,-a pure

Q

que that, which,
  whom, who (4);
  than; *(indir.
  command)* have, let,
  may, I wish (hope); el
  (la, los, las) **—** that,
  which, who, whom, he
  (she, those) who, the
  one(s) who; lo **—**
  what, that which,
  which *(fact)*
¿ **qué ?** what?, which?
  (B); ¿ **para —?** why?,
  for what purpose?,
  what for?; ¿ **por —?**
  why?, for what
  reason?; ¿ **— tal?** how
  are you?, how are you
  doing?; ¡ **—...!** what a
  . . .!, how . . .!
  (18)
quedar(se) to stay,
  remain (24); to be
la **queja** complaint
quejarse to complain
  (26)
querer to wish, want
  (2); to love (21);
  — decir to mean

querido,-a　dear

el **queso**　cheese　(19)

quien *(rel. pron.)*　who, whom, he (she, those) who, the one(s) who

¿ **quién** ? *(interr. pron.)* who?　(2); ¿ **a** — ? (to) whom?; ¿ — **es** ? Who's that?, Who is it?　(A)

quieto,-a　quiet

la **química**　chemistry

quince　fifteen　(B)

quinientos,-as　five hundred　(11)

quinto,-a　fifth　(23)

el **quiosco**　kiosk, stand, stall　(25)

quitarse　to take off (oneself)　(16)

quizá(s)　perhaps　(20)

R

racional *(adj.)*　rational

el **radical**　radical, root (9)

el **radio**　radio *(set);* la **radio**　radio *(broadcasting)*　(1)

rápidamente　rapidly, quickly

rápido,-a　rapid, fast (17)

la **raqueta (de tenis)** racquet (tennis)　(12)

raramente　rarely

raro,-a　rare, curious, strange

el **rascacielos** skyscraper　(29)

la **raza**　race; people

la **razón**　reason

razonable *(adj.)* reasonable

la **reacción**　reaction

reaccionar　to react

real *(adj.)*　real; royal

realmente　really

la **realidad**　reality

el/la **realista**　realist

realizar　to carry out; to accomplish

la **recepción**　reception

la **recepcionista** receptionist

la **receta**　recipe; prescription

recibir　to receive (10)

el/la **recién casado/a** newlywed　(21)

reciente *(adj.)*　recent

recientemente　recently

la **reciprocidad** reciprocity

reclamar　to claim, demand　(17)

la **recomendación** recommendation

recomendar (ie)　to recommend　(20)

reconocer　to recognize　(8)

recordar (ue)　to recall, remember　(9)

el **recuerdo**　memory, remembrance

recuperarse　to recuperate, recover

el **recurso**　resource

rechazar　to reject (30)

redondo,-a　round

reducir　to reduce, cut down, bring down (29)

reemplazar　to substitute, replace

la **referencia**　reference

referir (ie)　to refer

reflejar　to reflect

la **reforma**　reform, change

reformar　to reform, change　(30)

el **refrán**　proverb, saying

el **refresco**　soft drink, cool drink　(4)

el **refrigerador** refrigerator　(13)

regalar　to give *(a gift)*

el **regalo**　gift, present (9); el — **de cumpleaños**　birthday present

la **región**　region

regresar　to return　(5)

regular *(adj.)*　regular (1); not bad, so-so

regularmente　regularly

reír (i)　to laugh

la **relación**　relation

relacionado,-a　related

la **religión**　religion

religioso,-a　religious

el **reloj**　watch, clock　(6); el — **despertador** alarm clock

remoto,-a　remote

reparar　to repair　(22)

repartir　to distribute

repasar　to review　(6)

repente: de — suddenly　(18)

repetir (i)　to repeat (11)

la **representación** representation; theater performance

representar　to represent

el/la **representante**
representative

el **requisito**
requirement (20)

la **res** beast, animal; la
carne de — beef

la **residencia** residence,
student dormitory
(4)

residir to reside

la **resignación** resignation

resignado,-a resigned

resistir to resist

resolver (ue) to solve,
resolve (27)

respecto: con — a with
regard to

respetable *(adj.)*
respectable

respetar to respect
(21)

el **respeto** respect (21)

responder to answer

la **responsabilidad**
responsibility (28)

responsable *(adj.)*
responsible

la **respuesta** response,
reply (6)

el **restaurante**
restaurant (5)

el **resto** rest *(remainder)*

el **resultado** result, score,
outcome (12)

resultar to result

el **resumen** summary

retener (ie) to retain

retirar to withdraw
(23)

el **retrato** portrait

la **reunión** reunion,
gathering

reunirse (con) to get
together (with)

revisar to revise; to
check

la **revista** magazine (4)

la **revolución** revolution
(30)

el/la **revolucionario/a**
revolutionary

revolver (ue) to mix,
stir

rico,-a rich (17)

ridículo,-a ridiculous

el **rincón** corner

el **río** river (25)

la **riqueza** riches (30)

el **ritmo** rhythm

robar to rob, steal
(18)

el **robo** robbery, theft
(18)

rojo,-a red (10)

romántico,-a romantic

romper to break (24);
—se to break

la **ropa** clothes (9)

la **rosa** rose

rosa *(adj.)* pink, rose-
color

roto,-a *(past part.* of
romper) broken
(22)

rubio,-a blond (3)

el **ruido** noise (14)

ruidoso,-a noisy

el **ruso** Russian
(language)

la **rutina** routine

rutinario,-a routine

S

el **sábado** Saturday (3)

saber to know, know
how (9); *(pret.)* to
learn, find out

sacar to take, take
out (5); **— buenas
notas** to get good
grades (6); **—se el
premio gordo** to win
the big prize *(lottery);*
— fotos to take
photos

el **saco de dormir**
sleeping bag (26)

la **sal** salt (19)

la **sala** living room (13)

el **salario** salary

salir to leave, go out,
come out (8); **—
bien (mal)** to do well
(badly) (20);
— para to leave for

el **salón** hall

la **salsa de tomate** catsup;
tomato sauce (19)

la **salud** health (7);
¡Salud! Cheers!, To
your health! (B)

saludar to greet

los **saludos** regards (B)

la **sandalia** sandal

la **sandía** watermelon
(19)

la **satisfacción**
satisfaction (28)

satisfacer to satisfy

satisfecho,-a *(past part.*
of **satisfacer)**
satisfied (28)

se *(indef. subj.)* one,
people, you *(formal),*
etc.; *(pron.* used for
le, les) to him, her,
it, them; you
(formal) (12); *(reflex.
pron.)* (to) himself,
herself, etc.;
(reciprocal pron.)

each other, one
another

secar to dry

la **secarropas** *(clothes)*
dryer

el/la **secretario/a**
secretary (22)

el **secreto** secret

secundario,-a
secondary

la **sed** thirst; **tener —** to
be thirsty (4)

seguida: en — at
once, immediately
(26)

seguir (i) to follow,
continue, go on (17);
— derecho to go
straight ahead (25)

según according to

segundo,-a second
(25); el **segundo plano**
middle distance

seguramente surely

seguro,-a sure; **estar
— (de)** to be sure
(of, that) (27); **es —**
it's certain

seis six (B)

seiscientos,-as six
hundred (11)

seleccionar to select,
choose

la **selva** forest, jungle

el **semáforo** traffic light
(15)

la **semana** week (3)

semejante *(adj.)*
resembling

el **semestre** semester

el/la **senador/a** senator

sencillo,-a simple

sensible *(adj.)*
sensitive (17)

sentado,-a seated

sentar (ie) to seat
(someone) (16)

sentarse (ie) to sit
down (16)

sentido: el **— de
humor** sense of
humor; el **—
contrario** opposite
direction

el **sentimiento** sentiment,
feeling (27)

sentir(se) (ie) to feel
(21), regret, be
sorry (15); **lo siento
mucho** I'm sorry

la **señal** sign

el **señor** gentleman,
Mr. (B)

la **señora** woman, lady,
Mrs. (B)

la **señorita** young woman,
Miss (B)

separado,-a separated

septiembre
September (3)

séptimo,-a seventh
(25)

ser to be (3); **llegar a
—** to become; el **—
humano** human
being

seriamente seriously

la **serie** series

la **seriedad** seriousness

serio, a serious (3)

el **servicio** service (23)

la **servilleta** napkin (24)

servir (i) to serve (11)

sesenta sixty (B)

setecientos,-as seven
hundred (11)

setenta seventy (B)

severo,-a severe

sexto,-a sixth (23)

si if, whether (8); **—
mismo** oneself

sí yes (B); **creer que
—** to believe so

sí *(reflex. pron.* after
preps.) himself,
herself, yourself
(formal), themselves,
yourselves *(formal)*

siempre always (1)

la **siesta** nap

siete seven (B)

el **siglo** century

el **significado** meaning

significar to signify,
mean

significativo,-a
significant

siguiente *(adj.)*
following, next (13)

el **silencio** silence

silenciosamente silently

la **silla** chair (13)

el **sillón** armchair (24)

simbólico symbolic

el **símbolo** symbol

la **similaridad** similarity

simpático,-a nice,
pleasant, charming
(3)

simplemente simply

sin *(prep.)* without
(12); **— embargo**
nevertheless, however;
— que *(conj.)*
without; **— duda**
doubtless (17)

sincero,-a sincere

el **sindicato** labor union
(28)

sino but *(instead)*
(23)

el **sinónimo** synonym

el **sistema** system (30)
la **situación** situation
situado,-a situated,
location
sobre on, upon, about,
concerning; — **todo**
especially, above all
sobrevivir to survive
el/la **sobrino/a** nephew,
niece (6)
la **sociedad** society (30)
la **sociología** sociology
el **socorro** help,
assistance; ¡—!
Help! (18)
el **sofá** sofa, couch (24)
sofisticado,-a
sophisticated
el **sol** sun (8); **tomar el**
— sunbathe;
hace — it's sunny
(8); **gafas de** —
sunglasses (10)
solamente only
solemne *(adj.)* solemn
la **solicitud** application
form (28)
solitario,-a solitary
solo,-a alone (7)
sólo *(adv.)* only
el/la **soltero/a** bachelor;
single, unmarried
person (7); **ser** —
to be single,
unmarried (7)
la **solución** solution
solucionar to solve,
resolve (27)
el **sombrero** hat (10)
sonar (ue) to sound
sonreír to smile
la **sonrisa** smile
soñar (ue) (con) to
dream (of, about)

la **sopa** soup (19)
sorprendente *(adj.)*
surprising (26)
sorprender to surprise;
sorprendido,-a
surprised
la **sorpresa** surprise (9)
su his, her, its, your
(formal), their (6)
subir to go up, climb
(23); to lift, get on
(25); — **a** to go up,
get into (20)
el **suburbio** suburb (23)
el **suceso** event,
happening,
occurrence (18)
sucio,-a dirty (13)
el **sueldo** salary (23)
el **sueño** dream;
tener — to be
sleepy (4)
la **suerte** luck (22);
tener — to be
lucky (4)
el **suéter** sweater (9)
suficiente *(adj.)*
sufficient
sufrir to suffer
la **sugerencia**
suggestion (20)
sugerir (ie) to
suggest (20)
el **sujeto** subject
superior *(adj.)*
superior, high, upper
el **supermercado**
supermarket (14)
la **superstición**
superstition
supersticioso,-a
superstitious
supervisar to supervise
suponer to suppose

supuesto,-a *(past part.* of
suponer) supposed
(22); **por supuesto** of
course
el **sur** south
el **suroeste** southwest
suspender to suspend
el **sustantivo** noun (3)
sustituir to substitute
el **susto** fright, scare
suyo,-a his; her; your
(formal), their (24);
(el) **suyo,** (la) **suya,**
(los) **suyos,** (las) **suyas**
(pron.) his, hers,
yours *(formal),*
theirs (24)

el **tabaco** tabacco
tal *(adj.)* such, such a,
similar; **con** — **que**
(conj.) provided that;
¿ **qué** —? how are
you?; — **vez** perhaps
el **talento** talent
la **talla** size
el **taller** workshop (19)
también also, too (1)
tampoco neither, (not)
either (8)
tan *(adv.)* as, so; — +
adj. or *adv.* +
como as . . . as
(17)
tanto *(adv.)* as (so)
much; —... **como**
both . . . and (17)
tanto,-a (-os, -as) *(adj.*
and *pron.)* as much
(many); so much
(many); —... **como**

as much (many) . . .
as (17)

tardar to be late (26);
to be slow

tarde *(adj.)* late (10)

la **tarde** afternoon;
buenas —s good
afternoon (A); **por la
—** in the afternoon;
de la — in the
afternoon (6)

la **tarea** task; homework
assignment (6); work

la **tarjeta** card (9); la **—
de crédito** credit
card (23)

la **taza** cup (24)

te *(pron.)* you *(fam.)*.
to you, yourself (10)

el **té** tea (4)

el **teatro** theater (5)

el/la **técnico/a** technician

la **tecnología** technology

tecnológico,-a
technological

el/la **telefonista** telephone
operator

el **teléfono** telephone;
llamar por — to
telephone, call on the
phone (5); el **número
de —** telephone
number (11)

el **telegrama** telegram

la **telenovela** serial, soap
opera

la **televisión** television (1)

el **televisor** television
set (24)

el **tema** theme, subject

temer to fear (27)

el **temperamento**
temperament,
disposition

temprano,-a early
(10)

la **tendencia** tendency

el **tenedor** fork (24)

tener to have (4);
— ... años to be
. . . years old (7);
**¿ Cuántos años tiene
(Ud.) ?** How old are
(you)? (7); **—
calor** to be warm
(living beings) (4);
— prisa to be in a
hurry (4); **— ganas
de** to be eager to; to
feel like (8); **— que
+ *inf.*** to have to
(must) (4); **—
razón** to be right
(4); **— hambre** to be
hungry (4); **— sed**
to be thirsty (4); **—
frío** to be cold
(living beings) (4); **—
éxito** to be lucky
(4); **— lugar** to take
place (18)

el **tenis** tennis (12)

la **tensión** tension

la **teoría** theory

tercero, tercer, tercera
third (23)

terminar to end,
finish (20)

el **termómetro**
thermometer

el **territorio** territory

el/la **testigo** witness

el **texto** text, book

ti you, yourself (after
prep., fam.) (2)

la **tía** aunt (6)

el **tiempo** time *(general
sense);* weather (8);

a — on time (10);
¿ cuánto — ? how
long?; **hacer buen
(mal) —** to be good
(bad) weather (8);
mucho — long, a
long time; **¿ Qué —
hace ?** What kind
of weather is it?
(8)

la **tienda** store, shop (5);
la **— de campaña**
tent

la **tierra** land, ground,
earth (30)

tímido,-a timid, shy
(17)

la **tintorería** dry cleaner's
shop (23)

el **tío** uncle (6); los **—s**
aunt(s) and uncle(s)
(6)

típicamente typically

típico,-a typical

el **tipo** type, kind; guy

tirar to shoot (18)

el **título** title, degree
(20)

el **tocadiscos** phonograph,
record player (9)

tocar to play
(instrument) (1); to
touch; to ring

el **tocino** bacon (19)

todavía still, yet (7);
— no not yet

todo,-a all, whole,
entire, every (3);
todo el mundo
everybody (22); **todo
el año** all year; **todos
los días** every day;
sobre todo
especially, above all;

todo el tiempo all the time

todo *(pron.)* everything

tolerante *(adj.)* tolerant

tolerar to tolerate, stand

tomar to take; to eat, drink (5); **— el sol** to take a sunbath; **— decisiones** to make decisions (20); **— con calma** to take (it) easy; **— un examen** to take an exam (6)

el **tomate** tomato (19)

la **tontería** foolishness (11); stupid remark

tonto,-a foolish, stupid (3)

la **torta** cake (21)

la **tostada** toast

trabajador, trabajadora hardworking (3)

trabajar to work (1)

el **trabajo** work, job (6); el **— eventual** temporary job

la **tradición** tradition

tradicional *(adj.)* traditional

tradicionalmente traditionally

traducir to translate (15)

traduzca (Ud.) *(imp.* of **traducir)** translate

traer to bring (8)

el **tráfico** traffic; la **congestión de —** traffic jam, congestion

la **tragedia** tragedy

el **traje** suit (10); el **— de baño** bathing suit (10)

tranquilo,-a calm, tranquil, quiet (7)

tranquilamente quietly, calmly

transformar to transform, change (30)

el **transporte** transportation (15); el **— público** public transportation (15)

tras behind, after; **día — día** day after day

el **tratamiento** treatment

tratar (de + *obj.)* to treat, deal (with); **tratar de +** *inf.* to try to + *v.* (22)

través: a — de across, through

trece thirteen (B)

treinta thirty (B)

el **tren** train (8)

tres three (B)

trescientos,-as three hundred (11)

el **triángulo** triangle

el **trigo** wheat

la **trigonometría** trigonometry

triste *(adj.)* sad (7)

la **tristeza** sadness (27)

el **triunfo** triumph

la **trompeta** trumpet

tu your *(fam.)*

tú you *(fam.)* (1)

el **turismo** tourism

el/la **turista** tourist (24)

tuyo,-a *(adj.)* your *(fam.),* of yours (24); (el) **tuyo,** (la) **tuya,**

(los) **tuyos,** (las) **tuyas** *(pron.)* yours *(fam.)* (24)

U

u or (used for **o** before **o-, ho-**) (1)

último,-a last *(in a series)* (12)

últimamente lately; latest (17)

único,-a only, unique (17)

la **unidad** unity, unit

unido,-a united

el **uniforme** uniform

la **universidad** university (5)

universitario,-a *(adj.)* university

el/la **universitario/a** student

el **universo** universe

uno, un, una a, an, one (B); **unos,-as** some, a few, several; about (+ quantity)

urbano,-a urban (29)

usar to use; el **uso** use

usted you *(formal)* (1)

usualmente usually

útil *(adj.)* useful (1)

utilizar to use, utilize

V

las **vacaciones** vacation

vacío,-a empty

la **vainilla** vanilla

válido,-a valid

valiente *(adj.)* valiant, brave

el **valor** value (30)
variar to vary
la **variedad** variety; las
  —es variety show
varios,-as various,
  several (12)
el **vaso** drinking glass
  (24)
el/la **vecino/a** neighbor
  (14)
la **vecindad**
  neighborhood (14)
vegetariano,-a
  vegetarian
veinte twenty (B)
la **velocidad** velocity,
  speed
vender to sell (5)
venir (a + *inf*.) to
  come (to) (8)
la **venta** sale
la **ventaja** advantage
  (29)
la **ventana** window (24)
ver to see (10);
  vamos a — let's see;
  nos vemos bye, see
  you
el **verano** summer (8)
el **verbo** verb (1)
la **verdad** truth (11);
  ¿—? isn't it
  true?; **es —** it's
  true (27)
verdadero,-a true, real
verde *(adj.)* green
  (10)
la **verdulería** vegetable
  shop (25)
la **verdura** vegetable (4)
la **versión** version
el **vestido** dress (10)
vestido,-a dressed

vestir(se) (i) to get
  dressed; to dress (16)
el/la **veterinario/a**
  veterinarian (22)
la **vez** *(pl.* **veces*)** time
  (series), occasion; **a la
  —** at the same time;
  a veces sometimes
  (8); **alguna —**
  sometime, ever; **de —
  en cuando** once in a
  while, from time to
  time (8); **en — de**
  instead of (14);
  muchas veces many
  times, often; **otra —**
  again (7); **por
  primera —** for the
  first time (15); **tal —**
  perhaps; **una —**
  once (18); **dos
  veces** twice (18)
viajar to travel; **— en
  avión** to travel by
  plane (8); **— a
  dedo** to hitchhike
  (26)
el **viaje** trip (8); **hacer
  un —** to take a
  trip (8); **¡Feliz —!**
  Have a good trip!
el/la **viajero/a** traveler
  (26)
la **víctima** victim (18)
la **victoria** victory (12)
la **vida** life (17); el **costo
  de —** cost of
  living (29); **ganarse
  la —** to earn a
  living; el **nivel de —**
  standard of living
  (20); la **calidad de —**
  quality of life (29)

viejo,-a old (3)
el/la **viejo/a** old man, old
  woman
el **viento** wind (8); **hace
  —** it's windy (8)
el **viernes** Friday (3)
el **vinagre** vinegar (19)
el **vino** wine (4)
la **violencia** violence
violento,-a violent
violentamente
  violently, abruptly
violeta *(adj.)* purple
  (10)
el **violín** violin
la **virtud** virtue
la **visibilidad** visibility
la **visión** vision
la **visita** visit
visitar to visit (1)
la **vista** sight, view; **hasta
  la —** until we see
  each other again
visto,-a *(past part.* of
  ver) seen (22)
la **vivienda** housing,
  dwelling (29)
vivir to live (4)
vivo,-a alive, living
el **vocabulario**
  vocabulary (A)
vocacional *(adj.)*
  vocational
volar (ue) to fly (26)
el **vólibol** volleyball (12)
la **voluntad** will
voluntario,-a voluntary
volver (ue) to return,
  come back (9)
vosotros,-as you *(fam.
  pl.),* yourselves (1)
votar to vote (17)
el **voto** vote (27)

la **voz** voice (27); **en
— alta** aloud,
loudly; **en — baja**
softly, in a whisper
el **vuelo** flight (26)
la **vuelta** return; el **billete
de ida y —** round-
trip ticket (26)
vuelto (*past part.* of
volver) returned
(22)
vuestro,-a *(adj.)* your
(fam. pl.), of yours

(6); (el) **vuestro,** (la)
vuestra, (los) **vuestros,**
(las) **vuestras** *(pron.)*
yours *(fam. pl.)*

Y

y and (B)
ya already, now (13);
— no no longer
el/la **yanqui** Yankee (North
American)

el **yate** yacht
yo I (1)

Z

la **zanahoria** carrot (19)
la **zapatería** shoe store
(25)
el **zapatilla:** los **—s de
tenis** sneakers
el **zapato** shoe (10); el
— de tenis tennis
shoe (10)

English-Spanish Vocabulary

A

a un, una; algún, alguna

ability la capacidad (28)

able: be — poder (ue) (9)

about de (1); sobre; acerca de

above all sobre todo

abroad al exterior

accept aceptar (17)

accident el accidente (18)

accidentally por casualidad (23)

according to según

account la cuenta (19); **checking —** la cuenta corriente (23); **savings —** la cuenta de ahorros (23)

accountant el/la contador/a (22)

ache *(v.)* doler (ue)

achieve lograr

across a través de

act *(v.)* actuar

active activo,-a

activity la actividad (5)

actor, actress el actor, la actriz

adapt adaptar(se) (16)

add agregar

address *(n.)* la dirección (11)

admire admirar (10)

advance *(n.)* el adelanto

advanced avanzado,-a

advantage la ventaja (29)

advertisement el anuncio; **want ad** el aviso (28)

advice el consejo (11)

advise (that) aconsejar (que) (20)

adviser el/la consejero/a (20)

affect influir

affectionate cariñoso,-a (17)

afraid: be — (that) tener (ie) miedo (de que) (4)

after después de, después de + *inf.* (5)

afternoon la tarde (6); **in the —** por la tarde (6); de la tarde (6)

again otra vez (7)

against contra (12); en contra de *(opposed to)* (27)

age *(n.)* la edad (17)

ago hace + *time* (15)

agree (with) estar de acuerdo (con) (6)

agricultural product el producto agrícola

agriculture la agronomía

air-conditioning el aire acondicionado (24)

airline la aerolínea (26)

airplane el avión (8)

air pollution la contaminación del aire (29)

airport el aeropuerto (8)

alarm clock el reloj despertador

alcohol el alcohol; **—ic beverage** la bebida alcohólica

all todo,-a (3); **— right** regular

allow permitir (24)

almost casi (17); **— always** casi siempre

alone solo, -a (7)

along por *(by way of)* (20)

already ya (13)

also también (1)

although aunque

always siempre (1)

amazement el asombro (27)

ambassador el/la embajador/a

ambassadorship la embajada

ambulance la ambulancia (18)

American americano,-a; **North —** norteamericano,-a; **South —** sudamericano,-a

amiable amable (17)

among entre (12); **— themselves** entre sí

amuse divertir (ie) (16)

amusing divertido,-a (3)

ancestor el antepasado

ancestry la ascendencia

ancient antiguo,-a

and y (e) (B)

Andean andino,-a

Anglo-Saxon anglo-sajón, anglo-sajona

angry enojado,-a; furioso,-a (7); **get — (with)** enojarse (con), enfadar

announcement el anuncio

announcer el/la locutor/a

another otro, -a (3); **— way** de otra manera

answer *(v.)* contestar (6); **—** *(n.)* la respuesta (6)

antique, old antiguo,-a (24)

anxiously *(adv.)* con ansias

any alguno, algún, alguna (8); cualquier,-a

anyhow   de todos modos
anyone   alguien   (8)
anything   algo   (8)
apartment   el apartamento,
el piso   (4)
apathetic   apático,-a   (27)
appear   parecer *(seem)*;
aparecer
apple   la manzana   (19)
appliance *(electrical)*   el
electrodoméstico   (24)
application form   la
solicitud   (28)
appointment   la cita   (10)
April   abril   (3)
aquarium   el aquario
architect   el/la arquitecto/a
architecture   la arquitectura
argue   discutir
arm *(n.)*   el brazo   (12)
armchair   el sillón   (24)
around   alrededor de; a eso
de
arrange   arreglar   (13)
arrive   llegar   (10)
article   el artículo   (4)
as . . . as   tan... como
(17); **as much (many) . . .
as**   tanto... como   (17); **as
soon as**   así que; en
cuanto; **as much as**   lo
maś
ask   preguntar *(question)*
(6); pedir (i) *(request)*
(11); **— a question**   hacer
una pregunta   (11)
asleep: fall —   dormirse
(ue)   (16)
aspect   el aspecto   (3)
astonish: be —ed (that)
asombrarse de (que)   (27)
at   a; en   (1); **— last**   por
fin   (23); **— least**   por lo
menos   (23); **— the**

beginning   al principio;
— the end   al fin
athlete   el/la atleta   (12)
atmosphere   el ambiente
(28)
attend   asistir (a)   (4)
attitude   la actitud   (17)
August   agosto   (3)
aunt   la tía   (6)
authority   la autoridad   (8)
autumn   el otoño
available: have —   disponer
avenue   la avenida   (15)
average   medio,-a
avoid   evitar
awaken *(someone)*   despertar
(ie)   (16)
aware   consciente   (27)

B

back *(n.)*   la espalda   (12);
in — of   detrás de
background   el fondo
backing   el respaldo
backpack   la mochila   (26)
bacon   el tocino   (19)
bad *(adj.)*   malo,-a   (3); **it's
— that**   es malo que
(21); **it's too — that**   es
una lástima que; **bad, badly**
(adv.)   mal   (B); **very —**
muy mal   (B)
bag *(n.)*   la bolsa   (24)
baggage   el equipaje   (26)
bakery   la panadería   (25)
balcony   el balcón   (13)
ball   la pelota   (12)
banana   la banana
bank *(n.)*   el banco   (20)
baseball   el béisbol   (12)
basketball   el básquetbol
(baloncesto)   (12)

bathe, take a bath
bañar(se)   (16)
bathing suit   el traje de
baño   (10)
bathroom   el baño   (13)
be   estar *(condition)*   (6); ser
(characteristic)   (3); **— to
blame**   tener la culpa; **—
. . . years old**   tener...
años   (7); **How old are
you?**   ¿Cuántos años tiene
(Ud.) ?   (7)
beach *(n.)*   la playa   (5)
bear upon   influir
beautiful   hermoso,-a   (29)
beautify   embellecer
beauty   la belleza   (29)
because   porque   (2); **— of,
due to**   por eso *(for that
reason)*
become   ponerse + *adj.*
bed   la cama   (24); **go to
—**   acostarse (ue)   (16)
bedroom   la alcoba, el
dormitorio, la habitación, el
cuarto, la recámara   (13)
beef   la carne de res
beer   la cerveza   (4)
before   antes (de que)   (5);
— -ing   antes de + *inf.*
begin   comenzar (ie) (a),
empezar (ie) (a)   (9);
— *(imp. of* comenzar*)*
comience (Ud.)
behavior   el comportamiento
behind *(prep.)*   detrás de
(25)
belief   la creencia
believe   creer   (10); **— in**
creer en   (24)
belong to   ser propio de;
pertenecer
below   a continuación
belt   el cinturón   (26)

benefit *(n.)* el beneficio (28)

best mejor (12)

better mejor (12)

between entre (25)

bicycle la bicicleta (8)

big grande (4)

bill *(payable)* la cuenta (23)

birthday el cumpleaños (3); — **present** el regalo de cumpleaños

black negro,-a (10); — **sheep** el garbanzo negro *(lit. black bean)*

blame *(n.)* la culpa (22); **be to** — *(v.)* tener (ie) la culpa (22)

block *(n.)* la cuadra *(city)* (25)

blond *(adj.)* rubio,-a (3)

blouse la blusa (9)

blue azul (10)

boat el barco (8)

body el cuerpo (12)

book el libro (B)

bookcase el estante

bookstore la librería (25)

boots las botas (10)

boring, bored aburrido,-a (3)

born: be — nacer (14)

boss *(n.)* el/la jefe/a (22)

bother *(v.)* molestar (12); **it** —**s me (that)** me molesta (que)

bottle *(n.)* la botella

bottom *(n.)* el fondo

boy el muchacho, el chico (2), el nene

boyfriend el novio (2)

bracelet la pulsera (9)

brand *(n.)* la marca

bread el pan (4)

break *(v.)* romper (24); romperse

breakfast *(n.)* el desayuno (13); **eat** — tomar el desayuno (13)

bride la novia (21)

bridge *(n.)* el puente

briefcase el portafolio

bring llevar *(to carry);* traer *(to bring along)* (8); — **up** criar *(to raise children)*

broad ancho,-a

broken roto,-a (22)

brother el hermano (2)

brown marrón

brunette *(adj.)* moreno,-a (3)

brush *(v.)* cepillar(se) *(hair, teeth)* (16)

budget *(n.)* el presupuesto

build construir (15)

building el edificio (25)

burglary el robo (18)

bus *(n.)* el autobús (8); — **stop** la parada del autobús (23)

business el negocio; los negocios *(general sense)* (22); —**man,** —**woman** el/la comerciante (22)

busy ocupado,-a (7)

but pero (1); sino *(on the contrary)* (23)

butcher shop la carnicería (25)

butter *(n.)* la mantequilla (19)

buy comprar (5)

by por *(during, in exchange for, on behalf of)* (20); para *(destination, time)* (20); — **the way** a propósito

café el café (5); **open-air** — el café al aire libre

cafeteria la cafetería (5)

cake *(n.)* la torta (21); el pastel (4)

calculator la calculadora (6)

calculus el cálculo

call *(v.)* llamar (5); — **on the telephone** llamar por teléfono (5)

calm *(adj.)* tranquilo,-a (7)

calorie la caloría

camera la cámara (9)

camp, go camping hacer camping, acampar (26)

campaign *(n.)* la campaña

camper la camioneta (26)

campus la ciudad universitaria (24)

can (be able to) poder (ue) (9)

candy el dulce (4)

capable capaz

capacity la capacidad

car el coche (1)

card la tarjeta (9); **credit** — la tarjeta de crédito (20); el carné (7)

care (about) *(v.)* importar (12); **I** — **(that)** me importa (que); **take** — **of** cuidar (10); **personal** — *(n.)* el cuidado personal (16)

career la carrera (17)

Careful! *(interj.)* ¡Cuidado! (B)

careful *(adj.)* cuidadoso,-a (26)

carpenter el carpintero (22)

carpet *(n.)* la alfombra (24)
carrot la zanahoria (19)
carry llevar (5); — **out** llevar a cabo; realizar
cash *(v.)* cobrar (23)
cat el gato (6)
catsup la salsa de tomate (19)
center *(n.)* el centro (5)
century el siglo
ceremony la ceremonia
certain cierto,-a (12); —**ly** por cierto (23)
certainty la certeza (27)
chair *(n.)* la silla (13)
challenge *(n.)* el desafío
champion *(n.)* el campeón, la campeona (12)
change *(v.)* cambiar (17); — *(n.)* el cambio *(general sense)* (9); la moneda *(coins)* (23)
character el carácter (3)
chart el esquema
chat *(v.)* charlar (5)
cheap barato,-a (9)
check *(v.)* revisar *(look over, inspect)*; — *(n.)* el cheque (20); la cuenta *(bill)* (20)
checking account la cuenta corriente (23)
cheerful alegre (7)
cheese el queso (19)
chest of drawers la cómoda
chicken el pollo (19)
child el/la niño/a (6); **children** los niños (6)
childhood la niñez
chocolate el cacao
choose escoger (20); elegir (i) *(elect, select)* (20)
church la iglesia (5)
cigarette el cigarrillo

citizen el/la ciudadano/a (27)
city la ciudad (14); — **planning** el urbanismo
claim *(v.)* reclamar (17)
class *(n.)* la clase; —**room** la clase; —**mate** el/la compañero/a de clase (6)
clean *(v.)* limpiar (13); — *(adj.)* limpio,-a (13)
cleansing *(n.)* la limpieza
clear *(adj.)* claro,-a
climate el clima (26)
clipping el recorte
clock *(n.)* el reloj (6)
close *(v.)* cerrar (ie) (23)
close (to) cerca de (6)
closing el cierre
clothes, clothing la ropa (9); **articles of clothing** las prendas
coast *(n.)* la costa
coat *(n.)* el abrigo (10)
coffee el café (4)
coin la moneda (23)
cold *(n.)* el frío (8); — *(adj.)* frío,-a (8); **be** — tener (ie) frío (4); **it's** — hace frío (8); — **drink** el refresco
colleague el/la colega
collide chocar (15)
color *(n.)* el color (10)
comb *(v.)* peinar(se) (16); — *(n.)* el peine
come venir (ie) (8)
comedy la comedia
comfortable cómodo,-a (22)
comics las historietas
command *(n.)* el mandato
commercial *(n.)* *(advertisement)* el anuncio

committed comprometido,-a
commonly por lo común (23)
company la compañía (19)
comparison la comparación
complain (about) quejarse (de) (26)
complaint la queja
computer la computadora (4); — **programmer** el/la programador/a de computadoras (22); — **science** la computación (1)
concert el concierto
confidence la confianza (30)
congratulations las felicitaciones (11)
conscious consciente (27)
conservative conservador,-a (3)
consider considerar
construct *(v.)* construir (15)
consult consultar
contented contento,-a
continue seguir (25)
contract *(n.)* el contrato
contribute contribuir (15)
control *(v.)* controlar (29)
cook *(v.)* cocinar (13)
cool *(adj.)* fresco,-a; **it's** — hace fresco (8); — **off** *(v.)* refrescar
corner *(n.)* *(of a street)* la esquina (15)
corruption la corrupción (29)
cost *(v.)* costar (ue) (9); — *(n.)* el costo; — **of living** el costo de vida (29)
costume *(n.)* el disfraz

couch *(n.)* el sofá (22)
count *(v.)* contar (ue) (17)
country el país *(nation)* (8); el campo *(countryside)* (23)
couple *(n.)* la pareja (21)
course la asignatura (20); **of —** por supuesto (20)
court *(n.)* la cancha *(tennis)*
courteous atento,-a (17)
cousin el/la primo/a (6)
crash *(v.)* chocar (15)
create crear (29)
creature la criatura
credit card la tarjeta de crédito (23)
crime el crimen (29)
cross *(v.)* cruzar (15)
crowds la aglomeración de gente (29)
cry llorar *(weep)* (18); **— out** gritar (18)
cucumber el pepino (19)
culture *(n.)* la cultura
cup *(n.)* la taza (24)
cure *(v.)* curar (22)
current *(adj.)* (el) actual (17)
curtains las cortinas (24)
cushion *(n.)* la almohada (24)
custard el flan (19)
custom la costumbre
customer el/la cliente/a (14)
customs la aduana (26)
cut *(v.)* cortar; **— a class** faltar a una clase (20)

D

dad papá (6)
dairy *(shop)* la lechería (25)

dance *(v.)* bailar (1); **— (n.)** el baile
dangerous peligroso,-a (24)
dark moreno,-a *(a person)* (3); oscuro,-a *(a place or thing)* (10)
date *(n.)* la cita *(appointment)* (10); la fecha *(calendar)* (3); **What is today's —?** ¿Cuál es la fecha de hoy? (3)
daughter la hija (6)
day el día (3)
dead muerto,-a (18)
death la muerte (18)
December diciembre (3)
decide decidir (20)
decision la decisión (20); **make a —** tomar una decisión
decorate decorar (22)
defend defender (ie) (22)
define definir
degree el título (20); el grado
delicious delicioso,-a (13)
demand *(v.)* exigir; reclamar *(claim)* (20)
democracy la democracia (27)
demonstration la manifestación (18)
dentist el/la dentista (14)
dentistry la odontología
deny (that) negar (ie) (que) (27)
department store el almacén (5)
depressed deprimido,-a (28)
description la descripción (3)

design *(v.)* diseñar; **— (n.)** el diseño
designer el/la diseñador/a
desk el escritorio (6)
dessert el postre (21)
destiny el destino
destroy destruir (15)
develop desarrollar
development el desarrollo
devil el diablo
devote oneself (to) dedicarse (a) (16)
dictator el dictador
dictatorship la dictadura (30)
die morir (ue, u); **dead** *(past part. of* morir) muerto, -a (15)
diet *(n.)* el régimen, la dieta
difference la diferencia
difficult difícil (2)
dining room el comedor (13)
diploma el título (20)
direct *(v.)* dirigir (22)
direction la indicación; **opposite —** el sentido contrario
director el/la director/a
dirty sucio,-a (13)
disadvantage la desventaja (29)
disagreeable antipático,-a (3)
discotheque la discoteca
discover descubrir; **—ed** *(past part. of* descubrir) descubierto,-a (22)
discuss discutir (30)
dishwasher el lavaplatos (13)
dissatisfied insatisfecho,-a (28)
distribute distribuir; repartir

divorce *(n.)* el divorcio (21); **get —d** *(v.)* divorciar(se) (21)

do hacer (8); — *(imp. of hacer)* haga (Ud.); — **well (badly)** salir bien (mal) (20)

doctor *(n.)* el/la médico/a (14)

document *(n.)* el documento

documentary *(n.)* el documental

dog *(n.)* el perro (6)

dollar el dólar

door la puerta (24)

dorm la residencia; el colegio mayor *(Spain)*

doubt (that) *(v.)* dudar (que) (27); — *(n.)* la duda (27); **—less** sin duda (17)

down: go — bajar (20)

downtown el centro (5)

dozen la docena

draw up dibujarse

dream (of) *(v.)* soñar (ue) (con); — *(n.)* el sueño

dress *(v.)* vestir; — **oneself, get —ed** vestirse (i) (16); — *(n.)* el vestido (10)

drink *(v.)* beber (5); tomar *(have something to drink, drink alcoholic beverages)* (4); **cold —** *(n.)* el refresco (4)

drive *(v.)* conducir (15); manejar (1)

driver el conductor, la conductora (15); **—'s license** la licencia de conducir (5)

drugstore la farmacia (14)

dry cleaner's shop la tintorería (25)

due to por

dull *(adj.)* rutinario,-a

during durante (5)

E

each cada *(invar.)* (13)

ear la oreja (12)

early *(adv.)* temprano (10)

earn ganar (1); **— a living** ganarse la vida (22)

earth la tierra

earthquake el terremoto

easy fácil (2)

eat comer (4)

ecology la ecología

education: science of — pedagogía; formación

egg *(n.)* el huevo (21)

eight ocho (B)

eighteen dieciocho (diez y ocho) (B)

eighth octavo,-a (25)

eight hundred ochocientos,-as (11)

eighty ochenta (B)

either . . . or o... o (8)

elect *(v.)* elegir (i) (27)

election las elecciones (27)

electric eléctrico,-a (19)

electrician el/la electricista (22)

eleven once (B)

embassy la embajada

embrace *(n.)* el abrazo (11)

emotion la emoción (27)

employee el/la empleado/a (14)

employment el empleo

empty *(adj.)* vacío,-a; **— into** *(v.)* desembocar

end *(v.)* terminar *(finish)* (20); acabarse

engineer *(n.)* el/la ingeniero/a

engineering la ingeniería

English *(n.)* el inglés (B); **speak —** hablar inglés

enjoy disfrutar (de) (8)

enough bastante

enroll (in) matricular(se) (en) (20)

enter entrar (en) (18); ingresar

enthusiasm el entusiasmo (28)

enthusiastic entusiasmado,-a (28)

environment el ambiente (28)

equal igual (17)

equality la igualdad (17)

errand la diligencia

escape *(v.)* escaparse (29)

essential esencial

establish establecer (30)

eternal eterno,-a (21)

even aun *(adv.)*

evening: Good — Buenas noches (A); **in the —** de la noche (6); por la noche (6)

event el suceso (18)

ever: not ever nunca

every cada *(invar.)* (12); **— day** todos los días (18)

everyone todo el mundo (22)

everywhere por todas partes (23)

exam el examen (6); **entrance —** el examen de ingreso (20)

example   el ejemplo; **for —**
   por ejemplo   (20)
exchange *(n.)*   el cambio
   (17); el intercambio
Excuse me   Con su
   permiso   (B); Perdón   (B)
executive   el/la ejecutivo/a
   (22)
exercise *(n.)*   el ejercicio   (6)
existence   la existencia
expensive   caro,-a   (9)
experience *(n.)*   la
   experiencia   (28)
experiment *(n.)*   el
   experimento
explain   explicar   (25); **—**
   (imp. of explicar*)*   explique
   (Ud.)
express (oneself)
   expresar(se)   (16)
expression   la expresión
eye *(n.)*   el ojo   (12)

F

face *(n.)*   la cara   (12)
facilities   las instalaciones
fact   el hecho   (18)
faculty member   el/la
   catedrático/a
fair *(adj.)*   justo,-a *(just)*
   (27)
faithfulness   la fidelidad   (21)
fall *(v.)*   caer; **— asleep**
   dormirse (ue)   (16); *(n.)*
   la caída; **—s** *(n.)*   la
   catarata
fame   la fama
family   la familia   (6);
   — member   el familiar;
   — room   el cuarto de
   estar   (13)
famous   famoso,-a   (17)

fan   el/la aficionado/a
   (devotee)   (12)
far (from)   lejos (de)   (6);
   alejado de
farm *(n.)*   la granja   (25)
fascinate   fascinar; **I am —d**
   by   me fascina
fashion *(n.)*   la moda   (10);
   — show   el desfile de
   modelos
fashionable   de moda
fast *(adj.)*   rápido,-a   (17)
fat   gordo,-a   (3)
fatality   el muerto   (18)
fate   el destino
father *(n.)*   el padre   (6)
fault *(n.)*   la culpa *(blame)*
favorite   preferido,-a   (12)
fear *(v.)*   temer   (27); *(n.)*
   el miedo   (27)
February   febrero   (3)
feel   sentir (ie) *(sense)*   (15);
   — like   tener (ie) ganas
   de   (8); **— sorry**
   condolerse
feeling   el sentido; el
   sentimiento   (27)
fiancé(e)   el/la novio/a
fifteen   quince   (B)
fifth   quinto,-a   (25)
fifty   cincuenta   (B)
fight *(v.)*   pelear; **— (with**
   each other)   pelearse
   (18); *(n.)*   la lucha
   (struggle)   (27); la pelea
   (18)
fill   llenar
film *(n.)*   la película *(movie*
   and roll of —)   (5)
finally   por fin *(at last)*   (23)
find *(v.)*   encontrar   (9);
   hallar
fine *(n.)*   la multa   (15)

finger *(n.)*   el dedo   (12)
finish *(v.)*   terminar; acabar
   de + *inf. (to have just)*
fire *(n.)*   el incendio   (18);
   (v.)   tirar   (18)
fireman   el bombero   (14)
first   primero, primer,
   primera   (25)
fish *(n.)*   el pescado   (19)
fit (into)   caber
five   cinco   (B)
five hundred   quinientos,-as
   (11)
fix *(v.)*   arreglar, reparar
   (repair)   (13); **— oneself**
   up, get ready   arreglarse
   (16)
flight   el vuelo   (26)
floor *(n.)*   el piso *(of a*
   building)   (24); el suelo *(of*
   a room)
flower *(n.)*   la flor   (9);
   — shop   la florería   (23)
fly *(v.)*   volar (ue)   (26)
follow   seguir (i)   (25);
   —ing   siguiente   (13)
food   la comida   (13)
foolish   tonto,-a   (3);
   —ness   la tontería   (11)
foot *(n.)*   el pie   (12)
for   para *(purpose, in order*
   to)   (2); por   (20); en pro
   de *(in favor of)*   (27);
   — example   por ejemplo
   (23)
forbid (that)   prohibir
   (que)   (24)
force *(n.)*   la fuerza
forehead   la frente
foreign   extranjero,-a   (8);
   — country   el extranjero
   (abroad)
foreigner   el/la extranjero/a

forever para siempre
forget (to) olvidarse (de) (24)
fork *(n.)* el tenedor (24)
former anterior *(previous)*
fortunately por suerte (23); afortunadamente
forty cuarenta (B)
found *(v.)* fundar
foundation el fundamento
fountain la fuente (25)
four cuatro (B)
four hundred cuatrocientos,-as (11)
fourteen catorce (B)
fourth cuarto,-a (25)
free *(adj.)* libre (17)
freezer el congelador
French el francés
Friday el viernes (3)
friend el/la amigo/a (2)
friendly amable
friendship la amistad (11)
frightened asustado,-a (18)
from de (A); **— time to time** de vez en cuando (8)
fruit la fruta (4); **— store** la frutería
fulfill cumplir
full lleno,-a
fun: have — *(v.)* divertirse (ie) (16); **—** *(adj.),* **—ny** divertido,-a (3)
furious furioso,-a (7)
furniture los muebles (24)
future el futuro (22)

G

game *(n.)* el partido *(match)* (12)
garage *(n.)* el garaje (13)

garbage la basura (29)
garden *(n.)* el jardín (13)
gasoline la gasolina
generally generalmente; por lo general (18)
generation la generación
generous generoso,-a (3)
gentleman el señor (2)
geography la geografía
get conseguir (i) (17); obtener (ie) (10); **— +** *adj.* ponerse *(become)* + *adj.;* **— a grade** sacar una nota (6); **— along (with)** llevarse bien (con) (21); **— off, — down** bajar (de) (25); **— on** subir (en) (25); **— up** levantarse (16); **— used to** acostumbrarse (a + *inf.*) (24)
gift el regalo (9)
girl la muchacha, la chica (2), la nena; **—friend** la novia (2)
give dar (11); ofrecer; **— a present** regalar; **—** *(imp. of* dar*)* dé (Ud.)
glacier el helero
glad: be — **(about)** alegrarse (de) (24)
glass el vaso *(drinking)* (22)
glasses las gafas *(eye)* (10)
gloves los guantes (10)
go ir (5); **— away** irse (18); **be —ing to** ir a (+ *inf.*) (5); **— down** bajar (23); **— on foot, walk** ir a pie; **— shopping** ir de compras; **— out** salir

(8); **— up** subir (23); **— straight ahead** seguir derecho (25)
god el dios; **My God!, My goodness!** ¡Dios mío !
godchild el/la ahijado/a
godfather el padrino
godmother la madrina
good bueno, buen, buena (3); **Good heavens!** ¡Caramba ! (B)
Good afternoon Buenas tardes (A)
Good-bye Adiós (A); Hasta mañana *(See you tomorrow)* (A)
Good evening Buenas noches (A)
Good morning Buenos días (A)
Good night Buenas noches (A)
govern gobernar (ie)
government el gobierno (22)
grade *(n.)* la nota (6)
graduate graduarse (20)
gram el gramo
grandfather el abuelo (6)
grandmother la abuela (6)
grandparents los abuelos (6)
gray gris (10)
great grande, gran (4); **Great!** ¡Qué bien !, ¡Estupendo !
green verde (10)
greengrocery la verdulería (25)
greetings saludos (B)
groom *(n.)* el novio (21)
grow crecer (29)
growth el crecimiento

guest el/la invitado, el huésped (22)
guide *(n.)* el/la guía
guilt *(n.)* la culpa; **be —y** tener la culpa (22)
guitar la guitarra (1)
guy el tipo

hair el pelo (12)
half la mitad; **— past** *(time)* y media (6)
ham el jamón (19)
hamburger la hamburguesa (4)
hand *(n.)* la mano (12)
handkerchief el pañuelo
handsome guapo,-a (3)
happen pasar (14)
happiness la felicidad (21)
happy alegre; contento,-a; feliz (7); **be — (that)** alegrarse de (que) (27)
hardworking trabajador,-a (3)
hat el sombrero (10)
have tener (4); **— a good time** divertirse (26); **— just . . . ed** acabar de + *inf.* (24); **— to** tener que (4); **— (auxiliary)** haber (22)
he él (1)
head *(n.)* la cabeza (12)
headline el título
heal curar (22)
health la salud (7); **in good —** de buena salud (7); **To your —!** ¡Salud!
hear oír (8)
heart el corazón
heat *(n.)* el calor (8); *(v.)* calentar

heating la calefacción (24)
height la altura
Hello Hola; Buenos días (A)
help (to) ayudar (a) (10); **—!** ¡Socorro! (18)
her la *(dir. obj. pron.)* (10); le, se *(indir. obj. pron.)* (11); su *(poss. adj.)* (6)
here aquí (6)
heritage la herencia
hers suyo,-a (24)
hesitate (to) vacilar (en) (24)
Hi! ¡Hola! (A)
high *(adj.)* alto,-a; **— school** *(n.)* colegio; escuela secundaria
highway la autopista (25)
him lo *(dir. obj. pron.)* (10); le, se *(indir. obj. pron.)* (11)
his su *(poss. adj.)* (6); suyo,-a (24)
history la historia (B)
hitchhike viajar a dedo (26)
home el hogar (22); **at —** en casa; **go —** ir a casa
homework assignment la tarea (6)
honest honrado,-a (17)
honeymoon la luna de miel (21)
hope *(n.)* la esperanza (30); **— (that)** *(v.)* esperar (que) (2); **let's — (that)** ojalá (que) (20)
horoscope el horóscopo
horse el caballo
hospital el hospital (19)
hospitality el hospedaje

hot: it's — hace calor (8); **be — (warm)** tener calor (4); **— dog** el perro caliente (19)
hour la hora (6)
house *(n.)* la casa (4)
housewife el ama *(f.)* de casa (17)
housing la vivienda (29)
how cómo; **how?** ¿cómo? (2); **— + *adj.*!** ¡qué + *adj.*! (18); **— are you?** ¿Cómo está Ud.? (B); **— do you say . . . ?** ¿Cómo se dice...? (B); **—'s everything?** ¿Qué tal? (B); **(for) — long?** ¿hace cuánto tiempo que...? (15); **— much?** ¿cuánto? (B)
however sin embargo
hug *(n.)* el abrazo (11)
hundred, one hundred ciento, cien (B); **— and one** ciento uno (11)
hungry: be — tener (ie) hambre (4)
hurry: be in a — tener (ie) prisa (4)
hurt doler (ue) (16); **my arm —s** me duele el brazo
husband *(n.)* el esposo (6)

I yo (1)
ice cream el helado (4); **— parlor** la heladería (25)
if si (8)
illness la enfermedad (22)
immediately inmediatamente (21)

important importante (2)
impose imponer(se)
impossible imposible (21)
improbable improbable (21)
improve mejorar (29)
in en (1); — **case (of/ that)** en caso de (que); — **front of** delante de (25); — **order to** para (2); — **back of** detrás de (23); — **this way** de esta forma/manera
include incluir
income el ingreso
increase (v.) aumentar; (n.) el aumento
independent independiente (17)
indicate indicar; — (imp. of indicar) indique (Ud.)
indispensable indispensable (21)
individual (n.) el individuo (30)
industry la industria (29)
inequality la desigualdad (17)
inexpensive barato,-a
inflation la inflación (23)
influence (v.) influir
injure herir; —**d person** el/la herido/a (18)
insecurity la inseguridad
inside (prep.) dentro de (25)
insist (on) insistir en + inf. (24); — **(that)** insistir en (que) + subjunctive (25)
install instalar
installations las instalaciones (19)
instead of en vez de (14)

instrument el instrumento
intelligent inteligente (3)
intend pensar (ie) + inf. (9)
interest (v.) interesar; **be —ed in** tener (ie) interés en (27); **I am —ed in** me interesa + n. (12); (n.) el interés (23)
interesting interesante (3)
interview (n.) la entrevista (28)
interviewer el/la entrevistador/a
introduce presentar (people) (11)
intruder el/la intruso/a
investigation la investigación
invite invitar (5)
issue (n.) la cuestión (30)
it lo (10); la (10)
italics la cursiva
its su (poss. adj.) (6)
it's all the same da lo mismo

J

jacket la chaqueta (10)
January enero (3)
jeans los jeans
job el trabajo (6); el empleo (9)
journalist el/la periodista
juice el jugo (19); **fruit —** el jugo de frutas (19)
July julio (B)
June junio (B)
just no más; justo,-a (27); — **as** igual que

K

keep: — abreast mantenerse al tanto; — **account** llevar la cuenta (19); — **awake** quitar el sueño, desvelar
ketchup la salsa de tomate (19)
key (n.) la llave (24)
kill (v.) matar (18)
kind (adj.) amable (17)
kiosk el quiosco (25)
kiss (n.) el beso (11)
kitchen la cocina (13)
knee (n.) la rodilla
knife (n.) el cuchillo (24)
know conocer (be familiar, acquainted with) (8); saber (have knowledge of, know how to) (9)
knowledge el conocimiento (28)

L

laboratory el laboratorio (6)
lack (v.) faltar (20); (n.) la falta (23)
lady la señora (2)
lake el lago (25)
lamp la lámpara (24)
land (n.) la tierra (30)
landlord/lady el/la dueño/a
landscape (n.) el paisaje (24)
language la lengua (6)
last (v.) (for) durar (por) (21); (n.) el pasado (most recent, time) (12); (adj.) último,-a (in a series) (5); **at —** al fin
late tarde (10)
latest último,-a (17)
Latin America Latinoamérica; —**n** el/la latinoamericano/a (3)

laundry   la lavandería   (25)
law   la ley   (27); **study of —** el derecho   (20)
lawyer   el/la abogado/a (19)
lazy   perezoso,-a   (3)
learn (how to)   aprender (a)   (4)
least: at —   por lo menos (20)
leave *(v.)*   salir *(go out)*   (8); dejar *(leave behind)*   (10)
lecture *(n.)*   la conferencia (20)
left *(adj.)*   izquierdo,-a (16); **(turn) to the —** (doblar) a la izquierda (23)
leg   la pierna   (12)
lend   prestar   (11)
less than   menos que   (17); **less + *adj.* + than** menos... que   (17)
letter   la carta   (4); **— carrier**   el cartero   (14)
lettuce   la lechuga   (19)
level *(n.)*   el nivel   (23)
liberal *(adj.)*   liberal
liberty   la libertad   (27)
library   la biblioteca   (5)
lie *(n.)*   la mentira   (11); **—** *(v.)*   mentir (ie)   (15); **— down**   acostar(se) (ue)   (16)
life   la vida   (17)
lift *(v.)*   levantar   (16)
light, turn on *(v.)*   encender (ie)
light *(n.)*   la luz *(pl.* las luces)   (24); *(adj.)* claro,-a   (10)
like   como *(as); (v.)* gustar   (2); **I like . . .** me gusta...   (2); **I like**

better   me gusta más *(prefer)*   (12)
line *(n.)*   la fila; la línea; **to stand in —**   hacer cola
listen   escuchar   (1); **Listen!**   ¡Escuche!, ¡Oiga!, ¡Oye!
literature   la literatura
little   pequeño,-a *(size);* poco,-a *(quantity)*   (1); **a — **   un poco   (1)
live   vivir   (4); **— together** convivir
lively   alegre   (7)
living room   la sala   (13)
loan   el préstamo   (23)
location   la ubicación
long   largo,-a   (10); **— distance**   larga distancia
look: — at *(v.)*   mirar   (1); **Look!**   ¡Mira!; **— for** buscar   (6); **— like**   tener pinta de; **—** *(n.)*   la mirada
lose   perder (ie)   (9)
lot: a — (of)   mucho,-a   (3)
love *(v.)*   querer (ie)   (9); amar   (21); **—** *(n.)*   el amor   (21); **in —** enamorado,-a   (7)
loving   cariñoso,-a   (17)
low   bajo,-a   (29)
luck   la suerte   (19); **be —y**   tener suerte   (4)
lunch *(n.)*   el almuerzo (13); **eat —, have —** almorzar (ue)

M

machine   la máquina   (19)
machinery   la maquinaria
made *(past part. of* hacer) hecho,-a   (22)

magazine   la revista   (4)
maintain   mantener (ie)
major *(n.)*   la especialidad *(field of study)*   (25); **—** *(adj.)*   mayor
make   hacer   (8); **— fun of**   burlarse de; **— a decision**   tomar una decisión   (20); **— a mistake**   equivocarse   (20)
man *(n.)*   el hombre   (2)
manner   el modo   (17)
manufacture   fabricar; **—d product**   el producto fabricado
many   muchos,-as   (3)
map *(n.)*   el mapa   (25)
March   marzo   (3)
market *(n.)*   el mercado (14)
marmalade   la mermelada (19)
marriage   el matrimonio (21)
marry, get married (to) casarse (con)   (17); **married**   casado,-a   (7)
mathematician   el/la matemático/a
mathematics   las matemáticas   (B)
matter   el asunto   (30); la cuestión   (30)
mature *(adj.)*   maduro,-a (17)
maximum *(adj.)*   máximo,-a
May   mayo   (3)
mayonnaise   la mayonesa (19)
me, to me   me   (10); mí *(after prep.)*   (2)
meal   la comida   (13)
mean *(v.)*   querer (ie) decir *(signify)*

meaning el significado
meat la carne (4)
mechanic el mecánico (22)
medicine la medicina (19)
meet encontrar (ue) (9);
  conocer *(preterite);*
  — with encontrarse con
  (18)
member el miembro (28)
memories los recuerdos
mess *(n.)* el desorden
microwave *(n.)* la microonda
middle medio,-a (17)
midnight la medianoche
  (6)
military personnel los
  militares (30)
milk *(n.)* la leche (4);
  — store la lechería
million millón (11); **one —**
  un millón (11)
mind *(n.)* la mente
mine *(adj.)* mío,-a (24)
minimum *(adj.)* mínimo,-a
mirror *(n.)* el espejo
miss *(v.)* echar de menos
  (a person or place); perder
  (ie) *(a bus)* (9)
Miss Señorita, la señorita
  (B)
mode el modo (17)
modern moderno,-a (22)
mom mamá (6)
Monday el lunes (3)
money el dinero (1); la
  moneda *(coin)* (20)
month el mes (3)
monthly mensual
mood el humor; **in a bad
  (good) —** de mal (buen)
  humor (7)
more más (1); **— than**
  más que (17); **— . . .
  than** más... que (17)

morning la mañana; **Good
  —** Buenos días (A); **in
  the —** por la mañana, de
  la mañana (6)
most la mayoría de; **—ly**
  la mayor parte
mother *(n.)* la madre (6)
motor el motor
motorcycle la motocicleta
  (la moto) (8)
mountain la montaña (25)
mouth *(n.)* la boca (12)
move *(v.)* trasladar(se)
movement el movimiento
  (17)
movies, movie theater el
  cine (5)
Mr., Sir Señor, el señor (B)
Mrs., Ma'am, Madam
  Señora, la señora (B)
much, a lot (of) mucho,-a
  (1)
museum el museo (5)
music la música
must deber; **one —** hay
  que
mustard la mostaza (19)
my mi (6)

N

name *(n.)* el nombre (6);
  What's his/her/your —?
  ¿Cómo se llama ? (A); **My
  — is . . .** Me llamo...
  (A)
napkin la servilleta (24)
narrow *(adj.)* estrecho,-a;
  angosto,-a
nationality la
  nacionalidad (3)
nature la naturaleza
near, nearby cerca (de) (6)
necessary necesario,-a (2)

need *(v.)* necesitar (2);
  faltar *(lack);* **I —** me falta
neighbor el/la vecino/a
  (14); **—hood** la
  vecindad (14)
neither tampoco (8);
  — . . . nor ni... ni (8)
nervous nervioso,-a (7)
never nunca; no... nunca
new nuevo,-a (8);
  — Year Año Nuevo
newlyweds los recién
  casados (21)
news las noticias (4)
newspaper el periódico, el
  diario (4)
newsstand el quiosco
next próximo,-a (12);
  — to al lado de (25)
nibble *(v.)* picar
nice simpático,-a (3)
night la noche; **at —** por
  la noche (6), de la
  noche (6); **last —**
  anoche
nine nueve (B)
nine hundred novecientos,-as
  (11)
nineteen diecinueve (diez y
  nueve) (B)
ninety noventa (B)
ninth noveno,-a (25)
no *(interj.)* no; *(adj.)*
  ningún, ninguno,-a *(not
  any)* (8)
nobody nadie (8)
noise el ruido (14)
none ningún, ninguno,-a
  (8)
nonetheless sin embargo
noon el mediodía (6)
normal normal (21);
  —ly por lo común (18)
nose *(n.)* la nariz (12)

not no (+ *negative expression*)
notebook el cuaderno (6)
notes los apuntes (6)
nothing nada (8); **— to do** nada que hacer
notice *(v.)* darse cuenta (de); fijarse
noun el sustantivo (3)
November noviembre (3)
now ahora (3)
nowadays hoy en día (13)
number *(n.)* el número (B)
nurse *(n.)* el/la enfermero/a (14)

O

observe observar
obtain obtener (10); conseguir (i) (16)
occupation la ocupación (28)
occur ocurrir (14)
ocean el mar
October octubre (3)
of de (1); **— course** claro, por supuesto (B); **— course not** claro que no (B)
offend ofender
offer *(v.)* ofrecer (11)
office el consultorio *(medical)* (14); la oficina *(business)* (19)
often a menudo (1)
Oh! ¡Ay!
oil *(n.)* el aceite (21); el petróleo (30)
old viejo,-a (3); antiguo,-a (24); **—er** mayor (6); **—est** *(n.)* el/la mayor (6); **be . . . years —** tener... años (7)

on en, sobre; **— condition (that)** a condición de (que); **— top of** encima de
once una vez (18); **— in a while** de vez en cuando (8); **— more** otra vez
one uno, un, una (B); **— must** hay que (24); **no —** nadie
onion la cebolla (21)
only solamente (17); no más
open *(v.)* abrir (23); **—(ed)** abierto,-a *(past part. of* abrir*)* (22)
opera la ópera
operation la operación (19)
opportunity la oportunidad (17)
opposite contrario
oppressed oprimido,-a
or o (u) (1)
orange *(n.)* la naranja (19)
order: in — to para
other otro,-a (3); **(the) —s** los demás (22)
Ouch! ¡Ay! (B)
ought deber (+ *inf.*) (10)
our, of ours nuestro,-a (6)
outside (of) fuera (de) (25)
oven el horno
over encima de
owe deber (11)
own *(adj.)* propio,-a (12)
owner el/la dueño/a (24)
ownership la propiedad

P

pack: — the suitcase hacer la maleta
page la página (6)
paint *(v.)* pintar (13)

painting la pintura *(general);* el cuadro *(specific)* (24)
pants los pantalones (10)
paper *(n.)* el papel (4)
pardon *(n.)* el perdón (B); *(v.)* perdonar
parents los padres (6)
park *(a car)* estacionar (15); *(n.)* el parque (23)
parking: — meter el parquímetro (15); **— lot** el estacionamiento
party *(n.)* la fiesta (5); **birthday —** la fiesta de cumpleaños
pass *(v.)* pasar (5)
passenger el/la pasajero/a (26)
passport el pasaporte (26)
past *(n.)* el pasado; *(adj.)* pasado,-a
pastime el pasatiempo
pastry el pastel (21)
pay *(v.)* pagar (23)
peace la paz (18)
pear la pera (19)
peasant el/la campesino/a
pedestrian el/la peatón (15)
pen *(n.)* el bolígrafo (4)
pencil *(n.)* el lápiz *(pl.* los lápices) (4)
people *(n.)* la gente, el pueblo *(a nation)* (2); la raza
pepper *(n.)* la pimienta (19)
per por (20)
percent por ciento (23)
percentage el porcentaje
perhaps tal vez, quizás (20)

permit *(v.)* permitir (que) (24)

persist persistir

person la persona (2)

petroleum el petróleo (30)

pharmacist el/la farmacéutico/a (22)

phone *(n.)* *see* **telephone**

photograph *(n.)* la foto (5)

picture *(n.)* el cuadro (24)

piece *(n.)* el pedazo

pill la pastilla

pillow *(n.)* la almohada (24)

pineapple la piña (19)

pity *(n.)* la lástima; **it's a — (shame) (that)** es una lástima (que) (26); **What a —!** ¡Qué lástima!

place *(n.)* el lugar (5); *(v.)* poner (24)

plant *(n.)* la planta (9)

plate el plato (24)

play *(n.)* el drama; la obra de teatro; *(v.)* jugar (ue) *(a sport, game)* (12); tocar *(an instrument)* (1)

player el/la jugador/a (12)

plaza la plaza (15)

pleasant agradable (26)

please por favor (B); *(v.)* agradar; **—d to meet you** Mucho gusto (A)

pleasure: it's a — tanto gusto; mucho gusto (B)

plumber el plomero (22)

poem el poema

poet el poeta, la poetisa

point *(n.)* el punto (12); **— of view** el punto de vista

police *(n.)* la policía *(group)* (15); el/la policía *(individual)* (15);

— station la comisaría (18)

polite atento,-a (17)

political político,-a (27)

politician el político (27)

politics la política (27)

pollute contaminar (29)

pollution la contaminación

poor pobre (17)

population la población (29)

pork el cerdo (21)

position *(n.)* el puesto

possibility la posibilidad (28)

possible posible (21)

post *(n.)* el puesto *(position)*

postcard la tarjeta

poster el cartel (24)

post office la oficina de correos (14)

potato la papa, la patata (19); **french fries** papas fritas (19)

pound *(n.)* la libra

poverty la pobreza (30)

power *(n.)* el poder (30)

precede preceder (3)

predict predecir (i)

prefer (that) preferir (ie) (que) (10)

prepare preparar (13); prepararse (16)

present *(v.)* presentar; *(adj.)* actual *(present day)* (17); *(n.)* el presente *(time)*

president el/la presidente/a

press *(n.)* la prensa

pretty bonito,-a; lindo,-a (3)

price *(n.)* el precio (23)

priest el cura

probable probable (21)

problem el problema (17)

product el producto (23)

profession la profesión (28)

professor el/la profesor/a (2)

program *(n.)* el programa; *(v.)* programar (19)

prohibit (that) prohibir (que) (24)

promise *(v.)* prometer (11)

propose proponer

prospect la esperanza

protect proteger

protest *(v.)* protestar

proud orgulloso,-a (17); **be — that** estar orgulloso,-a de (que) (17)

prove probar (ue)

provided, providing (that) con tal que

province la provincia

pumpkin la calabaza

purchase *(n.)* la compra

purple violeta (10)

put poner (8); **— on** ponerse *(clothing)* (16); **— away** guardar; **— up** colocar; **— to bed** acostar (ue) (16); *(past part. of poner)* puesto,-a (22)

Q

quality la calidad (29)

quart el cuarto

quarter el cuarto *(time)* (6)

question la pregunta (6)

quick rápido,-a

quickly rápidamente

quit dejar de

R

racquet la raqueta *(tennis)* (12)

radio el radio *(receiver);* la radio *(program)*

rain *(v.)* llover (ue) (8); **it's —ing** llueve (8)

raincoat el impermeable (10)

raise *(v.)* subir *(lift, increase)* (23); levantar *(lift)* (16); **—** *(children)* criar

rare curioso,-a *(strange, odd)* (8)

rather bastante (3); más bien

raw material la materia prima

read leer (4)

reading la lectura

ready listo,-a (7)

real estate los bienes raíces

reality la realidad

realize darse cuenta (de) (27)

reappear reaparecer

receive recibir (10)

recognize reconocer (8)

recommend recomendar (ie) (20)

record *(n.)* el disco (5)

record player el tocadiscos (9)

red rojo,-a (10)

reduce reducir (29)

reform *(v.)* reformar (30)

refrigerator el refrigerador (13)

register (in) matricular(se) (en)

regret sentir (ie) (10)

reject *(v.)* rechazar (30)

relatives los parientes

relaxed tranquilo,-a

relieve aliviar

religion la religión

remain quedarse (24)

remember acordarse (ue) (18); recordar (ue) (9)

remembrance el recuerdo

renew renovar

rent *(v.)* alquilar (24); *(n.)* el alquiler (29)

repair *(v.)* reparar (24)

repeat *(v.)* repetir (i) (11)

represent representar

representative el/la representante

request *(v.)* pedir (i) (11); *(n.)* el pedido

require exigir (20)

requirement el requisito (20)

researcher el/la investigador/a

resembling semejante

resource el recurso

respect *(v.)* respetar (21); *(n.)* el respeto (21)

respondent in a survey el/la encuestado/a

responsibility la responsabilidad (28)

rest *(v.)* descansar (8); **—ed** descansado,-a (7)

restaurant el restaurante (5)

résumé el currículum (28)

retire jubilarse (28)

retired jubilado,-a

return *(v.)* regresar (6); volver (ue) (9); **—ed** *(past part. of volver)* vuelto,-a (22)

review *(v.)* repasar (6)

revolution la revolución (30)

rice el arroz (21)

rich rico,-a (17)

riches la riqueza (30)

right *(n.)* el derecho (17); **be —** tener razón (4); **— away** en seguida (21); **— now** ahora mismo (23); **turn —** doblar a la derecha (23); **— there** ahí mismo

ring *(n.)* el anillo (21)

ripe maduro,-a (17)

rise *(v.)* levantarse

river el río (25)

road el camino (25)

robber el ladrón (18)

robbery el robo (18)

robe la bata

role el papel (17)

roof el techo

room el cuarto, la habitación (4)

roommate el/la compañero/a de cuarto

root *(n.)* el radical (9); la raíz

round trip ida y vuelta (24)

rug la alfombra (24)

run *(v.)* correr (4); andar *(a car)*

S

sad triste (7)

sadness la tristeza (27)

said *(past part. of* decir) dicho,-a (22)

safety belt el cinturón de seguridad (26)

salad la ensalada (4); **mixed —** la ensalada mixta (19)

salary el sueldo (23)

salesman, saleswoman el/la dependiente/a (14)

salt *(n.)* la sal (19)
same mismo,-a (12)
sandals las sandalias
satisfaction la satisfacción (28)
satisfied satisfecho,-a (28)
satisfy satisfacer
Saturday el sábado (3)
saucer el platillo (24)
save ahorrar *(money)* (23)
savings account la cuenta de ahorros (23)
say decir (i) (11); — **yes/ no** decir que sí/no (11)
scarce escaso,-a (29)
scarf el pañuelo
scenery el paisaje (26)
schedule *(n.)* el horario
scholarship la beca (6)
school la escuela; — **of a university** la facultad (20); **elementary** — la escuela primaria (14); **high** — la escuela secundaria (14)
science la ciencia (B)
scientist el/la científico/a
score *(n.)* el resultado (12)
sea el mar
season *(n.)* la estación (8)
seasonings los condimentos *(spices)* (21)
seat *(someone) (v.)* sentar (16); *(n.)* el asiento (26)
second *(n.)* un segundo *(time); (adj.)* segundo,-a (25)
secretary el/la secretario/a (22)
see ver (10); — **you!** ¡Nos vemos!; — **you soon!** ¡Hasta la vista! (17); **let's** — a ver
seem parecer (24)

seen *(past part. of* ver) visto,-a (22)
select *(v.)* escoger (20); elegir (i) (20)
selfish egoísta (3)
sell vender (5)
send enviar, mandar (11)
sensitive sensible (17)
September septiembre
serious grave; serio,-a (3)
serve *(v.)* servir (i) (11); atender; — **as** desempeñar el cargo
service *(n.)* el servicio
set *(v.)* poner (24); *(past part. of* poner) puesto,-a (22); *(n.)* **stereo** — el estéreo (9)
seven siete (B)
seven hundred setecientos,-as (11)
seventeen diecisiete (diez y siete) (B)
seventh séptimo,-a (25)
seventy setenta (B)
shake hands dar(se) la mano (11)
share *(v.)* compartir (24)
shave (oneself) afeitar(se) (16)
she ella (1)
shirt la camisa (9)
shoes los zapatos (10); **shoe store** la zapatería (25); **tennis** — los zapatos de tenis (10)
shoot *(v.)* tirar (18), disparar
shop *(v.)* hacer compras (8); *(n.)* la tienda (5); **dry cleaner's** — la tintorería
shopping center el centro comercial (14)

short bajo,-a *(stature)* (3); corto,-a *(brief)* (10); — **story** el cuento
shorts los pantalones cortos
should deber (10)
show *(v.)* mostrar (ue) (11)
shy tímido,-a (17)
sick: be — estar enfermo,-a (7); — **person** el/la enfermo/a (19)
sidewalk la vereda
sight *(n.)* la vista
sign *(v.)* firmar (23); *(n.)* el letrero, la señal, el cartel
silly tonto,-a
since como; desde
sing cantar (1); —**er** el/la cantante
single (person) el/la soltero/a *(unmarried)* (7); **to be** — ser soltero,-a (7)
sister la hermana (2)
sit down sentarse (ie) (16)
six seis (B)
six hundred seiscientos,-as (11)
sixteen dieciséis (diez y seis) (B)
sixth sexto,-a (25)
sixty sesenta (B)
ski *(v.)* esquiar (12); **skis** *(n.)* los esquís
skill la habilidad
skirt *(n.)* la falda (10)
skyscraper el rascacielos (29)
sleep *(v.)* dormir (ue) (9)
sleeping bag el saco de dormir (26)
sleepy: be — tener sueño (4)
slender, slim delgado,-a (3)

slow *(adj.)* lento,-a (17);
  be — tardar
slum el barrio pobre (29)
small pequeño,-a (4)
smile *(v.)* sonreír; *(n.)* la
  sonrisa
smoke *(v.)* fumar (26)
sneakers los zapatos de
  tenis (10)
snow *(v.)* nevar (ie) (8);
  it —s nieva (8); *(n.)* la
  nieve
so así; para que *(so that);*
  por eso *(because of)* (20);
  — long! ¡ Hasta luego !
  (A); **so-so** más o menos;
  — that por lo que, para
  que; así que
soap *(n.)* el jabón
soccer el fútbol (5);
  — game el partido de
  fútbol (5)
society la sociedad (30)
socks los calcetines (10)
soda fountain la fuente de
  soda
sofa el sofá (24)
soldiers los militares (30)
solve solucionar (27)
some alguno, algún,
  alguna (8)
someone alguien (8)
something (to do) algo (que
  hacer)
sometimes a veces (8)
son el hijo (6)
song la canción
soon pronto (20); **as —
  as** tan pronto como, así
  que, en cuanto
sorry: be — sentir (ie) (10)
soul el alma *(f.)*
sound *(v.)* sonar (ue)
soup la sopa (19)

south el sur
Spain España
Spanish el español (B)
speak hablar (1)
speaker el/la locutor/a
  (announcer)
speaking: Spanish-— de
  habla española
speech el discurso
spend gastar *(money)* (23);
  pasar *(time)* (5)
spirit el ánimo
spoon la cuchara *(large)*
  (24); **tea—** la cucharita
  (24)
sport el deporte (12)
sports *(adj.)* deportivo,-a
  (5); **— page** la página
  deportiva
spring *(n.)* la primavera
  (8)
square *(n.)* la plaza (15)
squash *(n.)* la calabaza
squid el calamar
stadium el estadio (5)
stairs, staircase la escalera
  (24)
stale duro,-a
stand *(n.)* el quiosco (23)
stand up levantarse
standard of living el nivel de
  vida (23)
state *(n.)* el estado (29)
statesman el estadista
station *(n.)* la estación (8)
stationery store la
  papelería (25)
statistic la estadística
stay *(v.)* quedarse
  (remain) (24)
steak el bistec (21)
steal *(v.)* robar (18)
stem *(n.)* el radical (9)
step *(n.)* el paso

stereo set el estéreo (9)
steward, stewardess el/la
  aeromozo/a (26)
still aún, aun *(yet);*
  todavía (7)
stockings las medias (10)
stomach *(n.)* el estómago
  (12)
stop *(v.)* parar (26),
  detener; dejar de *(+ verb);*
  — oneself pararse
stopped parado,-a
store *(n.)* la tienda *(shop)*
  (14)
story el cuento
stove la cocina eléctrica, la
  cocina de gas (13)
straight ahead derecho;
  continue (go) — seguir (i)
  derecho
strange raro,-a *(odd,
  curious)*
strawberry la fresa (19)
street la calle (15)
strength la fuerza
strike *(n.)* la huelga (18)
strong fuerte (17)
structure *(n.)* la estructura
  (17)
struggle *(n.)* la lucha (27);
  (v.) luchar (27)
student el/la estudiante
  (2); el/la universitario/a
studies los estudios (6)
study *(v.)* estudiar (1)
style *(n.)* la moda *(fashion);*
  be in — estar de moda;
  latest word in — el
  último grito de la moda
subject *(n.)* la asignatura
  (B); el sujeto; la materia
substitute *(v.)* sustituir
suburb el suburbio (23)
subway el metro (15)

success el éxito (19)
successful: be — tener éxito (22)
suddenly de repente (18)
suffer sufrir
suffice alcanzar
sugar el azúcar (21)
suggest (that) sugerir (ie) (que) (20)
suggestion la sugerencia (20)
suit *(n.)* el traje (10)
suitcase la maleta (8)
summary el resumen
summer el verano (8)
sun el sol (8); **it's —ny** hace sol (8)
sunbathe tomar el sol
sunglasses las gafas de sol (10)
Sunday el domingo (3); **on —s** los domingos
supermarket el supermercado (14)
superstition la superstición
supper la cena (13); **eat —** cenar (13)
support *(v.)* mantener
suppose suponer (22)
sure cierto,-a; seguro,-a; **be — (that)** estar seguro,-a de (que) (27); asegurarse
surgeon el/la cirujano/a (22)
surname el apellido (21)
surprise *(n.)* la sorpresa (9)
surprising sorprendente (21)
surroundings el ambiente
survey *(n.)* la encuesta
sweater el suéter (9)
swim *(v.)* nadar (1)
swimming pool la piscina
system el sistema (30)

table la mesa (13); **set the —** poner la mesa (22)
tablecloth el mantel (24)
take tomar (5); **— a long time** tardar en (26); **— an exam** tomar un examen (6); **— along** llevar (5); **— off** quitarse (16); **— out** sacar (5); **— place** tener lugar (18); **— a trip** hacer un viaje
tall alto,-a (3)
tape *(n.)* la cinta (6)
tape recorder la grabadora (9)
task el deber
taxes los impuestos (29)
tea el té (4)
teach enseñar (6); enseñar a (24)
teacher el/la maestro/a *(elementary school)* (14)
team *(n.)* el equipo (12)
tear *(v.)* romper (24)
teaspoon la cucharita (24)
telephone *(n.)* el teléfono; **— number** el número de teléfono (11)
television la televisión; **— channel** el canal; **— set** el televisor (22)
tell contar (ue) (17); decir (11); *(imp. of* decir) diga (Ud.)
ten diez (B)
tennis el tenis (12); **— court** la cancha de tenis (12)
tent la tienda de campaña (26)

tenth décimo,-a (25)
terrible muy mal
test *(n.)* el examen (6)
thank agradecer
thank you gracias (B)
that que (4); ese, esa *(dem. adj.)* (10); aquel, aquella *(over there)* (10); **— one** aquél, aquélla, ése, ésa *(dem. pron.)* (10); **— is** es
theater el teatro (5)
their, theirs su (6), suyo,-a (24)
them los, las *(dir. obj. pron.)* (10); les, se *(indir. obj. pron.)* (11)
then entonces (8)
theory la teoría
there ahí, allí (6); **over —** allá (6); **— is, — are** hay (B)
therefore por eso (23)
they ellos, ellas (1)
thief el ladrón (18)
thing la cosa (8)
think (about, of) pensar (ie) (en, de) (9); **to my way of —ing** a mi modo de pensar
third tercero, tercer, tercera (25)
thirsty: be — tener sed (4)
thirteen trece (B)
thirty treinta (B)
this este, esta *(dem. adj.)* (10); **— one** éste, ésta *(dem. pron.)* (10)
those who los/las que
thought el pensamiento *(thinking)*
thousand mil (11); **one —** mil (11)
three tres (B)

three hundred trescientos,-as
(11)
through por (20); a través
de
Thursday el jueves (3)
thus así
ticket el billete (5), el
boleto; **parking —** la
multa; **one-way —** billete
de ida (26); **round-trip —**
billete de ida y vuelta (26)
tie *(n.)* la corbata (9)
tight estrecho,-a
time *(n.)* el tiempo
(passing); . . . **for (a long
—)** hace (mucho tiempo)
que... ; **on —** a tiempo
(20); **What — is it?** ¿Qué
hora es? (6); **—** la
época *(historical);* la vez
(pl. las veces) *(occasion);*
from — to — de vez en
cuando (8); **for the first
—** por primera vez (15)
timid tímido,-a (17)
tire (of) *(v.)* cansarse (de)
(24); *(adj.)* cansado,-a
(7)
title *(n.)* el título
to a (1); hasta; **in order —**
para (20)
toast *(n.)* el pan tostado
(19)
today hoy (3)
toe el dedo (16)
together juntos,-as (7)
toll road la autopista (25)
tomato el tomate (19)
tomorrow mañana (3)
too también *(also)* (1);
demasiado (3); **it's — bad
that** es una lástima que
(26)

tooth el diente (12);
—brush el cepillo de
dientes
tourist el/la turista (24)
toward para (20); rumbo a
town el pueblo (25);
home— el pueblo natal
trade *(n.)* el oficio
(vocation) (22)
traffic congestion la
congestión (aglomeración)
de tráfico (29)
traffic jam el atasco (15)
traffic light el semáforo
(15)
tragedy la tragedia
train *(n.)* el tren (8)
training el entrenamiento
(28)
transform transformar (30)
translate traducir (15);
(imp. of traducir) traduzca
(Ud.)
transportation el
transporte (15); **public —**
el transporte público (15)
travel *(v.)* viajar (1); **—
agent** el/la agente de
viajes (22); **— by plane**
viajar en avión (8)
traveler el/la viajero/a
(26); **—'s check** el cheque
de viajero (26)
tree el árbol (25)
trigonometry la
trigonometría
trip *(n.)* el viaje (8); **be on
a —** estar de viaje; **take a
—** hacer un viaje (8)
truck el camión
true la verdad; **it's — that**
es verdad que (27); **—
(isn't it?)** ¿verdad?; ¿no?

trumpet la trompeta
trust *(n.)* la confianza (30)
truth la verdad (11)
try (to) probar (ue), tratar
(de)
T-shirt la camiseta (10)
Tuesday el martes (3)
tuition fee la matrícula
(20)
tuna fish el atún (21)
turkey el pavo (19)
turn *(v.)* doblar (25); **—
off** apagar (24); **— on**
encender (24); **— right/
left** doblar a la derecha/
izquierda (25); **— . . .
years old** cumplir... años
twelve doce (B)
twenty veinte (B)
twice dos veces (18)
two dos (B)
two hundred doscientos,-as
(11)
type el tipo *(kind)*
typewriter la máquina de
escribir (4)

U

ugly feo,-a (3)
uncle el tío (6); **—(s) and
aunt(s)** los tíos (6)
uncomfortable incómodo,-a
(24)
under debajo de
undershirt la camiseta
understand comprender;
entender (ie) (4)
unemployment el
desempleo (28)
unexpected inesperado,-a
unhappiness la infelicidad
(21)

union el sindicato (28)
unique único,-a
united unido,-a; **— States** los Estados Unidos
university la universidad (5)
unknown *(adj.)* desconocido,-a (17)
unless a menos que
unmovable inmóvil
unpleasant desagradable (26)
until hasta; hasta que
upon al (15)
upset *(v.)* agitar
urban urbano,-a (29)
us, to us nos (10)
use *(v.)* usar; *(n.)* el uso
useful útil (1)
useless inútil (2)
usually usualmente; por lo común; de costumbre

vacation *(n.)* las vacaciones (8); **be on — ** estar de vacaciones (6)
value *(n.)* el valor (30); **— ** *(v.)* valorar
van la camioneta (24)
variety show las variedades
various varios,-as (12)
vegetables las legumbres, las verduras (4); **vegetable shop** la verdulería (25)
verb el verbo (1)
very muy (3)
veterinarian el/la veterinario/a (22)
victim la víctima (18); la presa

village el pueblo; la aldea
vinegar el vinagre (19)
violation la infracción (15)
violator el infractor
violin el violín
virtue la virtud
visit *(v.)* visitar (1)
visitor el/la visitante
voice *(n.)* la voz *(pl.* las voces) (27); **in a loud — (loudly)** en voz alta; **in a soft — (softly)** en voz baja
volleyball el vólibol (12)
vote *(v.)* votar (17); *(n.)* el voto (27)

wait *(v.)* esperar (8)
waiter el/la mesero/a
wake up despertarse (ie) (16)
walk *(v.)* andar, caminar (8); **take a — ** dar un paseo (11)
wall *(n.)* la pared (24)
wallet la cartera (9)
want (that) querer (ie) (que) (25), desear (que) (2)
war la guerra (18)
warmth el calor
washing machine la lavadora (13)
wash (oneself) lavar(se) (13)
waste *(v.)* perder (ie) 9; **— time** perder el tiempo (9)
watch *(v.)* mirar (1); *(n.)* el reloj (6)

water *(n.)* el agua *(f.)* (4); **mineral — ** el agua mineral
watermelon la sandía (19)
way el modo *(manner)* (17); **this — ** de esta manera, de esta forma
we nosotros (1)
weak débil (17)
wear *(v.)* llevar, usar (10)
weather el tiempo (8); **How's the — ?** ¿Qué tiempo hace? (8); **it's good (bad) — ** hace buen (mal) tiempo
wedding la boda *(celebration)* (21); el casamiento *(ceremony)* (21)
Wednesday el miércoles (3)
week la semana (3); **—end** el fin de semana (3)
weigh pesar (26)
weight el peso
**welcome: you're — ** de nada
welfare la salud (19)
well bien (B); **very — ** muy bien (B); pues
what? ¿cómo?, ¿qué? (B); **what a/an . . . !** ¡qué + *n.!* (18)
wheat el trigo
when cuando; ¿cuándo? (2); al + *inf.* (24); **when?** ¿a qué hora? *(what time)* (6)
where donde (2); ¿dónde? (2); **from —?** ¿de dónde?; **(to) —?** ¿adónde? (5)
which que (7); ¿qué?; ¿cuál? (3)

while mientras (que) (18);
al + *inf.* (24); **a — ago**
hace poco (23)
white blanco,-a (10)
whole todo,-a
whose? ¿ de quién es... ?
who, whom que; ¿ quién ?
(2); ¿ quiénes ? (2); **Who
is it?, Who's that?**
¿ Quién es ? (A)
why? ¿ por qué ? (2)
wide ancho,-a
wife la esposa (6)
win ganar (12)
wind el viento (8); **it's
—y** hace viento (8)
window la ventana (24)
wine el vino (4); **— glass**
la copa (24)
winter el invierno (8)
wish *(v.)* desear (2); **— to**
tener ganas de *(feel like);*
(n.) el deseo
with con (1); **— much
pleasure** con mucho
gusto; **— me** conmigo
(2); **— you** *(fam.)*
contigo (2)
withdraw retirar (23)
without sin (12); sin que;
— . . . -ing sin + *inf.;*
— a doubt sin duda
(17)

witness el/la testigo
woman la mujer (2)
wonder *(n.)* la maravilla
wonderful maravilloso,-a
wood la madera
word la palabra (1)
work *(v.)* trabajar (1); *(n.)*
la tarea, el trabajo (6);
temporary — el trabajo
eventual
worker el/la obrero/a
works las obras
workshop el taller (22)
world el mundo (27)
worried preocupado,-a (7)
worry *(v.)* preocuparse
(16)
worse peor (17)
worth: be — valer
write escribir (4); **—
down** anotar
written *(past part. of
escribir)* escrito,-a (22)
wrong: be — equivocarse;
no tener razón (4);
— number el número
equivocado

Y

year el año (3)
yell *(v.)* gritar (18)
yellow amarillo,-a (10)
yes sí (B)

yesterday ayer (13); **day
before —** anteayer (13)
yet todavía (7); aun, aún
you tú *(subj. pron. fam.)*
(1); vosotros *(subj. pron.
fam. pl.)* (1); Ud. *(subj.
pron. formal)* (1); Uds.
(subj. pron. formal pl.)
(1); ti *(obj. of prep. fam.)*
(2); te *(dir. obj. pron.
fam.)* (10); lo *(dir. obj.
pron. formal, m.)* (10); los
*(dir. obj. pron. formal pl.,
m.)* (10); la *(dir. obj. pron.
formal, f.)* (10); las *(dir.
obj. pron. formal pl., f.)*
(10); le *(indir. obj. pron.
formal)* (11); les *(indir.
obj. pron. formal pl.)* (11);
se *(indir. obj. pron.
formal)* (12)
young joven (3); **—er, —est**
menor (6); **— lady** la
señorita (2); **— person**
el/la joven (2)
your tu, vuestro *(fam. pl.),*
su (6)
you're welcome de nada
yours: of — tuyo, suyo
(24)
youth la juventud; **—
hostel** el albergue
juvenil (26)

Index

Photo Credits

Cover, David Kupferschmid
1 *(all),* David Kupferschmid. 2, David Kupferschmid. 8, David Kupferschmid.
9, Stuart Cohen. 19, David Kupferschmid. 20, David Kupferschmid. 32. David
Kupferschmid. 43, David Kupferschmid. 48, UPI/Bettmann Newsphotos.
58, Peter Menzel. 60, Stuart Cohen. 63 *(all),* Beryl Goldberg. 64, Katherine
Lambert. 75, David Kupferschmid. 86, David Kupferschmid. 90, Beryl
Goldberg. 101, David Kupferschmid. 103 Stuart Cohen. 105, David
Kupferschmid. 106, David Kupferschmid. 117, Stuart Cohen. 130, Beryl
Goldberg. 140, David Kupferschmid. 145, David Kupferschmid. 146, David
Kupferschmid. 157, David Kupferschmid. 169, David Kupferschmid. 181, David
Kupferschmid. 183, David Kupferschmid. 185, David Kupferschmid. 186, David
Kupferschmid. 195, Peter Menzel. 205, Stuart Cohen. 216 *(both),* AP/Wide
World Photos. 218, David Kupferschmid. 220, David Kupferschmid. 223 *(left
and right),* David Kupferschmid. 223 *(bottom),* Stuart Cohen. 224, Stuart
Cohen. 232, David Kupferschmid. 234, David Kupferschmid. 248, David
Kupferschmid. 258, Beryl Goldberg. 263, David Kupferschmid. 266, Beryl
Goldberg. 269 *(left),* David Kupferschmid. 269 *(right),* Rogers/Monkmeyer
Press. 269 *(bottom),* Katherine Lambert. 270, Beryl Goldberg. 282, Stuart
Cohen. 292, Katherine Lambert. 303, David Kupferschmid. 306, Monkmeyer
Press/Renate Hiller. 309, Peter Menzel. 310, David Kupferschmid. 316, David
Kupferschmid. 321, David Kupferschmid. 334, David Kupferschmid. 345, David
Kupferschmid. 348, David Kupferschmid. 351 *(left),* Beryl Goldberg. 351 *(right),*
David Kupferschmid. 351 *(bottom),* Stuart Cohen. 352, Beryl Goldberg.
364, Beryl Goldberg. 372, David Kupferschmid. 376, David Kupferschmid.
389, David Kupferschmid. 390, Photo Researchers Inc./Tom Hollyman. 391, David
Kupferschmid. 394, Beryl Goldberg. 395, David Kupferschmid. 396, Stuart
Cohen. 406, Monkmeyer Press/Rogers. 416, Katherine Lambert. 421, Beryl
Goldberg.

Cartoon Credit

180, Quino, from *La buena mesa,* Editorial Lumen, Barcelona. Permission
authorized by Quipos, srl.

Photo Credits: Color Inserts

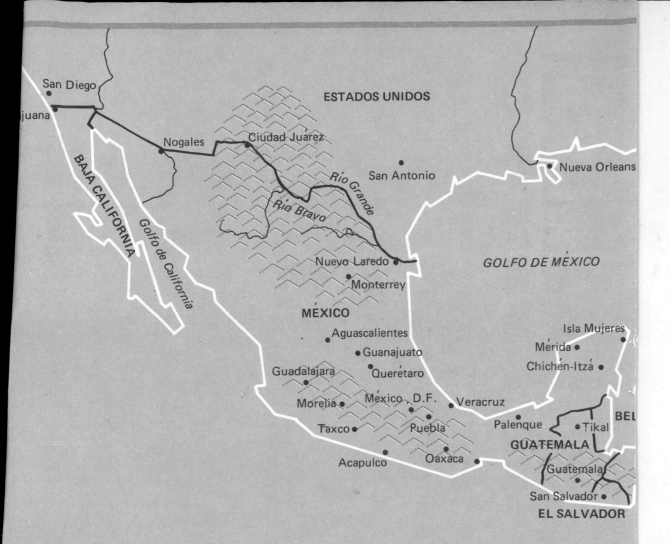

ESTADOS UNIDOS

San Diego

ijuana

Nogales

Ciudad Juárez

San Antonio

Nueva Orleans

BAJA CALIFORNIA

Golfo de California

Río Grande

Río Bravo

GOLFO DE MÉXICO

Nuevo Laredo

Monterrey

MÉXICO

Aguascalientes

Isla Mujeres

Guanajuato

Mérida

Chichén-Itzá

Guadalajara

Querétaro

Morelia

México, D.F.

Veracruz

BEL

Taxco

Puebla

Palenque

Tikal

GUATEMALA

Acapulco

Oaxaca

Guatemala

San Salvador

EL SALVADOR

OCÉANO PACÍFICO

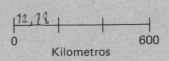

0   600

Kilometros